U0925960

清华国学书系

程憬文存

CHENGJING WENCUN

清华大学国学研究院　主编

陈泳超　选编

江苏人民出版社

图书在版编目(CIP)数据

程憬文存/清华大学国学研究院主编;陈泳超选编.—南京:江苏人民出版社,2017.11

(清华国学书系)

ISBN 978-7-214-17697-4

Ⅰ.①程… Ⅱ.①清… ②陈… Ⅲ.①程憬(1902～1950)—文集 Ⅳ.①C53

中国版本图书馆 CIP 数据核字(2016)第 098404 号

书　　名	程憬文存
主　　编	清华大学国学研究院
选　　编	陈泳超
责任编辑	王保顶　张晓薇
装帧设计	姜　嵩
责任监制	王列丹
出版发行	江苏人民出版社
出版社地址	南京市湖南路1号A楼,邮编:210009
出版社网址	http://www.jspph.com
照　　排	江苏凤凰制版有限公司
印　　刷	江苏凤凰新华印务有限公司
开　　本	652毫米×960毫米　1/16
印　　张	23.75　插页2
字　　数	313.3千字
版　　次	2018年1月第1版　2018年1月第1次印刷
标准书号	ISBN 978-7-214-17697-4
定　　价	56.00元

(江苏人民出版社图书凡印装错误可向承印厂调换)

总 序

晚近以来，怀旧的心理在悄悄积聚，而有关民国史的各种著作，也渐次成为热门的读物。——此间很重要的一个原因，当然是在蓦然回望时发现：那尽管是个国步艰难的年代，却由于新旧、中西的激荡，也由于爱国、救世的热望，更由于文化传承的尚未中断，所以在文化上并不是空白，其创造的成果反而相当丰富，既涌现了制订规则的大师，也为后来的发展开辟了路径。

此外还应当看到，这种油然而生的怀旧情愫，又并非只意味着"向后看"。正如斯维特兰娜·博伊姆在《怀旧的未来》中所说："怀旧不永远是关于过去的；怀旧可能是回顾性的，但是也可能是前瞻性的。"由此也就启发了我们：在中华文明正走向伟大复兴、正祈望再造辉煌的当下，这种对过往史料的重新整理和对过往历程的从头叙述，都典型地展现了坚定向前的民族意志。

正是在这样的背景下，本院早期既昙花一现、又光华四射的历程就越发引起了世人的瞩目。简直令人惊异的是，一个仅存在过四年的学府，竟能拥有像梁启超、王国维、陈寅恪、赵元任、李济、吴宓这样的导师，拥有像梁漱溟、林志钧、马衡、钢和泰及赵万里、浦江清、蒋善国这样的教师，乃至拥有像王力、姜亮夫、陆侃如、姚名达、谢国祯、吴其昌、高亨、刘盼遂、徐中舒这样的学生……而且,无论是遭逢外乱还是内耗,这个如流星般闪过的学府,以及它的一位导师为另一位导师所写的、如今已是斑驳残损的碑文内容——“独立之精神,自由之思想”,都在激励后学们去保持操守、护持文化和求索真理,就算不必把这一切全都看成神话,但它们至少也是不可多得的佳话吧?

可惜在相形之下,虽说是久负如此盛名,但外间对本院历史的了解,总体说来还是远远不够的,尤其对其各位导师、其他教师和众多弟子的总体成就,更是缺少全面深入的把握。缘此,本院自恢复的那一天起,便大规模地启动了“院史工程”,冀能在深入研究的基础上,最终以每人一卷的形式,和盘托出院友们的著作精选,以作为永久性的追思缅怀,同时也对本院早期的学术成就,进行一次总体性的壮观检阅。

就此的具体设想是,这样的一项“院史工程”,将会对如下四组接续的梯队,进行总览性的整理研究:其一,本院久负盛名的导师,他们无论道德还是文章,都将长久地垂范于学界;其二,曾以各种形式协助过上述导师、后来也卓然成家的早期教师,此一群体以往较少为外间所知;其三,数量更为庞大、很多都成为学界中坚的国学院弟子,他们更属于本院的骄傲;其四,等上述工作完成以后,如果我们行有余力,还将涉及某些曾经追随在梁、王、陈周围的广义上的学生,以及后来在清华完成教育、并为国学研究做出突出贡献的其他学者。

这就是本套“清华国学书系”的由来!尽管旷日持久、工程浩大、卷帙浩繁,但本院的老师和博士后们,却不敢有丝毫的懈怠,而如今分批编出的这些“文存”,以及印在其前的各篇专门导论,也都凝聚了他们的辛劳和心血。此外,本套丛书的编辑,也得到了多方的鼎力支持;而各位院友的亲朋、故旧和弟子,也都无私地提供了珍贵的素材,这让我们长久地铭感在心。

为了最终完成这项任务,我们还在不停地努力着。因为我们深知,只有把每位院友的学术成就,全都搜集整理出来献给公众,本院的早期风貌才会更加逼真地再现,而其间的很多已被遗忘的经验,也才有可能有助于我们乃至后人，去一步一步地重塑昔日之辉煌。在这个意义上，这套书不仅会有很高的学术史价值，也会是一块永久性的群英纪念碑。——形象一点地说，我们现在每完成了一本书，都是在为这块丰碑增添石材，而等全部的石块都叠立在一起，它们就会以一格格的浮雕形式，在美丽的清华园里，竖立起一堵厚重的"国学墙"，供同学们来此兴高采烈地指认：你看这是哪一位大师，那又是哪一位前贤……

我们还憧憬着：待到全部文稿杀青的时候，在这堵作为学术圣地的"国学墙"之前，历史的时间就会浓缩为文化的空间，而眼下正熙熙攘攘的学人们，心灵上也就多了一个安顿休憩之处。——当然也正因为那样，如此一个令人入定与出神的所在，也就必会是恢复不久的清华国学院的重新出发之处，是我们通过紧张而激越的思考，去再造"中国文化之现代形态"的地方。

清华大学国学研究院

2012 年 3 月 16 日

目　录

程憬先生的生平与学术考述

陈泳超

现代学术史上因为各种原因造成很多曾经颇有成就的“失踪者”，程憬可算其中之一。他仅享中寿(1902—1950)，却至少有两项履历足以让现代学者称羡：作为学生，他于1925年9月被清华国学研究院以第三名录取为首届学生，师从梁启超，翌年即以排名甲三毕业；作为教师，他从1932年开始直到1950年去世，一直担任卓有时望的国立中央大学教授。但是，他的学术业绩很长时间无人提及，他生命后半程苦心孤诣的学术专著《中国古代神话研究》，也因时局与人事的关系而迁延跌宕，几乎及身而殁，详情请参阅笔者为该书所写的跋语。作为该书的编订者，笔者没有来得及详细考证作者的生平著述就急忙推出，为的只是不再错过出版机会，为此，笔者在那篇时不我待的《跋》里如实交代：“其生平史料，目前所揭甚少，我正在着力搜集，急切难见圆满，且大多颇须费些辨析的功夫，不适合在此缕述……”①该书出版后，意外得到程憬先生女公子程守京老师的电话，之后我又赴南京登门拜访过两次，从她那里获得了不少资料、讯息和线索。

2013年，承刘东教授垂告，今天的清华大学国学研究院将为原清华

① 程憬：《中国古代神话研究》，第319页。北京大学出版社，2011年。

学校国学研究院师生各编一本代表"文存",成其"院史工程"——"清华国学书系",并将程憬先生的"文存"工作责成于我。笔者不敏,拜当今科技发达之赐,得以在各种民国旧报刊数据库中搜索甄别,获得了许多意想不到的资料,对程憬其人及其学术业绩,也有了更加丰富的了解。只是相对于那些从未"失踪"过的学者而言,这些资料还是显得过于稀少,换个角度说,却也弥足珍贵,故此不避琐细,尽可能把笔者搜集到的讯息呈现出来并加以考述,以便学界对其生平及学术历程,有较为全面的了解。

一

程憬,字仰之,安徽绩溪人。据程守京《忆父亲程憬教授》(未刊稿)开头说:"父亲程憬(字仰之)小名玉鉴是安徽省绩溪县大谷村程兆周的长子,听丽娟姑姑说,按祖辈排行名为'道本',但从未起用过。"另,吴其昌在《清华学校研究院同学录》中说程憬是:"安徽绩溪人,也是浙江兰溪人"①,后说仅此一见,不明所以,程守京也从未听说过。该"同学录"书后面又有个人通信处,程憬名下所列为"安徽绩溪县濠寨程隆兴号",或为程憬老家亲属之所在,如是,则其家族或有从商背景。笔者为此询问程守京,她回信说:"据我姑母回忆,我祖父程兆周确系从商,年青时与人合伙在上海开饭店赚了些钱,就回老家置办些田地当了小地主,并在村上经营蚕商做些小买卖。并无什么商号,更没有浙江商号。父亲从小不愿随父经商一心想读书。"

关于程憬的生日,目前有三种资料,却无法密合:

其一是程憬生前好友同事贺昌群先生为之撰写的"记",全文如下:

> 程仰之先生憬,安徽绩溪人,以一九零一年一月一日生(光绪二

① 吴其昌《清华学校研究院同学录》关于程憬的全文,见夏晓虹、吴令华编:《清华同学与学术薪传》,三联书店,2009年。

十八年十一月二十日午时)以一九五零年三月二十六日(夏历二月初九日子时)病殁于南京大学医院,享年四十有九。

先生任教国立各大学二十五年,毕生尽瘁史学,著作甚富,而以任教南京大学最久,前后十七年,门弟子卓然有成者遍于南北云。其友人贺昌群拜记。

这份类似讣告或碑文的"记"是程守京提供的手写原件照片,按理说应该是最为确切的,但仔细核对却又颇多疏漏。查万年历,1901 年元旦为光绪二十七年十一月十一日,与其括号内自注"光绪二十八年十一月二十日"(当为公历 1902 年 12 月 19 日)不合,而其病殁日的公历和夏历日期完全对应,显然对于其生日的记忆是不准确的。笔者认为程憬出生时代是夏历纪年,应该以夏历为准,故应定于 1902 年。至于具体的日期换算,失误难免,可不必细究。

其二是由程守京提供的一份民国三十七年(1948 年)3 月 25 日填写的户籍簿复印件,上面写程憬出生于"民国前十年二月五日",这应该是公历,即 1902 年,相当于光绪二十八年正月初八。户籍簿上写时年"47 岁",应指虚岁。理论上说户籍簿上的填写应该是最准确的了,但那是一个动荡的年代,户籍工作较为随意,比如其户主就填写的是当时中央大学校长"吴有训",大概是该校全体家属都一样填写的;而程憬的妻子沙应若据程守京说生于 1906 年,则时年应该是 43 岁,可在这户籍簿上却说是"36 岁"。程守京对此户籍簿信息也不予承认,故此说难为定论。但它说程憬生于 1902 年,与前文推断吻合,可从。

其三,据《清华学校研究院同学录》中吴其昌所撰程憬介绍,云其"比我大一岁",吴其昌生于光绪三十年(1904 年)四月二十六日①,程憬比他大一岁,那么应该生于光绪二十九年即 1903 年,又太靠后了,与其他年份信息不合,笔者以为吴其昌此处是就其约数而言的。无论如何,这可以说明生于 1901 年更不可信。

---

① 方壮猷:《吴其昌教授事略》,见《清华同学与学术薪传》第 22 页。

大约在1915年到1919年期间，程憬在绩溪县七都旺川萃升高等小学读书。据曹健《胡适与家乡教育》："1915年七都旺川率先创办了萃升高等小学，首任校长是八都宅坦人胡宣铎。他是科举时代的一位副榜，曾应胡适之父胡铁花邀请赴台任幕僚，辅佐胡铁花理政、治军，同时担任西席，教胡适和他的大哥读书、识字，是胡适的启蒙老师。胡宣铎德高望重，国学根底深厚，治学严谨，又是胡适的表叔，深受胡适的敬重和爱戴。由于萃升小学是胡宣铎任校长，胡适就介绍他的侄儿胡思永、建国后曾任省科协主席的表外甥石原皋和后来成为著名学者的程仰之到萃升高小读书，三人都是萃升高小首届毕业生。"①

1920年，程憬来到当时颇有名气的浙江省立第一师范学校读书。胡适1923年的文章《一师毒案感言》里提到程憬报考一师的情况："浙江一师自民国八年以后，忽然得着一种很可妒羡的盛名……本省内地的学生纷纷来投考一师，自不消说；甚至于我们徽州的少年，不甘受内地旧学校的束缚的，也都纷纷赶到杭州，想尝尝浙江一师里新思潮的滋味。我曾看见徽州学生程憬的日记，他记载当日投考被取时的心理，真有'出幽谷而迁乔木'的高兴。一个中等学校得此盛名，岂不很可妒羡吗？"②可见程憬投考浙江一师一定在民国八年(1919年)之后。而据《日记的胡适》载："于是，1920年春天，曹诚英考入浙江女子师范学校，从而走出了闭塞的小山村，来到美丽的西子湖畔。与她同行的，有她的丈夫胡冠英，还有同乡、后来的'湖畔诗人'汪静之，胡冠英的姐夫程仰之。他们三人同学于浙江一师。"③曹诚英系胡适原配江冬秀的伴娘，1920年代曾与胡适有一段地下恋情，据程守京说，胡适正是因为这层关系认识程憬并表示欣赏，此后胡适对他多有提携。另，程仰之为胡冠英姐夫之说，也得到程守京的证实，她说程憬早年在家乡已结婚，后来追随新思潮，回家办了离婚手续。

---

① http://www.ahage.net/mingren/22082.html

②《胡适文集》11"胡适时论集"，第114页，北京大学出版社，1998年。

③ 李伶伶、王一心著：《日记的胡适》，第202页。陕西人民出版社，2007年。

1921年10月10日，浙江一师成立了晨光社文学团体①，程憬也参与其事，并在其《诗》刊上开始发表白话诗作。据张直心、王平《春风终化雨——浙一师时期的朱自清与叶圣陶叙论》中说："最初发起晨光社结社建议并努力付诸实行的，是汪静之的同班同学潘漠华。这两人又邀约了魏金枝与赵平复一起做发起人，除却把一师新文学同好如冯雪峰、周辅仁、程仰之、张维祺等聚拢来之外，还联络了蕙兰中学、安定中学、女师的文友，另外还有一师个别的教员以及当时在杭报社的编辑参加，社员共有20余人。朱自清、叶圣陶与刘延陵担任了晨光社的顾问。"②

据程守京说，程憬从浙江一师毕业后（具体时间不详）可能工作过一段时间，后来受胡适新文化思想影响而北上求学谋发展。《清华周刊》二十四卷第一号（1925年9月11日）上刊载了国学研究院学生的基本信息，关于程憬的写到："姓名　程憬""年龄　23岁""籍贯　安徽绩溪""前所在校　南开大学、北京大学"。此处说程憬在南开大学和北京大学读书，但南开大学没有任何资料可证，程守京也从未听父亲说过。至于北京大学，笔者遍查那几年北大录取名单无获，但在编于1948年的《国立北京大学历届同学录》中有如下记载：

姓名	籍贯	在校或毕业年	系别	现况	通讯
程憬	安徽绩溪		英文	南京中大教授	南京丁家桥中大宿舍③

由此可见程憬确系在北大读书过，但肯定不是正式学生。程守京说是胡适将程憬带到北京大学作为英文系旁听生，还听说程憬可能曾参加考试，文科极好，但数学等完全不会，故未被正式录取云云，姑存待考。而彼时胡适正任北京大学英文系教授兼系主任，这样的安排显然较为便

① 见《小说月报》1922年第十三卷第十二号上潘训致雁冰的信。

②《杭州始发大学学报（哲学社会科学版）》，2010年第1期。

③ 五十周年筹备委员会编《国立北京大学历届同学录》，第302页，民国三十七年（1948年）十二月，国立北京大学出版部。

当。值得一提的是，吴忠良《传统与现代之间——南高史地学派研究》①、何刚《南高史地学派的史学思想——兼及郭沫若古史研究》②等都将程憬列入南高史地派成员，未详何据，或许只是因为都信奉唯物史观且程憬曾著文批评过“古史辨派”和郭沫若的中国古代社会研究而得到的联想。从笔者所辑资料来看，尚未发现程憬与南京高等师范学校有任何联系。

1925年9月，程憬以第三名入清华国学院，选题为“上古哲学思想的唯物观”③。他与第一名刘盼遂和第二名吴其昌共居清华学校一院119室，吴其昌先生在《清华学校研究院同学录》中对程憬有一篇极为生动的描写，全文如下：

> “……那是不合经济学原理的，”“可是，同时吾们不要忘了……”“吾们并不是……吾们乃是……”：自从程仰之走了，这些话好久不入吾的耳管了，那静默而沉寂的空气中，似乎还在震动着类似这些的声浪。
>
> 我想这二个人，是永远深嵌在他的脑筋里吧？“马克斯”，“沙姑娘”，据吾用科学方法统计的结果，他在五分钟的谈话内，总得有三声是马克斯，四声是沙斐。如果你和他的接触和我得程度同等的时候，你就可证明我的话是不背老及克定律的。我和他睡一个房内，一天晚上他在梦中喊：“沙斐！沙斐！吗唉勒务……”早上起来，我不住地向他微笑，他脸上似乎堆起些轻霞，
>
> 这是为你公认的，清华园一院一一九号三个怪物：他是个马列学者的怪物，我是个程朱学者的怪物，还有个刘老老，是个许郑学者的怪物。郑司农、朱侍讲、马教授，不知在一一九号宣了几次战；合从连横，焦头烂额，多么热闹呀！他走了，战神就鼓着他双翅，飞入那“嗒焉丧偶”的门了。

---

① 华龄出版社，2006年。

②《郭沫若学刊》2008年第4期。

③ 详情见孙敦恒编著：《清华国学研究院史话》，第50—54页，清华大学出版社，2002年。

去年我到南京，遇到他，和他在下关，秀山公园，东大，金大，他的表妹家，一阵乱跑，痛快到不亦乐乎。他说他因病，想把他的厦大教授和我对掉个金大的位置，我说吾是仍要到北京去继续的我工作的。后来他又舍了南京跑到厦门去了，他给我信：说挂担在厦门某大寺中，和和尚一同看大藏经。

他是徽州绩溪人，也是浙江兰溪人，比我大一岁，他的人格是非常洁高的，虽然他也和今人一样讲什么基尔特，马克斯。

别了他一年后吴其昌做的。[①]

从中颇可见出程憬的学术兴趣之所在。

1926年6月，程憬从清华国学院毕业，排名甲三，论文题目是"二程的哲学""先秦哲学史的唯物观""记魏晋间的哲学"。[②] 程憬毕业后暂居胡适的北京家中。1926年6月11日出版之《清华周刊》25卷16号刊登《暑假通讯处》，有云"程憬　北京景山西门陟山门六号胡宅转程仰之"。据程守京说，其实程憬在北京期间一直寄居胡适家，经常帮助胡适接待宾客亲友，并为之处理各种文字，后来他被鲁迅称为"胡适之的书记"，即源于此，后文另详。

此后很长时间他都在为求职而奔波，有段时间徘徊南京，大约那里有亲戚可以投靠。《顾颉刚日记》1925年12月31日中记有一份通讯录，其中程憬的通讯地址是"南京城内严家桥居安里18号曹寓转"[③]。前引《清华学校研究院同学录》作于丁卯年（1927），其中说："去年我到南京，遇到他，和他在下关，秀山公园，东大，金大，他的表妹家，一阵乱跑，痛快到不亦乐乎。他说他因病，想把他的厦大教授和我对掉个金大的位置，我说吾是仍要到北京去继续的我工作的。后来他又舍了南京跑到厦门去了，他给我信：说挂担在厦门某大寺中，和和尚一同看大藏经。"可见程

① 见夏晓虹、吴令华编：《清华同学与学术薪传》，三联书店，2009年。
② 见《清华国学研究院史话》，第62页。
③《顾颉刚日记》第一卷，第702页，台北：联经出版事业股份有限公司，2007年。

憬在南京有表妹这样的的亲戚，其时他已有去厦门大学当教授的讯息，但因生病而不很愿意。而后来终于还是去了，并无意中被卷入一场剧烈风波。

所谓风波，是指由于程憬的谋职而引起鲁迅对顾颉刚更大的误会和衔恨。此事顾颉刚在《我怎样厌倦了教育界》一文中有比较明确的说法：

> 这时恰巧有一位胡先生的同乡青年程憬在清华研究院毕业后尚未就事，要我替他在厦大里找一个助教职位，这位青年也真冒失，没有得到我的回信已搭船到了厦门，我非替他加紧进行不可，鲁迅就说我"要在厦大里造成一个胡适之派"；继而又说："厦大里胡适之派攻击鲁迅派"……①

由此可见程憬毕业后，还是由胡适委托身在厦门大学的顾颉刚帮他在厦大谋取一个职位的。顾颉刚日记里这段时间有很多跟程憬在厦门交往的简单记录，最早的一条是1926年10月31日："与仰之等同到南普陀吃饭……仰之此间事，以学校经费竭蹶，不能成。但他已送蒋女士到厦门来了，颇拟为之设法南普陀国文课事，他明年到法国留学去了。"②其时在厦大里鲁迅正与顾颉刚等发生很大矛盾，人事安排尤为讻讻，程憬不幸亦成为一个焦点。

鲁迅《两地书·六六》谓："山根先生仍旧专门荐人，图书馆有一缺，又在计画荐人了，是胡适之的书记，但这回好像不大顺手似的。"鲁迅信中的"山根"即指顾颉刚，《鲁迅全集》注释云："指程憬。字仰之，安徽绩溪人，曾任胡适的书记员，一九二六年十一月底到厦门，住在南普陀寺候职。"③鲁迅又在1926年11月21日"致章廷谦"信中说："无奈校长并不听玉堂之指挥，玉堂也并不听顾公之指挥，所以陈乃乾不来之后，顾公私运了郑某来厦，欲以代替，而终于无法，现在和尚庙里，又欲挖取伏园之

---

① 见《顾颉刚自传》，第104页，北京大学出版社，2012年。

②《顾颉刚日记》第一卷，第811页。

③《鲁迅全集》第11卷，第183—184页。北京：人民文学出版社，1991年。

兼差（伏曾为和尚之先生，每星期五点钟），因伏园将赴广，但又被我们抵制了。郑某现仍在，据说是在研究‘唯物史观之中国哲学史’云。”①《鲁迅全集》注释云：“郑某，指程憬，字仰之，安徽绩溪人，原为胡适的书记员，曾托顾颉刚代谋教职。一九二六年十一月到厦门，住南普陀寺候职。”两条注释大同小异，但从上文可知，程憬最晚十月底已到厦门，故两处注释时间均误，2005 年新版《鲁迅全集》因袭未改，此虽细事，犹可更臻完备。由上列第二条可知，这时的程憬是以研究“唯物史观之中国哲学史”为专长并为人所知的。上述“郑某”之讹，鲁迅本人很快也有更正，其 1926 年 12 月 19 日“致沈兼士”信中就说：“程某（前函误作郑）渴欲补缺，顾公语语堂，为得兄信，如此主张，而不出信相示，弟颇疑之。”②又，《两地书·六八》云：“今天又知道一件事。先前朱山根要荐一个人到国学院，但没有成。现在这人终于来了，住在南普陀寺。为什么住到那里去呢？因为伏园在那寺里的佛学院有几点钟功课（每月五十元），现在请人代着，他们就想挖取这地方。……”③说的显然也是此事。

大约程憬在南普陀一面苦等厦大职位，一面也在广求门路，而回南京可能是他最向往的。笔者找到其业师梁启超先生为之求职而写给金陵大学陈中凡先生的一封推荐信，全文如下：

> 斠玄先生吾兄惠鉴
>
> 白下执别，瞬逾三秋。采葛之思，云胡可任。比想撰述益富，教泽益弘；翘首南云，岂胜驰仰！专启者，门人程仰之（憬），毕业北大后（本胡适之高足弟子），在清华研究院复以最优成绩毕业；秋间就厦门大学之聘，因彼中缺乏图书，不能完成其所欲著之书，极思易地，且教且学，以期大成。先生在金大主持国学，计当乐求友助，倘能罗致门下，加以裁成，不独程君之幸，弟亦与有荣施也。干戈满

---

①《鲁迅全集》第 11 卷，第 504—506 页。

②《鲁迅全集》第 11 卷，第 517 页。

③《鲁迅全集》第 11 卷，第 187 页。

地，吾曹弦诵未知所寄；但风雨鸡鸣，虽一息亦不空自已。想先生正同此怀抱耶！匆匆奉候，诸惟

为道自摄，不尽

梁启超顿首

十六年一月三日。①

其中所谓“秋间就厦门大学之聘，因彼中缺乏图书，不能完成其所欲著之书，极思易地，且教且学，以期大成”云云，较诸实际情况，显系托词。

就在梁启超写信后两天即 1 月 5 日，程憬即被厦大正式聘用了。《顾颉刚日记》1927 年 1 月 6 日云：“仰之事至昨日始定，任院中编辑，月薪八十元。此事办了半年始成，真不易也。”②1 月 10 日又记：“仰之第一天到院。”③而据《厦大校史资料》第五辑之“教职员工名录”中记载，其时程憬在厦大的职务为“文科教员”。④ 但不到半年，程憬又被厦大辞退，这或许与顾颉刚离开厦大有关。顾颉刚在 1927 年 6 月 22 日给胡适的信中说到：“仰之不幸，竟为厦大主事者辞去。现在他已伴内子等到粤，未知能在粤谋得一事否？如此行竟无成就，未知上海及南京有法想否？甚以为念。”⑤

此后可能还是依靠顾颉刚就职广州中山大学的关系，程憬也在该校任教了半年。1928 年 2 月 11 日出版的《清华周刊》二十九卷第二号载周传儒《从上海给研究院同学谢国桢君的一封信》，其中多汇报当时在沪之清华研究院毕业学生的情况，有云：“又次为程君憬，自辞去厦大教职后，在第一中山大学任教半年，来沪后本拟出版其所预定之史学一种杂志，因多病未即就绪。假前任暨南国文讲师，代方（指方状猷——笔者注）之缺；及文化事业部职员。假中因情场小挫，心病痣疮，先后暴发，刻在家

① 吴新雷等编纂：《清晖山馆友声集》，第 114—116 页，南京：江苏古籍出版社，2000 年。

②《顾颉刚日记》第二卷，第 3 页。

③《顾颉刚日记》第二卷，第 4 页。

④ 转引自洪俊峰：《厦门大学国学研究院与国学系》，《鲁迅研究月刊》2003 年第 6 期。

⑤《胡适来往书信选》上册，第 439 页。北京：中华书局，1982 年版。

调养，可谓之半幸半不幸者。”

而这条引文中又表明，程憬在寒假前就已来到上海，代替同为清华学校国学研究院毕业生的方状猷，任暨南大学国文讲师。笔者查阅1927年12月17日出版之《暨南周刊》第11期“教务处日志”中记载：“（十二月五日）教员程仰之先生病请假三天国文七小时停授”，类似记录不止一条，可以证实程憬1927年末确在暨南大学任教，且经常因病停课。

1928到1930年之间，程憬被暨南大学聘为大学部教授，在史学社会学系任教并一度出任系主任。1928年8月出版之《暨南周刊》三卷九期（总第三十三期）“秘书处日志”记载：“（七月二十七日）聘康选宜先生为党义教授程仰之先生为大学部教授均交文书室办聘书”。翟俊千《暨南大学创办初期点滴回忆》将程仰之列入该校史学教师。① 而据后文将引的《安徽省立安徽大学一览》中程憬自填履历，他曾任暨南大学史学社会学系主任，这一点有谭其骧可证。据《悠悠长水 谭其骧前传》介绍：“历史社会系第一任主任是黄凌霜，几个月后就由陈憬代理，……陈憬教中国古代史，传播的是当时风靡一时的以顾颉刚为代表的疑古学派观点，使谭其骧感到很新鲜，对顾颉刚十分向往。陈憬还经常邀谭其骧去他家，谈疑古学派，谈做学问的方法。”又曰：“谭其骧……在社会历史学系实际读了两年，到1930年夏天就符合毕业条件里……毕业时的谭其骧已经选定了治学的目标，决定到故都北平攻读史学。陈憬将他推荐给燕京大学研究院。”②此处的“陈憬”，显系“程憬”之讹，谭其骧先生浙江嘉兴人，吴语中没有后鼻音，故“陈”“程”同音，自在情理之中。

此外，陈洪波《蒙特柳斯考古类型学思想在中国的译介》一文中提到张凤主编的《考古学》教材（国立暨南大学文学院，1930年），张凤在该书声明中提及程憬曾参与其事：“此书不是在一时及在一地写成，其也不出于一人之手。二三年来，任课沪地各大学，若暨南，复旦，大夏，

---

① 见上海市政协文史资料委员会编：《上海文史资料存稿汇编（科教文卫）9》，第117页，上海古籍出版社，2001年。

② 分别见葛剑雄：《悠悠长水 谭其骧前传》第19页、第23页，上海：华东师大出版社，1997年。

持志，讲授时，翻译及参考东西各考古学，史前史等著而成。最初只有一篇讲解的纲要，随编随讲，后由代课继任者续编。先后若程仰之闻野鹤两先生皆预其事。由程君讲授时，一按原目编纂，后由闻君转译滨田耕作之《通论考古学》足成之。最后又由凤前后截割，酌量补充，具如现状。”①程憬的一些学术论文中多次提及张凤的这本《考古学》，可见熟稔。

此期内他还在中国公学兼任教课。在后引《安徽省立安徽大学一览》的履历栏中，程憬是如此填写的：“曾任厦门大学复旦大学中国公学教授国立暨南大学史学社会学系主任”。他在复旦大学供职的情况笔者未见任何资料，程守京也表示从未听说。关于中国公学，罗尔纲《师门五年记》中有所提及：“我于1930年6月在中国公学毕业，在校时不认得吴晗。他接了胡适的信，就写信去上海请中国公学教授程仰之(憬)先生介绍。他得程仰之先生的介绍信，就于星期天下午来找我，由我带他去见胡适。”②可见不虚。程守京认为程憬在暨南大学是专任，中国公学只是因为胡适是校长，他才去兼任，一段时间就是代讲胡适的课程。

1930年春天起，程憬应聘供职于安徽大学。在《安徽省立安徽大学一览》(无出版信息，应不早于1930年10月印制)有如下两张表格，为了对应起见，笔者将格式稍加变动，信息全仍其旧——

总务处

姓名	别号	职务	籍贯	年龄	履历	到校年月	备注
程憬		总务长	安徽绩溪	二十八	曾任厦门大学复旦大学中国公学教授国立暨南大学史学社会学系主任	十九年三月	教授兼

①《考古》，2011年第1期。

② 罗尔纲《师门五年记(增补本)》第158页，三联书店，1998年。

文学院

姓名	别号	职务	籍贯	年龄	履历	到校年月	备注
程憬	仰之	教授	安徽绩溪	二十八	曾任厦门大学复旦大学中国公学教授国立暨南大学社会学系主任	十九年二月	兼总务长

这些信息明明白白，无须解释，两表中有些内容已在前文有所引用。另外，文学院的表格中尚有一列课程，程憬名下是："论理中国哲学史、中国通史、史学通论"。苏雪林在《我的教书生活》一文中，有一段回忆正好侧面反映了程憬在安徽大学教学与工作的情况：

> 十八年，我夫妇又到苏州东吴大学，教过一年，安徽省立安徽大学杨亮工校长写信来聘我。那时安大颇延揽了一批知名之士如陆侃如、冯沅君、朱湘、饶孟侃、刘英士等。教务长兼文学院长程憬，字仰之，北京大学出身，也许曾在清华国学研究所肄过业。他兼有几点钟功课，其中有三小时是文化史。我到校时，有一门课我不愿教，钟点凑不出，仰之说自己行政工作太忙，将文化史推了给我。我原是一个搞文学的人，与"史"之一字从无交涉，这个担子怎挑得起？仰之却说他可以将他编好的大纲给我看，再介绍几本西洋文化史供我参考，总可勉强对付下去。我无可奈何，只有答应。
>
> 仰之那个文化史大纲共分八篇即一史前文化二太古文化三人类成人时代的文化四古文化衰老时代五文化的再生时代六近世文化七十九世纪的文化八文化混合的倾向。每篇各有细目，他叫我照目找材料编纂讲义。说他自己的讲义涂乙狼藉，字迹难于辨认，不肯出示，我也不好意思强索。
>
> 我在法邦学美术时，原买了几种美术史，史前艺术亦粗知梗概。我又有几本法文本的历史书，前几章所论皆属史前文化，两河流域、埃及、腓尼基、希伯来、希腊、罗马，虽属粗枝大叶的叙述，也算应有

> 尽有。于是我的胆子骤然壮了起来,竟敢以一"门外汉"教起程仰之让给我的功课了。
>
> 安大初建,基础未稳,学潮澎湃不绝。学生上课的时间,不及规定的三分之一。一学年间,我的文化史只讲完了程仰之所示大纲第一第三两篇,即"史前文化"、"人类成人时代的文化"。那第二篇太古文化,我认为可并入史前文化,不必另立篇目。我对鸿荒时代的人类生活本来颇感兴趣,对两河、埃及、希腊、印度的古代文化也较爱好,以往关于此类记载,比别的书是多阅一点,现在利用程先生所指示的参考书籍,及自己自法国带来的几本书,将所得材料,排成系统,拿到教室去敷衍。仰之教此课时不发讲义,只口讲了,叫学生笔记。我也照办。想不到学生对我这门课倒听得醰醰有味。①

只是文中说程憬是"教务长",恐系"总务长"之讹。

又据网络版《百年史稿》第二章《皖省最高学府——省立安徽大学(1928.2—1938.5)》中介绍:"1931年6月,杨亮功因人事不谐辞职,省政府聘理学院长何鲁代理校长。何7月1日到任后聘程仰之为文学院长……1932年4月21日,程演生校长受命于危难之际,聘光建为文学院长(未到任)……"②如此说属实,则程憬在安徽大学还当过一段时间的文学院长,但为何任期如此之短?或许与当时安徽大学局势动荡有关,抑或程憬在任文学院长之后不久就联系上了中央大学的教职,故在新校长莅临之前辞去了文学院长一职。

从1932开始直到去世,程憬一直在中央大学任教。

据民国二十一年(1932年)十一月三日出版的《国立中央大学日刊》上《国立中央大学法学院政治系课程一览(二十一年度上学期)》,有程仰之开设课程"中国政治社会史",教授期限为"全年",这是迄今所见程憬最早供职中央大学的文献记录。据程守京言,此后程憬的工作单位再未

---

①《苏雪林文集》第二卷,第86—87页。安徽文艺出版社,1996年。

② http://www.aqtc.edu.cn/bainianxiaoshi/blxs2.htm

变动，他起初在历史系，因多写政治学方面的学术论文，后来索性调至政治系，当然到别处演讲、兼课之事是经常发生的。

1933年，程憬与沙应若女士结婚。据程守京《忆父亲程憬教授》（未刊稿）说："我母亲沙应若（瑞娟），1906年生于江苏江阴……1924年在北京女子师大读书时认识了我父亲，他们相识了近十年才于1933年结为夫妻，时年父亲32岁，母亲已27岁，这在当时是很新潮的。"1934年，长女程守京出生，1936年，儿子程守澄出生。

据程守京《忆父亲程憬教授》（未刊稿）说："1937年7月抗日战争爆发，父亲任教的中央大学决定迁校重庆，父亲在这期间曾带我们一家人回老家探亲一次，随后就在日军追杀飞机轰炸下，辗转贵阳、都匀，1938年到重庆。"

在重庆生活期间，程憬曾参与发起成立"巴蜀史地研究会"，并一度担任蒋经国主持的三青团中央干校的兼任教授。据徐炳煊《我所知道的蒋经国的"干校系"及其活动》一文说："当时这个学校所聘请的教授，据回忆有吴恩裕（政治学）、程仰之（中国政治制度）、方东美（哲学）、沈刚伯（世界史）、罗志如（中国经济问题）、傅筑夫（中国经济史）、白瑜（中国经济学说）、罗凤超（现代经济理论）、西门宗华（苏联建国史）、程铭新（教育），政治课程有任卓宣即叶青（国父遗教）、胡轨（团长言行）。"[1]此事程守京也有所记忆，说当时蒋经国提倡"不能吸烟""不能喝酒"等等很多四字戒律，程憬笑称自己只能遵守四分之三，即将"不"字去掉。由此可见其幽默感和生活习惯。

在民国三十三年（1944年）5月16日出版之《国立中央大学校刊》第十期载"第四十七届行政会议"（4月28日召开）中有"校务会议教授代表选定"，法学系代表三人，第二即"程憬"。又据程守京信件说："听父亲说大约在1945年初，他被教授会推举搞总务工作办伙食团等，1945年8月抗战胜利后因我外祖父病重，我母亲归心似箭带我和弟弟三人先乘船于

---

① http://www.guixiwang.com/html/wszl/wszl_1152_4020.html

1945年秋返回她的老家江阴。父亲留校参加中大搬迁南京的工作,忙到1946年最后一批大约暑假前乘飞机回南京。”经查,《顾颉刚日记》1946年4月13日载:“夏宗禹来,同乘汽车到珊瑚坝。与仰之……等遇,谈。”①顾颉刚此日从重庆珊瑚坝坐飞机回南京,机场遇程憬,不知程憬是否也回南京抑或只是别事偶遇,反正此时程憬尚在重庆。而《顾颉刚日记》1946年11月15日中又载:“在成贤街吃饭。到中大,晤罗雨亭夫妇、吴子臧夫妇、程仰之夫妇……”②则此时程憬已在南京,显然,其回迁必在这两个时间点之间,这与程守京的回忆时间合拍。

回到南京后,程憬继续在中央大学教书服务,且据民国三十六年(1947年)12月3日出版之《国立中央大学校刊》“复员后第十九期”载,三十六年度政治系主任为“程憬 代”。

可是正当生活逐步安定,可以大展身手的时候,程憬不幸于1950年3月26日病逝。程憬之死,既是自然疾病,也是被当时政治风气耽误了的。且看《顾颉刚日记》1950年12月17日的记录:“仰之夫人来,知仰之于今年三月逝世矣。渠病,日有热度一度余,疑是副伤寒,入南京大学附属医院,而是时适当南大集体学习,医生亦不得免,因以耽误,惨哉!其所作《中国神话研究》一稿尚未成,其夫人拟托予为整理之。”

关于程憬的生平事迹,笔者搜集到的资料均已罗列于上并略加考述。此外,笔者还在网络上搜到两条材料,无法考订和系年,程守京也从未听闻,其事并不重要,故简列备案:1. 在《〈隆阜中学校史〉介绍的省立四女师》文中列有1922年开始在该校任教的部分教师名单,其中就有程憬。③ 2. 据杨光伟、张奇伟《聚奎大讲堂:江津文化新名片》文中说,到江津聚奎中学鹤年堂演讲的名人很多,其中就有“神话学家程憬”④。

---

①《顾颉刚日记》第五卷,第640页。

②《顾颉刚日记》第五卷,第746页。

③ http://www.docin.com/p-582517692.html.

④ http://jj.cqnews.net/jjxw/zhxw/200908/t20090804_3483928.htm.

二

关于程憬先生的学术成就，笔者搜集到的发表文章均已开列在本书附录之《程憬先生学术年谱》之中，此外，关于专著，除了已经出版的《中国古代神话研究》之外，他可能还有两部手稿：其一，《顾颉刚日记》1936年7月11日："看仰之《远古史》。"[①]1950年3月30日："看程仰之《中国远古史》。"[②]不知这两次提及的《中国远古史》，只是指那发表的《中国原始社会》系列长文，还是另成专著。其二，《顾颉刚日记》1965年10月26日中说："程憬遗著《中国神话史》、《中国政治思想史》两稿，由其夫人沙应若同志交我整理。丁山遗著两包，由其夫人陶梦云同志交我整理。我义当不负死友，但因年来精力不足，迄未能为。稿件清出后可寄还她们，沙应若住址，自珍当知之。陶梦云住苏州船舫巷。"可见程憬还有一部《中国政治思想史》的手稿也由其夫人托付给顾颉刚了。程守京处尚保留程憬《中国政治思想史》提纲残稿一份，仅六页，在开首《绪论》的"历史观"里，列了"辩证法"和"唯物史观"两个标题，后面计划的三个部分题目分别是：《神权——从自然的共产型态论人与自然之争(夏以前)(原始时代的思想)》《天命论的政治观(商)(奴隶制时代的政治观)》《封建时代的政治思想》，可惜只写到老子、孔子时就没有下文了，其完整形态不得而知。此稿据顾潮老师说未曾见过，或已佚失，徒滋喟叹。

通览程憬先生的学术文章，我们发现，与民国时期的许多人文学者一样，他有着开阔的视野和多方面的成绩。大致说来，他首先从哲学入手，故在清华国学院毕业论文的题目是："二程的哲学"、"先秦哲学史的唯物观"、"记魏晋间的哲学"。这三个方面后来都有论文发表，而唯物观则是其最核心的理论武器，不光在吴其昌的回忆录中分明看到他对唯物主义的极端痴迷，就其最早发表的论文，也是写于1926年的《唯物史观

① 《顾颉刚日记》第三卷，第502页。

② 《顾颉刚日记》第六卷，第618页。

略释》,最重要的是,这一理论方法终其一生未尝改变,且贯穿于他的所有学术领域之中。而从具体的学术方向上归类,程憬的研究主要集中在三个方面:其一是他最倾力而为的,即在唯物史观的指引下,从社会生活的角度对中国古代史进行了非同寻常的研究。这主要集中在他1920—1930年代发表的一系列论文,从《中国的原始社会》到《夏民族考》,再到《商民族的氏族社会》《春秋战国时代的社会变动情况》,分明勾勒出一条从人类初期到先秦时代的历史线索,并得出了许多新人耳目的论断,其中当然也有使用甲骨文、金文以及现代考古学等新潮方法的功劳,只是从开创新局面的宏观着眼,这些新资料、新方法恐怕要落第二义了,尽管它们无疑大大提升了其研究的精密程度。后期程憬逐渐转入政治学领域,但唯物史观仍隐然为其根柢,《秦代政制之研究》《七年来之政治学》等即其代表。其二是以唯物论来理解传统哲学,尤其对宋明以来理气心性之学颇多阐发。以上虽云二类,其实多有参互,不可凿看。其三则是中国古代神话研究,作者借鉴希腊罗马神话体系,努力为中国神话整理出了一个统系,其成绩最为切实。

由于程憬先生英年早逝,故相对于其他学者来说,他存留的学术文章并不太多,许多充满创见且当年处于领先地位的论文,现在即便在相关学科内也不太为人知晓。因此,笔者本着尽量多选的意旨,只删除了他的全部文艺作品、少量不太成熟的学术论文以及个别后来被扩充成更长论文的前期作品,就完成了这部文存的编选工作。所选论文除了少量异形文字及原刊过于模糊之处已被技术处理之外,余皆仍其旧貌,以存其真。至于其学术成就究竟应该如何评断,术业有专攻,浅学如我者,就前面两类而言,实在无可置喙,只能在本书附录的学术年谱中略加交代点评而已,且待方家读者自骋高明。至于最后一类关于中国古代神话研究的论文,站在笔者的专业立场来说,可算是程憬先生对于学术界的最大贡献之一,只是在这本文存里,笔者特意刊落了他这方面的所有文章,因为它们都已转化为《中国古代神话研究》一书的各个章节,略无缺失。将该书与这本文存合看,则可综览程憬先生的学术全貌。而从《程憬文存》导读的角度来说，笔者对于他的中国古代神话研究，反倒还有些话值得分说。

目前，全面论述程憬先生神话研究特色与成就的文章，只有马昌仪先生的《程憬及其中国神话研究》，该文发表于 1994 年《中国文化研究》秋之卷，后被收为程憬先生《中国古代神话研究》一书的附录。该文首先肯定程憬先生的中国神话研究具有学术史意义、理论创建意义和史料意义，然后着重探讨其理论创建的两大方面，即“神话时代”与“神话系统”。

就“神话时代”而言，顾颉刚先生在给程憬《中国古代神话研究》写的序言中就提出，这是对夏曾佑“传疑时代”的延续和总结，“我们可以说：夏曾佑先生开始发现了这问题，而程憬先生则是初步解决了这问题”①。其实，“这问题”还有不少异说，比如徐旭生《中国古史的传说时代》等。但是夏曾佑、徐旭生他们提出的“传疑时代”或“传说时代”，都是从历史学的角度对无文字时期进行的概括，是纯粹的史学研究；而程憬先生的“神话时代”，主要不是历史分期，而是以神话为中心的专门称述，用他的话说：“我们相传的关于远古的史事——说得肯定一点，即洪水时代及那个时代以前的史事，都是神话；所有的人物如黄帝、尧、舜、禹、稷等等，都是神话中的人物。”

程憬先生之所以能提出“神话时代”这一概念，源于他对于该时代一定有“神话系统”的信心。他在《自序》中开头就说：

> 我们的古代有神话的，有系统的神话的。从现存的古籍中仔细的去搜集，谨密的去考订，我们敢这样的说。这本书便想证明它。虽然所引证的还不能达到巨细无遗的程度，但勉强可说已把我们的古代神话，古代神话系统之全貌素描出了。②

在笔者看来，“神话时代”也好，“神话系统”也好，都不能算是程憬先生的创举。在他之前，尽管大多数学者早就认识到，相对于西方神话而

① 程憬：《中国古代神话研究・顾颉刚序》，第 3 页。

② 以上二段引文均出自《中国古代神话研究・自序》，第 1 页。

言，中国神话显得零散驳杂、没有系统，并为之找到了诸多解说，胡适、鲁迅等皆是；但也有相信中国其实可以有神话系统并为之做出初步努力者，比如茅盾，在其代表作、出版于1929年的专著《中国神话研究ABC》中，就肯定地说：

> 我们的古代史，至少在禹以前的，实在都是神话。如果欲系统地建起中国神话，必须先使古代史还原。否则，神的系统便无从建立。……用了极缜密的考证和推论，也许我们可以创造一个不至于十分荒谬武断的中国神话的系统。①

两相对照，程憬的大部分思想，很明显都是承续茅盾而来。但茅盾认为中国古代神话系统只是一个"假定"②，是需要现代学者去努力为之"建立"的；而程憬则认为是"确有"，所以他在《自序》里说："我们的远古确有这样的一个'神话时代'，确有这些朴素而荒唐，美丽而伟大的故事，且已杂合而发展，成为系统。"而学者的任务，是"用比较分析和批评方法，去剖开他们的表皮，还能显露出他们的本来面目来"，并称"我在这书里将引导读者诸君进入这个时代，去欣赏那些惊魂动魄，可歌可泣的故事，去周游一个奇离古怪，可羡可咀的世界"。③

无论"假定"还是"确有"，重要的是现代学者如何将之合理而充分地展示出来呢？

所谓"合理"，首先是要对"神话系统"的内部结构有一个明晰的认识，往直白里说，就是要有一个"合理的"分类体系。鲁迅曾说："内容分类，似可参照希腊及埃及神话之分类法作之，而加以变通。"④这其实代表了那一时代学人的普遍认知，茅盾、程憬概莫能外。只是，西方神话的分类也有各种策略，谢六逸早在1928年世界书局版的《神话学ABC》中就

① 茅盾：《神话研究》，第221页。天津：百花文艺出版社，1997年。

② 比如茅盾曾说："但是我以为我们可以假定一个系统。这个假定的系统立脚在说明地方呢？我以为就可立脚在中国古史上。"见《神话研究》第78页。

③《中国古代神话研究·自序》，第2页。

④ 鲁迅：《致梁绳祎》，《鲁迅全集》第十一卷，第438页。人民文学出版社，1991年。

列有"神话的分类"专门章节,介绍了许多西方神话的分类原则和具体案例,其中一例是"比安其教授(G. H. Bianchi)的'希腊与罗马的神话组织'",分类如下:

第一部　天地开辟及神统

第二部　诸神

俄林普斯诸神

天上及下界诸神

家及家族之罗马诸神

第三部　英雄

人类之创造及原始状态

地方的英雄传说

英雄时代后期的事迹①

茅盾《神话研究ABC》的章节大致便从其中化成,分别是"宇宙观"(相当于第一部)、"巨人族及幽冥世界"和"自然界的神话及其他"(相当于第二部)、"帝俊及羿、禹"(相当于第三部)。而程憬《中国古代神话研究》的章节更是与之若合符节,胪列于下:

第一部　天地开辟及神统

第一篇　创世纪——天地开辟

第二篇　神统纪

第二部　神祇

第一篇　天地及昆仑

第二篇　天神

第三篇　地祇

第四篇　物魃

第五篇　鬼与幽都

① 谢六逸:《神话学ABC》,第74—75页。载于《神话三家论》,上海文艺出版社,1989年。

第三部　英雄传说
　　第一篇　后羿
　　第二篇　后稷、巧倕、夔及后启等的传说
　　第三篇　海内外纪

“合理”的第二要义在于契合中国传世文献的相关记载，这便是鲁迅所谓的“加以变通”了。茅盾通过梳理文献，认为中国神话按照地域来看可以分为北（中原）、中（楚地）、南（两粤）三个“独立的系统”，“并且三者合起来而成的中国神话也还是不成系统，只是片段而已”。[①] 而程憬更多关注的是文献的时间先后关系，比如“天地开辟”部分，他先列举了“天地剖判说（《天问》等）”和“经天营地说（《淮南子》等）”，而后代学者特别爱说的盘古，却被他置入“巨灵躯化说”而作为该篇附录，且该附录也先从《山海经》里的“烛阴”和“烛龙”说起，因为关于盘古的记录要到三国吴时方始出现，显示出程憬经过古史辨派洗礼后对于文献的特殊敏感。事实上，程憬跟古史辨派尤其是其领袖顾颉刚先生，一向保有非常密切的交流。

再说“充分”，茅盾的著作写于1928年前后，当时因第一次国共合作破裂，茅盾正旅居日本躲避政治迫害，手边没有太多书籍可以借鉴，所以写得颇为粗略，他自己的定位就很清楚：“所以此编之作，实在是‘开荒’的性质，因而也只是‘绪论’的性质”[②]。而程憬的著作是经过很长时间酝酿积累的。从现有的资料来看，最早在1933年发表的《中国的原始社会（续完）》一文之注释里，已经提到他有一部未刊稿《古神话与古传说》，并且该稿还有“附录”，看上去不像只是单篇文章。[③] 他的《山海经考》虽然发表于1943年，但在文章末尾专门注明：“此文初作于民国二十二年，为拙作中国古代神话研究之附篇。二十六年秋，与神话之原稿同为寇火所

①《神话研究》，第141页。
②《神话研究》，第223页。
③《大陆评论》1933年第2卷第4期。

毁。今仅依记忆所及而略言之，若云论定，当俟异日。”①民国二十二年即1933年，前述《古神话与古传说》与此《中国古代神话研究》显系同一著作，现在出版的《中国古代神话研究》中也确实将《山海经考》一文作为附录的，说明这一著述计划大约在1933年前后就已经基本成型了。此后，他陆续发表了关于泰一、洪水尤其是后羿的多篇论文，每篇都考证详密，时有发覆，并在其生命的最后年月里，不断为之修订补充，笔者从其女公子程守京处看到多份与之相关的手稿，其中勾点批画，历历在目。因此，他最后的手订稿即目前呈现在我们面前的北大版《中国古代神话研究》，较之茅盾之作，在精密与充分方面的进步简直不可以道里计。尽管他在《自序》里仍然谦虚地说：“在我国一切均在草创的现在，对于这方面的研究还是开始，距离成功之时尚很远。”②但正如马昌仪先生所言：

> 如果说，玄珠（茅盾）写于1929年的《中国神话研究ABC》具有开山意义，堪可作为奠基阶段系统研究中国神话的第一部专著的话，那么程憬于40年代末完成的《中国古代神话研究》一书则可以认为是第二部，在中国神话史上具有不可忽视的意义。③

这样的定位，笔者以为是非常恰当的。

顺着这样的定位，是不是还有第三部、第四部呢？随着后来社会环境的日益稳定，及至今日之学术昌明，关于中国神话的研究层出不穷，确实出了一些全面阐述中国古代神话系统的专著，但大多未见反响，唯有袁珂先生对中国神话的系统整理与研究，在建国后的中国神话学界影响卓著，值得再加探讨。

袁珂先生的神话研究开始于建国前夕，从1950年出版的简本《中国古代神话》，到1984年出版的《中国神话传说》，其间屡经增补，不断扩充，成为总体整理中国古代神话传说的集大成之作，对中国神话的宣传

---

①《图书季刊》1943年新第4卷第3—4期。

②《中国古代神话研究·自序》，第8页。

③《中国古代神话研究》，第308页。

和研究产生了极为重大的影响。但对比几个版本可知，他多年的工作主要是在不断扩充，“格局”上并没有太大变动。以最后出版的《中国神话传说》为例，且不论其广义神话的学说，单看它的章节设置，除导论之外，分别是：

“开辟篇”

“黄炎篇”

“尧舜篇”

“羿禹篇”

“夏殷篇”

“周秦篇”

这就俨然回到了传统历史分期，类似于《路史》《绎史》的结构方式，放弃了鲁迅、茅盾、程憬等人的共同主张与实践的神话本身的逻辑结构。此外，他的书中并不像茅盾那样强调地域性的神话差异，也不像程憬那样强调文献资料的时间关系，而是将被记录的所有神话按照“神话表述时间”而非“表述神话时间”①安插到各个部分。因此，袁珂先生对于中国神话的系统整理，严格地说，只是神话题材的资料汇编，正如他在书《序》中所说：“这样，就从盘古开天辟地到秦始皇统一六国，在历史长河的肩架上，展现了形形色色的古代神话传说，而它们先前本来是各不相干、断简零篇地散落在大量古书里的。”②它并非自觉接续着茅盾、程憬的研究传统。当然，他们之间并没有高下之分，或许袁珂先生的笼统整理，可以更方便滋生出对中国神话自身系统特点的概括，毕竟，茅盾、程憬的系统，主要还是以印欧神话为模板的。

---

① 所谓“神话表述时间”，指神话文本内显现的时间，而“表述神话时间”，即指神话文本被记录的时间，二者经常是不一致的，在神话文献方面尤其如此。比如关于盘古的“神话表述时间”应该是最早的，但其“表述神话时间”却很晚。

② 袁珂：《中国神话传说·序》，第5页。中国民间文艺出版社，1984年。

唯物史观略释

唯物史观不是一种新的历史哲学，也不是一种玄学的唯物论；乃是对于人类历史的一个新解释，研究人类历史的一个新方法。这个学说是马克司的长期研究的结论：他在人类历史的演化中发现了自然科学的因果律。自从他寻得这个科学的法则后，人类历史的发展才有了一种可以实证的说明，一种纯粹客观的解释。这是唯物史观所含的真理。

关于这个学说的全部真理，在这篇短文里是说不完的。我现只提出几个重要观点，略加解释，以为有志于研究的同志之一助。

(1) 技术和经济的变化

有些学者都主张"唯物史观"的"唯物"二字纯粹属于技术的观念。最著者如 Hausen，他把这个学说改为"技术史观"(The Technological Interpretation of History)。这种说法虽是觉得太狭隘了，但亦有相当的理由。因为马克司在他的《哲学的贫困》曾说：

> ……手磨时代造出有封建诸侯的社会，蒸汽磨机时代造出有工业的资本家的社会。……

虽是我们可不必用"技术"来表示这个学说的全部；(因为"技术"只

是经济的一部分。)不过技术对于经济变化的关系,非常重要,那是不能否认的。马克司曾明白的承认劳动器具和经济构造有密切的关系。他在《资本论》第一卷论《劳动过程》(The Labour Process)一节里曾说:

> ……弗兰克林下人的定义,说人是制造器具的动物。(Man as a tool-making animal)所以要判知已经崩坏的经济社会构造,劳动器具的遗物是狠重要的条件;正如那化石骸骨之于决定各种已经灭亡的动物一样的重要。所以我们划分经济上的时代,不必去考他们能够造了什么,须要依据于他们用了什么器具。……

生产技术和经济构造的关系是互相联络的,互相辅依的;所以生产技术的发达和社会的经济变化实有非常密切的关系。Poudin 在他的 Theoretical system of Karl Marx 里曾把这个观念讲的狠明白,而且指出一般人之不注重此点是不对的。他道:

> 由于生产机关的技术发达的变化,而社会的经济关系的变化必相伴以起。故生产技术的发达实为社会的物质关系的变化之主要的原因。……但马克司派只主张社会的物质关系的变化为历史的第一动力(The prime power of history),而不计那变化的原因。其实生产技术的发达之影响历史的演化虽是间接关系,但是人类生活的物质关系实依其影响而发生变化的。

(2) 生产机关的决定力

马克司常把"生产关系"来代替"物质关系"。所以他的书中所说的生产关系是指物质的关系,即人类为生产他们生活上所必需要的货物而结成的社会关系。生产机关和生产关系有必然相伴的关系;即是生产关系实决定于生产机关的技术的发达,而人类一切生活上的过程又为生产关系所决定。马克司在 Wage Laber and Capital 里曾说:

> 随着生产机关的性质的不同,而生产者相互的社会关系亦自然

不同；即生产者互相交换他们的活动之条件，以及关系于生产的共同行为之条件也都不能相同。例如枪械武器若有新式的发明，则军队的内部组织当然要改变了。个人组织军队，一个军队所能够活动的以及各军队相互的关系，也都一概改变了。

他又告诉我们：

各个人所依以生产的社会关系，——即社会的生产关系——因为物质的生产机关的变化和发展，——即生产力的变化与发展——也随着改变了。这种生产关系的总和，构成社会关系——就是我们所谓"社会"。……古代社会，封建社会，有产阶级社会都不过是生产关系合成的结果。……

他严重的指出社会的生产关系和生产机关的技术变化的因果连络，即是要指出生产机关的技术发达实为决定社会关系的主动力。

(3) 生产力和生产关系

马克司于一八五九年发表他的经济学批评，在该书的自序里把这个学说具体的写了出来。在这段文字里，他用"物质生产力"来代替"生产机关"。他说明社会的生产关系是被决定于物质生产力，而生产关系又为社会的决定条件。但是他早年在《哲学的贫困》里已经这样的说过了，他道：

机械同拖犁的牛一样，并不属于经济的范畴，只是一种生产力。近代以机械的应用为基础的工厂，是一种社会的生产关系，是一种经济的范畴。

……生产方法（乃生产力所表现出来的关系）不但不是永久的定律，而且须和人类及他们的生产力的一定发展适相吻合。人类的生产力起了变化，生产关系也就必然的随之而变。

……社会关系和生产力实有密切的连络。人类在获得新生产力时，便随着改变他们的生产方法；改变他们的生产方法和谋生的

> 形式时,又随着改变他们的一切的社会关系。……

不过,在《自序》里说得更觉严密了:

> 人类为他们的生活而作社会的生产,须加必然一定的,离他们自己的意志而独立的关系;这些关系就是适应于他们物质生产力的一定发展程阶的生产关系。这些生产关系的总和,形成社会的经济构造;这种构造就是法制上和政治上的"上层建筑"(superstructures)所依以树立的…… 真实基础。……

他认定社会的经济构造即是生产关系(或生产方法)的总和;而物质的生产力又为决定生产关系的直接原因。人类要求社会的生产而相互走入必然的,和那个社会生产力的发展相适应的生产关系;但是在那物质的生产力加增进步时候,为了要求能尽量的发挥其新的生产能力,便不能不改变他们的生产关系了。

(4) 物质冲突和社会组织的变动

这个学说的根本理论便是关于物质生产力和社会组织的关系之观察。他以为生产力和生产关系间的物质冲突是直接影响社会组织的变动——即社会的革命。他在《经济学批评》的《自序》里说:

> 社会里的物质生产力发展到一定的程阶,便和那向来所赖以活动的现存的生产关系,——或单表现于法制的财务关系——发生冲突。这种关系,从生产力的发展的形态一变而反为生产力的镣械。于是乎社会革命的时代到了。全部广大的上层构造随着经济基础的变动,或是逐渐的,或是激剧的革变了。……
>
> 一种社会组织非到了一切生产力在那组织里已无发展的余地以后,决不会崩覆的;而新的,较高的生产关系,当他们物质的存在条件在旧社会的胎里孕育好以前,也决不会实现的。凡问题,必是自身已具备解决他所必须的物质条件,便至少也要在他成立的过程中,才能够发生。……

他把社会组织的演化分做两个时期：在前时期，生产关系和社会里富的生产力是调和的；但是那生产力发展到一定程度以上，元来的生产关系便不和他调和，于是到了后时期：从这种物质冲突的形态，——经济构造的变动——而缓缓的或激烈的改革，结果那旧的社会组织便自然而然的崩坏了。

他以为一种新的社会组织的成立有二个条件：旧的社会组织不能不破坏了，那时才有新的成立的可能；而新的社会组织所依据的经济构造（生产关系的总和）的条件；必在旧社会的胎里完全孕育成立。所以一种社会组织的发生，并非是人类自由意志的产物，乃是经济的进展的结果。但是社会组织的进展也非机械的自动，或为无意识的实现。社会改造的成功当然还是由于人事的努力；然必须依据其间的物质基础而建立社会理想，否则那种出于幻想的社会建设，是一定没有实现的希望的。

(5) 人类精神生活的物质说明

马克司在《经济学批评》的《自序》曾说：

> 人类的意识不足以决定他的社会存在，反是他们的社会存在足以决定他们的意识。

他指出人类思想和社会环境的重要关系，认清社会的生活状态有规定人类思想的能力。因为人类的社会是阶级对立的社会，所以要说明人类思想便不能不作社会的观察，就是不能不作阶级性的观察。

人类精神生活的物质的说明（即人类精神生活的阶级的说明）大概不外这两方面：一方面是解释由那阶级社会所形成的思想意识；一方面是指出由那物质冲突所唤起的思潮主义。

他以为人类的思想意识不外是社会的产物。他在《路易蓬那巴的二月十八》一文里曾说：

> 人的感觉，幻想，思想方法及人生观等等，都在财产权的形态上——即社会生存的条件上——有其根据。这就是说，这些心理上

的表现都起于物质基础和伴此而生的社会关系。

在《经济学批评》的《自序》也说：

……这种（经济）构造就是法制上和政治上的"上层建筑"所据以树立的，及和其适应的一定社会意识的形态的真实基础。

所以在封建的社会，有由适应其经济构造及必然伴生的社会关系而形成的种种思想意识；这种思想意识和在资本主义的社会里所表现出来的完全不同。在历史上各时代，每个社会都有一种和别的社会所表现得不同的思想意识，即是有一种特别的精神生活。这种不同的现象，可以证明人类的自觉实受社会生活法的影响以形成其表现的样式。

人类的思潮主义的唤起，乃生于社会的物质生活的矛盾现象。当社会的生产力和生产关系间的不调和而发生物质革变的时候，生活在那社会关系里的人类的意识自然要受他的重大的影响。他在《经济学批评》的《自序》曾说：

观察这种革变的时候，我们必须把那……物质革变，和那……人类因识破这种冲突而与之争斗的种种观念上的形态要当加区别。……我们必须用那物质生活的矛盾，即用那社会的生产力和生产关系的现存冲突，以说明这种意识。

因为马克司认定"一切过去社会的历史都是阶级争斗的历史"，所以起于这种物质冲突而唤起的意识思想，也是表现出"阶级争斗"的态度。他在《共产宣言》里说：

人类的观念，意见和理想……都是随着那社会的存在的变化而变化。……古来的思想史所可证明的，不是精神上的生产都随着物质上的生产而变化吗？支配各时代的思想，当只是那时代权利阶级的思想。……

……无产者都没有丝毫国民的特性存在。法律，道德，宗教，在无产阶级看来，都是有产阶级的偏见，背后都藏着有产阶级利益的伏兵。

虽是有人提起社会革命的思想，但也不过表示旧社会里一个新社会的要素形成，和旧社会生活关系崩坏，旧思想同时崩坏的事实。

在这个冲突的现象间：站在为被压迫阶级奋斗的革命思想家，总是激热的用全力去破坏一切旧的道德，思想等等，复本其阶级的自觉而提出种种新的建设；站住压迫阶级的，或为他们做护法的守旧思想家，总是极力用种种方法为旧的东西辩护。但是这种争斗的状态是不会久持的，到了社会革命成功时候，便是那新的思潮主义得了胜利的日子！

(6) 必然论和个人的努力

唯物史观对于社会组织的变动和历史事实的说明，主张须根据于物质的生活条件；至于从他们的本身上去理悟，或用所谓“人类精神的进展”的“玄理”去解释，都认为是没法理解的，（看《经济学批评》《自序》）比如在历史上各时代，所有社会的变革都有必然一定的因果关系，和那由一定的数学方法演绎出一个新方式同样的准确。（Engels 的话）所以唯物史论是一种必然论，是解释历史的演化的一个因果的法则。

马克司对于人类历史的解释，虽极注重客观的物质条件，但是并不轻视历史里的精神势力。他曾指出社会里物质关系的变化是由于生产技术的发达。Loria 以为马克司的注意生产技术，实可以表明他对于人类理智的能力的重视。他又指出社会组织的变化，虽起于物质的冲突，但是识破这种冲突而与之决斗的乃是人类。人类依据那在旧社会里所形成的物质条件以建设那新的较高程度的新社会；同时又唤起“阶级争斗”的口号，努力破坏那旧社会及其一切的旧势力。关于这层，我们在马克司自写的文字里亦可寻得“解惑”的根据。他在《二月十八》一文里曾说：

人类创作他们自己的历史。但是不能依着他自己所想起，或在自己所选择的条件之下创造它，须要依于一定的和遗袭下的条件做去。……

唯物史观固然不看轻人为的能力，不忽视人类的意志；但却不承认人类创作历史，可以随意所欲的自由创造的。人类的活动须要受社会环境的限制和物质条件的拘束。人类的理想必须依据那社会的物质构造，适合其间的物质条件，而后可以发生效果，成为事实。总之，照这个学说的主张，不但不轻视个人的努力，正因为看重人为的努力之故，所以要把那努力的依据（理想）引到真实的基础上去，确定那现实的可能性，使他容易发生效果。这是唯物史观的真正意义。

印度的禅法和习禅对象

印度只有“禅”(Dhavâna)而无“宗”。自外道到佛教皆有禅学。“禅”的最初为“瑜伽”(Yogā)是一种治心的方法,有身心相应的意思。奥义书(Upanishad)的哲学主张以心灵(Âtman)的领悟为解脱的正因;不求礼式的超拔,而求精神的超拔。有一种调息调身调心的方法,即是“瑜伽”。此种禅定可用“To Bring all his organs to rest in the Âtman”一语以表示其实际的状况。后来乃用“禅”,义为“修行地道”,(Yogachara bhûmi)。

释迦牟尼出家时,古奥义书的教义已行于世,其禅法亦人人所知。牟尼因感于人生的生死苦病,乃起苦行以求解脱的思念。到了二十九岁,乃出家求法。最初是跟着当时的一班苦修者学道,得闻四禅八定之说。因果经曾记阿罗逻答欲断生老病死,先当出家修行,而禅定又为求解脱的唯一方法。四禅八定的重大意义,在收摄精神以征服一切欲望,归于空寂而已。后来小乘教徒,又以灭尽定加于外道的禅定上,小乘经中多见此说。

此种禅法,传入中国甚早,在汉时已有译书。如后汉安息沙门安世高(148—170)所译的道地经,其后如支曜竺法护鸠摩罗什等亦皆有译书。古代的禅法,所谓“身心相应”,所谓“修行道地”皆是治心。如坐禅三昧经所说的五行对治法:

多淫欲人,不净法门治。

多瞋恚人,慈心法门治。

多愚痴人,思惟观因缘法门治。

多思觉人,念息法门治。

多等分人,念佛法门治。

古代的禅定的根本性质便是“修行道”。修行道地经说:

何谓修行?专精寂道为修行道。

其修行者计有三品,一曰或身行道而心不随;二曰或心行道而身不从;三曰,修道身心俱行也。修行道便是求正定。修行道地经所言“止观”便是达到正定的法门。“止”(Samatha)是止息精神的乱动;“观”(Vipàsyana)是运用智慧。修行道地经说止观的地境道:

其修行者,或先得寂而后入观,或先得观然后入寂习行寂寞,适至于观,便得解脱。设先入观,若至寂寞,亦得解脱。何以为寂?其心正住,不动,不乱,而不放逸,是为寂相。寻因其行观正法省察所作而见本无因其形相,是谓为观。

得到正定,便是禅定的唯一目标。

印度古代的禅法大概是这样。

但是习禅的最大期望是什么呢?一言以蔽之曰:在由禅定以考索人生种种问题,以求彻底的解脱。我们可先观察古奥义所说。“Svetâsvatara Upanishad”的开卷第一问题,便是提生死问题的考索:

... The Brahman-students say: Is Brahman the Cause? Whence are we born? Whereby do we live, and whither do wo go? yeowho know Brahman, (tell me) at whose command we abide, whether in pain or in pleasure?

我们生从何处?活在哪里?死往何处?人生为什么有苦有乐?这是人生的一个大疑问。而奥义书哲家所努力的,便是欲求解决这个生死问题而已。此外又如后此的耆那教(Jainism)为六世纪时先佛教而起的一种苦行的宗教。他们度受种种刻苦的生活,实行自杀,(饿死者最多)以求解脱。其目的也不外在求解决这最大的人生问题吓。

外道如此,佛教也是如此。其不同的,在各家入手方法,所走路不同罢了。相传释迦牟尼出家的动机在游四门后。牟尼是六世纪人,大概和孔子同时。他是个王子,享居非常安乐。后来到外边走走,看见老病苦死诸相,心中十分感动,因此出家,访求知见,以解决这人生之谜。这个传说究竟是否为事实,不必管它,可是这个传说中所隐藏的意义,实可以表示佛家的努力以求超解的动机与其期望。

本行经说牟尼一天偶然走出东门,看见一个老人,身体极瘦衰,行不不安,因此感动,"心自思惟,作何方便,得免衰老之相"。又一天,他走出南门,看一个病人,"面色痿黄,喘气微弱,命在须臾",因此觉得"若我此身,不脱是病,难得度者"。又一天,"从西城门出向于外",看见一个死尸,他见了,"心怀惨恻","情思不悦,……端坐思维,默然系念。人人贵贱,受福若尽,无常至时,皆无有异"。大庄严经又说他"前出三门,见老病死,忧愁不乐"。后复出北门走,见着一个出家人,他问他道:"夫出家者,何所利益?"那人回:"我见在家生老病死,一切无常,皆是败坏不安之法,故舍亲族,处于空闲,勤求方便,得免斯苦。"他听了这话,"深生欢喜",以为非此不能"永得解脱",于是出家学道去了。

牟尼最初是跟着一班苦修人修身,历尽困苦,终久不能求得正果。后来他觉悟苦行实非真正悟道的方法,舍苦行而静坐,欲从智识上去求悟道。据佛家传说,又一天在树下忽然大觉悟,求得真理。从他悟道到死时这中间约四十余年,巡行各地,为大众说法,因机施教,说法不倦,到了八十余岁才死,自己并没有著书。遗教经记他将死时,尚为诸弟子说法要。他这种利人的精神,那能不叫他的弟子们感动呢!

相传他于瞑目之前,横卧于娑罗树林之下,集诸弟子,先告他们要持戒、制心,再告他们要少欲、知足,再告他们要屏弃怠懒,竭力求进,善修禅定,增实"度老病死"的智慧。又复告诸弟子"汝等于苦等四谛有疑者,可疾问之。”并告四谛的真理实为不易的灭苦的真道。终乃作最后说法。他说：

> ……汝等比丘勿怀忧恼。若我住世一劫，会亦当灭。会而不离，终不可得。自利利人，德皆俱足。
>
> 若我久住，更无所益。应可度者，如天上人间，皆悉已度。其未度者，皆亦已作得度因缘。自今已后，我诸弟子，展转行之，则是如来法身常在而不灭也。是故当知世皆无常；会必有离。勿怀忧也，世相如是。当勤精进，早求解脱。以智慧明，灭诸痴暗。

他这种努力真理的精神，有如古希腊的 Socrates 将仰药时，还和人争辩灵魂存在一样。

这是印度哲人所引起的问题；他们要从禅定去顿悟人生的意义。

十五。十二，一。

再论孔子学说所以适应于秦汉以来的社会的缘故

颉刚先生：

这几个问题，若能详细的观察，探索，一一搜集证据，可成一篇长文，现因手边无书，只随愚见所及，抽象的说了一点，自知理由是不充足的。尚祈先生有以教我！

秦汉时的新社会的经济构造和伴生的组织是在春秋战国时的社会的胎里孕育成的。因为凡是一个新社会的成立，必是它的物质的存在条件在旧社会里渐渐的演变而完成的时候。我们从中国经济史和中国社会组织史上去观察，知道从春秋中期以后直到秦时，这三百年是古代的旧社会的骨骼逐渐的毁坏而秦汉时的新社会的骨骼逐渐的形成的时期。其生产关系由农奴制度渐渐的变为自由的佃户，其政治关系由封建制度渐渐的变为半封建的国家形式。此时的社会是渐渐的由地主和农奴之对立阶级而变富的和贫的之对立阶级。

大概在一种特殊的经济基础与自然伴生的社会组织里，其形成的道德观念必自成一种特殊形式；因为所谓道德的意义，只是在能吻合其社会的阶级关系所需求的行为上的裁制。所以到了社会的经济基础改变或动摇的时候，则建立其上而与之适应的法律，政治和道德也就相伴的改变或动摇了。

春秋中期以后，古代的封建社会便逐渐的动摇了，政治和法律也逐渐的变了（如管仲的变法，如邓析的竹刑）。于是古代的道德也根本不能立足了。要是严格的说来，古代的封建社会里是没有所谓政治，所谓法律，所谓道德的。土地的所有者（天子，诸侯，大夫）和农奴是主仆的关系，用不着政治的手段；至于天子与诸侯间，本来只是一种名义的连络，无真正政治上的统属。（记得公羊有一节话可证，待查。其实，在春秋初期如周郑交质的事，完全是对等国的行为。孔子所羡慕的封建盛世，只是他的猜想而已。）至于法律，只有刑法，拿来制服奴隶的，不公开的。此时更无所谓礼法。（一部春秋可证明那时还是一个没有礼教的社会。）古代的封建社会的维持秩序的东西，便是宗教；天意的政治，天罚的戒律，天命的人生观。人类兢兢战战的驯服于天威之下，敬奉天为支配主宰。权力者完全依靠这种恐怖观念来裁制被压迫者的一切行为。

到了春秋中期以后便不同了（春秋左传可证。）有了怀疑到天的威权的思想了，奴隶制的社会所形成的政治，刑法，伦理便渐渐的控制不住人心了。人从天意的约束里解放了出来。到了孔子时候，于是对于古代思想的反抗运动起来了。孔子的思想，一方面怀疑古代的传统思想，一方面创立一种适应于新生活的学说。所谓“德治”，所谓“礼化”，都和古代的传统思想冲突的。孔子在当时不是一个旧派，是一个能注重社会实际情况的改进家。他的思想在当时不能实现的原因，是因为他的主张过于空泛，而且他的理想所依据的物质条件还没有成立，只是在进行的过程中。（后来的新社会的阶级关系，那时还没有成熟，在萌芽中。）所以他一生到处游说，到处活动，终不能实现他的新理想。

从孔子到荀子这二百余年中，新社会的物质基础渐渐的完成了，旧社会的骨骼渐渐的毁灭了；小国并于大国，渐渐的有统一的趋向。这时儒家的主张也逐渐的完密了，尤其那所谓“礼”。到了秦的统一六国，是中国第一次大统一，但不久又崩坏了。汉的统一是表明在春秋战国间社会的胎里所孕育成的物质条件完全成熟后而形成的一种新式国家。那时，古代的旧社会所遗下的一切镣械完全破坏了，完全是一个簇新的社会了。

儒家的思想，尤其是那道德主张，所谓“礼”，在先秦的时代不能实行，而在秦汉以后的时代能实行的惟一理由：因为那种主张在先时，其所依据的必要的存在条件没有完成，和不能引起当时权力阶级的注意；在春秋战国间，旧社会的遗形物并没有完全除去，而且当时权力阶级都是用全力注意于土地兼并（兼并的原因，由于经济的激进而促起的）；到了秦汉以后，其所依据的条件已成立，实际上且能应付当时的权力阶级（皇帝）所想象的需要，因为儒家的道德主张正是当时的权力阶级所卧寐求之的妙物（汉高祖的言论可证）。

（二）

秦汉以下直到清末，这二千年的社会是一个基础在同一的经济构造上建立而成的社会。我们从历史上去观察，看见这二千年的社会生活是时时变换的，最显著的便是政治上的朝代更换。其实，这种朝代的更换是表面的，枝叶的；在社会的经济构造和伴生的组织根本上，骨子里却没有改变。这么一个长久的社会，是一个半封建的社会，组织在“富的”（皇帝，官僚，小地主，商人等）和“贫的”（佃户，佣工）两个阶级之上。在富足阶级里，富有大小的不同，其间也自然分成阶级。此时的贫的阶级，和古代的农奴不同了：他们是劳动力的零碎卖者，所以有自由的人格，同时，他们还有自然的，可以达到富的阶级的期望。

在这种社会状态里，其阶级间确有一种需求，一种能制裁阶级的争夺的道德。在富的阶级（权力者）的心理，盼望构成一种方法，一种政治的，法律的，道德的裁制方法，能够抑杀其对方夺争的心理，使其顺受于阶级的约束。换句话说，便是权力者为了自己的利益欲使利益失却者驯服于自己权力之下而已。儒家的思想主张之能受秦汉以后的权力者的欢迎，能够维持这么远，其理由便是因为他们的学说非常的吻合这二千年的社会的权力派的需求耳。

儒家的道德主张(我们不能说是孔子的道德主张;儒家的道德主张,启发于孔子,而大成于荀子的。秦汉以后的儒家亦有功于孔子的道德观的发挥)的骨子里,隐含有一个重要思想,便是"安名守分"。二千年的礼教便是建筑在这四个字上。原来儒家是根本的承认社会阶级的存在;凡是认阶级的存在为必然的人,没有不默认权力者所得的利益为正常的,没有不诚恳替权力阶级制造种种有力的礼教文明的。孔子是第一能赏识阶级社会的人,所以他首先为权力阶级制造了一大批护身宝物——所谓精神感化的道德律,即是礼教。他用礼教来做拘束行为的工具。他会劝人要安贫贱,守礼义,其实只是劝人要默认权力阶级的权力而已。这句话并不是冤枉他的。我们试问:人为什会有富贵和贫贱的区分?所谓礼义的标准是什么?他又说,"天下有道,则礼乐自天子出……"这种话的实际效用,不过是替"人君"造成一条控制"人民"的鞭子罢。因为他承认阶级的社会,所以他要用"安名守分"来做道德的组织法。这个观念,到了荀子手里便玩得很完备了。汉初的儒家也曾出过力来制造这种礼法。(高祖本来瞧不起儒生,后来儒生把这一套妙物玩了起来,而高祖也不能不心悦诚服道,"吾今乃知为皇帝之贵也!"所谓儒家重"辨上下,定民志",不过制造一些礼法来迎合权力者罢了!)从此儒家得势,把这二千年的阶级社会逐渐的造成一个层层相压的,严密的礼法社会。儒家的得势(即是孔子的得势),儒家的受各时代的权力阶级的欢迎,便是这个缘故。儒家的道德主张(即孔子的道德主张)竟会维持到这么长久,也是这个缘故。

(三)

关于第三个问题,现因手边没有他们的书,不能作答。但依我的观察,大凡一种新政治,一种新道德,要看他们能否在新时代中立一稳固的基础,须注意以下两点:

一、那些主张究竟是否能适应于当时社会的需求,尤其究竟和当时的权力阶级的期望有没有冲突之处(指过去的社会)。

二、那些主张的客观的存在条件(物质条件)有没有成立。凡是所谓空想的学说之终无实现的可能,原因都是由其依据的物质条件没有成立,或者是由于他们不注意于社会的实际的情况而只作不着边际的空想。大概创作一种学说,必须依据那社会的物质构造,适应其间的物质条件,而后才可望它成为事实。若是只"依自己所想起,或在自己所选择的条件之下创造它",那终是空想的。

王莽的失败,王安石的失败,一班井田论者的失败,其原因皆是如此。新道德论者的终成空想,终为孔子学派所打倒,亦可从这些地方着眼,以考求他们失败的真正原因。

弟憬。

十五年十二月十四夜,南普陀。

商民族的氏族社会

第一　概论

A. 古代社会史上的氏族制度　B. 氏族制度的意义　C. 史料　D. 商人的氏族社会 E. 商民族　F. 商民族的根据地　G. 商民族与其他种族的关系

第二　物质基础

A. 农业的经济阶段　B. 渔捞，田狩，游牧　C. 耙耕的民族　D. 从文字中推测商人所用的耕具　E. 商民族与新石器时代　F. 烧田法　G. 卜问耕地　H. 土地共有　I. 共同耕作

第三　社会组织

A. 游农与居住地　B. 氏族构造　C. 氏族的职能　D. 卜的氏法　E. 卜辞中所见的“家”　F. 亲族制度

第四　社会阶级

A. 阶级　B. 奴　C. 自由民　D. 贵族　E. 卫　F. 知识阶级——巫，祝与史

第五　自然崇拜与祖先崇拜

A. 自然崇拜　B. 天帝　C. 示与鬼　D. 社，方与田农　E. 祖先崇拜

一　概说

中国古代社会史上有一种氏族制度。我们在《国语》《左传》诸书里还可以寻得出那种氏族制度的遗影的，例如《左传》所记：

> 无骇（鲁卿）卒，羽父请谥与族。〔隐〕公问族于众仲。众仲对曰，“天子建德，因生以赐姓，胙之土而命之氏。诸侯以字为谥，因以为族。官有世功，则有官族，邑亦如之”。公命字为展氏。（无骇为公子展之孙。）（见《左传》隐公八年）

但是这种氏族制度，不用说是曾经受过封建制度的洗礼，滚上不少的封建制度的礼文，而非那原始的，未经粉饰过的真面目，真形式了。《国语》《左传》里的氏族制度已是一种变相的残留的遗形物；所以我们要想在这些书里去追溯那原始的氏族制度的面目与形式是不可能的了。但是我们却可藉依它去推定，氏族制度确是中国古代社会的组织基础的。

*　*　*　*　*　*　*　*　*　*　*　*

氏族制度是世界一切民族在没有建立所谓“国家”以前的，在那半开化至文明初启时的一种共有的社会现象。

不过氏族制度是一种极复杂的制度。各民族的氏族制度的构造各依据其种族，地域及其生产方法的不同，而有种种差异的程度与形式的。就是从各民族的氏族制度的自身形成史上看去，也有许多演化和变迁的。所以，所谓“共有的”意义，并非说是各民族氏族制度的起源及其构造都是完全一致的，惟妙惟肖的，乃是说他们的根本性质及其发展的普遍步骤大致是常相似的罢。

从各民族的氏族制度的通性看去，我们可以说：氏族制度乃是一种集合一群血族的团体，而藉以营作共同的社会生活的组织。

*　*　*　*　*　*　*　*　*　*　*　*

研究中国古代各民族的社会史的时机，现尚未到。因为仅藉现存

“传说与史实混而不分”的史料去推测，是极危险的；要追踪其真迹，只得待之于将来地下史料的发现了。

所以我们现在只有研究商民族社会状况的可能。

一千八百九十九年，（清光绪二十五年）古商人所遗留的龟甲兽骨在今河南彰德西五里之小屯——即古殷虚之地出土，其上有刻辞。十余年来，经孙仲容，罗振玉及先师王静安先生诸家的考释，其文字乃渐渐可读。我们欲考探商民族的社会状况，自当在这些新史料中去搜寻材料。

至于商人的纸上史料，要以商书中的盘庚三篇为最重要。但是盘庚三篇作于何时呢？何人所作的呢？历来学者对于这两个问题均各有所考订，异说纷纷，难得定论。据我的推考，这三篇文字，虽非盘庚时所作，然亦非春秋战国时人所伪造的东西。从这三篇里所表现出的思想和各种社会情状看去，和卜辞中所记的大都相吻合，然间亦有相抵触之处。又从其文字上看去，和周书的大诰康诰诸篇及金文中的克鼎铭，毛公鼎铭颇相近。所以我疑此三篇确为商人的作品，但必曾经周初人重编过，所以文中已滚上一些周初人的制度与意识了。

把这三篇“迁殷记”去比较旧约里以色列人“出埃及”的情形，更可使我们容易明了商人这迁殷时的民族与其社会的状况的。

* * * * * * * * * * * *

据王静安先生的考证，殷虚卜辞为盘庚至帝乙时物（?）。从卜辞里看去，当时商民族的社会是一种父系制的氏族社会，商民族的族氏组织的萌生，当远在卜辞时代以前。今由种种研究，知卜辞时代商民族的氏族组织已经发展到一个较高程阶。把它去比较西周时的封建组织，中间颇可寻得许多承接与联络的关系。

在未讨论商民族的社会之前，请先略述商民族。

* * * * * * * * * * * *

商民族的起源现不可考。

商的称号本于地名。卜辞常见“入于商”的记载，如云，

甲戌卜㱿贞今六月王入于商(殷虚书契前编一页)

辛未卜[illegible]贞王于生十月入于商(同上)

贞□□□□至于商(同上)

贞[illegible]至于商五月(同上)

又言“告于大邑商”。(殷虚书契卷三第二七页)大概商地是商人的最初的根据地;因之遂以所居的地名而为种族的称号。

“史称盘庚以后,商改称殷。而遍搜卜辞,既不见殷字。又屡言入于商;田游所至,曰‘往’,曰‘出’,商独言入。可知文丁帝乙之世,虽居河北,国尚号商。”(见罗振玉殷虚书契考释序)考“殷字”始见于周初的盂鼎;(成王二十三祀所作)盂鼎铭云,“我昬(昬之为言勉也,劳也。)殷队命,佳殷边侯田(读为甸)雩殷正百辟率肆于酒,古(故)丧自(师)”。可见殷乃是周初人称商人的名称。又据王静安先生的考证,商人自己直至周初仍以商为部族之号的。(看三代地理小记“商”条。)

* * * * * * * * * * * *

卜辞中多记巡幸田猎之地,其名之可识者,多在大河左右数百里间。(王静安三代地理小记及古史新证)一八九零年(光绪十六年)。直隶涞水县张家窪出北伯器数种;北即古之邶。(古史新证)卜辞又屡见“贞今如奄”,“王入于奄”;奄地在鲁。大概商民族的中心根据地在现今的河南;但其势力已达到今直隶与山东的一部份。

卜辞中所见当时的各种种族之名极多,其字大都不可识:其可识者,亦罕见于古籍。例如“盂方”,“土方”,“𢀛方”,“登方”,“戉方”,“多射方”,“马方”,(或云“多马或”。或即国字。)“羊方”与“马方”等等。

统计当时商人与其他种族攻伐与交涉之事,以𢀛方,土方与羊方为最多。卜辞又云,

土方征于我东鄙□上邑(书契菁华一页)

𢀛方亦牧我西鄙田(同上)

己酉卜[illegible]王[illegible]北羊伐(殷虚书契前编卷四第三十七页)

据上,则土方在商人的东方,[illegible]方在商人的西方,羊方在商人的北方。从卜辞里看去,均为商人当时的强敌。

遍检卜辞,考察商人与当时邻族的关系,知商人在卜辞时代并没有取得被当时各种族所公认为“元君”的名义。

如记攻伐,如争牧地,如“帚妇”或“帚妻”某方等等。细玩其记事的语意,均可窥见其时商人之于各邻族,完全是处于“对等”的地位,并无什么“元后”与“隶属”的关系的。

当时各种族间,互相争伐,差不多成了一种日常的事(统计卜辞,以记征伐事为最多。)但是他们的目的只是一种经济上的侵略,(例如征占牧地,俘虏奴隶等事为最多。)并不含有什么政治上的意味。至多,我们承认当时商人的文化,比较同时代的各族或者要高些罢了。

* * * * * * * * * * * *

我现在再考察当时商人的经济生活形态。

二　经济基础

己酉卜即贞告于母辛[illegible]农(殷虚书契前编卷五四八叶)

癸巳卜贞乙[illegible][illegible][illegible]农彭(又四七叶)

己酉卜贞告于[illegible]农(又四七叶)

受黍年(卷四第三九叶)

戊□贞我黍年(又四十叶)

庚子卜宾翌辛丑之告麦(同上)

唯黍受年(卷三第三十页)

乙未卜贞禾在□囿麦受之年(卷四,五三叶)

以上所举都是为农事而贞卜的。卜辞中关于这一类的记载极多,足证当时商人的经济生活已进入农业时代。

商书盘庚上篇亦说：

> 若农服田力穑，乃亦有秋。
>
> 惰农自安，不昏作劳，不服田亩，越其罔有黍稷。

大概商人宅居河南，占有大河两岸之地，沃土天惠，最适宜于农稼之事，所以当时已经以农业为重要的生活方法了。

* * * * * * * * * * * *

不过，那时商民族的经济生活虽已进入到农业的时代，但其实际情形究竟是个什么样子呢？据我个人的考证与推测，那时尚在一种低等的农业时期。我们可从其生产方法上去做观察。

从卜辞中看去，商人虽是一种农业的民族，但当时仍然还未能完全脱离了那田狩的，渔捞的和游牧的生产方法之生活现象。

卜辞屡见贞问渔捞，例如：

> 贞弗其毕九月在渔(殷虚书契前编卷五第四十五页)
>
> 贞[illegible]之□九月渔(同上)
>
> □已渔干众[illegible](同书卷七第九页)
>
> 辛卯卜贞今月□囚十月渔(殷虚书契卷五第四十五页)
>
> 癸未卜丁亥渔(同书卷四第五十六页)

统计卜辞贞卜事类，以卜祭者为最多，其次便要算卜田狩之事。例如：

> (上缺)[illegible]贞今日我其狩□(殷虚书契前编卷五第十四页)
>
> 辛卯卜贞其狩[illegible]毕(同书卷六第二第二六页)
>
> 往狩(同书卷六第四十九页)
>
> 乙丑贞翌卯其狩[illegible]弗毕(前编卷六第十一页)
>
> 癸亥卜逐贞[illegible]亡囚(卷五第十八页)
>
> 遘获贞不其获(卷三第三十一页)

己巳卜狩弗其逐（藏龟之余五页）

（上缺）其狩亡[illegible]（铁云藏龟拾遗六页）

以上贞狩卜辞又常见贞田于某地云云。又考卜辞所记，每当田狩时，必卜“往来亡[illegible]”，或占风雨。有时还要贞问“逐”或“弗其逐”。有时亦记所获禽兽之数，其中多者有至“一百卅八”（殷虚书契前编卷二第三十三页）或至“二百十五”（又卷二第三十页）的。卜辞又曾云，“王[illegible]狩乃乡毕又麀”，意谓“王命狩，乃飨；即用毕，且追逐”。（叶玉森的铁云藏龟拾遗考释十三页）我们从这条记事里颇可想象得出那时商人在田狩时的情况。

卜辞又屡见游牧与争刍地的事，例如：

爿牧[illegible]方（殷虚书契前编卷四第四十叶）

贞牧于贝（同书卷五第十页）

癸巳卜令牧卯（藏龟之余二页）

[illegible]方出牧示[illegible]田七人五（书契菁华）

土方出牧我田十人（同上）

之往刍自浴十人之二（同上）

据我的推测，大概当时商人的生活状态虽已越过纯粹的田渔和牧畜时代的两层经济的发展程阶，进到一种粗耕的农业时代；然终以农业的生产技术之幼稚，农作所收获的物品不甚丰富，不足以供给全年生活上之需要，故仍不废牧畜的事业，且时时稍助以渔捞与狩猎。

* * * * * * * * * * * *

商人在当时是一种粗耕的，兼田渔游牧的经济生活的民族。这种生活状况实为人类社会演进史上所必经过的一段程阶。例如古代的西伯来人，从旧约里看去亦会经过一种粗耕与游牧并行的社会生活。而近代未曾完全脱离原始社会生活的各民族，其生活状况亦多同。如美洲的印第安人，当欧洲人发现美洲时，其中有一部份民族已进化到文化较高的一级，过一种耙耕兼狩猎的经济生活。又如印度洋太平洋诸岛屿的大部份民族，其生活方法皆为耙耕兼捕鱼，有时加以牧畜。又如非洲民族若Kaffirs，Zubas，Ovallpo等，比以上几种民族较为进步，其生活方法为耙耕兼牧畜，且颇长于耕种的事。

德人E. Haln在他的家畜及其与人类经济的关系里，把耕种方法分为四种：初为耙耕(Hoeculture)；进为犁耕(Plough culture)；再进为园艺(Horticulture)；而以商耕(Handeloban，Commerce Culture)殿其后。耙耕是各民族初进到农业的经济生活时所采用的一种粗耕方法；上文所说的各民族的耕种方法，按其程度虽有高下之分，然大都是属于这一个阶级的。这种耙耕是农业的最简单的形式：没有犁，也不知用牛马；只用一种耙耕地的表面；不大用肥料，但所耕之地常常迁移的。

*　*　*　*　*　*　*　*　*　*　*　*

商民族使用怎样的耕稼器具呢？

考卜辞多象实物之形的文字。如武器，其字大都象各种原形。例如："斧"作""，(龟甲文字卷一第十八页)作""；(后编卷下第十五页)"矢"作""；(藏龟第二三一页)"弓"作""。(书契前编卷五第七页第八页)又如渔兽的器具，亦从文字的形象上看得出来。例："渔"字，作""，(前编卷五第四十五页)作""，(后编卷下第三十五页)，或用钩饵鱼，或用网(古网字)罟鱼；"牧"字，作""，(卷五第二十七页)作""，(同四十五页)象人手执鞭行牧；又有""，(前编卷五第十四页)""，(卷下第六十三页)或象以网捕兽，或象兽在阱中。

至于耕稼的器具呢？卜辞有

(殷虚书出前篇卷下第十页)

(同书同页)

(同书卷七第十五页)

(同书后编卷下第二八页)

(书契菁华第十一页)

等字。商承祚君释云:“象人持帚扫除之形,当为扫之本字。”(见殷虚文字类编第十三)案,商说非是。金文中有藉字,作“[illegible]”,(令鼎)与此形近,皆象人执耒形。汉人武梁石室画像,谓神农斲木为耜,揉木为耒。其所执耒耜之形,与此略同。据上,则商人耕稼时所用的器具,乃是一种极简单的农具。

卜辞中尚未见有用牛马耕田的记载,亦未见有象用牛马耕田形的文字。而汉人所作山海经中曾记后稷之孙叔均始作牛耕,又曾作犁。案,“犁”字从牛,为用牛耕地的农具。(山海经一书,本非信实的史料。但据王静安先生的研究,此书中一部份的传说,确非虚构,必有所根据)我尝以此疑周民族为最早使用犁耕的民族;商民族则以初解耕稼之事,尚不知使用犁器的。

从工具演进史上看去,上节所说的“耙耕”民族,例如印第安人,大洋洲人,都是属于石器时代的晚期——即所谓新石器时代(Neolithic age)。据我们根据历来所出土的遗物作推测,似是卜辞时代的商人也还没有脱离了新石器时代的。

考卜辞不见金属的字。历来河南直隶所出土的鼎彝铜兵,其铭识著有甲乙丙——以日为名者颇不少。考古学者多定为商人的铜器,因信商民族已深入铜器时代。但据我们的考察,其铭识实极简略。虽以“干支为人名”,(班固白虎通卷二下页一七)然仅言父某祖某。故其所作的确实时代,已多不可考定。其中只有数器有商先王名;但所记先王名之最古者乃武乙。例如戊辰敨:

> 戊辰弜师易(锡)[illegible](肆)[illegible]贝用作父乙宝彝在十月隹王廿祀[illegible]日遘于妣戊武乙赫豖一[illegible](见殷文存)

又如乙酉敨:

> 乙酉商贝王曰币□□工毋不戒遘于武乙乡日隹王六祀四日丙□□商丰用作父丁尊彝币□(见啸堂集古录)

铭中均言“遘于武乙”,足证两器皆作于武乙后。所以我们依据此种铜器去推定,只能承认商民族之进到铜器时代,当在卜辞时的末季。

反之,最近在河南所发现的仰韶层的文化程度,倒与商民族的文化程度颇相当。据发现仰韶文化之安特生氏(J. G. Andersson)所述,他曾在河南渑池的仰韶遗址等处作大规模的罗掘,发现石器陶器,骨镞,与骨器甚多,足证其时石器陶器等工业皆极发达。但毫无金属器物可见,因知当时人尚未能用铜器。经他重重研究的结果,推定仰韶时代的文化尚逗留在新石器时代与铜器时代的过渡期(The transition period from the late stone age to the early metal age)——即新石器时代的末期(The neolithic time)。而在河南彰德的殷虚和卜辞同出土的古物,亦只有骨镞,骨器,石器与陶器。又据安氏的研究,其所见陶器的形态,与周人铜器形态颇多相近;其石器亦多与周以后的器物有递嬗的痕迹。(可看 J. G. Andersson's Early Chinese Culture 与 F. T. Arne's Painted stone age pottery from the province of Honan。)而在殷虚所出土的古器物,罗振玉氏亦谓其“雕器至精,与彝器雕文同”。(看殷虚古器物图录序)这中间,仰韶文化与商人的文化显然有一种联络的关系。我们现在虽还不敢以仰韶的遗物即属商人所遗的,但据此而假定这两种文化的程阶是相同的,大概是可能的。

由上种种的推测,我们可以假定:卜辞时代商人的文化虽已进到石器时代的最高级,(其时铜或已发明)然尚未能知用铜器,中国古代文化之进入铜器时代盖在卜辞时代之末至周初之间。

中国新石器时代的人曾有使用石制的农具的痕迹。近法人德日进及桑志华两君在热河林西采得许多新石器,中有二器与安特生氏前在宣化所得的一样,经美法专家研究的结果,断定为农事所用。又安氏在仰韶等处所得的器物,中有数石,看去如耨,如锄:又有二眼石镰,颇近现在北数省割高粱的铁镰,(此种铁镰当是沿袭古代的形式而未变者。)然而新石器时代末期的商人,或亦使用石制的农具的。

劳动器具实为规定物质生活的生产方法的基本条件。所以从工具史上看去，商人的耕种方法大概也是一种“耙耕”的时代。

* * * * * * * * * * * *

贞焚（殷虚书契前卷一第三十三页）

戊申卜焚（后编卷下第四页）

焚（同书卷下第九页）

焚（同上）

焚（同上）

焚（铁云藏龟第八十七页）

“焚”，卜辞作“”，作“”，或作“”。公羊传谓“焚，火田也”，玄应书引说文，“焚，烧田也，从火烧林意”。案，“烧田”是最初将森林或草原改变为耕地时所用的一种耕种方法。孟子记：“当尧之时，……草木畅茂，禽兽繁殖，五谷不登。……舜使益掌火，益烈（说文火部“烈，火猛也。”）山泽而焚之，禽兽逃匿。……后稷教民稼穑，树艺五谷”。这传说里所记的时代和人物，自然难信的。但是我们从这个传说中，可以看出“烧田”确是古代人所用的一种耕作法。

“”疑祭名。卜辞有“壬辰卜”，（前编卷八第一页）“乙未卜”（同上）云云。“”疑为地名。“贞焚”，“卜焚”，意皆贞问“烧田”。大概当时商人耕种新的土地时，是使用这种“烧田”法的。

“烧田”的耕作法，从农业史上看去，是一种原始的形式，世界许多在粗耕的农业时代的民族都曾有用这种自然耕作法的痕迹的。例如现在朝鲜的火田民族，他们的生活方法便是火田耕作法。据小田内通敏氏的调查，（朝鲜部落调查报告第一册）火田民的火田耕作法是这样的：

（一）火田民用“长柄大锄以当耒耜；既斫既烧”；（用丁若镛经世遗表语）草木烧去之后，等到天降了雨，将草木的灰和泥土混合了，然后开始耕种。

（二）选择耕作的土地，必在树木盛丰之处；其火田的地点常常介于林木之间。

我们用这种火田法作参考，设想当时商人烧田的实相，大概也是每当耕种之时，先选定了时日（“贞焚”，“卜焚”）纵火焚林，用其简单的耕具，翻动土壤，以播散种子。又考“农”字，卜辞作“”，（前编卷五第四十七页）作“”（同上第四十八页）作，（后编上第七页）或作，（卷下第十三页）从林从长，或加又，象执事于田间。可知古代的农作地，乃在森林之下，禾草之间。

商人的经济生活是在粗耕与牧畜田渔并行的时代，不过粗知耕作的事。他们只知选择肥沃之地，烧焚草木，利用自然的肥料，藉依天然的能力以从事农稼，不解灌溉培养，不知使用人工制造的肥料的。然而自然的肥料与地力是易竭尽的，所以不能不常常另选新的耕地。卜辞云：

甲辰卜商受年（殷虚书契卷三第三十页）

庚子卜雀受年（同上第一页）

戊寅卜万受年（同上卷三第三十页）

□寅卜万受年（同上卷三第三十页）

疑皆卜问耕地。卜辞亦云：

癸卯贞东受禾（殷虚文字四页）

西方受禾（同上）

北方受禾（同上）

西受禾（同上）

疑亦贞问耕地。考卜辞屡见问年之卜。“卜而得吉，则曰受年；否则曰不受年。而所受之年，又有受禾，受黍，受酉之别”。（用叶玉森氏语）其贞问例，或卜本年之吉凶，或卜来岁之吉凶，然皆在农稼之前卜贞的。例如“乙未卜贞在龙囿冬受之年二月”。（见前编卷四第五十三页）是于二月卜问本年的；又如“甲子卜来戊（岁）受年八月”。（见殷契类纂“岁”字下引)是于八月卜问来岁的。卜某地或某方受年,即贞得在某地或某方耕作则吉——年丰——之意。

同时,则利用旧耕地之地及瘠壤的不耕之地以长养刍草作为牧畜的场所。(卜辞言牧地场云如“田”云“牧我田”,“牧我啚田”,可证。)

* * * * * * * * * * * *

我疑当时商人个人尚无私有土地的概念。盘庚记盘庚告戒当时的臣民道,“兹予有乱政同位,具乃贝玉”又道“无总于货室”,又道“朕不肩好货敢共生生”,但丝毫不提及土地。

大概当时的土地是属于一民族的共同的产业。

从当时人的生活方法看去,土地是分割为三部的:一,耕地;二,牧田;三,田狩地。

从烧田的耕作法与贞问耕地两事看去,推知当时因为耕地须常常更换的原故,事实上耕地只能在耕作的可能时期,其使用或者有一种暂时的分配形式,决没有发生土地的永久分割之可能。至于其所有权自然属于全民族的。

卜辞曾记牧地事,有云:

> 王固曰之求其之来嬉三至九日辛卯允之来嬉自北敏戓告曰土方牧我田十人(书契菁华第二页)
>
> 王固曰之求其之来嬉三至七日己己允之来嬉自西[illegible]友角告曰[illegible]方出牧我示[illegible]田七人五(同上第一页)
>
> 癸巳卜殻贞旬亡　王固曰之求其之来嬉三至五日丁酉允之来嬉自西洗戓告曰土方经于我东鄙□二邑[illegible]方亦牧我啚田(同上同页)

以上是记土方与[illegible]方侵牧商人的牧田事。从文意看去,不言牧某人或某家的田,而言“牧我田”,则其牧地当属于部族所共同的。

又卜辞有“分牧”之记;(见殷虚书契前编卷五第四十五页)疑“分牧”

为分配牧地事。

又从当时人田狩的情状及卜问田狩地之事看去，知田狩地亦是属于全部族所共有，所共用的。 （未完）

商民族的氏族社会（续）

三　社会组织

商民族是怎样的一个民族呢？

我们从经济方面看去，知道他们是一种以田渔与游牧为生活的副业，而使用简单农具的，烧田的，换耕的共同经济的“游农”民族。

因为“游农”，所以居住地是常常要依随着耕地的更换而迁徙的。卜辞数“邑”，“邑示”，之记，如云：

丁丑徙示一矛□岳（前编卷下第二十三页）

丙寅邑示七矛（下略）（殷虚征文典礼第四十四又四十五）

丁丑邑示三矛[illegible]（后编卷下第十五页）

乙未邑示四矛岳内（甲骨文字卷一第十页）

辛丑邑示二矛（同上）

“示”的意义，从卜辞中看去，至少有三种解释。一为“神祇”名，如“大示”，（前编卷二第二十页）“上示”，（卷七第三十二页）与“西示”（同上)是。一与“祖”同意,如云,“癸卯,卜[illegible][illegible]贞乙巳自甲廿示一牛二示羊□[illegible]三示彘牢四示犬”(殷虚文字四页)。一为“祭”名,上所举例是。卜辞又有“雩示”,(后编卷下第十三页)即祈雨之祭;又有“帚(归)妹示”,(殷虚文字第三十五页)“帚井(姘)示”,即归嫁之祭。据此以推,则“徙示”盖为徙邑之祭,“邑示”盖为营邑之祭。

邑是居住地。徙邑与营邑,疑皆与徙迁居住地有关。“徙示”乃将迁居之祭;“邑示”乃徙后营新居之祭。

我们可先用朝鲜的“游农”的火田民之生活形式来作参考。据小田内通敏的调查:

> (一)火田民每当所耕之处的土壤所含有的自然的肥料已竭尽时,便另寻新的耕作之地;当他们的新耕地选定了时,家族人等便一块迁移了过去。
>
> (二)因此,他们的居留地,他们所建的家,是一时的,而非永久固定的。他们只在土地的耕作可能时期间安定住在;其定住的时期,或历经两代,或三代不等。

再反观盘庚三篇所记。

盘庚上篇曾说商人“不常厥邑”。案史书传说,商人“自契至成汤,(卜辞作大乙,作唐。)八迁,汤始居亳”。其迁移之地,尚书正义仅举其三。据王静安先生的考证:一迁,由商迁于蕃;二迁于砥石;三迁,复回于商;四迁,东徙于泰山下;五迁,再归于商;六迁于殷;七迁,又归于商;八迁于亳。(见三代地理小记)又据盘庚所记,自汤至盘庚,又曾徙邑五次。

商人为什么这样的叠次迁移其居住地呢?据盘庚的解释是:

> 我……爱宅于兹,重我民,无尽刘。
>
> 予若吁怀兹新邑,亦惟汝故以。

又引从前“先后”的迁移事例来做依据:

先王有服，恪谨（谨当为勤字，古金文勤作堇即堇之误。）天命：兹犹不常宁，不常厥邑，于今五邦。

古我前后罔不惟民之承保；后胥慼，鲜（斯）以不浮（违）于天时。殷降大虐，先王不怀厥攸作，视民利用迁。

所以盘庚这次迁殷，完全奉承“前后”所积知的“老天不愿人常住在一个地，要人常常迁移新邑”的“天命”而迁移的。因为“今不承于古，罔知天之断命”（断命即天命要弃去这旧地之意。）便是“浮于天时”，那么“今其有今罔后，汝何生在上”啦，故“予迓续乃命于天，予岂汝威？用奉畜汝众”而已。

从盘庚所说的话看去，可知商人的“不常宁”，“不常厥邑”，完全是为了生活上——“视民利用迁”——的问题。所以我疑商人屡次徙居住地的原因，大概都与更换耕田有关。因为古代人不懂得土地的自然力是有限止的；所以每当地力竭尽而致收获不丰的时候，只以为天不叫人老是居住在一个地方的，非要迁移不可。所以盘庚警告“有众”，要他们“以思乃灾”，要他们明白他这次迁殷是“迓续乃命于天”，因为“天其永我命于兹新邑”。

或谓商人迁邑和后世迁都是同样的事。我意不然。因为历代之迁都大都根据于政治上的关系，而与人民生活上无关的。但商人的迁邑，却只是为了人民生活上的关系。

我们可以看商人迁徙居邑的情状。据盘庚中所记，这次迁殷是“不怀厥攸作”，“荡析离居”，集和“邦伯师长百执事之人”，“震动万民”——举部族以迁的。所以“盘庚既迁，奠厥攸居，乃正厥位，（位即职司之意）绥爰有众”，希望全部族人众要“各恭尔事”，“建乃家（说文，居也）”，“于新邑”。只须把这种迁移新邑的情状去比较召诰洛诰中所记周人营新邑的情状，便可知道完全是两种不同的事件了。

* * * * * * * * * * * *

贞乎王族众攸又缺（殷契征文人名五十七）

勿孚王族□于[illegible](同书五十八)

□□?王族[illegible]□□□□[illegible]□(书契前编卷七第三十八页)

贞[illegible]王族(同书卷五第七页)

癸未□令旅族[illegible](前编卷四第三十二页)

贞令缺族众缺[illegible]缺[illegible]缺(同上卷五第一页)

贞令多子族□□众[illegible](卷下第五十一页)

己卯卜玄贞令多子族从虎侯[illegible]鲁[illegible]王史五月(殷契征文人名三十一)

贞[illegible]多于族令从[illegible]王[illegible]史(?)(后编下第三十八页)

令多子族从犬侯[illegible]王事五月(殷契类纂引)

[illegible]族(殷契书契前编卷七第八页)

辛酉卜[illegible]贞[illegible]之族从[illegible]□□(书契菁契十一页)

贞令[illegible]之族[illegible]之从五月(卷七第一页)

王□□令五族伐羊(后篇卷下第四十二页)

案,"多子","旅","[illegible]",都是族的氏称。"五族"是五个氏族。"王族"是当时俯视诸氏族的一种"贵族"。但此时的"王族"和后世的"王族",是不同的。至多,我们只能视此种"王族"实为后世享有经济上,社会上,政治上各种特权的王族之最初萌芽罢。

从上所举的例子看法,知商人内部是集合若干个氏族组成的。

商人当时内部所包含的氏族究竟有多少呢?这个问题现已不能回答。但我们看左传昭公四年所记,"昔武王克商,成王定之,选建明德以屏藩周。……分鲁公以……殷六族,条式,徐氏,萧氏,索氏,长勺氏,尾勺氏,……分康叔以……殷民七族,陶氏,施氏,繁氏,锜氏,樊氏,饥氏,终葵氏"。知当商周之际,商人内部所包含的氏族已很复杂了。兹依据卜辞所见,加以想象,列表于下:

贵族——(1) 王族

部族——
- (2) 多子族
- (3) 旅族
- (4) [illegible]族
- (5) A族
- (6) B族
- (7) C族
- (8) D族
- (9) E族
- (10) 其他的氏族

（(5)—(9) 合称“五族”）

* * * * * * * * * * * *

从上节所列举的例子看去，如云令某族云云，或云令某族从某侯云云，又如云“令五族伐北羊”，知：

（一）当时军事的编制是以族做单位的；

（二）当时关于各种职务是以族做分配与责司的单位的。

大概在当时，族是社会组织的主要单位。一切军事，职业等等，都是以族做构成的基础的。

族是当时社会的组织核心：一面基础于各族的联合成为一个共同生活的单一团体；同时，则各族自身有一种组织，在那单一的族团中各有其独立的形式。

商人这种氏族社会的基本结构，正与世界各民族所见的相差不远，都是一种基础于军事的，工作的，生活的联合之社会组织。

* * * * * * * * * * * *

我疑盘庚中所说的“邦伯，师长”，大概是当时各氏族的政治与军事上的领袖。从整个部族的组织上看去，他们是在“王”的统属与指挥下，协同措施种种政事的佐副；从各个氏族的组织上看去，他们是站在直接统治各氏族的领袖地位。因为他们与各个所统属的“族众”的关系比较“王”要格外密切，所以能够鼓动“族众”反对“王”的。

又盘庚中曾有这样的一段话:

> 古我先王,亦惟图任旧人共政。
>
> 古我先王暨乃祖乃父胥及逸(逸,当依蔡邕引作肄。)勤,予不(伪孔本无不字,此据五经异谊引增。)敢动用非罚。世选尔劳,予不掩尔喜。兹予大享于先王,尔祖其从与享之。

从这段话里看去,知他们的职位大概是世袭的。不过,此处世袭的意义和后世祖父传位于其子孙之意是不同的。说见下文。

"王"是当时全部族的政治上的最高职位;其职务也是世袭的。王静安先生据卜辞研究商之帝系,对于商之继统法得一极有价值的结论。他说:

> 商之继统法,以弟及为主,而以子继辅之,无弟然后传子。自汤至于帝辛,二十九帝中,以弟继兄者凡十四帝;(此据史记殷本纪:若据三代世表及汉书古今人表,则得十五帝。)其传子者,亦多传弟之子,而罕传兄之子。(?)盖周时嫡庶长幼分贵贱之制,商无有也。(古史新证:参考殷周制度论。)

这种继统法,我叫它做氏族制度的继统法。为什么呢?因为这种"以弟及兄,以子继辅",嫡庶长幼不分贵贱的继统法,和封建时代(西周人)的以子及父,"嫡庶长幼分贵贱"的继统法,不但在继统的形式上有个显而易见的区别,并且在"世袭"的意义上也有个很大的分别的。所以我们不能不给它一个特定的名称。

原来我们平常所谓"世袭"的意义即是传位于其子孙的意思,周之继统法——从元后至于诸侯——所含的"世袭"意义便是如此。至于商之继统法虽亦带有"世袭"的色彩,但其"世袭",并非是传位于其弟或子的意思。检卜辞,数见"卜王","求王"之记,如云:

> 癸卯卜王十二月(殷虚书契前编卷五第三九页)
>
> 丙申卜王(殷契征文典礼第三版;此骨上四见"卜王"之文)

癸未卜王(同上第二版;此骨上三见“卜王”之文)

己未卜王(同上第三版;此骨上二见“卜王”之文)

庚子卜王(殷虚文字第十六页)

甲申卜王(殷虚文字第三十三页;又四十九页及五十页凡三十余见)

辛酉卜[illegible]贞季求王(殷虚书契前编卷五第四十页)

辛亥卜□贞季求王(同上)

“卜王”即卜嗣王。(王襄说;见殷契征文考释)“卜王”是一种“王”的选举法。大概当时嗣王是由卜以产生的。

卜辞有“王族”;“王”是在“王族”内选举出的,是在“王族”内世袭的;其世袭法,不是由前王传位于其子弟,乃是缺出时又从新选举——用卜来求选。从卜辞中所见商先王的世数,(看王静安先生的古史新证十六)去推测当时商人的“王”的继袭形式,大概是当王位缺空时,例须选举“王族”里最亲近的人继任。案照当时氏族组织的亲族关系,以前王的兄弟辈为最亲近的人员,而前王的儿子辈则为次级最亲近的人员。所以从继统的秩序看法,是“以弟及兄,以子继辅”;然而王位虽是依此法则顺次选袭,但必须经过一种卜的手续。

不但王位的世袭是如此,我疑当时各氏族的最高职位的世袭亦是如此。

* * * * * * * * * * * *

当时社会的组织单位为族,在此种以族为组织主要单位的氏族社会中,“家”是不能存在的。从家制的发展史上看去,它虽是在族的胎里育孕成的;但是在族制的极盛时期,“家”是绝对不能成为社会的组织单位,所以我们不能说“家”的存在。考古代家制的成立当在西周以后。书大诰云,“弗吊天降害于我家”,酒诰云,“永不忘在王家”,不𡢁敦云,“臣五家,田十田”,诗之言“家”则更多。大概西周以后,是家制的发展时期,那时“国之本(已)在家”而不在族;“家”已取得从前族的地位,而成为社会组织的单位了。

或以卜辞有“家”字，疑商人的族和后世的族一样，是一种集聚若干个“家”而成的团体，其实不然。我们可看卜辞中所记的“家”的意义。

我勿巳家[illegible]帝降若(殷虚书契前编卷七第三十八页)

我勿巳家[illegible]帝降[illegible]若(同上)

“家”字，从豕，或从亥。吴大澄说，“凡祭，士以豕。古者庶人无庙，祭于寝，陈豕于屋下而祭也。”(说文古籀补卷七第五页)从卜辞里看去，“家”和“室”的性质是差不多的，兹各举例以作比较：

[家]缺[illegible](疑俘字)于母辛家[illegible]酒(下略)(前编卷一第三十页)

庚子卜家，昱辛丑之吉[illegible](前编卷四第四十页)

丁酉卜家贞今月(契文“夕”“月”通用)亡卟凤(风)(殷契征文天文一)

己丑卜家贞雨庚寅凤(风)(同上十二)

贞其之[illegible]于[illegible](他辞作[illegible])家其(下缺)(藏龟拾遗第一页)

[室]甲戌王卜太甲室(龟甲兽骨文字卷二第一页)

贞昱辛未其之于血室□三大[illegible]九月(藏龟百七六页)

贞告[illegible](执)于南室三宰(殷虚卜辞二三九)

贞酒□于血室[illegible]丈(藏龟第五十页)

壬辰卜贞[illegible]司室(前编卷四第二十七页)

室是庙室，(罗振玉殷虚书契考释一〇二页)即供奉祖先的祠庙。家亦是一种祠庙；“母辛家”即母辛的祠庙，“甲家”即甲的祠庙。

我以为，商人当时族的形式和后世族的形式不同的；因为后世的族，乃是一种宗族，而那里的族乃是一种家族。

考家族和亲族制度是有因果的联络关系的。从家制的史的发展上看去,有了某种特殊的家族形式,便会有某种特殊的亲族制度与之伴生;当着家族起了根本变化之时,它便会随之而来起根本的变化的。所以我们可看商人的亲族制度。

* * * * * * * * * * * *

近人考察商人的家族制度,谓商人"家族亲属之称其见于甲骨文者,与今世无异。"如夫妻父母儿女兄妹等字用意与今同,此见当时已有极完备之家族制度。父之父曰"且",即"祖"字;子之子曰"纾",即"孙"字,此外又有"侄"字,"叔"字。……尔雅称父曰考,母曰妣,而曲礼则称生曰父母,死曰考妣;……今甲骨文中称妣某者颇多,而考某者尚未发现。尔雅称曾祖之考为高祖。甲骨文中高妣高祖二名词均已发见。(见陆懋德的由甲骨文考见商代之文化;清华学报第四卷,第二期。)其考察实多误谬。凡是研究过社会史的人都知道家族亲属的制度是常常变动的;社会由低的程阶发展到高程阶,它也随着由低的形式进步到高的形式的。所以卜辞里虽见有夫妻父母兄妹……等字,然而我们决不能贸然承认当时"家族亲属之称……与今世无异",而断定"当时已有极完备之家族制度",更不能摭取秦汉时人的解释无条件的附会上去。否则岂非把家族亲属制度弄做永古不变的东西了吗?我们知道一个字,或是一种名称,或是一种制度,它所包含的历史范畴是非常复杂的,我们必须考察在各时代的性质与意义。

从卜辞里看去,当时商人的家族形式及亲族关系和后世颇多异差之处。商人当时的族大概是一种宗法的家族,包括一群自由民(族的氏员)和奴隶(看本文第四奴节)组织成的,统治于家族之长的权力之下的。考卜辞,夫妻之外有"妾"字如云:

王亥妾(藏龟百〇六页)

示壬妾(藏龟之余五页)

之已妾[illegible](前编卷四第二十五页)

辛丑卜于允妾(后编卷上第六页)

说文谓妾乃“有举女子给事之得接于君者”,此属后起之事实。卜辞屡见“女俘”之记;大概当时人以女俘为妻,称为妾。“王亥”,“示壬”等均商之先王先公——从王族看去,即是王族之长。此种家族之长大概是过度多妻的生活的。卜辞云,“登丑丑王宰而示癸妾妣甲”,“示癸”之妻为“甲”,又另有妾。

商人亲族制度中有一特殊的现象,即父母的称呼。照当时的习俗,兄弟的儿子称伯父与叔父均呼为父,称伯母与叔母均呼为母。所以在祭祀或贞卜时,向一人则云父某或母某,向众父则云“多父”,或连云父某父某或母某母某。如记:

戊子卜于多父旬(卷一第四十六页)

甲申卜王[illegible]卫[illegible]多母(卷八第四页)

父甲一牡,父庚一牡,父辛一牡(后编卷上第二十五页)

□□之母甲,母辛,(卷一第二十八页)

或谓“多父”,乃人名。案,或说非是。“多”字,有“众”意。卜辞屡云“多后”,(前编卷二第二十五页,殷虚卜辞第二十九页,后编上第二十页)与“众祖”(后编卷上第四页)之意同。又屡云“多鬼”,(后编下三页,殷契征文杂事五六)或云“多射卫”,(前编卷五第四十二页)或云“多豕”,(殷契征文杂事五六)皆有“众”意。故“多”即许多的意思。所以“多父”即诸父,“多母”即诸母。“父者,父与诸父之通称”,(用王静安师语)母者,母与诸母之通称。(案,近易州出句兵,其一曰,“祖日乙,大父日癸,中父日癸,父日癸,父日辛,父日己”。)

反之,则诸父呼其兄弟的子女,必与其自己的子女同。

卜辞虽有“叔”字,但其性质与意义和后世不同。卜辞云,

贞[illegible]叔于[illegible]□(前编卷一第三十九页)

丁酉卜[illegible]贞多[illegible]来叔[illegible]王曰余其[illegible]□王□(后编下第十三页)

弗叔(卷十七页)

“叔”字,卜文作“”,作“”,作“”,吴中丞谓象人执弓矢形,故“叔”为男子之美称。案,叔与伯在当时均为呼人的尊称。卜辞有“伯”,“伯”,与上文之“叔”,“来叔”,疑同为人名。又案,古金文“叔”字与淑善的“叔”字通用,其形与卜辞诸文略同。(见,卯,人钟)。则“弗叔”,当云“弗淑”。

卜辞有“侄”,作“”,从女。从卜辞里看去,其时的“侄”与后世叔侄的侄字之意是不同的。卜辞屡见“帚侄”云云,与他辞言“帚妹”,“帚婐”,“帚井”等之事相当。试各举例,以资比较:

[帚侄]己亥卜王余弗其已帚侄巳(前编卷一第二十五页)

乙卯(缺)帚侄(缺)奴壬(缺)(卷四第二六页)

[帚妹]乙未帚妹示矛(殷虚文字三十五页)

[帚婐]贞帚婐之子(卷三第三十三页)

贞帚果(婐)(卷四第四十一页)

贞帚婐于母婐(卷七第十七页)

甲子卜贞帚婐奴三月(殷契征文典礼一百二十一)

[帚姘]帚井(姘)示七矛(殷虚文字第三十五页;又殷虚卜辞二三三一版)

贞帚姘(殷虚征文典礼一百十七;又一百十八)

贞乎帚姘(前编卷二第四十五页;又卷四第三十二页)

[帚嫀]自己未帚嫀示(前编卷下第二十七页)

“帚”字,卜辞叚为归;说文“归,女嫁也”。诗周南言“之子于归”。卜辞屡见帚某示;如云,“甲午帚妇示”(后编卷下第二十七页)又云,“帚羊妻”。(卷七第十七页)“帚婐”,“帚姘”,“帚嫀”的实际意义,现难考,“帚妹”,(易泰有“帝乙归妹”之诏;左传僖十五,“遇归妹之睽”)即嫁妹之意。

我疑侄当是当时诸女之通称。白虎通嫁娶谓"兄弟之女则谓之侄";国语周语有"则我皇妣大姜之侄",注云,"侄是妻之兄女";尔雅释亲云,"侄之子曰归孙"。其言大概都滚上有后世的家族制度的意义;但以侄为女之名称当是古义。从商人的亲族制度看去,侄当为诸女之通称:别而言之,则曰某之女;(如云,"缺卜乎□甲之女父□",缺寅卜乎□缺之女,见殷虚文字第三十八页。)混而言之,则曰"侄"。"帚侄"即女嫁之通称,"商人自王父以上皆称祖"。(王静安师说)在祭祀时,如祭某祖,即云。

丁卯卜贞宾祖己翌日[illegible](前编卷一第二十三页)

丁巳卜贞宾祖乙爽妣巳彤日亡丈(卷一第三十四页)

己巳卜贞王宾祖庚彤月亡丈(卷一第十九页)

如祭众祖,则云,

祖辛一牛,祖甲一牛,祖丁一牛(同上第二十六页)

甲辰卜贞王宾[illegible]祖乙祖丁祖甲康祖丁武乙衣亡丈(同上第二十页)

或云,

己卯卜贞帝甲□□其众祖丁(后编卷上第四页)

癸丑卜□贞王宾□自上甲至于多后衣亡□(前编卷二第二十五页)

丁酉卜贞王宾□自上甲至于武乙衣亡丈(后编卷上第二十页)

癸卯卜[illegible][illegible]贞乙巳自甲廿示一牛二羊□[illegible]三示彘牢四示犬(殷虚文字第一页)

卜辞"帝"字有三义:一指天帝,如云"贞帝弗若",(藏龟第六十一页),"王召于上帝费(缺)",(同上第一百九十一页)"帝不令雨";(同上一页二十三页)一假为禘,如云,"贞方帝卯一牛之南",(前编卷七第一页)"会方帝",(甲骨文字卷一第十一页)"甲寅其帝方一羊一牛九犬";(殷虚卜辞第七百十八版)一与王同意;商人习例,"生(皆)称王,死(或)称帝",(见俞樾的群经平议）上例便是。“商甲”之“帝”与“祖”同意，乃王先生说。我疑此帝或禘意；“帝甲”与“帝方”同。商人无称其祖为帝者。帝乙与帝辛，乃卜辞时代以后之商王；其称为帝，乃后人所附加。“后”与“後”，古一字；或用为祖，如盘庚中云，“古我前后”。“女曷不念我方后之闻”，“高后丕乃崇降罪疾”。上例“多后”的“后”字，与盘庚所见义同。王静安师谓商人于人鬼称为“示”；“自甲廿示”；谓自上甲以下先王共二十人。（见殷虚文字考释第五页）我意，“示”亦与祖同意。卜辞有“示丁”，（书契菁华）“示壬”，（前编卷一第一页凡七见）“示癸”。（卷一第二页，凡七见）“自甲廿示”谓自甲以下廿祖。“二示”，“三示”，即二祖，三祖。

又“须加区别时，……［即］以数别之”，（王静安师语）如云。

> □□于三祖庚（前编卷十九页）
>
> 四祖丁（后编卷上第三页，凡三见）
>
> 辛巳卜大贞之自甲元示三牛二示一牛十三月（前编卷三第二十三页）

或以大小，或云“后”，或加特号别之；如祀小乙，则云“小祖乙”，（殷虚文字第三页），如祀武乙，则云“乙丑卜□贞寅后祖乙□亾文”（殷墟文字第三页），“贞后祖乙古牝四月”，（同上）“甲□□贞翌乙□緬肜日于后祖乙”。（后编卷上第二十页）如祀康丁，则云“丁卯卜贞王宾康祖丁”，（后上编第四页）如祀武乙，则云，“甲辰卜武祖乙[illegible]其牢”。（卷一第八页）

据上，知商人当时对于王父以上诸祖的亲属关系尚未有所区分，只混言之为“祖”而已。

此外，卜辞有“高祖”之称，例如：

> 癸卯卜□贞□□高祖王亥□□□（后编卷上第二十一页）
>
> 高祖亥（上下缺）（殷虚文字一页）
>
> 高祖夋（罗氏拓本）

高祖乙(后编卷上第三页)

卜辞称"高祖"者惟夋,亥,乙(即大乙,即成唐)。此三人皆商人的远祖,所以"高祖"乃指其族的远祖而言。

考古人自祖以上通谓之妣。古金文及经文多以妣对祖而并言之。齐镈有"用高用孝于皇祖圣叔,曾妃圣姜,于皇祖又成惠叔,皇妃又成惠姜";诗有"似续妣祖","烝畀祖妣";易有"遇其祖,遇其妣"。(参看顾炎武日知录[妣]条)考之卜辞,亦祖与妣对称。大概商人自王母以上皆称妣。卜辞云:

丙寅卜贞王宾大乙奭妣丙翌日亾又(前编卷一第三页)

□卯卜贞王宾武丁奭妣辛翌日亾尤(同上第三十七页)

辛丑卜贞王宾大甲奭妣辛肜日亾尤(同上第五页)

己丑卜贞王宾祖丁奭妣乙肜日亾尤(同上第十七页)

丁巳卜贞王宾祖乙奭妣乙肜日亾尤(同上第三十四页)

戊午卜贞王宾祖甲奭妣戊[illegible]亾尤(同上第三十三页)

□戌卜贞王宾示癸奭妣□[illegible]日亡尤(卷一第二页)

庚辰卜贞王宾示壬癸奭妣甲翌日亡尤(后编卷上第一页)

甲子卜贞王宾示癸奭妣甲□亡尤(同上)

此外,卜辞亦有"高妣"之称,例如:

贞之于高妣巳(前编卷一第三十四及第三十五页)

贞[illegible]于高妣巳御(卷一第三十四页)

贞之于高妣庚(卷一第三十六页)。

贞[illegible]于高妣巳高妣庚(同上)

"高妣"之地位与"高祖"相当,亦指其族的远祖而言。

(未完)

商民族的氏族社会（再续）

四　社会阶级

商人社会的物质基础及其社会组织的形式，已如上文所述。现在我们再观察那和这种特殊的物质状态相适应，而成为全社会构造上的骨干之阶级关系。

从卜辞里看去，商人的社会已有两个身分与地位不同的阶级：奴隶与主人。同时，这主人阶级中又分出许多不同的等级，其身分与地位也有各种各样的等差。

这些阶级的差别关系的成立，从表面看去，好像只是一种纯粹起于自然（Natural）的社会现象，其实哩，那关系的深处实隐藏有一个经济的，职业的基础。

*　*　*　*　*　*　*　*　*　*　*　*

戊戌卜大□奴（殷虚文字第三十三页）

三月奴（同，卅五页）

甲戌卜□奴（藏龟之余第二页）

□辰王卜在妣奴□日吉在三月(殷虚书契前编卷二第十四页)

丁卯行帚侄奴壬缺(同书卷四第二十六页)

丁酉卜宾贞帚奸奴(殷虚征文典礼一百十五)

缺卜贞帚姘奴行缺其佳庚奴勺辛行缺允奴二缺(同书一百十七)

壬午卜贞帚耕奴(同书一百十八又同)

贞帚行媃行不其奴(同书一百二十)

甲子卜贞帚媃奴三月(同书一百二十一)

丙午卜贞媃奴(殷虚书契前编卷四第四十一页)

丙午卜王□□往媃奴□(同上)

“奴”字,卜辞作“”,从又从女,我初疑为女奴。(许书“奴”,古文从人,篆文从女。)但从卜辞中看去,实为各种仆隶的总称。

“奴”在当时社会里的身分和地位是极低极贱的。从上所举之例看去,他们简直同牛马一样,是一种货物,可以由这个所有者转赠给别个所有者的。

这种“奴”大都是由战争所得的俘虏。

卜辞屡见证征俘之事,如云:

癸丑卜贞(古掙字)及方(殷虚书契前编卷七第二页)

(上缺)四日庚申亦之来嬉自北子□告曰甲辰方(罗振玉释证。)于俘人十之五人戊申方亦俘人十之六人六月在□(书契菁华)

□戊俘佳奴帚(藏龟拾遗八页)

俘人为奴的风俗大概发生甚早。不过,在最初,俘奴多半是处死的;在一部落中，有时虽保留有少数的俘奴，但并没有形成一种特殊的奴隶阶级。

据社会学者的研究，有许多野蛮民族常有一种“杀人作祭”的风气。近人 David son Black 在他的书里，会说及与河南仰韶村相近之文化层的奉天沙锅屯洞穴人，曾有用人做祭祀的牺牲的痕迹。（看 The Human Skeletal Remains from the Sha Kuo Tun cave deposit，P. 21.）卜辞亦屡见“用俘艮之人僇以代牲”的事。例如云，“贞十羊，贞五人”（殷虚文字第二十五页）又如烄奴以贞雨，

贞（烄）奴之从雨（殷虚书契前编卷五第三十三页）

奴贞其雨（同上）

又如用俘以祭祖，

□酉卜之□祖甲用艮（藏龟拾遗第一页）

乙酉卜祖丁丁用二艮（同上）

可见当时商人还有那种野蛮民族“以人为祭”的风气。但是这种风气想必是古代的特殊遗俗，或非当时商人处置俘虏的通常习惯。

当时商人大概是降俘为奴，使充任肩事一切劳苦的，鄙贱的职务的。

贞日乙酉小臣（下略）（殷虚书契前编卷二第二页）

□子小臣中（殷虚书契前编卷四第二十七页）

贞在丝小臣令（同上）

辛巳卜贞王其□小臣□亾册商□王弗□（同上）

其小臣令王弗（同上）

小臣（甲骨文字卷下第二十五页）

允行之元臣（十臣）（殷虚书契前编卷四第三十二页）

“臣”是一种男奴。左传僖十七年云，“男为人臣”。

“臣”字，卜文“[illegible]”。说文臣条云，“牵也，象其屈服之形”。庄子谓“擎跪曲拳，人臣之事也。稽颡，服之甚也；肉袒，服之尽也”。大概当时降服俘虏使任事各种贱役，叫他们做“臣”或“小臣”。(克鼎有“锡女史，小臣，[illegible]鼓钟”一语)

商书微子之命云，“商其沦丧，我罔为臣仆”。卜辞中亦有“仆”，(殷虚书契后编卷七第二十页)也是一种“俘奴之执贱役者”。(殷虚文字类编第三第六页)

女奴曰“妾”。卜辞云，“之巳妾[illegible]”，(殷虚书契前编卷四第二十五页)“辛丑卜于□妾”。(殷虚书契后编卷上第六页)案，左传僖十七年，“女为人妾”。又案，易遯九三，“畜臣妾吉”。书费誓，“马牛其风，臣妾逋逃”，又云，“窃马牛，诱臣妾”。将臣妾与马牛对举，足见臣妾的身分与地位之低贱。说文“妾”条云，“有[illegible](?)女子给事之得接于君者”。卜辞有“壬亥妾”(藏龟百零六页)“示壬妾”(藏龟之余五页)“癸丑王[illegible]宰示癸妾妣甲”，(藏龟拾遗第一页)大概古代人以女俘为妻，称为“妾”。

卜辞又有云，“贞小女[illegible]奚”。(前编卷一第三页)“奚”亦女奴。“奚”字，卜辞文作“[illegible]”，或作“[illegible]”，皆象女首系索之形。

考金文中有云：

> 易(锡)女[illegible]家[illegible]田于畯，以厥臣妾。(克鼎)
>
> 易(锡)弓一，矢束，臣五家，田十田，(不[illegible])
>
> 用五田……用臣曰勇曰郑……(曶鼎)

“臣”指耕奴。检卜辞，亦有云：

> 己亥卜令[illegible]臣(殷虚书契前编第六第十七页)
>
> 己亥卜贞令[illegible]小[illegible]臣(同上)

“[illegible]臣”与“[illegible]臣”，罗振玉氏释为“埽臣”，(殷虚书契考释一百七页)非是。我友徐中舒君据令鼎的“[illegible]”字，释“[illegible]”，“[illegible]”为“藉田”之“藉”字。案“藉”古或作“耤”。“[illegible]臣”，“耤臣”，即“耤臣”。藉臣即是耕奴。

耕奴制度的发生大概与当时的经济状况有关系的。商人当时是在一种低等农业的经济生活时代；在这种经济状况之下，是奴隶制度最有盛行的可能性的。因为在那时候，农业是最需要人力的，常须以人工的多寡来断定农事的丰歉的；因之奴隶制度便在这种物质生活的生产条件之下盛行了起来。（这也是世界各国的奴隶制度发达史上一种共同的事例。）

大概当时各氏族都拥有大群的耕奴。奴制已成了当时的劳动组织的一个重要基础。所以从经济社会发展史看去，商人的时代已是一种奴隶经济的时代；而其社会已是一种奴隶制度的社会。

* * * * * * * * * * * *

奴隶是当时社会里的重要的生产阶级，也就是被压迫的阶级。在奴隶阶级之上就是主人阶级。

这主人阶级中，又分为贵族，卫士与部民。

盘庚里的“民”，便是指这种“部民”。盘庚中记此阶级的身分与地位甚明。我们可看那故事大略：

> 盘庚作，惟涉河以民迁。乃话民之弗率，诞告用亶。
>
> 其有众咸造，勿亵在王庭。
>
> 盘庚乃登进厥民，曰：“明听朕言，无荒失朕命！古我前后罔不惟民之承保。……不怀厥攸作，视民利用迁。……予若吁怀兹新邑，亦惟汝故以。……用奉畜汝迁。……
>
> 予念我先神后之劳尔先，予不（从熹平石经改）克羞尔，用怀尔然。……古我先后既劳乃祖乃父，你共我作畜民。汝有戕则在乃心；（散氏盘有“予有散氏心贼则爰千罚千”，与此处文句略同）我先后绥乃祖乃父，乃祖乃父乃断弃汝，不救乃死。……
>
> 往哉生生！今予将试以汝迁。……”（节中篇语）

“民”大概是本部各族的氏员。卜辞屡言“王族众”,“族族众”,或云“族众”。所以盘庚告诉他们的时候,屡言“劳尔先”,“劳乃祖乃父”,“绥乃祖乃父”。

民是本部的自由民。他们在社会里的身分与地位是和奴隶不同的,比较自由得多。所以盘庚“惟涉河以民迁”,但他们恐怕到那新邑后“不适有居”,居然敢“弗率”,敢“荒失”王命。

但是这种自由民,在社会上也是处在隶属者的,被治者的状态。他们所负的经济职责或许也和奴隶差不多。从卜辞里看去,他们也是当时社会的一种劳动的,直接生产者阶级。

* * * * * * * * * * * *

在自由民阶级之上,依据各种职掌的关系,又形成了一种尊贵的,支配的治者阶级。这种治者阶级,我们可称为“贵族”。但是当时的“贵族”和西周与春秋战国间的“贵族”是不同的。因为那时代的“贵族”在政治上与经济上并非有什么特别权利的;不过以其职掌的关系,因之其身分与地位在社会上比较高贵些罢了。

从前的学者总是把当时的“王”看做后世的“帝王”,其实当时的“王”,和后世的“帝王”是不同的。

从卜辞里看去,“王”是当时各族所共推戴的一个最高领袖,是一切政事上的措施者,是对外战争时的军事首领,是全族祭祀时的主祭代表,是经济上生产与分配的主持者。

盘庚中有云,“邦伯,师长,百执事之人”。卜辞有“侯”:或言某侯,例如“□侯”,(前编卷二第二页)“□侯”,(又卷五第十四页)“□侯”,(卷五第九页)“犬侯”(卷下第五十一页)“□侯”,(后编卷下第四页)“禾侯”,(又第八页)“□侯”(藏龟二百五十一页)等:或言侯某,例如“侯喜”,(前编卷四第十八页殷虚卜辞第一百五十四页)“侯光”,(又第四十一页)“侯□”,(卷六第十七页)“侯□”,(后编卷下第五页)“侯□”,(藏龟第一百六十八页),“侯□”(甲骨文字卷二第二页)等。又有“伯”,例如“儿伯”，“[illegible]伯”，“[illegible]伯”。又有“正”，例如“田正”，（藏龟第六十六页）“兽正”，（后编卷下第一页），“圃[illegible]正”（前编卷七第二十页）等等。

王静安先生作殷周制度论，言商人无封建之制，为古史开一新局面。但一辈“泥古”的学者们，习惯于传统的历史观念，总是把卜辞里所见的“侯”，“伯”解作含有封建意义的，有封土的侯伯之国。其实，从卜辞里看去，侯与伯，不过是一种呼人的尊称，和封建时代有领地的“诸侯”是不同的。大概对于当时各族的负众望的“族长”，或各种执事的领袖，（卜辞云，“令多子族从虎侯[illegible]鲁[illegible]王史”（史借为使），“令多子族从犬侯[illegible][illegible]王事”，可以为证。）尊称之为侯或伯的。

至于“正”，乃是各种职司的尊称。“田正”，卜辞云，“壬戌卜贞王往乎田正”，（左昭二十九年传，“稷，田正也”，国语周语，“民之大事在农，故稷为大官”）是掌司农事者。“兽正”，卜辞云，“丁卯缺兽正毕获[illegible]百，[illegible]二百十四，豕十，[illegible]一”，是掌司田狩之事。“圃[illegible]正”，卜辞云，“癸卯卜[illegible]贞[illegible]圃[illegible]正”，是掌司囿圃者。

侯，伯与正，因其职掌上的关系与机会，在社会上遂获得自由民以上的身分与地位。

> 壬辰卜大庚令[illegible]令[illegible]官卫（殷虚书契后编卷下第二十四页）
>
> 多卫（殷虚书契前编卷一第三页）
>
> 多[illegible]（射）卫（同书卷五第四十二页）
>
> 虎卫（甲骨文字卷一第二十九页）
>
> □未卜[illegible]令多[illegible]（射）卫（殷虚书契后编卷下第二十六页）

“卫”即卫士。卜辞又云：

> 贞[illegible]卫从[illegible]北（殷契徵文人名七十九）
>
> 贞[illegible]卫从[illegible]北（同书八十页）

贞勿□卫(同书八十一)

(缺)午卜壬其□卫目(殷虚文字第四十页)

甲申卜□卫(后编卷下第十一页)(缺)午卜壬其□卫目(殷虚文字第四十页)

甲申卜王□卫□多母(前编卷八第四页)

丁酉卜□卫田九月(殷契征文人名八十二)

"卫"即卫护之意。

卫士是以悍御外侮,或侵掠他族为务的"虎贲"之士。卜辞云,"壬辰卜大庚令□令□官卫","□",与"□"皆人名。"令官卫",即命令他们充任卫士之意。当时是一种崇尚攻伐侵掠的世界,所以对于这种勇武犷悍的"虎贲"之士是极敬畏的。大概这种卫士是受"王"和各"师长"指挥的。

这种卫士本是以保护部族的安全为职责的。但只因为与王或师长接近的原故,便逐渐的成为社会上一种特殊的阶级等。到了封建的时代,这种"赳赳武夫"便只是"公侯干城"与"腹心"了。

* * * * * * * * * * * *

最后,我们还要提一提当时那一辈解释自然界现象的意义和创造一切崇拜的原理与仪识的知识阶级。

当时的知识阶级为巫,为祝,为史。

巫(铁云藏龟第百四十三页)

巫(行)三百(殷虚书契后编卷下第四页)

巫是与神交接者。卜辞"巫"作"□"。"从门,象巫在神幄中;□,象执事于神。"(罗振玉殷虚书契考释第五巫字条)国语楚语记:"古者民神不杂。民之精爽不携贰者,而又能齐肃衷正;其智能上下比义,其圣光远宣朗,其明能光昭之,其只能听彻之:如此则明神降之。——在男曰觋,在女曰巫。”

巫之降神以舞。(“舞”,卜辞作“”,象人执牦牛尾而舞之形。)如“雩示”,(请雨之祭;见殷虚书契后编卷下第十三页,又殷虚卜辞二三五七版。)卜辞记云,

> 贞舞允从雨(殷契征文天象四十五)
>
> 丙辰卜今日舞之妣乙不舞(殷契征文典礼三一)
>
> 乙未卜今月(夕)舞之从雨(殷虚书契前编卷三第二十页)
>
> 戊申卜今日舞之从雨(藏龟拾遗第七页)
>
> 庚申卜贞舞从雨

“”与“”,切舞名。大概当时凡遇有大旱,则由群巫舞祭,以祈甘雨。

> 己丑贞大祝(殷虚书契前编卷四第十八页)
>
> 昱丁亥甲祝(殷虚书契前编卷七第三十一页)
>
> □贞祝□(同书后编卷六第三页)
>
> 卜宾示祝(同书后编卷下二十三页)
>
> 乙巳王贞□祝下略(龟甲兽骨文字卷二第二十五页)
>
> 庚子卜喜贞王祝(殷虚征文贞类六)

祝与巫不同,祝是祭主赞神者。卜辞“祝”作“”,作“”,或作“”。“从,殆从从;,象灌酒于神前。……从,象手下拜形。”(罗振玉殷虚书契考释第五祝字条)国语楚语记,“是使制神之处位次主,而为之牲器时服。而后使先圣之后之有光烈,而能知山川之号,高祖之主,宗庙之事,昭穆之世,齐敬之勤,礼节之宜,威仪之则,容貌之崇,…… 而敬恭神者以为之祝。”

告神与祈福亦祝之职司。卜辞有“正”,(殷虚书契后编卷下第四十页)或疑即“大祝”。(契枝潭卷甲官字条)案,或说是。“”本有

“告”之意,卜辞云,“𠕋于父乙[illegible]彭”。(殷虚征文帝系一四)卜辞告俘,祈福,皆言“𠕋”,如云“𠕋俘”(殷虚书契前编卷四第三十四页)或云“贞福于匕己𠕋抑卯牢”。(殷契征文帝系二二三)疑“𠕋正”或即大祝的异称。

乙丑卜出贞大史(殷虚书契前编卷四第三十四页)

其[illegible]大史奈令(殷虚书契前编卷五第三十九页)

贞召[illegible]王史(殷契征文人名九人,又九九,又一百。)

戊子令史[illegible](前编卷八第四页)

丙午卜宾贞召弗其[illegible]王史(缺)(殷虚征文人名一百一,又一百二)

贞于来丁酉酒大史易日(同书典礼四,五,六,七,八,九,十,十一,十二,十三,十四,十五)

“史”,说文云,“记事者也”,玉篇云,“掌书之官也”,此皆后起之事实;若以古之“史”为后之史官,则误。从卜辞里看去,“史”或“大史”是当时占时的人,司卜的人和记神事的人。

卜辞屡言“大史易日”,又云:

不易日(殷虚文字第十七页)

己卯卜[illegible]贞翌庚辰易日(同上第十四页)

贞翌丁亥易日(同上第九页)

乙亥易日(同上第二页)

甲戌易日(同上)

甲辰卜易日乙己允(缺)(同上)

王静安师疑“易日”为祭名,恐非是。我疑“易日”,即“占日”。国语周语云,“古者太史顺时视土,阳瘅愤盈,土气震发,农祥晨正,日月底于天庙,土乃脉发。”可知古者大史实司占察天时,检定农作的时日之事。“大史易日”与此说正同。大概占时是当时大史的职司之一。

大史司卜事，国语左传均记之。（如晋语言史苏占卜；左传屡记大史司卜。）古代人凡遇大事，必先“谋及卜筮”（书洪范）而大史实司卜事。卜辞为商人卜时命龟的刻辞。分计卜辞所记贞卜事类，为卜祭，卜田渔，卜年，卜出入，卜风雨，卜征伐等，知当时人无论做什么事，都须问决于卜的。商人“卜以龟，亦以兽骨。……凡卜祀者用龟；卜它事皆以骨。……其卜法，削治甲与骨，令平滑，于此或凿焉，或钻焉，或既钻更凿焉。……此即诗与礼所谓契也。既契，乃灼于契处以致坼，灼于里则坼见于表：先为直坼，而后出歧坼，——此即所谓兆矣。……兆形甚多，略示如下：[illegible]。……于以观吉凶。”（见罗振玉殷虚书契考释卜法第八）

说文谓“史，记事者也。”记事当云记神事，非记人事。商人习例，卜后，“并刻辞于兆侧，以记卜事”。其事疑亦大史所职司。

五　自然崇拜与祖先崇拜

卜辞为商人卜时命龟的刻辞。从卜辞的贞卜事看去，知当时人对于生活上及行为上，（如渔捞，如游牧，如农事；如征伐，如出入，如归嫁等）均不敢自专，必须取决于鬼神。所以当时人除了营谋生存的事业外，而以祭祀的讲究为最重大的事件（统计卜辞贞卜事类，以卜祭者最多数）。

祭祀乃是崇拜心理的反映。考卜辞所见祭名甚多，其所知者有宗，禘（帝）烝，肜日，肜月，[illegible]日，[illegible]，祭，叔，酒，羹，品，衣，[illegible]（或释求：疑亦祭名），伐，狸，沈，卯，翼，勺，俎等等。（看罗振玉殷虚书契考释礼制第七及叶玉森揅契枝谭卷甲祭名条）又其记用牲之数，少则一二，多至三四百，从这种复杂的祭礼中可以看出当时人崇礼鬼神的心理实极为狂热。

从其祭祀中去考察当时人所礼拜的鬼神，约可分成两事：一是礼拜自然（Nature Worship）；一是崇敬祖先（Ancestor Worship）。

*　*　*　*　*　*　*　*　*　*　*　*

自然现象的礼拜，是由于人类对于自然势力的自感觉得荏弱之结果。换句话说,这种崇拜观念的发生,是起于生产的社会的关系之在最初形态——个人孤立经济的结果。到了牧农并行的,原始共同经济的时代,人与人及人与自然间的物质生活圈子仍以狭隘的事物做条件的时候,这种崇拜观念后随着其劳动方法上的变革,渐渐的由低的程度进到高的程度,由简的形式进到繁的形式。世界各民族的自然崇拜及其他民俗的宗教,其发生与进展的原因,都可从这原则去解释的。

商人对于自然礼拜的隆热及其祭仪的繁杂,其原由亦在此。

* * * * * * * * * * * *

当时人所最崇敬的是天。

卜辞云,

> 贞帝弗若(藏龟第六十一页)
>
> 帝不令雨(同一百二十三页)
>
> 王召于上帝弗(缺)(同一百九十一页)
>
> 帝命雨正年(前编卷一第五十页)
>
> 贞帝命雨弗其正年(同上)
>
> (缺)□贞令三月帝命多雨(卷三第十八页)

“帝”与“上帝”均指天而言。又盘庚云,

> 后(指前后)胥戚,鲜(斯)以不浮(浮读为佛,违也)于天时。
>
> 予迓续乃命于天。
>
> 肆上帝将复我高祖之德,……
>
> 恪谨天命,……罔知天之断命……。
>
> 天其永我命于兹新邑。

从以上文意去推测,知当时人心中所崇拜的天——上帝,并不是一种抽象的精神的偶象,乃是把天——上帝——看作一个有意志的,能喜能怒能作威福的,具有超人的能力而操握人间一切事的主宰。

当时人不但把那“苍苍者天”看做一个主管宇宙的大神,便对于雷风等等自然的现象也都看做具有超人的能力的神祇。

卜辞屡见"雷妃"之记，如云，

> 辛丑卜[illegible]贞雷妃不[illegible]（前编卷四第二十四页又见后编上第十六页）
>
> 乙丑卜宾贞□雷妃（同上）
>
> 贞幼雷妃于龙（藏龟拾遗三）

雷妃即雷神。

卜辞又有"祭风"之记，如云，

> 甲戌贞其[illegible]凤三羊三犬三豕（殷契征文典礼十六）

卜辞"凤"均假为"风"；"[illegible]"为祭名。

* * * * * * * * * * * *

诗甫田云，

> 以我齐明，与我牺羊，以"社"以"方"。我田既臧，农夫之庆。琴瑟击鼓，川御"田祖"，以祈甘雨，以介我稷黍，以杀我士女。

案，"社"即土神，"方"即郊神，"田祖"即田神。

考卜辞所祭的神祇，有社，有方，亦有田祖。

> 已酉卜贞告于田农（殷虚书契前编卷五第四十七页）

"田农，殆即殷人所祀的田神"。（见叶玉森揅契枝谈卷甲）

> 贞于土[illegible]（前编第五第一页）
>
> 贞[illegible]于土三小牢卯一牛沈十牛（同卷一第二四页）
>
> 贞[illegible]于土三小牢卯二牛沈十牛（同卷七第二五页）
>
> 贞[illegible]年于上九牛（铁云藏龟第二百十六页）
>
> 贞[illegible]于土（同上第二百二十八页）
>
> 癸亥卜又土[illegible]羊一小牢[illegible]（殷虚文字第一页）

其[illegible]于土(同上)

“土”,卜文作“[illegible]”,王静安先生据盂鼎“受民受疆土”之“土”作“[illegible]”,释“土”。卜辞假“土”为“社”,诸“土”皆“社”之假借。“社”即土神,即土地之神。卜辞又云,“贞勿[illegible]季于[illegible]土”,(前编卷四第十七页)“[illegible]土”即邦社。

(缺)用[illegible][illegible](缺)我[illegible]方(缺)从雨(殷虚书契后编卷下第二十页)

贞[illegible]方于丁(藏龟第五十二页)

丙子贞[illegible]方于岳(同上第九十页)

卜戋贞翼辛巳[illegible][illegible][illegible]于方(缺)

贞方帝(禘)卯一牛之南(书契前编卷七第一页)

[illegible]方帝(甲骨文字卷一第十一页)

甲寅卜其帝方一羊一牛九犬(殷虚卜辞第七百十八版)

贞方帝卯一牛之南□(卷七第一页)

贞方告于东西(卷一第四十八页,文再见)

贞□于东于西(同上)

贞丁东(卷一第四十九页)

贞[illegible][illegible]于东(卷三第二十四页)

己巳卜王[illegible]于东(卷四第十五页)

缺[illegible]贞尞于东五犬五羊五(缺)(殷契征文典礼十七)

甲申卜宾贞尞于东三豕三羊下略(同上十八)

贞尞于东(同上十九,又二十)

“方”有两意:一为方圆之“方”,古代称别国(应云别种族,或别部落。)为“方”,或云某方,(“方”卜辞有“土方”,“[illegible]方”,“羊方”,与“盂方”;易,盂鼎与诗荡有“鬼方”。)或单云“方”;(卜辞有“方其出”,“告方来”;易有“方来”。书梓材有“兄弟方来”。)一为方地之“方”,例如卜辞所记“北方受禾”,“西方受禾”等事。

据史书所述,古代人本有一种“祭四方”,(见周礼大宗伯,礼记祭法等书)或“郊禘”的礼俗。上文所举“[illegible]方”,“帝方”,即商人“祭四方”之礼。“尞于西”,“于西”,亦同。大概当时人祭众方,则记曰“[illegible]方”“帝方”;祭某方,则记曰“尞于东”,“于西”,或曰“方帝……之南”。

* * * * * * * * * * * *

卜辞所见神祇之名颇多,除上所述外大都不可考释。例如卜辞屡见“大示”,(卷三第二十二页)“元示”,(同上)“上示”,“西示”,(并见卷七第三十二页)均不识为何神。(示或与祖同意;如云“辛巳卜大贞之自甲元三牛二示二牛十三月”,见卷三第二十二页。但以之解释“上示”,“西示”诸条,又不可通。)

商人尚鬼,卜辞屡见“贞鬼”之记,如云,

贞[illegible](鬼)(藏龟四页)

庚缺[illegible](缺)易□(同上)

庚辰卜贞多鬼[illegible][illegible]□见(殷契征文杂事六五)

贞多鬼[illegible][illegible]言见(同上)

贞多鬼[illegible]惠行(同上)

贞[illegible]多鬼(卷四第十八页)

今日鬼[illegible](同上)

贞[illegible]鬼三(同)

* * * * * * * * * * * *

我们读盘庚三记,看盘庚强迫他的部众迁到殷去所依藉的力量,是利用祖先的威灵来控制他们。他曾再三的说:

> 予念我先神后之劳尔先,予不(从熹平石经改)克羞尔,用怀尔然。失于政,陈于兹,高后丕乃崇降罪疾,曰“曷虐我民”?汝万民乃不生生,及予一人猷同心,先后丕降与汝罪疾,曰“曷不暨朕幼孙有比”?故有爽德,自上其罚汝,汝罔能迪。
>
> 汝有戕则在乃心:我先后绥乃祖乃父;乃祖乃父乃断弃汝,不救乃死。
>
> 兹予有乱政同位,具乃贝玉:乃祖乃父丕乃告我高后,曰“作丕刑于朕子(据唐石经增)孙”!迪高后,丕乃崇降弗祥。

这些话的意思,便是说:你们大众要知道我这次迁殷完全是敬依祖先的旧法;如果你们不依从我的命令,存心反抗我,那末过去的祖先们会要“自上罚汝”,“断弃汝”,“降与汝罚疾”,“弗祥”,“不救乃死”的,到那时你们不要懊悔呀。

过去的祖先的幽灵为什么在当时人的心中有这样的威严?只因为当时是一种最崇拜祖先的时代。常时人的思想与行为是被拘束于此种祖先崇拜的观念之中,而一辈治人者便藉之以为约制被治者的唯一妙法。

案卜辞所载卜祭事类,以祭祀祖先者为最多数;其祭祀祖先的仪式与用牲之法,亦极为隆重。从而可知当时人礼拜祖先的心理,较之后世实格外强热;从而可知当时实为一种最崇拜祖先的时代。

当时的社会是氏族的社会;氏族社会的组织中心观念是血族观念。(所谓血族观念即同祖的信念)当时祖先崇拜的强热心理更是基础于这种血族观念而形成的。祖先崇拜的势力在后世的社会中仍然时时存在的,但比较看去,已不能有支配当时人心的力量:这因为那氏族关系在后世的社会中已变成一种退化的遗形物,那血族观念在后人的心中已没有当时那种纵横活动的能力了。明白这层,才可懂得当时人那样的崇拜祖先的原故。

* * * * * * * * * * * *

当时人便是在此种自然与祖先崇拜的两层迷信之中过度他们宗教的精神生活。书微子云,“今殷民乃攘窃神祇之牺牷牲;用以容,将食无灾”。“攘窃神祇之牺牷牲”,在今人视之,算不得一件什么了不得的事;但是在当时那种礼拜天神与人鬼的古人眼里看去,确可认做丧亡家国的一种原因的。

(一九二七年五月,初稿;一九二八年三月改稿。)

此文中之“经济生活之推测”一章,曾揭载于新月杂志第一卷第四号。兹承作者以全稿见赐,无任欣幸,特此志谢。又本刊第二集第十六期所载之“殷民族的社会”一文,即此文初稿之一部分,并此声明。

编者识

二程子的哲学

(一) 序论

自晋到宋这七百余年间,是中国思想史上的极衰微的时代。这七百年间可称为中国式的思想家几乎一个都寻不出来。这时是佛学输入和昌明的时期,所以第一流的思想家如智𫖮玄奘窥基慧能等,那是些和尚。宋王安石有一天曾问张方平道:自孔子孟子而后,似无人才?张说:有;有比他们还好的。王惊而不解。张乃举了许多禅师告他。在这个时期里,中国系的思想家何以一个都没有,何以有天才的人都醉心于佛学呢?这自然是因为"儒门淡薄,收拾不住"人才的原故了。直到宋仁宗后(十一世纪初期),李觏王安石邵雍张载二程子们出来了,中国的思想才重发光荣,而建设了近代哲学的基础。

这七百年间中国哲学之所以衰微,有二个原因:一为外族的同化;一为佛学的吸收和了解。

汉的大帝国分裂后,中国西北部的低等民族渐渐地强盛了。趁中原多事之秋,逐渐地向南侵展。到了东晋,中国的北部完全被这些民族占有了。这是中国的民族和他民族接触后第一次的大变化。这些低等民族侵入中原后，受了中国文化的感染，极力以求同化；民族的混和，文化的竞进，经过了近百五十年之久乃形成了隋唐的大帝国——隋唐皆为异族之开化者。正如西洋的中世相同；自罗马亡后，北部的野人侵入，文化扫地。幸有教会将一切文化保存着。他们一方面传教，一方面灌注知识；从南方推到北部，把全欧洲的野人都开化了。这样的大事业，（把野人化成文明人，）是很伟大的，自然非用全力以从事之不可。所以欧洲如果没有八百年的黑暗时期，则安能有近代的欧洲？故我们可以比较而说：这是一件大事业。如果没有这种努力，则安能有近代的中国？这是中国中古后期的哲学为什么衰微的一个原因。

自魏晋以后，直到北宋，这几百年间是佛学最盛时代。魏晋以前，佛学已输入中国，然皆杂碎而无系统。如汉晋之间所译之书，皆芜草不可读。南北朝时，诗书渐多，佛学渐盛。但终不能博得国人之欢迎，反对的呼声时起。如寇谦之（道士派，死于四四八）之欲以道家言来抵制佛教，是最著之事。佛学经过了数次的摧残，到了唐代，乃极盛了。佛书的输入，不但量多，且有系统，当时主译的人如玄奘辈，精通佛学，用全力以从事于译述。经过了这种全力的介绍，可看的书便很多了，且能得到那时朝野的多数人的欢迎了。所以虽有一个韩愈出来尽力攻击，终究是失败了。所译之书太多了，于是乃有分宗（即专经的意思）研究之运动起。又如天台宗，不但只是研究，而且能编书了。到了禅宗出来，是中国佛学的革命和创造的时期了。禅宗是对于当时佛学的反动，是一个革命的，创造的宗派，是中国人受了印度思想的影响后，因采取其精华而自创造成一个系统。据禅宗的传说，二十八代祖有达摩者到了中国，五代而至慧能，所谓“三十三祖”也。但这是一个神话，其目的只在欲得一个“法统重光”的名号。我们则可说：在七世纪时广东有一个和尚名叫慧能的，出来作佛学的革命。他“呵佛骂祖”，劝人认清“心”“我”不必劳求，欲创设一种新宗派。到了八世纪末和九世纪初期，马祖怀海出来，组织了一种仪式，于是禅宗乃大盛了。所以禅宗的思想，乃佛学输入中国后的一种结果。

印度只有“禅”(dhajana)而无宗。禅的最初为“瑜伽”(yoga),有“身和心相应”之意。后来乃用“禅”,义为“修行地道”(yogacharabhumi)。此种禅法,在汉时已有译书。如后汉安息国三藏安世高(148—170)所译之道地经和支曜(约185)所译之小道地经皆是。西晋有三藏竺法护,曾译修行道地经。又如姚秦鸠摩罗什,东晋佛陀跋陀罗辈亦曾有译书。古代的思想家往往觉得拿不住的是心,都觉得应如何的治心。禅法的治心,以为有什么病便用什么法去治。如坐禅三昧经所说的五行对治法:

(一) 多婬欲人,不净法门治。

(二) 多瞋恚人,慈心法门治。

(三) 多愚痴人,思惟观因缘法门治。

(四) 多思觉人,念息法门治。

(五) 多等分人,念佛法门治。

古代的禅法的基本性质是“修行道”。修行道地经说:

何谓修行?云何为行?谓能顺行修习遵奉,是为修行。其修及习是谓为行。

何谓修行道?专精寂道是为修行道。

又说:

其修行者计有三品,一曰或身行道而心不随,二曰或心行道而身不从,三曰修道身心俱行也。

修行道便求正定;能得正定,便可身心相应了。所以修行道便是达到心治的法门。古代的禅的大意是如此。后来的禅宗,乃是一个革命的宗派,和古代的禅法是不同的。

禅宗的革命是佛学盛后的自然结果。当时的佛书太多了,在事实上确有宜寻一个简括的中心观念的必要。如净土宗,劝人要信仰有乐国,常常念佛,(净土一派和古代禅法的念佛法门不全同。)便可成果。又如天台宗,则主“止”和“观”。“止”(Samatha)是包括数息法明门的前三步:

数，随，止。“观”(Vipas'yana)即指后一步，而推广“观”义，包括智慧思惟。(天台之“六妙法门”，即道地经之四步。)最后禅宗出来了，乃用“明心见性”做中心观念，不打坐，不立文字，只求自我的认识。这是一种革命的创造的宗派，他们只求怎样的明心见性，怎样的认识“自我”，他们行脚名山，遍访大师，求善智识，欲得一个自解脱。他们的方法是要自己去思想，自己去顿悟，自己去寻一个应付生死的智慧。自禅宗盛后，当时国内一班有天才的人莫不醉心于禅学，淡薄的儒家经书是束缚不住人心了！所以佛学的发展，也是中国中古后期的哲学为什么衰微的一个原因。

禅宗盛后，多数人才渐渐的能了解印度的思想了。到了北宋，那一班曾研究过禅宗的有天才的人忽然省悟过来，乃群起而作一种欲用儒家的思想来反抗佛家思想的努力运动。这是一种民族主义的思想的反动。中国的民族性本有一种自尊的特性。自佛学输入后，一班守旧的人都持反对的态度。如寇谦之，如韩愈等。但是他们既不能了解佛家的思想，加之自己的见解又极浅薄寡陋，自然要失败的。到了北宋便不同了。那一班哲人不但了解佛家的思想，而且能做比较的研究，用佛家的思想来视察儒家的经典。这种比较研究的结果，于是儒书里许多从前人所不知道的思想都明现了出来。大学和中庸本是礼记里的，从前的人差不多都不加注意的。到了北宋便成了儒家的哲学方法，中庸便成了性理论了。如李觏以为玄理是我国的旧货，中庸和易经里所云皆是玄理。如大程子是研究佛老之学后，而返诸六经，然后才得了所求之道。他们欲用儒家的思想来抵抗佛家的思想，欲自造成一种新哲学系统。所以近代哲学之起，是中国民族思想对于印度思想的反动，是中国人欲以自己的思想来代替印度的思想。故北宋人虽然都出入于佛学，但总有点崇拜孔孟和韩愈。当时如石介欧阳修辈的言论是最好的例据。石介曾作十诫，欧阳修也做个文章以排击佛家。他们的目的是欲把久断的孔孟的道统恢复过来！

道家的自然主义的哲学，自魏晋后渐渐的衰微了。在社会里占有势力的道家，是那一班谈神仙术的炼丹道士。到了宋真宗时，打败了辽人，朝野非常快乐。于是封禅等种种谬事大盛行了。当时虽有孙复辈曾向封禅之事加以攻击，然皆失败。后来徽宗且自号为道主，而道家在政治上遂有特别的势力了。道家本是中国的“土货”，但当时一班学者因为欲自托于圣人之门，所以把道家当做“洋货”，一并在排弃之列了。所以当时有人以道教佛教和杨亿西昆体为三怪，可见他们卫道心切了。

中国近代哲学的成立，是受了禅宗和道家的思想的影响，这是狠明白的。思想史上的常例：无论那派思想是怎样的攻击他的异派，同时必定要受他的影响。北宋的思想家都曾出入于老释，所以他们和老释的思想竟成了不解之缘了。

北宋的思想家如李觏王安石辈，提倡一种实用的哲学以排击禅宗和道家的自私的，个人主义的哲学。但他们终究不能脱离老释。尤其是王氏，他的治学方法和人生观是得力于佛学和道家的。至于邵雍周敦颐辈更不必说了。邵雍的思想完全是道家的；周敦颐虽被称为近代儒家的鼻祖，但他的思想完全是道的论调。张载在近代哲学史上确是一个独有见地的人，是一个唯物论者，但他也受过老释的影响。

二程子在北宋诸大师里，比较年幼，然所成功乃最大。近代哲学——所谓理学，即道学——的基础是他们兄弟建设的。故程颐常说：“自予兄弟倡明道学”。理学是反对释氏之言心，但和道家思想却又分不出了！

(二) 程颢

——略传——

程颢(1032—1085)是个很有能为的人，王安石甚看得起他，但他却十分反对王氏。这自然由于他们的思想和主张不同的原故。程氏是当时洛阳派的健将，是主张无为，自然。而王氏则主张有为，改进。所以新法既行,他力持反对的态度。以为"智者若禹之行水,行所无事。"这是道家的无为而无不为的道理。他在陈治法二事疏里再三的申辩:

> 圣人创法皆本诸人情,极乎物理。虽二帝三王不无随时因革,踵事增损之制,然至乎为治之大原,牧民之要道,则前圣后圣岂不同条而共贯哉?……惟其天理之不可易,人所赖以生,非有古今之异,圣人之所必为者,固可概举。……

他虽然承认古圣人亦变法,但同时却有不可变的,如"为治之大原,牧民之要道",因为是"天理之不可易,人所赖以生",所以不可变的。他这理论是由他的哲学上的根据。这种不必变的理论之影响于中国政治的改进和民族的心理都很大。依我们现在看来,这种思想是极有害于人类历史的发展,是应该屏弃的。我们虽相信思想政治等的演进是自然的;但不是只任其自然,而不加以适当人智之鞭策,因为在那演变时(evolution),能加一鞭,便成了有意识的革命(Revolution)而达到所期望的地步。但是程氏却信有"推之于四海皆准,行之于百世皆合"的不必变的理;他的哲学便从这方面去发挥。

明道"资性过人,而充养有道,和粹之气盎于面背。门人交友从之数十年,未尝见其忿厉之容。遇事优为,虽当仓卒,不动声色。"(宋元学案,十三),他的兄弟做他的行状(二程文集十一),论他的为学:

> 先生为学,自十五六时,闻汝南周茂叔论道,遂厌科举之业,慨然有求道之志;未知其要,泛滥于诸家,出入于老释者,几十年;返求诸六经,而后得之。明于庶物,察于人伦;知尽性至命必本于孝弟,穷神知化由通于礼乐;辨异端似是之非,开百代未明之惑。秦汉以下,未有臻斯理也。

又记他教人:

> 先生教人,自致知至于知止,诚意至于平天下,洒扫应对至于穷理尽性,循循有序。病世之学者舍近而趋远,处下而窥高,所以轻自

大而卒无得也。

他在那时，名声极大，门人极众。因为他遇人和霭，宽而有制，和而不流，加以深博的学问，所以他的反对派对于他亦表示相当的敬服。他曾做过官，曾做过许多有声誉的事。他一生最大的努力，便是欲明道；他反抗那纯粹的禅学，要建设一种客观的存在的理学！

——论天理——

程氏的思想的基本观念，便是天理，程门的大弟子谢良佐曾记程氏的话：

> 吾学虽有所授受，天理二字却是自己体贴出来。

什么是天理呢？天理便是一个绝对完全，存在的理，他说：

> 寂然不动，成而遂通者，天理具备，元无歉少；（又谓“元无缺欠”）不为尧存，不为桀亡。

这个理是客观的，不是主观的。这个理是无往而不在的。所以他要向那客观的宇宙里寻求那有客观的存在天理：

> 理只天下只是一个理。故推至四海而准，须是质诸天地考诸三王不易之理。

这种“元无少见，百理具备”的天理论是现今实验论（Pragmatism）者所最反对的。

他以为诗书中言“帝”，言“王”，言“天”，均有分别。“有一个包涵遍覆的意思则言天”。所谓无所不包的天道即是天理。天道是自然的，所以他又以“生生之谓易”的“易”来说天理，天理便是“易”。他说：

> 上天之载，无声无臭。其体则谓之易，其理则称之道，其用则谓之神，其命于人则谓之性，率性则谓之道，修道则谓之教。

他又说：

> 生生之谓易,此天之所以为道也。天亦以生为道,继此生理者,即是善也。

天理只是普遍的理性。人与物都得此理,分得那一个"理"。理在天地之间,又在人怀中:

> 所谓万物一体者,皆有此理,只是从那里来。生生之谓易。生则一时生皆完此理。人则能推,物则气昏推不得;不可道他物不与有也。人只为自私,时自家躯壳上头起意,故看道理小了。……

因此他反对禅家的主观的心学。他说:

> 释氏以不知此,去他身上起意思,奈何那身不得,故却厌恶,要得去尽根尘;为心源不定,故要得如枯木死灰。然没有此理;要有此理,除是死也。

程氏以客观存在的理来反抗禅宗的纯粹主观的心,可是他的论调和道宗的自然主义便没有分别了。所以他的理学即道学;程颐曾说:"自予兄弟倡明道学"。的根本观念也就是道学的自然主义的理论。如说:

> 天地万物之理,无独必有对。皆自然而然,非有安排也。……万物莫不有对。一阴一阳,一善一恶。阳长则阴消,善增则恶减。斯理也,推之其远乎!自然之理必有对待,生生之本也。有上则有下,有此则有彼,有质则有文。一不独立,二则为文。

古代的道家如老庄都有这种论调。如老子:

> 天下皆知美之为美,斯恶已;皆知善之为善,则不善已。故有无相生,难易相成,长短相形,高下相倾,音声相和,前后相随。……

但是程氏的理论比老子更彻底了,他爽爽快快地说理是相对的,有此则有彼,他用"有对"的天理论去解析从前思想家所常争的"善恶"问题,其结果:

> 事有善有恶,皆天理也。天理中物须有善恶。盖物之不齐,物

之情也。

这是一种彻底的自然主义的议论，物的善恶乃是自然发生的，并非宇宙里一个有意志有作为的上帝在那里"安排"万物：造了善的，又造恶的。自然主义者的天，只是一个理；天理是"自然而然的"，"自然之理必有对待"。天下"事有善有恶，皆天理"，不足奇的。所以他以为"物须有善恶"，然后乃可谓合于"自然之理"——天理。他把"物之不齐"，看作"物之情"——"物之情"便是天理，这是何等有胆量的见解！因他从自然主义的眼光去解释"何以有善恶"：有善便须有恶，"皆自然而然，非有安排"，然后世间"何以有善便有恶"的问题乃可迎刃而解了！

——论仁——

我们既明了他的思想的根本观念——天理；天地之间只有一理，理无不在，人与物皆具此理。然后看见他主张人生的最高理想是感觉人与天地万物浑然一体，便不会奇异了！他用"仁"来做体会人与天地万物浑然一体；"仁"是这种体会得的境界。他曾说：

> 仁者以天地万物为一体，莫非己也。
>
> 仁者浑然与物同体。
>
> 若夫至仁，则天地为一身，而天地之间物品万形为四肢百体。夫人岂有视四肢百体而不爱者哉？

但怎样的是仁呢？他解说：

> 医书言手足痿痹为不仁，此言最名状。
>
> 切脉最可体仁。
>
> 观鸡雏最可观仁。

仁便能知觉，不仁便是不能知觉。仁只是感觉宇宙的生意，脉息。

总说来，程氏言仁，便是体会天理。能体会得天理便是仁。能认识得"天地万物为一体"，则知我也是万物之一份。能认识得万物"莫非己也”,则与万物互相一贯,便不会不仁了。否则认定物为物,我为我,我不与物同体,那便会麻木不仁了。要知道天理是“生生”的,我与物都得“生生”之一部,所以切脉可以观仁,看小鸡便可知道仁。他说:

> 所以谓万物一体者,皆有此理,只为从那里来。……放这身来,都在万物中,一例看大小,大快活!

他的仁论是一种泛神论(Pantheism),不知不觉的承认天地万物皆有天理流行,皆有一种盎然的生意。所以他做的诗有“万物静观皆自得”之句,又说:

> 静后见万物皆有春意。

这种论调差不多是从道家的自然主义里得来的!

仁是这样的重要,所以他以为

> 学者先识仁。仁者浑然与物同体。……识得此理,以诚敬存之而已,不须防检,不须穷索。若心懈则有防,心苟不懈何防之有?有理有未得,故须穷索。存久自明,安待穷索?

但是这种思想太偏重于主观的论调了,过于求自然适意了!如果只是“不须防检”,那还对的;若是“不须穷索”,则将陷于孤陋寡闻了!

——论性——

程氏以为“万物莫不有对”,是一种二元论。所以他论性也是主张二元论:

> 生之谓性。性即气,气即性,生之谓也。人生气禀,理有善恶。然不是性中元有此两物相对而生也。有幼而善,有自幼而恶,是气禀自然也。善固性也,恶亦不可不谓性也。……

他曾说:“天下善恶皆天理”,善恶是自然而然有的。所以他也用“气禀自然”来解释性何以有善有不善;性善和性恶皆是性之情,是自然如此的。

因为气禀有善恶，善亦是性，恶亦是性，所以他主张性是自然有善恶的。但他下文所说的却又矛盾起来：

凡人说性，只是说继之者善也。孟子言人性善，是也。夫所谓继之者善也，犹水流而就下也。皆水也，有流而至海终无所污，此何烦人力之为也。有流而未远固已渐浊，有出而甚远方有所浊；有浊之多者，有浊之少者，清浊虽不同，然不可以浊者不为水也。

这竟是说性本来乃无善无不善的，譬如水是性，水浊比恶，水清是善。性清须靠"继之"的功。性为"所污"则恶。其实水浊只是为"所污"，是外加之物：是所以"习"，不是性。如果说浊亦是性，岂非大谬！他把习和性看混了，所以下文又说不明白了：

如此，则人不可以不加澄治之功。故用力敏勇则疾清，用力缓怠则迟清。其清也则却只是元初水也。亦不是将清来换浊，亦不取出浊来置在一隅也。水之清则性善之谓也。

这自然是说，"元初水"是本来清的；性善只是"复其初"。但前说浊是水，又说恶亦是性；现又说清是"元初水"，性善是"水之清"，岂非互相矛盾了吗？他曾说过"善恶皆天理"，但此处论性却有点不能自圆其说，实在可以使人发生误会。后来的理学竟因此而主张一种理气二元论：以气禀不是真性，真性乃是理，理无不善，而气禀有恶；所谓澄治之功只是去掉气禀的污染。这种论调完全和程氏的思想——"善恶皆天理"——相反的。但是程氏的性论实在犯有指示的嫌疑。——这并不是他的本意，乃是他自己不能圆成其所说而致的。

张载曾问他：性何由定？他乃为定性书以答。信内所言差不多都是道家的论调。我们既了解他之论仁和天理；而以仁和天理的意义来解释他的定性书，是很易明白的。他说：

所谓定者，动亦定，静亦定。无将迎，无内外。……夫天地之常，以其心普万物而无心；圣人之常，以其情顺万物而无情。故君子之学莫若廓然而大公,物来而顺应。……人之情各有所蔽,故不能适道。大率患在于自私而用智。自私则不能以有为为应迹。用智则不能以明觉为自然。……孟氏亦曰,所恶于智者,为其凿也。与其非外而是内,不若内外之两忘也。两忘,则澄然无事矣。无事则定,定则明,明则尚何应物之为累哉?……

这是极端自然主义的论调!这种思想的极端,反对智慧,不要知识。以为知识和智慧为困惑人性的外诱;故主张"无事"则可以定人性,则可以"廓然而大公,物来而顺应"了!

(三) 程颐

——略传——

程颐(1033—1107)"幼有高识,非动不动。年十四五,与明道(程颢)同受学于春陵周茂叔先生。"他少年时很有豪气:

年十八,上书阙下,劝仁宗,以王道为心,生灵为念;黜世俗之论,期非常之功。

在太学读书时,时人皆称之。神宗死,太后临朝,请他为"崇政殿说书"。因为他为人拘谨,宫人都畏厌他。当时孔文仲曾攻击他,"目为丑鬼之魁"。

他是当时反对新法最力的人。所以后新党复起,作"绍述运动",有名的元祐党案发生。他一再被贬,不许讲学。他终身专心于学问,为近代哲学建设了一个新的基础!

程颐最初的思想见解和他的哥哥是差不多一致的。但是大程子五十多岁便死了;小程子在晚年受了党祸,经过了许多困苦,所以他的学问也更精透了。看他晚年所得,已超出他哥哥的主张,另自成一个系统了。他的思想可分为两方面,我们于今且拿他说过的一句话来做一个纲领。他说:

涵养须用敬，进学则致知。

这一句话的威权和价值是很可惊的；自宋到元到清这八百年的思想家都受过这句话的影响，差不多我们可以说：这句话是近代哲学的最简明说明。这句话的根据是易：

敬以直内，义以方外。

易语是很含糊的，但经程氏一说便清楚了：

问敬义何别？曰，敬只是持己之道，义便知有是非。理理而行，是为义也。若守着一个敬，不知集义，却是都无事也。且如欲为孝，不成只守一个“孝”字？须是知所以为孝之道。

敬只是一个生活样法；义是“集义”，是求知识。他的哲学只是反复地说明什么叫做“敬”和如何的能“致知”。

程氏用“敬”来做生活样法还是因袭的；“致知”的见解却是他自已创造的，是他在思想史上的最大的贡献！因为大程子也曾有过“庄敬持养”的话，而致知则是他独见的主张。

——论敬——

他以为“涵养须用敬”，说：

学者先务，固在心志。有谓欲屏去闻见知思，则是绝圣弃智；有欲屏去思虑，患其纷乱，则须是坐禅入定。如明鉴在此，……难为使之不照；人心不能不交感万物，亦难为使之不思虑。若欲免此，惟是心有主。如何为主？敬而已矣。……凡人心不可二用。用于一事则他事更不能入者，事为之主也。事为之主，尚无思虑纷扰之患。若主于敬，又焉有此患乎？

但什么是敬呢？他继续的说：

所谓敬者，主一之谓敬。所谓一者，无适之谓也。……须是“直内”,乃是主一之义。至于不敢欺,不敢慢,尚不愧于屋漏,是皆敬之事也。但从此涵养,久之自然天理明。

只是整齐严肃,只心便一,则自无非僻之干。

他把治心看作人的生活的最重要事,所以主敬。把心思集中于一,竟竟战战的不肯放出一步,便是敬。这种治心的方法,和张天祺的“自约”,——自上著床,便不得思量事——和司马光的“念个‘中’子”,和道家的打坐,禅家的坐禅都是同样的事。但他偏要说:张氏“不思量事后,须强把这信心来制缚,亦须寄寓在一个形象,皆非自然。”又说:司马氏的念“中”字,“又为中击缚”。却不知自己的“主一”,何尝不是“寄寓在一个形象”?这真可谓知人则明而自知则昧了!这种严厉的自格的生活,未免过于拘谨,和他的行为主宽和的老哥差不多是相反了!

——致知——

程颢不重知识,而程颐则重致知。他知道知识在行为上的重要:

须是识在所行之先;譬如行路,须是光照。

到底须是知了方能行事。若不知,只是觑了尧,学他行事,无尧许多聪明睿知,怎生得如他动容周旋中礼?……未致知,怎生得行?勉强行者,安能持久。除非烛理明,自然乐循理。

他指出知识和行为的关系;以为知在行为之先,须先知识。行为是不难的,求得“一个知见难”:

如眼前诸人,要特立独得,煞不难得。只是要一个知见难。人只被知见不通透。人谓要力行,亦只是浅近语。人既能知见,岂有不能行?一切事皆所当为,不待着意做。

他这样的看重知识,在他以前的思想家里是狠难寻一个同调的人!他这种致知的主张,大概是受了禅宗的影响。我们知道,禅宗的最大的特点便是“求善知识”的精神。许多佛教徒为了要求一个善知识,行脚四方，遍谒大师，经过了无限的艰难困苦，不得不止。这种求知的精神影响于程氏必大。自从程氏认明知识的重要，向着知识这方向走，然后中国近代哲学才得了一条新路！

他不但劝人要致知，还须要真知。他说：

> 知有多少般数，煞有浅深。向亲见一人曾为虎所伤；因言及虎，神色便变；旁见数人见他说虎，非不知虎之猛可变，然不如他说了便有畏惧之色，——盖真知虎者也。学者深知亦如此。且如脍炙，贵公子与野人莫不知其美；然贵人闻着，便有欲嗜脍炙之色；野人则不然。学者须是真知；才知得，便是泰然行将去也。

真知便是深知，便是自己所经验得的真知识。从书本上得来或从他人处闻来的不是真知。须是"得之于心"的才是真知。有了真知，便肯实行。这是一种"知行合一"的理论：知得便肯行；不能决心行的便不是真知。他说：

> 人苟有"朝闻道，夕死可矣"之志，则不肯一日安其所不安也；何止一日须臾不能？如曾子易箦，须要如此乃安。人不能若此者，只为不见实理。实理得之于心，自别。若耳闻口道者，心实不见。若见得，必不肯安于所不安。人之一身，尽有所不肯为；及至他事，又不然。若士者，虽杀之使为穿窬，必不为；其他事未必然。……及其蹈水火，则人皆避之。是实见得。须是"见不善如探汤"之心，则自然别。得之于心，是谓有得，不待勉强。

为什么人皆怕"蹈水火"？因为是深知得水火的危险。为什么士者宁死都不肯"为穿窬"？因为是真知得"为穿窬"的可耻。这便是真知，肯行得便是真知。

——格物——

程氏思想史上还有一个重大的贡献，便是提出"格物"问题。"格物"二字见于大学。大学是一本只有一千七百五十字的小册子，本来是礼记的一篇。(礼记是一部丛书。大学一篇相传为曾子所作,但不可靠。)从前的儒家都不注意他,到了程子朱子们才注意他,用他做儒家哲学的方法论(Discourse on method)。自从小程子把"格物"二字提出后,儒家的哲学便有了哲学方法(Philosophical method)。大学一书竟成了近代哲学的第一奇书了。

程子以为"格物"乃是至物,便是穷致物理。格字的古义作"来""至""扞"而无"穷"义。程子则由至申作"致",再申作"穷"解,这是一种革命的说法。他以为万物皆有理,故说穷理。万物皆有理,须穷致其理,然后能格物,故说随事观理。他并不只说物便是理,只是说物之理。我们既明白他所说的格物的意义,再述他说格物之所以重要。他说:

> 因物而迁,迷而不悟,则天理灭矣。故圣人欲格之。
>
> 人患事繁累,思虑蔽,只是不得其要。要在明善,明善在乎格物穷理。穷至于物理则渐久后,天下之物皆能穷。

"为什么要格物"的意见我们既知道了,但所格之物的"物"的范围是怎样的呢?他论格物的范围道:

> 今人欲致知须要格物。物不必谓"事物"然后谓之物也。自一身之中至万物之理;但理会得多,自然豁然有觉悟处。
>
> 语其大至天地之高厚,语其小至一物之所以然,学者皆当理会。

这是科学的范围!但是照那个时代的科学的基础和方法,这个范围是不能达到的。所以他虽有培根(Bacon)的勇敢和野心,可是终久做不到,只成了妄想了,后来程子自己先又把格物的范围收少了,他说:

> 穷理亦多端,或读书讲明义理,或论古今人物,别其是非,或应接事物,处其当然:皆穷理也。

这个所格之物的范围只有穷经,应事,论古人三项了。

再述他的格物的方法。我们先要问:所谓格物,还是物物格之,还是格一物而万物之理皆知了呢?他以为欲格一物而万理皆致是不可能的,他主张：

须是今日格一件，明日格一件，积习既多，然后脱然有贯通处。

这句话在中国思想史上是狠有不可轻视的价值。古代的老子以为“其出弥远，其知弥少”，这种思想是知识学问发展扩充的大障碍。于今他变到“积习既多，然后脱然有贯通处”，那便不同了：因为种种知识学问都是由于“积习既多”，而加比次，然后可以贯通，——便有进步了。但是去求一个全通也是不可能的，程子所说的穷致物理是希望那“一旦豁然贯通”的最后的绝对真理，这又是上了禅宗的大觉大悟（一旦的顿悟）的当了！

但无论如何，程氏这种格物的态度，认明

一草一木皆有理，须是察。

观物理以察己，天下物皆有则，一物须有一是也。

是狠有相当的价值的。天下万物皆有理，须穷其理，然后可以致知。所以致知之道是在格物！

——思惟——

程氏很注重思想。张载重思想，要人于不疑之处求疑。他和张氏一样说：

学原于思。

又说：

学者先要会疑。

有了疑便要思；能思想才可以得到知慧。他说：

思曰睿，思虑久后，睿自然生。

但是怎样的思想呢？他告诉了我们一个思想的方法：

若于一事上思未得，且别换一事思之，不可专守着这一事。盖人之知识于这里蔽着，虽强思亦不通也。

他以为思想如涌泉,愈用则愈出,则愈清。他说过:

> 致思于掘井,初有浑水;久后稍引动得清者出来。人思虑,始皆溷浊,久则明快。

从前的儒家本来有点不注重思想。如孔子,说"思而不学则殆"。后来,自汉以后的儒家,只是勤勤恳恳的去做注疏的工作,差不多没有一人重思想的。程氏不然,他以为不深思,则不能有所得;须用苦力去想,然后可以得真理。有人问以无思虑而得的原故,他说:

> 无思虑而得者,乃所以深思之也。以无思无虑为不思,而自以为得者,未之有也。

(四)结论

自二程子倡明理学后,近代哲学才有了基础。后来陆象山一派是趋向于大程子,而朱熹则继承于小程子。从南宋一直到清这八百年间的理学,只是继续发挥二程子的见解而已。

程门弟子甚众,然都不能发挥二氏的思想。其中比较高明的如谢良佐杨时辈,虽略有主张,然皆无重大贡献。二程子皆不言禅宗,但其弟子则多醉心于佛。如谢良佐,他受禅宗的影响是甚大的。如杨时,他是信佛学的,他的语录常用禅理来说儒家的思想。又如大弟子尹淳,每日必读佛书。而吕希哲,到了晚年,竟不讳的说"佛学之道与我圣人之道吻合"。这一班弟子对二程子言"敬"言"仁"方面还能道说,对于小程子的"致知格物"的见解差不多都不能了解。三传以后,到朱熹出来,然后小程子的思想乃大昌明。　　　　(民国十四年春间初稿。)

春秋战国时代的社会变动情况

春秋战国间这五百年，722—222B. C. 是西周的封建社会逐渐崩坏，同时又是秦汉以后的郡县社会逐渐地孕成的时代。

这五百年间各国社会的变化是非常激热，非常复杂的，为了便于观察与叙述起见，我们可以分做三个时期：

（一）自春秋开始至孔子生——722—551B. C——为第一个时期；（约一百七十年）

（二）自孔子至孟子生——550—371B. C——为第二个时期；（约一百八十年）

（三）自孟子至秦灭六国——370—222B. C——为第三个时期，（约一百五十年）

第一个时期是西周的封建社会的破坏开始时期。

封建制度有两种形式：一种是原始的封建制度；一种是变相的封建制度。原始的封建制度乃是古代部落的民族社会的一种蜕变；变相的封建制度乃是专治君王于其君权集中时所采用的一种过渡的法制。西周的封建，是原始的封建；春秋战国间所发生的封建，是变相的封建。（汉以后各时代的所谓封建，都是这种变相的封建。汉初的两次封建虽稍有不同，然亦为变相的封建之一种，与西周的封建不同。）

这两种封建制度的不同之处,约有两点:在经济的意义上,前者是"采地"的,而后者是"食邑"的;在政治的意义上,前者是"分权"的,后者是"集权"的。

自从周民族带了许多"友邦君"由陕西东侵,征伏了河南的商民族及山东一带的民族;因为想永远的制服住他们,便在东方建筑了东都来做镇压这一方新被征伏的民族的根据地。并且,同时又派遣自己的贵族亲戚分据各地,以藩屏王室。大概这次各贵族亲戚各人都分得若干土地和农民(可看左传定四子鱼的话。)不久便形成了一种"天子建国,诸侯立家,卿置侧室,大夫有二宗,士(武士)有隶子弟,……桓三"的封建制度。

西周的封建社会是建立在地主和农民两个阶级之上。天子,诸侯,……都是地主,所有土地和农民;而且他们对于自己的土地和农民各有分配授与权和直接统治权。农民虽不是一种奴隶;但亦不自由,且无法律上的人格;对于土地只有使用权而无所有权。西周的田制大概是分公田与私田两种:(此与孟子里的井田政策无关。)公田即是地主的自用田地;("藉田以力")私田的所有权虽属于地主,但其收获,为农民所有。

"征东之诸侯"大概都采用这种"江汉之诸侯"和晋(上游)应添一段西周末季的事!大概在黄河下游这个区域一带是曾经实行这种制度的。

到了东周初年,王室的势力日渐衰落,诸侯的势力日渐强盛;看春秋初年所记"周郑交质"之事,王室和诸侯间的关系差不多变为对等国的关系了。大概鲁卫宋郑在东周初年已经并吞了许多小诸侯,而造成比较强大的国家了。并且此时,黄河上游一带和江汉一带兴起了几个新民族(如秦,如楚,)在东周初年造成了几个大国。

自东周以后,由于人口的增加,交通的进步,商业的发达,一般生产力的发展是很激进的,因之经济生活便渐渐地起了变化。于是古代的封建社会和其底下的物质基础便渐渐地动摇了。由于社会的生产力的增进,商业的资本家(如郑商人弦高)在旧社会里急激的发展起来,逐渐的握有经济上的势力;同时由于诸侯间的兼并,卿大夫间的争夺的结果,以致田地制度发生紊乱现象,难以统一。社会的经济生活既如此变更了,那末,旧式的封建制度当然不能适应时代实际上的需求,或激进地或缓缓地趋向于那崩坏的命运了。

* * * * * * * * * * * *

第一期的前半期,各国的社会变化似还和缓;到了后期便非常激著了。

鲁郑齐宋这个区域是“征东之诸侯,……商周之乱”(左传)的所在地,是商周旧文化的中心,受旧制度——封建——的束缚本来是利害。但到了后半期,如鲁,也曾发生了“初税亩”的经济改革。“税”是地租(Land Tax。)左传说,“初税亩,非礼也。谷出不过藉,以丰财也。”“藉”训“借”,借民力耕田,收其所出。“税亩”大概是实行毁坏公田与私田的制度,而订立一种一定的税额,按亩征收。这种“税田”制,不用说是把封建社会的基础根本破坏了。但是,如鲁国这种改革还不足以表示这个时代的新趋向,我们当看齐国。

齐国在东周初年还不算十分强盛。(左传记桓公屡受戎寇,足见当时与异族争斗甚烈。)但不久便一跃成为唯一大国。齐国在前半期便作了一番制度上的改革。国语齐语记管仲的经济政策道:

> 相地而衰征,则民不移。(注:相,视也。衰,差也。视土地之美恶,及所生出,以差征赋之轻重也。)故不旅旧,则民不偷。山泽各致其时,则民不苟。陆阜陵墐,井田畴均,则民不憾。无夺民时,则百姓富。牺牲不略,则牛羊遂。

管仲又“定民之居”,制“邑”“乡”“县”等等。又“制国为二十一乡:工商之乡六,士乡十五”。又“作内政以寄军令”:

> 管子于是治国:五家为轨,轨为之长;十轨为里,里里有司;四里为连,连为之长;十连为乡,乡又良人焉。以为军令:五家为轨,故五人为伍,轨长师之;十轨为里,故五十人为小戎,里有司师之;四里为连,故二百人为卒,连长师之;十连为乡,故二千人为旅,乡良人师之;五乡一师,故万人为一军,五乡之师师之。

这种社会组织,制度和封建时代的组织,制度是根本不同的。这种新组织,新制度的精神是根本地脱离了封建的拘束,旧套,而进入一个较高的发展过程。这是一种中央集权的,君主专制的,军国主义的制度组织,是新社会的芽型。

此外,如楚,如秦,如晋,在这个时期都有新的改革,楚本是"蛮夷"(国语楚语,又见史记),和西周并没有发生宗主的关系。楚自开始建国,楚在春秋之初,"席地已千里",其社会上,政治上的组织都和中原诸国不同:如郡县的制度,如"令尹""莫敖"的官制。(左传记"诸侯县公皆庆寡人")大概楚的程阶上,并没有经过封建的步骤。楚在第一期里,势力已侵入中原,已成一个军国主义的国家。左传记这时期的末季楚的军国制度道:

> 楚芳掩为司马。子木使庀赋,数甲兵。甲午,芳掩画土田,度山林,鸠薮泽,辨京陵,表淳卤,数疆潦,犯偃猪,町原防,牧隰皋,井衍沃;量入修赋,——赋车籍马,赋车兵,徒兵,甲楯之数。(襄二十五年)

秦也是后起的国家。在春秋里看去,秦人的制度也和中部的诸国不同,也没有受着封建制度的拘束和贵族政治的武断。加以地处西极,战争略少,所以到了战国末年便成了最强大的国家。这是后话。

"晋居深山,戎狄与之邻;王灵不及,拜戎不暇"。(左传昭十五)因为和文化较低的异族相接,所以有发展的机会,正因为受旧制度的束缚较少,所以尽有建设的自由。晋在第一个时期便能抛弃封建的躯壳,自行创造新的制度。晋自献公尽灭桓庄之族后,又经"骊姬之乱,诅无畜群公子,自是晋无公族。"到了文公,"作执秩之官,为被卢之法,"(左传昭三。孔子语。)制度上有了一种大革新。这时,晋一方面创立"县大夫"的官制,同时又设以六乡兼六军军制,自成了一种军国的,中央集权的制度。

* * * * * * * * * * * *

到了第一期的末季,古代的封建社会几乎破坏的干干净净,只剩下一个躯壳;郡县社会便逐渐的取而代之了。那时候,各国又有一种变相的封建制度发生，便是食邑制度。这种食邑制和封建的采地制的不同，便是因为食邑制的名义上虽也是封建，实际上则不过指定某地的赋税为某贵族或功臣的收入，以代国家的薪俸，至于那地的统治权仍然属之于国君的——或者说是中央政府。这种制度不过是中央集权制——郡县制度——初实现时所用的一种不得已的救济法。在这种“食邑”制度之下，农夫的地位渐若近世的自由租耕者了。

总之，第一个时期中，古代的封建社会只有其名而无其实罢了。

* * * * * * * * * * * *

战争的发生完全由经济的原因促成的。在春秋初年，诸侯间的争斗大概不外侵略邻国，争夺农地。如左传初年所记多“取禾”“取麦”，后来多记“取田”，“削田”。这时的抢夺侵略是没有计划的，没有系统的。到了霸，王出来之后，各大国便作有系统的“经济侵略”了。战祸连年，人民的生活惨苦已极。如左传记楚围宋，宋华元……曰，“敝邑易子而食，析骸而炊”。（宣十四）又记郑告楚祸，“焚我郊保，冯浇我城郭，敝邑之众，夫妇男女不遑启处，以相救也。民死之者非其父兄，即其子弟，夫人愁痛，不知所底”。那时候小国的处境真是苦痛已极。王室是有名无实了，诸大国常挟王室以令诸侯，轮流自为伯主。小国对于伯主之国，负有“职贡”的责务。例如左传记“黄人不归楚贡，楚伐之”。又记孟献子言于公曰：“臣闻小国之免于大国也，聘而献物……而有加货，谋其不免也。诛而荐贿，则无及也。”

这时候，齐晋秦楚四国是当时的“列强”，尤以晋楚争霸之故，中都诸国受祸最盛。

* * * * * * * * * * * *

第二个时期是这五百年间的一个最重要的关头，是这五百年的社会演变过程中的一个过渡的时代。这时期中，当时各国的社会实际的趋势都是时时刻刻或着意于或跨过旧势力的阻碍，或向着新的，改造的途程前进，把在第一个时期中所萌芽的新社会的基础及其“上层建筑物”（Super structure）逐渐地使之稳固成立。

晋齐楚各国不用说了，已经把新社会组织完全形成，我们看左传所记吴公子札劝齐晏平仲“纳邑”（襄二九）和“韩赋七邑皆县也”“十家九县”（昭五）“魏献子为政，分祁氏之田以为七县，分羊舌氏之田以为三县”的话便可知道。同时，在政治制度上都完全进入中央集权的形式：如楚，是直接的继续的一直自由建立成的，中间并没有经过贵族专政的步骤。如齐，如晋，却曾经过一个贵族专政的过程。齐自桓公以后的政制变迁情形，史料不甚多，极难臆测。只知自桓公以后，军权逐渐衰落，堕入贵族手里，后复由贵族相并，瓜分食邑，渐进入一种少数贵族独裁的形式。至于晋，那是很明显的。晋在献文时代，军权最盛。到了襄公死后，政权便移入贵族之手，（立灵公成公的赵盾）此后遂由各贵族循环专政，君主已成了一种会盟朝聘的代表而已。这种贵族专政的开始便引起了制度的变革。左传记晋自“成公即位，乃宦卿之嫡，而为之田，以为公族；又宦其余子，以为余子，其庶子为公行。晋于是有公族，余子，公行”。（宣二）往前的贵族的食邑是一种特殊的法制。到了此时，凡是做过“卿”的，其适子便必定有食邑，竟成了常例。从前的中央的政权是集中于国君的，所以食邑的统治权依旧属于公室；到了此时，中央的政权已操之于贵族（卿），因此贵族对于自己的食邑无形中便产生了统治权，自由任命自己食邑内的官吏，一时贵族和自己的食邑关系便和古代封建诸侯对于自己的采地一样了。并且后来，公室的土地被分割愈多，势力愈弱；同时，强有力的贵族又并吞了许多比较衰弱的贵族（左传昭三记“栾，郤，胥，原，狐，续，庆，伯降在皂隶”）其所属土地也愈大，这时候，这些拥有大土地的贵族差不多自成了一个国家，自成了一种中央集权的新形式。

* * * * * * * * * * * *

在这时期里，不但齐晋各国进入了这个新的倾向，便如受旧制度的束缚最厉害的中部诸国，如郑、鲁，也有同样的新发展。我们先看郑国。郑在当时是一个常被侵略的小国。左传记郑子产对于晋士文伯曰，“以敝邑褊小，介于大国，诛求无时；是以不敢宁居，悉索敝赋，以来会时事……”何等说得可怜！郑在第一时期的末季，也曾有所改革的。他的社会制度大概也和当时各国一样：如左传记“子产辞邑”“公孙黑肱归邑于公”，足证郑国也脱离了封建制度的束缚。到了子产执政后，又曾作了一番制度的较大改革。可看左传襄三年的记载：

> 子产使都鄙有章，上下有服，田有封洫。庐井有伍。……从政一年。与人诵之曰，“取我衣冠而褚之，取我田畴而伍之；孰杀子产，吾其与之”。及三年，又诵之曰，“我有子弟，子产诲之；我有田畴，子产殖之，子产而死，谁其嗣之”。

昭四年又记：

> 郑子产作丘赋，国人谤之……子产曰，“何害，苟利社稷，死生以之。”

这时候的郑国不但在经济上，政治上有了极大的改革，便是在法制也起了革命。左传记：

> 昭五年，郑子产铸刑书。
>
> 定九年，郑驷歂杀邓析，而用其竹刑。

法制的改革是古代的封建社会破坏后的必然结果。大概当时各国都曾有过法制上的改革，例于左传记：昭七年楚无宇请楚文王“作濮区之法”；昭二九年，“晋铸刑鼎，著范宣子所为刑书”。因为封建时代是一种小社会：治者和被治者的关系，在经济上是地主和农奴的关系，在制度上也是一种主奴的关系；治者的意志便是法律，用不着制定一种成文法来做裁制的标准。到了进入中央集权的时代，成立了所谓“国家”；那时候的社会是一种大社会的组织，社会现象不似封建时代那末简单，所以必然的用一种法制来做继续社会秩序的工具。这种法制的改革，是一种非常的，应有的工作。大概这种改革是当时法制诸先觉一致认为最需要的，进行甚彻底，激烈，所以曾引起一部分牢守旧法的贵族学者（如晋叔向之反对子产铸刑书）和平民学者（如孔子之反对晋铸刑书）的反对。

* * * * * * * * * * * *

第一期和第二期之交，当时各国都有一种新气象，对于社会的各方面均有改造的。在这个激烈的改革的空气中便如“周礼尽在”（左传）的鲁国也和各国取了同一的倾向。鲁在第一期便有了“初税亩”的改革，到了此期又“用田赋”（哀一二）。鲁在第一期，君权也很强盛，但是到第一期的末季也和当时各国一样，移入贵族的手里去了。左传记：

（襄）十一年，春，季武子将作三军，告叔孔稷子曰，“请为三军，各征其军”。……正月，作三军，三分公室而各有其一……

孔疏这句话道：

往前，民皆属公，公税其民，以分赐群臣。

今季子；欲令民即属己；己所应得，自税取之。

从这话看来，鲁也和晋一样，第一期所发生的食邑制到了此时便一变而成为近于封建时代的采地制了。左传又记：

（昭）五年春……舍中军，卑公室也……初作中军，三分公室，而各有其一。季氏尽征之；叔孙氏臣其子弟，孟氏取其半焉。及其舍之也，四分正公。季氏择二，二子各一；皆尽征之，而贡于公。

这次分割的结果，当时鲁国的实际上已成立了三个国家。他们在自己的土地内自成了一种中央集权的形式。他们自然不把公室放在眼里的；公室对于他们当然也是无可如何的。虽然有时国君要想重新恢复权利，可是不用说都属失败的。我们只消看论语所记“季氏八佾舞于庭”“三家者以雍彻”的事情，足见那时鲁国的贵族的居心了。

这时期的后半期的史料，极为缺乏。大概的说来，当时经过贵族专政的各国到了这时候，渐渐地由多数贵族循环专政变少数贵族专政，有的国家终致由贵族取公室而代之。如齐为田氏所夺，晋为三家所分。到了末年，“世卿”的势力逐渐地衰弱，消灭，布衣卿相在那时候渐成了家常的事了。

经过了这数百年的变改和进步：各国境内的异族，已完全被同化了；

同时,各国互相兼并渐渐地混成了七个大国家。

第三个时期是郡县的新社会成立期。这新社会的经济条件是在封建的旧社会的胎里孕育成的。

自东周以后,社会经济生活的进展是非常激烈的;由于经济情况发展的结果,封建社会底下的农民渐渐地变成为秦汉以后的租地耕者。我们看第一个时期里鲁国“税亩”的政策,知道这种改革的重大目的,便是将封建时代的“借民力耕田,收其所出”的制度改变为一种固定的赋税契约。那时候的农夫的地位,由农奴渐变为自由耕者,渐有来去的自由。我们看孟子里“耕者皆欲耕于王之野”,“邻国之民不加少,寡人之民不加多”,商君书里记“秦招三晋之民耕国之地”,便可知道。并且那时候,因为受了战争的影响,农民常有耕而去的事情,已不似从前封建时代的农民只好怨天叫屈便算了。(诗经的记载甚多)

但是,破坏古代封建社会的组织和一切势力的,并不是农民的自身,乃是寄生在封建社会里的商人。

* * * * * * * * * * * *

原来在封建时代里有一种和农奴相伴的商人。这种商人的一部分出身,或属征服民族的俘虏。例如左传昭十六年记晋韩宣子因一环在郑商谒诸子产,子产对曰:

> ……昔我先君桓公与商人皆出自周。庸次比耦以艾杀此地;斩之蓬蒿藜藋而共处之。世有盟誓,曰,“而无我叛,我无强贾,毋或匄夺;而有利市宝贿,我勿与知。”持此质誓,故能相保以至于今天……

又看定四记周成王分鲁公以殷六族的事,可见郑之商人大概也是由周王室分与郑桓公的。古代的史书记商业事,只说“贾”而无“商”。尚书酒诰,“肇牵车牛远服贾,用养厥父母”,诗氓“氓之蚩蚩,抱布贸丝”,瞻卬“如贾三陪”。我疑商民族被周人征服之后,已“降在皂隶”,(王室常以之分赐贵族功臣)其中有一部的人后来便专从事于“牵车牛远服贾”,因成了一种特别的“商业民族”。于是乎商人便变成了“服贾”的普通名称。

这种商人在西周的时候在经济上，在社会上，是出于一种从属的地位。他们是生活在那封建社会的空隙里，“好像那 Intermundia 地方的 Epicurus 群神，或如那波兰社会的空窍里的那些犹太人一样。”Mann 英译本见 Unter Capital(第一卷一页)。

到了东周以后，由于各国交通的发达，物产给了这些商人一些发展机会。当时的齐国晋国和楚国都是新兴的国家，国内的物产极其丰富，加之各国人口之增加，各地货品的流通是当时的最需要的工作。于是使当时的商业受了一种空前未有的刺激，自然无限制的发达起来。因此，那久处在一种从属地位的商人便渐渐地进入一个超越的程阶，渐渐的握有社会上的经济势力。

这种商人不久便养成为社会上一种有实力的阶级。于是乎封建社会躯干便根本地被他们的势力所破坏了。同时，那商人利用当时的占有优势的新机会，在那将要崩溃的封建社会里急速地发展起来。

到了第一个时期的后半期，商人在社会上已经进入一个较高的地步。他们不但在经济界握有相当的权力，同时在政治舞台上也似乎得到了相当的势力。左传记晋国有“绛之富商，通于诸侯”。又如僖三十三年所记。

> 秦师……及滑。郑商人弦高将市于周，遇之。以乘韦先，牛十二犒师。曰：“寡君闻吾子将步师出于敝邑，敢犒从者。不腆敝邑，为从者之淹。居则具一日之积，行则备一夕之卫，”且使遽告于郑。……

足证那时候晋郑的商人在政治上的地位和从前大不同了。

在第二个时期里，商人在社会的地位日渐增高。孔子是一个迷信封建的理想社会的人，但是对于当时的新兴起来的商业资本家也并不存一点轻视的态度。孔子的门人子贡是个善贾；孔子说他“不受命而货殖焉，亿则屡中”(论语)。史记货殖传说子贡

> ……仕于卫，废著鬻则于曹鲁之间。……结驷连骑，束帛之币，

以聘享诸侯。所至，国君无不分庭与之抗礼。……

大概自东周以后，由于商业发达的结果，商业的资本家便渐渐地成为无爵的诸侯，拥有甚大的私有财产，例如史记货殖传记：

范蠡……之陶，……以陶为天下之中，诸侯四通，货物所交易也。乃治产积居与时逐……十九年之中三致千金……后年衰老，……修业而息之，遂至巨万。

到了第三个时期，如：

白圭乐观时变。故人弃我取，人取我与。夫岁熟，取谷，予之丝漆；岁凶，取帛絮，与之食。……与用事童仆同苦乐，趋时若猛兽鸷鸟之发。……

这种话把当时的商业资本家掠取的方法和行为完全描写出来。

所以，第三个时期的社会差不多可说已变为资本家的社会。我们读一读史记的货殖传，便可知道那时候的资本家在社会上的威权。他们不但能"与王者埒富"，并且还侵入政治舞台以支配政治。当时的学者如荀子，曾极力的主张要"减商贾之数"实在是有所感而发的。而吕不韦以阳翟大贾，乃能运谋以废置国王，执行当时第一个强国的政权。（看史记本传）

在那将崩坏的封建社会里养成的商人阶级到了这时，早把从前留下的财产关系和阶级关系连根带蒂的一齐的毁灭了。

* * * * * * * * * * * *

都市是跟着工商业的发展而发展的。在第一个时期里，齐国的"工商之乡"大概是都市的最初的胚胎。这种最初的都市随着工商的发展逐渐地成为国家的经济的中心，例如孟子书常常提及"关市之征"。到了第三个时期，都市已发展到一种极盛的时代。当时如秦之咸阳，齐之临淄，赵之邯郸，魏之大梁……等大都会，都是当时的商业，政治，文化的中心。例如齐策记苏秦道：

> 临淄之中七万户……下户三男子，三七二十一万。……
>
> 临淄其富而实……
>
> 临淄之途，车毂击，人肩摩，连衽成帷，举袂成幕，挥汗成雨。

这段话把当时都市的富庶繁盛的情形描写得很有声色。

自从都市勃兴，社会的经济生活进到都市的经济时期，工商业便代农业而为经济的重心。于是社会的物质基础是完全换了一个新样式了，那社会的组织便也完全形成一个新样子了。社会上的一切问题也都根本的随着改变了。

第三个时期里各国政治可以说已把军国主义发挥到“至已尽矣”了。

在第二期里，我们看见各强国对于当时的弱小国家的侵略，真是“诛求无时”，重重压迫。到了这时候许多弱小国都渐渐地被吞并将尽。虽然在前半期时还有几个小国幸能保全，然而只不过名义上的独立罢了，实际上早已沦为各大国的保护国了。

当时各国的军国政策可分两方面去说：对内，是整理田赋，促进工商业，设法增加国家的富力。例如左传记楚郑齐各国所通行的井田制，其目的在使土田均整，便于“量入修赋”，增进政府的税入；同时还可便于“赋车籍马，赋车兵徒”。——这是军国主义国家所必需要的“内政”。（孟子的理想井田制是混合封建社会的田制和当时初期军国的田制而成的）。又因工商部的发达，可以增进关市之所征；同时还能吸集他国的财源，增加己国的富力。所以当时各国都肯极力保护国内的工商案。对外是利用武力以侵略邻国，扩充自己的土地。我们看当时那些善“富国强兵”术的策士，何等的能“得君行道”，便不能不承认孟子所说的“今之所谓良臣”在“能为君辟土地，充府库”的话，倒是记实。

在第三时期的前半期，中国已渐混成了七个大国。那时候，列强一致的励行军国政策，“坚甲利兵”，讨伐他国，以求统一中国。孟子书里有许多话，很可表出那时代的共同趋向。大概那时候不但各国的政治阶级日夜都是在计算如何才能统一中国；便是当时政治上，社会上也发生一种统一的自然要求；而当时的人民之盼望"天下"统一更如"大旱之望云霓"一样。所以孟子对于当时各国的政治阶级所急求解答的"天下乌乎定?"的问题，曾回他们道"定于一"。

为了"定于一"的时代要求，战事之激烈与延长，反使人民的生活格外的困苦了。直到了公元前二四六年秦王政即位后，于近十年中才渐次灭了韩(前二三三)。赵(同二二八)魏(同二二五)楚(同二二三)燕(同二二二)齐(同二二一)建成了一个大帝国。

秦民族起于西方，循西周人的故迹而渐渐向东发展。到西周末季，逐去诸戎(左传襄十四记秦逐诸戎事)，而渐渐占有今陕西之全部，始成为国家。史记秦本纪记"周人避犬戎难而东徙，后命秦为诸侯，赐之岐以西之地"。这里所谓"命为诸侯"，大概只是一种名义上的宗主统属的承认罢了。至于"赐之岐丰之地"的话，更是史家为保存王室脸皮的形式的记载；就算是事实，也不过是一种事后的形式的命令罢了。大概秦民族本是西方诸戎人之一种，后来渐渐兴起，盛大，便成了西方诸戎中的强族。到了逐去犬戎取得其地时，已成为西方的唯一的强国了。秦人虽似曾和周王室发生了一种封建上的名义统属，但始终并没有受过西周的旧制度的实际侵染的；虽仍居于西周的旧地，(其地本属旧文化的中心)但这地已被戎族蹂躏多次，西周的旧文化早已荡然无存了，以此秦人挟其新兴民族的"朝气"，本其固有的剽悍精勇的民族活力，据其特有的丰富厚沃的自然环境，自由发展建设，其进步大概很是速快的。到了第一个时期，秦穆公遂霸西戎，而与南北新起的诸强国常相周旋角逐于中原。

秦人因东阻于晋，(见左传)故专向西方发展。到了第二个时期以后，秦人又取得巴蜀之经济权，商业甚为发达。史记货殖传记：

……秦文考缪居雍隙，陇蜀之货物而多贾。献孝公徙栎邑；栎邑北却戎翟，东通三晋，多大贾。武昭治咸阳……四方辐凑并至而会。……东则巴蜀……沃野；……西有羌中之利，北有戎翟之畜。

同时，农业亦极其进步。秦所居之地本来是“膏壤沃野千里”，“其民…… 好稼穑，殖五谷，地重……”（货殖传）后来到了孝公时，又用卫鞅的政策“内务耕种”，“开阡陌”，“初为赋”。（货殖传）从前的史家都以卫鞅这次的制度改革，是罢废井田法，置定郡县制，但据我个人之考证，则井田法乃是当时郑齐各国所通行的一种新经济政策，并非西周封建社会底下的田制。且史书只记卫鞅“开阡陌”并无罢废井田的文明。汉以后的儒家以迷信孟子的理想井田论为三代圣制之故，遂附会秦之“开阡陌”为井田破坏的开始。其实《孟子》书中所说井田论本身就矛盾百出，不足相信。据我看来，“开阡陌”正和当时各国所行的“井田”是一样的，无非是一样整理田亩，定订税赋的新政策。大概东周以后，农业的器械及方法已渐渐地进步了，土地的生产力也渐渐地增加了。所以“开阡陌”的用意：一方面是设法不要荒废地方，使之增加土地的生产力；他方面是用以鼓励人民生产，藉以增进国家的税入而已。

至于置郡县更是当时各国的一种共同的自然的时代要求。当时的工商业极其发达，国家的经济中心已渐渐的由农村移入都市。秦人之“并集小乡聚集为大县，县一令”，乃是为适应当时特别的经济情况而设置郡县的。秦在第三期的后末期，工商业的发达实冠于当时诸国。我们看货殖传，那时秦国的富人在社会上势力之大，实可惊人。例如乌氏倮以富阀的资格，秦皇帝竟“令倮比封君，以时与列臣朝请。而巴蜀寡妇…… 用财自卫”。秦皇竟“以为贞妇而客之，为筑女怀清台”。

秦人在那时不但国家的富力为各国所不能及，便是他的军国政策也和各国不同的。当时各国皆采取一种征兵制：无战事时兵仍从事于农，有战事时则征调以从军。当时的战事年年都不能避免的，以致农事荒废，国家的生产力渐渐衰退。秦则军农分业，采用一种募兵制：召集外国的人民为农民，募集秦民为兵卒。因此，农常从事于耕作，兵卒能得完善的训练。所以秦国的军队在当时最称精悍，战斗力极强。

* * * * * * * * * * * *

在第一期与第二期之交，当时各国都是逐渐想挣脱封建制度的束缚，向着中央集权的君主独裁的不断发展。不过，当时各国除了楚外，如晋，如齐，如鲁，他们的发展过程中曾经过一种贵族专政的段阶。而秦因为他是一个新兴的民族，没有受过旧制度和旧文化的拘束，所以他的发展过程中始终没有经过一种由封建制度培养成的新势——贵族专政的时期。元来秦自成为大国以后，君权便甚稳固，并没有发生过什么贵族之乱的事。且自穆公以后，世用客卿如由余，百里奚，如商鞅，……皆非秦人。开布衣卿相的新局面最早者，实推秦国。

秦自孝公用商鞅“变化修刑”之后，中央的权力集中，君主的裁制并专制。到了灭六国后，又用李斯的政策，把古代的封建制度的残骸尽行销毁去，将全国分割为三十六郡，置立种种新制度，完成这五百年间所孕育成的新社会的建设。　　（一九二七年四月）

夏民族考

一　序言

夏民族是中国古代一强大的民族。然以史料的缺乏，我们对于此民族的历史——其族的起原，发展及衰没之迹——所知道的实在太少。第一没有遗存的实物可供我们的探索。历来如薛尚功阮元们所集铜器款识，虽有夏器，然皆后人伪造者，不足为据。① 第二，又无直接的文献可征。今文尚书里的所谓夏书，禹贡一篇近人已多致疑；甘誓中有“五行”“三正”之语，盖亦战国时人所作。故在今日，我们欲叙述夏民族的史迹，仅能藉依周书所追记及战国时人所传说者，与以比附抽索而已。此外，又从甲骨文及金文中寻得若干事实，经我们的考订，知其或与夏民族有关。由此种种，乃可述其崖略。若云论定，则当俟诸异日。

---

① 近吾友徐中舒先生疑安特生（Andersson）所发见的晚石器时代的仰韶文化或为夏民族所遗留。见《再论小屯与仰韶》，中央研究院历史语言研究所专刊《安阳发掘报告》第三期。然就所举的证据言之，仅能说明夏民族曾一度居留于仰韶一带；至于仰韶文化层究竟是否为夏民族的遗址一事，尚未有直接确实的佐证与乎充分满意的说明也。

二　夏之原

我疑夏之先民当是古代西方民族的一种；它的先世当是住在大河以西——泾渭之间及其南部一带。其理由如下：

（一）夏之种姓

夏之种姓为“姒”。据周语的传说：

> 昔共工……欲壅防百川，坠高坛庳以害天下。皇天弗福，……共工用灭。……有崇伯鲧播其淫心，称遂共工之过。……其后伯禹念前之非度，……共工之从孙四岳佐之，……合通四海。……皇天嘉之，祚以天下，赐姓曰“姒”，氏曰“有夏”……祚四岳国，命以侯伯，赐姓曰“姜”，氏曰“有吕”。

这里所谓“皇天……赐姓”，自然是战国时人的曲说。（或是本之上古的神话而改造的）古时氏姓的由来大都本于国邑山川。（其证甚多）晋语曾记：

> 黄帝以姬水成，炎帝以姜水成；成而异德，故黄帝为“姬”，炎帝为“姜”。……异姓则异德，异德则异类。

“姜”明明以“姜水成”，那里是“皇天嘉之，赐姓曰姜”？以姜姓的由来度之，则夏之种姓亦必有所本自。考古文无“姒”字。“姒”即“始”。吴大澄说：

> 凡经典“姒”字皆当作“始”。古文“台”“以”为一字，许书无“姒”字。

是“姒”乃“始”之讹。又考古代女子称姓。金文中凡女姓一律从“女”。故羊族之女称“姜”，鬼族之女称“媿”，已族之女称“妃”。（经典多作“已”，金文则均作“妃”。金文“姜”为女姓，而经典则不分别。盖晚周氏

姓制已混,故不能分别之矣。)准此例度之,则"始"乃女姓;其族的本名当为"台",不从"女"也。"台"即"邰"。诗生民说:

> 厥初生民,时为姜嫄。……载生载育,时维后稷,即有邰家室。

古代国邑之名的从"邑"多为后人所增加。例如郐方之"郐"本作"余",郐国之"郐"本作"会",郑地之"郑"本作"奠"。故知"邰"之初字当为"台"。说文"嫄"字下云"台国之女",可以为证。邰地在今陕西武功县。我疑夏之种姓即由邰地而得。盖古之邰地是"不一姓"之所居:初本为夏之先世的发源地,其后又复为周人祖先之所居。

(二)崇

左传国语诸书均称鲧为"有崇伯鲧"。据先秦的传说:伯鲧为夏民族的祖先。史记周本纪记文王伐崇。正义于崇侯虎下说:

> 皇甫谧曰"夏鲧封"。虞夏商周皆有崇国,盖在丰镐之间。诗云"既伐于崇,作邑于丰",是国之地也。

是崇本古国,乃夏之先世所居之地。商周之间,夏之势力虽已衰微,然其地仍为此民族所蟠踞。崇地当在渭南,与邰相距盖不远。

(三)土 诗绵说

> 绵绵瓜瓞;民之初生,自土沮漆。

土即杜。(土杜古通用,例证甚多)。汉书地理志:"杜阳,杜水南入渭"。吴卓信说:"杜水下流,为武功河;源出麟游西北五十里招贤镇杜山之阴。"(补注引)故杜地当在今麟游县境,与邰地相邻。"土""夏"古通假。(说详第五节)我疑夏之称号当始于夏民族寄居于土时,正如周之称"周"以迁周原,秦之号"秦"因居秦地。

(四)禹绩 诗说:

> 丰水东注,维禹之绩。(文王有声)

奕奕梁山，维禹甸之。（韩奕）

丰水渭南。梁山与岐近，禹贡“治梁及岐”。禹在先秦的传说乃夏之祖先。“禹之绩”自是夏民族的迹。

据上而假定夏之先民乃古代西土之一种族，当属可能。夏之先世既居西土，故其族的势力及文物所及，直至周时仍有可征。试述其事实如下：

（一）褒　国语说：

周幽王伐有褒，褒人以褒姒女焉。

其后幽王嬖褒姒，废申后，申与犬戎遂攻宗周，杀幽王。故诗云。

赫赫宗周，褒姒灭之。

褒人姒姓，当为“夏余”。史记正义引括地志：“褒国故城在梁州褒城县东，古褒国也。”其地北距渭水不过二百里。

（二）豳风

诗有豳风。豳即邠。“盖古地名作‘邠’，山名作‘豳’，而地名因于山名，同音通用”（说文段注）其地在汉右扶风，泾水附近，与郃岐地相邻近。豳风之七月中，所记的历法为夏正。夏正者乃夏人所用之历法。据左传所记，其历主参星，以为观象授时之标准。① 与商历，周历（应云“鲁历”）不同。例如夏之三月，于商则为四月，于周则五月。豳当为夏之旧域无疑。

（三）秦风

诗有秦风。左传襄二十九年记：

---

①《夏小正》一书虽不可信。然夏人之有历法，则无可疑。此事，我另有考证。此处因篇幅关系，不能细说。

吴公子札来聘……为之歌秦曰:"此之谓夏声,……其周之旧乎!"

古之歌颂多操土音。左传记晋之楚囚操南音可证。歌秦而夏声,可见秦地本为古代夏之故域。秦人所居本为周人旧地。(史记说秦襄公将兵救周,遂有岐丰之地。)而周人旧地又本为夏之故域,故言"夏声"乃"周之旧"。

(四) 黄帝的传说　国语四记:

夏后氏禘黄帝而祖颛顼。

考黄帝本为西方古代诸种族所共同崇奉的宗神(Tribal God),黄帝在古代西方民族中的地位,正如古代南方八姓的祝融,古代有济诸族的大皞。古代西方民族中如秦,如周,都崇奉黄帝的。周之种姓托始黄帝,秦则崇祀黄帝。① 夏亦"禘黄帝",盖亦以黄帝为宗神,其为西方的种族可知。

我们假如以上述诸地为据,用一线以圈括之。知今陕西的南部,自泾渭至与镐丰,西南则达褒地一带,盖为夏之先世的故域。其后夏民族的势力方衰,新兴的周民族遂逐渐占有其地。(看第六节)然宗周之际,渭水之南尚存"夏余"的褒。而其遗俗,而其方音,直至周时仍有存者。

三　夏之东进

其后夏民族的主部乃顺沿渭水而东进,而申展其势力于河洛二水的南北,远达河济之间。此就史书所传"有夏之居"可以知之:

---

① 秦之公室乃东方的嬴族,故史记封禅书说"秦襄公既侯,居西陲,自以为主少皞之神,作西畤祠白帝。"然秦人则固西方土著,旧有的信仰仍保留于民族间,"故秦灵公〔又〕作吴畤上畤,祭黄帝。"

(一) 禹都

禹之所都,传说不一。史记夏本纪集解引皇甫谧曰"都平阳,或在安邑,或在晋阳。"前人对此,各有所辨。平阳安邑在河之北;阳城在河之南,伊洛所近。假如禹果为夏之先王。更以夏人东进之路线准之,似以阳城为宜。汉书地理志引竹年"禹居阳城",或是较早的传说。

(二) 崇　周语记

> 昔夏之兴也,融降于崇山。

韦注:"崇,崇高山也。夏居阳城,崇高所近。"黄氏扎记云:"崇乃嵩字。崇嵩古通用。夏都阳城,嵩山在焉。"汉书武帝纪说:"朕至中岳见夏后启母石。"疑夏启之所居,亦必在嵩山附近。

(三) 钧台　左传昭四年记:

> 楚子合诸侯于申。椒举言于楚子曰:"……今君始得诸侯,其慎礼矣。霸之济否,在此会也,夏启有钧台之享,商汤有景亳之命,周武有孟津之誓。……君其何用?

杜注:"河南阳翟县南有钧台陂,盖启享诸侯于此。"阳翟在今禹县,距嵩山甚近。

(四) 殽　左传僖三十年记:

> 晋人御师必于殽,殽有二陵焉,其南陵,夏后臯之墓也。

杜注:"殽在弘农郡渑池县西",河洛之间。臯墓在殽,其居地必在殽之附近。(吾友徐中舒先生说)

(五) 鄫　鄫又作缯。周语记:

> 有夏虽衰,杞鄫犹在。

是鄫乃“夏余”。吾友徐中舒先生据晋语“申人鄫人召西戎以伐周”，及左传“楚人……谋北方，……致方城之外于缯关”，定鄫之故地当在楚北方城之外，与申地毗连。疑亦“伊洛所近”。

由上五地观之，是逸周书度邑篇所说：

> 自洛汭延于伊汭，居易毋固，其有夏之故居。

大致不错。周语说：

> 幽王二年，西周三川皆震。伯阳父曰：“周将亡矣。昔伊洛竭而夏亡，河竭而商亡。”

事虽未必有，然由此知夏东迁后的根据所在当在伊洛一带，犹商之根据所在在河水所经，周之根据所在在渭泾洛间也。然其族的势力所及，实不止此：

(一) 斟鄩　夏本纪正义引纪年说：

> 大康居斟鄩，羿亦居之，桀亦居之。

臣瓒云“斟寻在河南”。史传大康失国，居于阳夏。(路史谓阳夏，大康所筑。)其地在今河南开封太康县。疑即斟寻。

(二) 杞　周语记：

> 有夏虽衰，杞鄫犹在。

杞为“夏余”。(左传襄三十年)夏本纪正义“括地志云：汴州雍丘，古杞国也”。即今河南杞县。

(三) 相之所居　纪年记：

> “相居斟邪”。

后为羿所逐，乃迁居于帝丘。左传记：

卫迁于帝丘。……卫成公梦康叔曰:"相夺予享"。公命祀相。宁武子不可,曰:"鬼神非其族类,不歆其祀,杞鄫何事?相之不享于此久矣。"(僖三十二年)

纪年记相居商丘,常为帝丘之讹其地。在今河北南端的濮阳。

(四) 唐为夏墟　左传定四年记

分唐叔……怀姓九宗,……而封于夏虚,启以夏政,疆以戎索。

杜注:"夏虚,大夏,今大原晋阳也。"又注:"亦因夏风俗,亓用其政。"夏俗是什么呢?据今所知,只有历法。左传记晋阳用夏正。汲郡所出竹书纪年,为战国魏史官所作。据隋书经籍志,它用的也是夏正。

由上三地观之,是夏人之居于东方,初以伊洛一带为根据中心;然东至河济(今河北河南山东交接之处一带),北至河东,后亦在其势力范围内。故魏策说:

夫夏桀之国,左天门之阴,而右天溪之阳,罣庐在其北,伊洛出其南。

史记吴起列传记:

夏桀之居,左河济,右太华,伊阙在其南,羊旸在其北。

所言大致可信。

四　夏之霸

古中国的东方最多古国。自河洛迤东至河济之间一带,当夏民族东进以前,有所谓"祝融八姓"中的己彭妘三族散居其地。[①] 此数族在当时所建立的邦国颇多。夏民族东进,与此数族争斗甚烈。

---

① 参看传孟真先生的《新获卜辞写本后记跋》,见中央研究院历史语言研究所专刊《安阳发掘报告》第二期。

与陶唐争霸　郑语记：

己姓——昆吾苏顾温董。董姓——鬷夷，豢龙，则夏灭之矣。

夏所征服的“豢龙”，当是晋语的“御龙氏”。晋语记范宣子曰：

昔匄之祖，自虞以上为陶唐氏，在夏为御龙氏。

案虞夏为同时的两国，不是什么两代。左传哀元年记：“昔有过浇灭夏后相，后缗方娠，……归于有仍，生少康焉。……浇使椒求，逃奔有虞，为之庖正。……虞思于是妻之以姚”可证。御龙氏或即陶唐氏之异号。便不是的话，但陶唐氏必为古代祝融的一支族无疑。陶唐的根据地在晋。左传襄二十九年记：

吴公子札来聘。……使工为之歌唐，曰：“思深哉！其有陶唐氏之遗民乎？”

杜注：“晋本唐国”。定四年记周成王封唐叔……封于夏墟。唐难夏墟，然在先本陶唐氏的故域。唐地约在河东汾水一带。

陶唐氏立国河东，其势似甚强盛。它必是夏民族东进以前大河南北的一霸国。故后世史家将它看做夏以前的一代。自从夏民族东进征服了许多民族方国，陶唐也被击毁了。左傅哀六年引夏书曰：

惟彼陶唐，帅彼天常，有此冀方。今失其行，乱其纪纲，乃灭而亡。

这段文字明明是夏征服了陶唐，确立了霸权之后而说的；杜注：“灭亡，谓夏桀”，这真不知道从何说起哩！陶唐因“帅彼天命”，所以“有此冀方”，这是说它的霸业；“今失其行，乱其纪纲”，这是说它失败的理由。周书记商之征服夏之树立霸权——所谓“殷革夏命”，其意亦正如此看。试想：所谓“有夏服天命，惟有历年”（召诰）所谓“惟帝降格于夏，有夏诞厥逸，……乃大降显休命于成汤，刑殄有夏”，（多方）与上引夏书所云有何区别呢？

夏民族征服了东方一部分的方国，尤其是陶唐之后，遂称霸于东方了。

夷方与夏争霸　左传襄四年记：

> 昔有夏之方衰也，后羿自鉏，迁于穷石，因夏民以代夏政。恃其射也，不修民事，而淫于原兽。弃武罗伯因熊髡龙圉而用寒浞。寒浞，伯明氏之谗子弟也。伯明后寒弃之；夷羿收之，信而使之，以为己相。浞行媚于内，而施赂于外，愚弄其民，而虞羿于田。树之诈慝以取其国家，外内咸服。羿犹不悛，将归自田，家众杀而亨之，以食其子。其子不忍食诸，死于穷门。靡奔有鬲氏。浞因羿室，生浇及豷。恃其谗慝诈伪，而不德于民，使浇用师，灭斟灌及斟寻氏。处浇于过，处豷于戈。靡自有鬲氏收二国之烬，以灭浞，而立少康。少康灭浇于过，后杼灭豷于戈。有穷由是遂亡。

又哀元年记：

> 昔有过浇杀斟灌以伐斟寻，灭夏后相。后婚方娠，逃出自窦，归于有仍，生少康焉，为仍牧正，惎浇能戒之。浇使椒求之，逃奔有虞，为之庖正以除其害，虞思于是妻之以二姚而邑诸纶，有田一成，有众一旅，能布其德而兆其谋，以收夏众，抚其官职，使女艾谍浇，使季杼诱豷，遂灭过戈，复禹之绩，祀夏配天，不失旧物。

这个故事便是我们要说的夷方①与夏民族的争霸史。这个故事中所表示的重要事实，略如下：

(a) 夷方革夏命　据我们的考订，夷羿即夷方（方，国也。）之君名羿者。这故事亦见楚辞天问：

> 帝降夷羿，革孽夏民。

这个故事便是史记夏本纪所说大康失国的本事。夷方是中国古代东方之一大国。其根据之地约在河济之间。其种姓为“己”。当“有夏之

① 我另有夷方考，未刊。

方衰也”，夷方之后羿“自鉏迁于穷石”，（因居穷石，故后世史家又称之为“有穷氏”。）伐夏，逐其后。据传说大康遂奔于斟鄩。夷方之后羿遂“因夏民而代夏政”。换句话说，便是夷羿继夏而称霸于东方。

(b) 寒浞杀后羿而自立。“伐斟鄩，灭夏后相”。

(c) 少康光复“旧物”，——霸业——祀夏配天，再称霸于东方。

夏民族之称霸东方实几经征伐，几经反复。左传曾记：

> 王伯之令也，……犹不可壹。于是乎虞有三苗，夏有观扈（昭元年）。

又记：

> 夏桀为仍之会，有缗叛之。（昭四年）

此外，我想时时在那里反抗的民族，方国，一定还很多的。正如商周之时一样。

商与夏争霸　商亦河济之间诸族之一种。其立国或较迟。自汤以前，便逐渐成为东方的强国之一。到了汤时，诗商颂说：

> 武王（汤）载旆，有虔秉钺。如火烈烈，则莫我敢曷。……九有有截。韦顾既伐，昆吾夏桀。（长发）

汤灭了韦顾及昆吾，遂与夏桀战于河东——有戎之墟，夏人败绩。于是东方的霸权遂于夏人而转入商人之手掌。

商虽击败了夏，然只能取得那霸权，奴隶，一部分的人民，但未能将散居于东方的支族——诸部落一网打尽。比如现尚可考的“夏余”，如杞，如鄫，直至商周之际仍立国于河南。又如莘，史记正义引世本云：“莘国，姒姓夏禹之后。”莘之地望，传说不一。一说在今山东曹县（左传杜注）。

夏之称霸东方，时或甚久。且“殷因于夏礼”，其“所损益”现已不可知。然其遗俗必有残留者，如本为“夏墟”的晋，直至东周犹用夏正，此旧威权之遗势，必与“夏余”而共存。故春秋战国之际，所谓“诸夏”，（论语）

“夷狄之有君，不如诸夏之亡也”。所谓“东夏”，(左传昭年：“服齐狄，宁东夏”。)所谓夏，(秦公敦铭：“虩事緫夏”。荀子仟效篇：“子居楚而楚，居夏而夏”。)竟成了古代中原一带(河东及河南)的泛称了。

五　土方即夏

商人的记载中有所谓土方者。殷墟卜辞屡记：

贞勿登人乎(呼)毘土方(前编卷五第二〇页)

贞沚戛谢[illegible]缺土方我受(同上第二三页)

贞□王[illegible]土方缺(同上卷六第三〇页)

贞王勿[illegible]土方(同上卷七第七页)

勿[illegible]土方(同上第十二页)

戊午卜，宾贞：王从沚戛伐土方，受之□。(后编卷上第十七页)

丁酉卜，般贞：今春王[illegible]人五千正(征)土方，受之又。(侑)(同上第三一页)

乙卯卜般贞：王甶土方正(征)(殷虚卜辞第二一二页)

[illegible](告)土方(龟甲兽骨文字上第六页)

贞王勿佳土方征(同上第二七页)

庚申卜，般贞：今春王[illegible]伐土方(同上)

王伐土方，受之又。(同上第七页)

庚申卜，般贞：伐土方，受。(同上第七页)

贞勿征土方(同上第十二页)

乙卯卜，[illegible]贞：沚戛[illegible]册。王从伐土方，受之又。(殷契征文征伐三六)

缺般贞：今春王伐土方，受之缺(同上三五)

癸巳卜，般贞：今春王省(视)土方，受之，缺(同上游田三)

贞王勿省土方(同上十)

卜辞记录商人征伐土方之事迹甚多。可知土方必为当时一倔强的部落,故能常与商人在相砍中。又,"𠬞"字,卜文作"𠬞",说文云"𠬞竦手也,从𠂇从又"。段注"谓竦其两手以有奉也。故下文云,奉承也。手部曰承,奉也,受也。"是"𠬞"有"受"意。"受",付与也。征伐土方而"王𠬞人五千",亦可知土方在当时必商人之一大敌。

土方的地望,在卜辞里可以略略看得出。卜辞记:

癸巳卜,般贞旬亡囚。王固:(即"稽"字,乱也。)曰之(有)希,其之(有)来嬉三。至五日丁酉,允(训"信")之(有)来自嬉西。沚戛告曰:"土方征于我东鄙,𢦏(伤害之意)二邑;吉方亦牧我西鄙田"。(书契菁华第二页)

案:"嬉"卜文或从"人",或从"女",殆同字。又或省作"壴"。罗振玉氏谓"壴"即后世仆竖之竖字。卜辞有"壴",文曰"命壴归"。周礼天官及礼记文王世子有"内竖",左传晋侯曹伯有"竖"。盖"壴"为古者王公的近侍之称。"有来嬉自西",即他辞言"有嬉来自北"之意。"沚"为国名,"戛"为人名。沚为商之西部的小国,在商之宗盟中或已列入异姓之班者。其地盖东可邻土方,西则接吉方。卜辞又记:

王固:曰之(有)希其之来嬉三。至九日辛卯,允之来嬉自北。𢀛敏笅告曰:"土方牧我田十人"。(同书六页)

𢀛是商的北境边地之名,或国名。他辞云"亦之来嬉自北,……告曰'昔甲辰方征于𢀛,俘人十之(又)五人'",(同书五页)可证。据上,是土方当在商的西北。商之势力圈,约在今河南与河北北部,山东西部一带,而吉方出没之地,据我们的考订,约自泾水迤东一带。以形势度之,则土方出没之地,盖在今晋陕范围之内,故其游牧所至,可达与商之西北境相接的邻国之地。

土方之名亦见于古籍。诗商颂说：

洪水芒芒，禹敷下土方。外大国是疆，幅陨既长。（长发）

楚辞天问说：

禹之力献功，降省下土方。

古代“方”与“国”同意。卜辞称别国多谓某方（金文同。古籍中亦有此习，如易云“鬼方”，诗云“徐方”。）故土方当为国名，盖即卜辞中的土方。（金文中亦见土方，说详第六节。）秦汉时人已不知土方为国名，又因熟闻禹之治水填土的故事，遂训“土方”为“下土四方”。加一“四”字，凿矣。其实诗中之“下”乃对“降”言：言禹自天降视下土方以治芒芒的洪水。

土方即夏。① 土夏古韵同部。诗宛丘下夏相协，北山下土相协。秦琅琊台刻石土夏相协，又周礼校人注引世本作篇“相土作乘马”，荀子解蔽篇引作“乘杜作乘马”，（杨倞注：“以其作乘马，故谓之乘杜。”）而吕览勿躬引则云“乘雅作驾”。是“乘杜”古可作“乘雅”，则土雅古读同声。而“雅”即“夏”字。左传“齐大夫子雅”，韩非子外储引作“子夏”。荀子荣辱篇“越人安越，楚人安楚，君子安雅。”儒效篇则云“居楚而楚，居越而越，居夏而夏。”是其证。商颂为周时宋人所作。则诗中言及有夏仍然袭用“土方”旧名，盖属自然之事。

知卜辞的土方之为夏，则关于夏民族来去之迹可得一新关键。以卜辞为参证，我们因知夏民族自为商所击败之后，其族之一部仍留东方，而一部则已退至西北。土方的一部自退至西北之后，藉其余威，仍不失为西北的一强梁的部落。直至商的后期还时时入侵商的边境，时时与商在相砍中。

至此，有一问题必须加讨论者，即史记匈奴传曾记：

---

① 郭沫若君亦主此说，见《中国古代社会研究》三版书后。然谓“土方当即玁狁之一支。”玁狁者，据王静安先生《鬼方昆夷玁狁考》（观堂集林卷十三，）即商周间的鬼方。近中央研究院在安阳发掘结果，于所获字骨中发现记“某日贞卜鬼方”一片。是土方未必即玁狁之一支。

> 匈奴其先祖夏后氏之苗裔也。

索隐引乐彦括地谱说：

> 夏桀无道，汤放之鸣条，三年而死。其子獯粥妻桀之众妻，避居北野，随畜移徙，中国谓之匈奴。

这故事的可信的程度，现已难估。假如这个故事中有若干事实为之素地，那么我们可以将这故事分析如下：

(a) 夏的余众“避居北野”。

(b) 匈奴的先祖乃“夏后氏之苗裔”。

(a) 项或可信。(b) 则颇难说。殷墟所出卜辞，近已发见有鬼方之记。而鬼方者，据王静安先生的考订，即獯粥亦即匈奴。假如“土方即夏”之说可信，则我们知在商时夏与匈奴的先民已为古代西北一带并立之两部落。或者说它们是一族的两支，或者匈奴的先民乃夏之一分支。然而我们现在尚未寻得可以实证此等说法的确实证据。[①] 在现今，此两族的关系实难推测，不过我们想：当夏退去西北之后，或与匈奴的先民错处于泾洛迤至河汾一带。故其间必可发生若干关系。或由此种关系，遂发生一种例如上引的传说。正与南方的越之自称“其先禹之苗裔，而夏后帝少康之庶子”（史记越王勾践世家）一样。越本为古代东南民族的一种，在神话（如禹的神话）与传说中而与夏有关系。此或是由于夏民族居于河南者的一支族曾远移东南，曾为越人之长。夏与匈奴的先世的关系，或亦相同而已。

（未完）

① 见《新获卜辞为写后记跋》。

夏民族考（续）

六　夏与周

夏与周的关系如何？在从前，这是不成问题的。——因为夏商周是“三代”，中间隔着“商”，它们并无直接的关系。但是据我们最近的研究，实在不是那样的简单。第一，夏商周“三代”乃是周时西土人的观念。傅孟真先生说：

……虞夏商周四代的观念，只可说是周代人的观念，或可说西土（包括河南西部山西之河东及陕西）人的观念。若东土人则如左传所记各东夷之传说，并不如此，当是太皞少皞殷（商）一个系统。东土人之未尝看重虞夏，……又可以诗商颂为证。“韦顾既伐，昆吾夏桀。”是直以韦顾昆吾夏为列国。而西方之系统中，亦无风姓之太皞有济（齐）任姓之少皞。这个情形大致如下表：

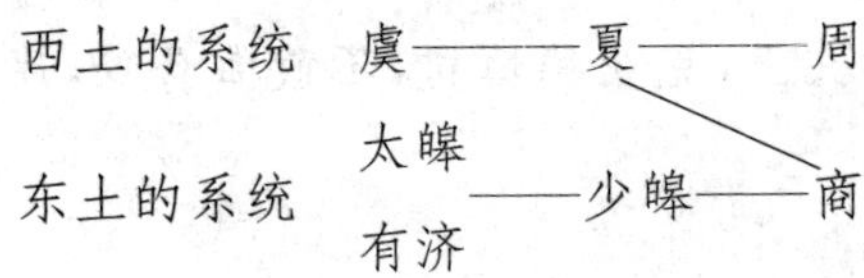

这个情形,在左传国语里颇明显的。①

到了秦汉以后,西土人的系统(随着周之文物的传布)成为古代史上的中坚,东土人的系统被掩没了。第二,所谓夏商周"三代"只能表示这三个民族"称霸"的先后序次,和秦汉以后的"朝代"是完全两样的。例如商("宋""商"二字乃一声之转,宋即商也,故左传多称宋为商可以为证。)虽被周人击败,势力遂衰。然而直到春秋时,仍为周王室之客,和周王室依然是敌体而不臣属。商周的关系是如此。夏商的关系也相同,前节已述及。则夏商二族的关系,我们实有考察的必要。

周人也是西方民族的一种,看诗书及史记周本纪所记关于周民族的兴起和发展经过,似乎是沿着夏之先民的故迹,在夏之废墟上建立新国的。所以閟宫说:

是生后稷……缵禹之绪。

在文王时,夏之故域——邰豳岐梁等地——大都在周的势力圈里。那时周已成了西土的大邦。文王又伐崇,渭南的"夏余"也被蚕食。后来周人又向东方发展。它东进的路线似乎就是从前夏民族东进的旧道。

夏之先即是西方的种族,所以它在东方所立的权威,一定是最为西方民族所深羡而乐道者。周之建国既在夏墟,则夏之霸业自然会连带的在那些野心的王侯的心中作怪,我们看后来周人取得了霸权之后,那样的看重夏,鼓倡夏商周"三代"之说,可以明白。故周之东征,从诗书里看去,还带得几分"西土之一民族欲恢复过去'西土之人'的光荣,欲光复过去夏在东方所树立的旧霸权"的意味。我们可看周颂说:

我求懿德,肆于时(是)夏。

康诰说:

惟乃丕显考文王,克明德慎罚,不敢侮矜寡,庸庸祇祇,畏威显

① 见《新获卜辞写本后记跋》。

民,需肇造我区(大)夏。

我们细玩“我求懿德”,“需肇造我区夏”的口气,显然有一种追踪夏人,恢复大夏之霸业的心理流露出来。还有,在诗书里常常反复说明周之伐商实乃“以商待夏之道还之于商,或至竟去说是为夏人报仇,且承诸夏正统”(用传孟真先生语)的。大雅荡篇:

文王曰咨,咨女殷商!……殷鉴不远,在夏后之世。

这一类语,在周书里更多,如召诰多士多方处处拿“殷革夏命”来陪衬“周革商命”。假如夏和周中间没有一点关系,何必口口声声的打起精神来喊着那样的口号;

又如周诗的本体为雅——大雅小雅。雅即夏;大雅小雅即大夏小夏。墨子天志下:

于先王之书大夏之道之然。

俞樾诸子平议释道:

大夏即大雅,……夏与雅通。下文所引“帝谓文王”六句,正大雅皇矣篇。

周诗何以称雅?此必与歌秦风而夏声之故同。盖所以明周地乃夏之旧,(吾友中舒谓“十五国风三颂都从地域区分,大小雅也应是地方的名称”其说甚是。)或周之霸业乃继承夏之旧统而已。

澄秋馆陈氏藏器[1]有一召尊,铭云:

隹十又二月初吉丁卯,召进事旃走事皇辟尹休,王自谷史(使)賫(赏)毕土方五十里。召弗敢[illegible]王休异,用作邵宫旅彝。

此器“敢”字上不从“又”,王静安赏先生疑为伪造。然以近出矢[illegible]矢彝证之,字体毕肖“敢”字,矢[illegible]作“[illegible]”,正与此器同。足证此器非伪造。

---

① 见《周金文存》卷五《续广仓学窘》刊行本。

且其时代必与矢敦相近，盖周之前期所作之器。铭中所谓“邵宫”，盖与颂鼎所见“周康邵宫”同。邵即昭之初字，（周礼小史“辨昭穆”，释文“昭或作[illegible]”，可证。）“邵宫”或即指昭王之庙而言。土方当即卜辞所见的土方，即夏。“里”即“邑”。“赏毕土方五十里”即以土方之邑里五十赏毕之意。① 锡里之事，亦见于善夫大敦，可以旁证。

据此器推测，则土方在康昭之世，势力更弱。其土地（或系一部分）又为周人所分割。

七　夏之西去

如果土方即夏方，则夏人当商民族称霸于东土之时，其出没之处约在商之西北境。到了周之前期又受周民族的压迫，所据之地遂被瓜分。但至少其族的一部似乎并未屈服，遂逐渐向西北移徙：初寄顿陕甘之间，流沙之东；终至远徙于流沙之西。

据吾友徐中舒先生的推考，②古代西方民族中的大夏西夏即夏人西徙后的称号。大夏之“夏”“为其本名，大为后加之词。地以大小为名，原有对称之意，故地称小，新迁称大。如小宛大宛少梁大梁小东大东，此例甚多”。西夏之“西”，疑指地望而言。

大夏的事迹曾见于逸周书，王会解云：

> 禺氏，騊駼大夏，兹白牛；犬戎，文马。

又伊尹献令云：

> 正北空桐大夏。空桐与禺氏犬戎皆在近塞。

禺氏即月氏，“禺月一声之转”；（何秋涛王会篇笺释）月氏又“为虞氏之对音”。（中舒说）犬戎即商周间的鬼方。禺氏，犬戎均为古代西土的著族

① 本郭沫若君说，见《中国古代社会》三〇二页。

② 看再论《小屯与仰韶》五六两节。

而向西北移徙者。上引三族联举；而其出没之地“皆在近塞”，则大夏在周时似尚未远去。

又管子小匡篇记齐桓公西征：

> 济河……逾太行与卑耳之溪，拘秦夏，（齐语无秦字，秦与泰形近而讹。史记封禅者引作大夏。）西服流沙西虞。

吕氏春秋古乐篇：

> 伶伦自大夏之西，乃至阮隃之阴。

王静安先生说：

> 律历志说苑修文篇风俗通音声篇同纪此事。阮阴皆作昆仑，昆之为阮声之近，仑之为隃字之误也。综此二说，则大夏当在流沙之内，昆仑之东，较周初(?)王会时已稍西徙。穆天子传云，“自宗周瀍水以西至于河宗之邦，阳纡之山，三千又四百里；自阳纡西至于西夏氏，二千又五百里；自西夏至于珠余氏及河首，千又五百里；自河首襄山以西南至于春山珠泽昆仑之邱，七百里。”是西夏氏西距昆仑二千又二百里，与管子吕览所记大夏地望正合。①

又汉书地理志陇西郡有“大夏”，盖为夏人西徙，曾寄居过而遗留下的地名。史记秦始皇本纪琅邪刻石记：

> 西涉流沙，南盏北户，东有东海，北过大夏，人迹所至，无不臣者。

是秦时大夏仍居流沙迤东。

汉以后，大夏似受月氏匈奴的压迫而远去。山海经海外东经云：

> 国在流沙外者大夏竖沙居繇月支之国。

又云

---

① 见《四胡考下》，《观堂集林》卷十三。

> 西胡白玉山在大夏东。

史记大宛传说：

> 始月氏居敦煌祁连间，及为匈奴所败，乃远去，过宛西声大夏而臣之，遂都妫水北为王庭。

汉以后，大夏的事迹载籍稍具，略举数事以明其大概，已足。[①]

八　结论

我知读者至此必定要发生若干疑问，第一，所谓“夏”者，在中国旧籍中向来被认为“三代”——一派相承的正统文化中之一巨头。如果照上面的推测，则夏在中国古代史上的地位直与鬼方（后来称为匈奴）相等，未免和古昔相传的夏相差太远。关于这一点，假如我们不受旧观念的拘束，亦可找得到相当的解释，“殷因于夏礼”，不过有“所损益”而已。这是春秋时人的观察。但是殷，我们从甲骨文字里看去，它的文化形态还是在由半开化，初进于文明之域的过渡期，[②]则夏更不用说。夏之遗物至今未见发现，或者夏在当时还是一种无文字的民族亦未可知。再来春秋时的杞宋来说。宋是商余，其制度文物仍存商旧。杞是夏余，自然一样。但是在那时，左传说它用夷礼，中原诸国都有点看不起它。由此可以反证它的先民的文化必定很粗野。或竟与鬼方相似，游牧之族而已。

第二，我们凭借一个“夏”字似乎是不便将周以前的夏和周以后的大夏西夏看做一线而联络在一起的。但是，大夏（西夏）是古代西北的古国，由东而西迁之迹甚明显。而夏人在西北居得很久，故晋郃多用夏历。（汲郡所出纪年及穆天子传亦用夏历）又如土方在商周时也是出没于西北一带，有甲骨铜器可证。从地理方面看去，推定两者之必有关系，当属

① 欲知其详，可读王徐二先生的论文。

② 我在《商民族的氏族社会》曾讨论过这问题，文载一九二八年广州中山大学历史语言研究所周刊。

可能之事。我们又知道古代西北一带种族最复杂。其中如羌族,如鬼方,皆属有悠长的历史之著族,然而均由东西徙,可以旁证也。

第三,便是如上所述,然而由东进而西迁,其间或分或合,与他种族未免时时有所混化,未见得还能保存原有的民族之单纯的质素的。关于这一层,我们自然要认识清楚。否则将周以后大夏西夏完全当做周以前商以前的原始的夏民族看,那岂不是成为笑话?岂至夏,便如羌族的羌,鬼方的匈奴,何尝也不是如此!夏与大夏西夏,虽或有关系,然仅有关系而已。——夏,或系大夏西夏的前身,或为其统治者,而袭用旧日的称号罢。

郭沫若的中国古代社会研究

一

据自序说："本书的性质可以说就是 Engels 的《家族私产国家的起源》续篇"。假使有人不识这个洋字，我敢替代郭君告诉他说，这就是指那位尝与马克斯先生共同起草《共产党宣言》的昂格尔或昂格斯先生。

昂格尔先生的书是根据了摩根(Morgan)的《古代社会》缩写而成的，故在郭君的大著里面，到处可以发见摩根的痕迹。并且郭君还"根据了《古代社会》的研究"，造成一个什么"先史民族之进化阶段"表(郭著四三页)。但是我看了郭君的表，觉得这个表差不多是出于郭君的杜撰，和摩根的意见相差甚远。我现在提出两点来说——因为这两点是郭书的骨干。

(一) 郭表的"杂交时代"，支配了摩根所说的先史前期——蒙昧时代的全部(自"巢居"以至"新石器之使用")，而且还是"女性中心"的。从这点上，可以看出郭君的社会科学知识殊属不甚丰富。人类的原始时代，究竟有没有"杂交"现象？这还是一个疑问。对于这个疑问，不但是一般的社会学者和人类学者不敢轻下断语，就是摩根的答案亦不十分肯定。

他只承认了"杂交"在理论上推测是必然有的,但还拿不出正确的事实来证明。所以他只假定"杂交"的现象当在人类的蒙昧时代的上段,中段与下段是不会有的。那时候的人和那些不能言语的动物大概还没有多大区别。他们不知道结婚,男男女女都可以自由性交,甚至于父女可交,母子亦可交!像这样的禽兽式之"杂交",那里可以算是"女性中心"?可惜郭君未明此理,竟把"杂交时代"支配了摩根所拟定的"蒙昧时代"的全部,并且是"以女性为中心的"先史之一部,于是他的书里,东也是"这是杂交",西也是"这是杂交"。"杂交"!"杂交"!

它真支配了中国的上古史吗?郭君曰然!

> 假如五帝和三王祖先的诞生都是感天而生,知有母而不知有父,那便是自然发生的现象,那暗射出一个杂交时代或群婚时代的影子。(二六一)

但是我们的看法,稍有异于郭君的看法。(甲)姑认"杂交"为千真万确的事实吧,但这究与"群婚"有别——两者不可混为一谈。仅就假定的年代而论,它们中间至少要相隔着十万八千年!想不到郭君用了一个"或"字,便能轻描淡写地转一大湾!(乙)郭君以为"知有母而不知有父"便是"暗射出一个杂交"或"群婚"的影子。但是我们要问:究竟是"杂交"?还是"群婚"?假定是"杂交",郭君从那方面证明当时人真个"不知有父"?

(二)郭君因为深信了"氏族社会是以母系为中心的",(四页)所以只把氏族社会看做"女性中心"的先史之一部,并将"固定的夫妇"制(按即一夫一妻制),"男性中心"的先史划出"氏族社会"之外,完全放在"国家之形成"的阶段之上。像这样的排列方法,如果出之于别人的心裁,倒也不足为怪。但郭君的大著是私淑摩根的,那就可以非议了。

摩根不是说氏族社会的内容可以分做女系和男系的两种吗?他何尝将"男性中心"推出于氏族社会之外?他几时说过一夫一妻制在氏族社会里绝对不会出现?请郭君去翻一翻《古代社会》看罢!可怜中国的

古代社会因此变色了？在郭君的书里，东也是这是“母系”，西也是“这是群婚”。“母系”和“群婚”，支配了中国的整个古代！别的民族在差不多一万年以前或曾有过的制度，我们的祖先却在距今三千年的当儿还跳不出这个圈套！

据郭君说，昂格尔的书是依照马克斯的遗嘱做的。自然哪，郭君的“续篇”当然也要依据马克斯的理论了。

> 自有历史以来，这种(社会)发展的阶段，马克斯在他的经济学研究的一般结论上说“亚细亚的，古典的，封建的，和近代资产阶级的生产方法，大体是可以作为经济的社会形成之发展的阶段。”他这儿所说的“亚细亚的”，是指古代原始共产社会，“古典的”是指希腊罗马的奴隶制，“封建的”是指欧洲中世的经济上的行帮制，政治表现上的封建诸侯，“近世资产阶级的”那不用说就是现在的资本制度了”。(一七五—一七六)

从这一段话里，我们很可看出郭君对于马克斯的了解程度。高明的读者也许要在那里笑了。但这不关本题，没有深究的必要。

现在姑且假定郭君所了解的马克斯公式是对的吧，我们也不妨说：马克斯所拟定的公式不过是指人类社会一般的发展程序，在大体上是如此而已。他并没有肯定世界上所有一切民族的社会发展都是这样的。然而郭君的思想不肯如此迁就逻辑。他觉得这个公式是历千古而不变，放四海而皆准的。于是中国的历史只好跟了他所误解的公式而发展了。据说：

> 这样的进化阶段在中国的历史上也很正确的存在的。大概在西周以前就是所谓“亚细亚”的原始共产社会；西周是与希腊罗马的奴隶制时代相当；东周以后，特别在秦以后，才真正的入了封建时代。(一七六)

这么一来，西周以前的古人——甚至于使用青铜器的，甲骨文字的殷人，都被视为“杂交”之人！“封建”先生在西周时代便从他的宝座上滚了下来！此外，郭君还发现了一个“古人也已注意到了的”什么“关键”：

> 由氏族社会转移到奴隶制国家的这个关键，古人也是注意到了的，用古代的话说来便是“由帝而王”。古时的人以为尧舜传贤夏禹传子是家天下的开始，所以贬称帝号为王。所以在夏禹以前都是帝，在夏禹以后便成了三王。但这帝王递禅的时期也有更说得迟一点的。……荀子的《议兵篇》上也称尧舜禹汤为“四帝”，称文王武王为“二王”，这可见古人把那第一次的社会革命的时期也有看在殷周之际的时候的(十一)。

“由帝而王”是一个“社会革命”的“关键”，是一位自命为经济史观论者，怀疑传说的古史者说出来的话，叫人真个要笑得痛肚皮了！并且，在“也有更说得迟一点的”一语之下，便把前一说取消了，这未免太方便了罢！由此“关键”，他又在另一处说：

> 历来经学家讲皇帝王霸，以为中国古代历史的失衡是由皇而帝，由帝而王，由王而霸，周室东迁就是由王而霸的关键。其实这皇，帝，王，霸照我们现代的眼光看来，皇就是完全的神话时代，帝是原始共产社会。王是奴隶制的社会，霸是封建的社会(一七五)。

高明的读者想想：我们即使承认皇帝王霸真是这样的“移转”的话，“帝”与“原始共产社会”有什么必然的关系？“王”与“奴隶制的社会”有什么因果的连络？郭君的脑筋里假使没有什么“公式”在那里作怪，会有这样的“新解”吗？

像这样的“创见”，郭书中很多很多！

二

郭君是最尊重“锄头考古学”的。所以他根据了由地下掘出的甲骨文字和金文而作成的两篇文字，当然是最重要的文字了，我的批评便也特别在这两篇文字上留意。

在《卜辞中之古代社会》的序说里面,郭君说:

> 得见甲骨文字以后,古代社会之真情实况灿然如在目前。得见甲骨文字以后,诗书易中的各种社会机构和意识才得到了他的泉源。……所以我现在即就诸家所已拓印之卜辞,以新兴科学的观点来研究中国社会的古代。(原书二二七)

在别处,他又说:

> 由诗书易的研究,我发觉了中国的殷代还是氏族社会,这由卜辞的研究已得到究极的证明。(二九三)

这是何等的得意!何等的自负!他自命是第一个人,以"新兴科学的观点来研究"卜辞,而"发觉了","证明了""中国的殷代还是氏族社会"。其实,我在郭君的大著出版(一九三〇年初版)之前三年(一九二八年)已经做过一篇《商代民族的氏族社会》,连载在广州中山大学语言历史研究所《周刊》第四集第三十九期至四十二期。试将两文对照如下:

拙文　　郭著

第一,物质基础——社会基础的生产状况,本论一

第二,社会组织┐
　　　　　　　├上层建筑的社会组织,本论二
第三,社会阶级┘

第四,自然崇拜与祖宗崇拜——精神生活(宗教等),本论三

不但表面上结构相同,就是内容亦多"不谋而合"之处。例如我在概论里说:

> 从卜辞里看去,当时商民族的社会是一种父系制的氏族社会。……今由种种研究,知卜辞时代商民族的氏族组织已经发展到一个较高的程阶。

而郭君也说:

> 由上各项之分析考核,可知殷代已到了氏族社会之末期。(二八七)

一个说是氏族社会的较高的程阶，一个说是氏族社会之末期！

关于甲骨时代的经济状况，我曾根据《盘庚》及卜辞说：

> 据我的推测，大概当时商人的生活状态虽已越过纯粹的田渔和牧畜时代的两层经济的发展程阶，进到一种粗耕时代，然终以农业的生产技术之幼稚，农作所收获的物品不甚丰富，不足以供给全年生活上之需要，故仍不废牧畜的事业，且时时稍助以渔捞与狩猎。

郭君也说：

> 产业状况已经超过了渔猎时期，而进展到牧畜最盛时期。
>
> 农业已经发现，但尚未十分发达。
>
> 商代的产业是由牧畜进展到农业的时期（二五四）。

这中间似乎没有多大差别。从字里行间看来，郭书中最得意的一句恐莫过于：

> 据余所见在殷代末年都有多父多母的现象（九页）。

在原书的二六七至二六八页还举了什么“多父”，“多母”，和“父甲一牡，父庚一牡，父辛一牡”等来证明。但不幸郭君的“据余所见”，在人家的文字中亦已见过！拙文中亦曾提起这些史实，并说：

> 商人的亲族制度中有一特殊的现象。……照当时的习俗，兄弟的儿子称伯父与叔父均称为父，称伯母与叔母均呼为母。所以在祭祀或贞卜时，向一人则云父某或母某，向众父则云“多父”，“多母”，或连云父某父某或母某母某。

这么讲来，郭君的“据余所见”，似可改为“据余等所见”了！但我自愧读书不多，不敢担保别人没有先我而有所见，故实不敢享此荣幸，说说笑话便罢。希望郭君再写什么“续篇”之时，稍为客气一点，不要开口就说“这是我的发见”！“那是我的新解”！便是一定要说什么“发见”或“新解”的话，也应该仔细查查别人所已发表的文字。比如郭君的大著里还有许多“新解”，就我的记忆，早经人家说过了。例如对于“井田制”的怀疑，和

“五等”说之不可信，胡适之和傅孟真两位先生早已说过了。

三

现在再来谈谈郭君的“母系制的氏族社会”。郭君的证据是：

> （一）商代的王位是“兄终弟及”，这是从来的历史上已经有明文的。
>
> （二）……商人尊崇先妣，常常专为先妣特祭。
>
> （三）……据余所见在殷代末年都有多母多父的现象。
>
> 从这些事实上看来，商代不明明还是母系中心的社会，而且那时候的家庭不明明还是一种“彭那鲁亚”家庭吗？（九页）

其实，郭君这三个证据没有一个可以证明商代是“母系制”的。

第一，依王氏的《殷代世数表》（见郭引，二七四），殷本纪三十一帝中，父子相传者十七，兄弟相及者十三。郭君解：“所谓父子亦不必便是真实的父子”（二七五）。为了郭君自己的方便，便借重那历史上已经有了的明文；为了自己的方便，便说明文上所说的父子关系“亦不必便是真实的”！明文的证据价值，如此而已！抑我又有疑者，郭君根据了“兄弟相及”，便可以证明商代是“以母系为中心”；那末，郭君所认为封建制的时代中，例如晋，不也是有“兄终弟及”的事实吗（晋自武帝至恭帝；其中除武帝外，每世均有兄终弟及）？郭君为什么不说那时候是母系时代呢？郭君也许要说，晋行此制，多自跋扈之臣，中有废弑者。但我可以声明：我们难保商代亦无此种现象，何况伊尹废太甲，不也是这样的把戏吗？

第二，商代的“先妣特祭”，诚是事实，但根据了“特祭”便可以证明那时代是“母权中心”的时代吗？郭君此说，原本王襄。王氏未说：“商则诸妣无不特祭，与先公先王同”吗？假使我们根据了“先王先公特祭”而说商代是“父系”的，是“父权中心”的，郭君有什么理由可以反对？

第三：是郭君的“据余所见”。他说：

> 此"彭那鲁亚"家庭的亚血族结婚制,自男女而言多夫多妻,自子女而言则为多父多母(二六七)。

又"案":

> 此习于春秋战国时代犹有遗存。淮南记论训"苍梧绕娶妻而美以让兄",注云"孔子时人"。又孟卯妻其嫂有五人焉,而相魏(二七〇)。

"案"得妙极!先看他论"多母"——同时也是"多妻":

> a) 祖乙之配曰妣己,又曰妣癸。
>
> b) 祖丁之配曰妣己,又曰妣癸。
>
> c) 武丁之配曰妣辛,又曰妣癸,又曰妣戊。
>
> 罗氏曰"诸帝皆一配,祖乙祖丁武丁三配者,犹少康之二姚欤?抑先殂而后继欤,不可知矣"。案实则多妻或多母之现象(二六八)。

"案"很对啊!其实,郭君之所谓"彭那鲁亚家庭的亚血族结婚制"者,不但盛行于殷代,就是所谓"新兴阶级"的领袖们亦在竭力保存国粹!郭君的处女作《三叶集》上所讲的一段故事,便是明证。推罗振玉氏尝谓"诸帝皆一配"(想是卜辞中的事实),郭君并未加以否认,那又怎样讲呢?我在《商民族的氏族社会》里说:

> 考卜辞,夫妻之外有妾,如云"王亥妾","示壬妾"……王亥,示壬等均商之先王先公——即是王族之长。

郭君对于此说,未知有何见教。难道因为她们的生理功能相同,便可视妾为妻吗?但在这里,郭君既讲制度之"制",便不可不重法律上的区别。

关于"多父",我曾如此说过:

> 所谓"多父"即诸父,"多母"即诸母。父者,父及诸父之通称,(用王静安师语),母者,母与诸母之通称。

郭君也引三商勾刀铭说:

其一为……“大祖日己，祖日丁，祖日乙，祖日庚，祖日丁，祖日己，祖日己”；一……曰“大兄日乙，兄日戊，兄日壬，兄日癸，兄日己，兄日丙”；一……曰“祖日乙，大父日癸，大父日癸，仲父日癸，父日癸，父日辛，父日己。……此“大父”王静安谓即尔雅释亲之“世父”，古世大字通用（二六九）。

根据此二“大父”，一“仲父”，一“大祖”，一“大兄”，已足证实郭说之非，虽然郭君仍旧一口咬定了“视此则商末实显然犹有亚血族群婚制”。

其实，不用我们来驳，郭君自己也说：

以上四项（1）亚血族群婚，（2）先妣特祭，（3）帝王称毓，（4）兄终弟及，均系以母性为中心的氏族社会之现象或其孑遗（二七五）。

又说：

“毓”即后字。甲骨文酷肖产子之形……余谓字乃母权时代之孑遗，母权时代宗长为王母，故以母之最高属德之生育以尊称之。……然卜辞于今王称为“王”，仅于先王称为“毓”，则女酋长之事似已退下了中国政治之舞台，而相距则觉亦不甚远（二七〇——二七一）。

既是“或其孑遗”，即是仅于先王称为“毓”，既是“女酋长……似已退下了……政治之舞台”，那末，殷代（尤其殷末）那里还是什么“母系时代”？不过郭君总有点舍不得他的“发觉”，他的“妙解”，所以终于在“或”，在“当亦”，在“似已”的观念之下，永远徘徊着了！

该章的结语又说：

周礼有仲春通淫之习，地官媒氏掌万民之判。“中春之月令会男女，于是时也奔者不禁；若无故而不用令者罚之。司男女之无夫家者而会之”，此犹是杂交时代之孑遗，女子欲求贞操者公家犹加以禁止。此习于春秋时代犹有留存，如《鄘风》之《桑中》，一人而御孟姜孟弋孟庸三女，《郑风》之《溱洧》，男女殷盈相谑而乐，所歌咏者均即此事……亦即此野合之遗习（二八八）。

我还可以替郭君接下去说,“此习于郭君的时代犹有留存”,例如:各地报纸的社会新闻栏中,常见有“一人御三女”,四女,甚至五女。“此犹是杂交时代之孑遗”!敬谢郭君!他给一般社会学者所怀疑或承认的“杂交说”加了一个说明!原来“杂交”就是“野合”!

四

最荒谬绝伦的恐莫过于郭君所做的《周金中的社会史观》了。他举出了许多似是而非的,甚至于和封建制度并不发生什么必然关系的证据来证明西周不是封建制的,而是奴隶制的。且听他说:

> 周代的社会历来以为是封建制度,然与社会进展的程序不合,因在氏族崩溃以后,必尚有一个奴隶制度的阶段,即国家生成的阶段,然后才能进展到封建社会(一九三)。

此处所说的“社会进展的程序”当然是指马克斯公式而言,但这公式是靠不住的,常与过去的史实不合。郭君是马克斯的信徒,当然不肯,而且不敢,相信马克斯的公式也有什么错误,于是便拿“必尚有”来打倒“历来”的“以为”。接著,他说:

> 周初并不是封建时代,所有以前的典籍皦然有封建时代的规模者,乃出于晚周及其后的儒家的粉饰(三〇九)。

因此,他要“翻案”(二九三)而使马克斯所不能作主的历史和那马克斯所欲如此的公式符合!

但是郭君,“一个人坐在斗室之中”,一方面“心纪念着一件事情”,一方面在周金中要找“一些古物上的证明”;找来找去,觉得“这个命题从来也不曾有人着手”,于是只找着了“一点发凡”(三一四)。

“发凡”五点,其中可以拿来证明“西周上半期是奴隶制度”而“非封建制度”的,只有以下三点:

一　周金中的奴隶制度;

二　周金中无井田制度；

三　周金中无五服五等之制。

郭君自谓“我自信我这个观点是十分正确”的。真的吗？周金中有奴隶制度便可以反证西周不是封建社会吗？封建社会里一定没有奴隶制度吗？周金中无井田制度便可以反证西周不是封建社会吗？封建社会里一定要有井田制度吗？周金中无五服五等之制便可以反证西周不是封建社会吗？封建社会里一定要有五服五等之制吗？据郭君说：

> 周金中的锡臣仆的记载颇多，人民亦用以锡予（以下列举周金为证。但是所举的证中，如齐侯镈乃是春秋时代器物，而春秋时代乃郭君认为是封建社会者）。……庶人就是奴隶……庶人较臣尤贱……由上可知周代的奴隶，正是一种主要的财产！！！（二九六至二九九）。

就算如郭君所说“庶人就是奴隶”，（奴隶当然是一种财产），而且“较臣犹贱”罢。但是封建时代的王公没有奴隶吗？没有“锡臣仆”给他们的贵族武士的事实吗？请郭君看左传：

> 晋侯逆夫人嬴式以归，秦伯送卫于晋，三千人实纪纲之仆（僖公二十四年）。

这里所谓“三千人实纪纲之仆”，和周金中“锡臣仆”之事有什么分别？春秋时代不是郭君所承认为封建时代吗？假如郭君还不肯承认《左传》是信史，那么，我们只得请他去买一本欧洲中古史来读读，看看欧洲中古的封建社会里是不是有奴隶！

反过来，我们在郭君所引的许多周金中，却寻见了许多封建制度的事实。例如：

> 伯氏曰，不[illegible]，汝小子肇敏于戎工。锡女弓一，矢束，臣五家，田十亩（二九六）。
>
> 锡汝田于埜，锡汝田于滭……以（与）厥臣妾（二九九）。

“锡田……以厥臣妾”，这不是证明西周的王公可以将他所有的田邑人民分割给那些贵族武士吗？这种“分割制度”不明明是一种封建制度吗？可是郭君虽不否认这种事实，而犹不肯承认这种分割制度是一种封建制度，他的独见似乎认定封建制度底下的田制只是井田制。周金中虽曾提到土地之分割，却没有井田的遗迹。他再三的说：

> ……周金中有不少的锡土田或者以土田为赔偿抵债(?)的记录，我们在这里而却寻不出有井田制的丝毫的痕迹(二九九)。
>
> 克鼎纪王以井之土田遗民锡克。……可见西周已有土地之分割，已无井田之痕迹(三〇〇)。
>
> ……是可见当时之王臣亦可以自由以田邑分割于其子孙(三〇一)。

郭君以为既无井田制，当然是没有封建制了！既不是封建制，当然是奴隶制了！那知道“井田制度”本是儒家的一种理想，是孟子以后的儒家逐渐杜造出来的！关于这个问题，郭君所瞧不起的胡适之先生早已说过了。郭君在“我看”之下，亦会袭用其说(一三一页)。故从西周之无井田制上，不能推断出西周之非封建制，更不能反证出西周之为奴隶制——一种罗马氏的奴隶制，不然的话，我要请问：郭君所认定的“春秋以后至近百年的封建社会”里有什么“井田制”？

诗里本将周时的农奴制表现十足，有大田，七月，甫田，为证。大田的“雨我公田，遂及我公”一语，更将封建制度底下的田制显明的指示了出来。郭君却要抹煞这些事实。例如他解大田道：

> 这首诗的性质稍稍不同，这是一首小家生活的诗。他自己是“曾孙”的农夫，但同时也有他的私田。所谓“雨我公田，遂及我私”……当时的土地一切都是公田，农人们只是食陈的奴隶，但当时未经开垦的土地当然很多，农人们利用自己的余力去开垦出来，当然就成为自己的私地了(一三一)。

读完了这段妙解以后，我们不幸而要深抱遗憾地怀疑到郭君的诚意与常识。他所描写的“小农”，究竟是上古式的纯粹奴隶？是中古式的农奴？还是近代式的自由小农？一，若说他是一种纯粹的奴隶——“是主人的一种财产”罢，那末，他的劳动力的全部当然是为主人所有了，因为他的身份不过等于牛马。然而郭君却又说他可以“利用自己的余力去开垦”那些当时未经开垦的土地，而且当然可把那些土地算为“自己的私地”！二，若说他是中古式的封建制的“农奴”罢，而郭君又说那时候（西周）的社会是奴隶制的，不是封建制的！三，若说他是近代式的自由小家罢，但按郭君所信的“公式”看去，确又太“不符合”！

让我们来老实说罢：那“曾孙”便是贵族，便是地主。那“小农”便是“曾孙”的“农奴”。“公田”虽与“井田制”无关，但确是封建制度底下的一种田制。“公田”当然是“曾孙”的；那“私田”的所有权也当然是“曾孙”的。“公田”与“私田”的差别，也许仅在于前者的出产归于“曾孙”，而后者的出产可为“小农”所有。

郭君又曾费了九牛二虎之力考证“周金中无五服五等之制”。他说：

> 五服九畿是虚造，同样五等六瑞也是虚造（三〇五）。
>
> ……从可知自周初以来中国既已大一统，已分天下为九畿，分封诸侯为五等之说，完全是东周以后的儒者所捏造（三〇九）

这是千真万确的。但“五服五等之制”是一件事情，封建制度又是一件事情。封建制度一定要有“五服五等之制”吗？根据了“无五服五等之制”，便可以说“周初并不是封建时代”吗？“五等制”在春秋时尚未成立，这是郭君自己承认的。郭君为什么又要硬说那时代是什么封建制的？

写到这里，一个朋友送了一部三版的本子来。我打开一看，在《追论》及《补遗》里忽然看见有这样一段妙文：

> 由此论述亦若殷代已有封建制度者然，然此可称为封建制度之萌芽，不必即是后世儒家所称之封建制度，更不必如现代之观点以封建的经济组织为基础之封建制度（一四）。

这叫我吃了一惊。原来郭君也说殷代已经有了“可称为封建制度之萌芽”！虽然他在下文接了两个“不必”！这两个“不必”，在《追论》与《补遗》中殊属“不必”，因为我们在其未“追”未“补”之前，早已知道了郭君实不肯信，且不敢信，凡与他所了解的马克斯公式稍有冲突的证据！郭君又说：

又如周初之所谓封建制度实无殊于今之所谓殖民（一四）。

这叫我们更不懂了。“殖民”和“封建制”是势不并立的吗？“殖民”又是一定等于“奴隶制”吗？诚然，古希腊人的“殖民”，曾经建立了奴隶制度的社会国家。然而日尔曼人的“殖民”，不是侵占了罗马人的一部分土地而构成了一种封建制的社会国家吗？说到“殖民”，郭君在《追论》及《补遗》里还有这样一段：

鲁颂闷宫……“乃命鲁公，俾侯于东，锡之山川，土田附庸”……此土田附庸。……当是附墉垣于土田周围。……此可窥见周代（指西周）之殖民制度，后世之城垣当即起源于此。又此制度，于诗经中犹有可考见者。【小雅崧嵩】“王命申伯，式是南邦，因是谢人，以作尔庸（庸亦当读为墉）。王命召伯，彻申伯土田，王命傅御，迁其私人”。……凡此均可以见其殖民方法之实际。……左氏……云“封卫于楚丘”，“诸侯城楚丘而封卫”。可知春秋初年之所谓封建，犹不过筑城垣建宫室之移民运动而已。春秋之初年犹如是，则周代之初年更可知。故余始终相信，西周时代之社会断非封建制度（一九）。

这是什么话？闷宫崧嵩明明是两首记“封建”的诗。闷宫的“锡之……附庸”，拿崧嵩的“因是谢人，以作尔庸”去解释，最易明白。在封建时代，一个封建诸侯，除了他所占取的土田之外，还有若干受他保护的小国——即所谓附庸。例如申伯封在“南邦”，同时又以谢人（南邦的小国）作为附庸。郭君以“附庸”为“当是附墉垣于土田周围”，真是一种“新解”！我们对于新兴科学（也许就是日本的医学?）不甚了解，简直不懂郭君的“当是”为什么“当是”。而且“周围附有墉垣之土田”，各时代皆有之，不仅限于周代。郭君虽能加土于庸，使变为墉，却不能使庸变为奴啊！所谓“殖民”,“移民”,“筑城垣”,“建宫室”之类,都和奴隶制度没有什么必然的因果关系;除了郭君,谁也不能根据了这种魔术家的法宝来断定“西周时代之社会断非封建制度”的。

因此,我今认识了郭君不是一个货真价实的辩证法唯物论者,而是一个怕难为情的武断派唯心论者。他的武断方式是:

我始相信,

我终相信,

你们也得相信!

一九三二,八,二十九于青岛。

顾颉刚编的古史辨

《古史辨》三册，内容包含：

（一）顾君自己辨论古史的文字；

（二）读者反驳的文字；

（三）顾君和他的师友讨论古史的文字；

（四）时人研究古史的文字。

《古史辨》代表近十年来国人对于中国古史的研究之一种新的态度。顾君是促进这个思潮中的主动者；他的思想，方法，和所得的结论，在中国史学方面已发生了若干影响。我们想要了解这个思潮，必须对于顾君的立论加以考察。这便是我写这篇短文的目的。

顾君做学问有一种“深澈猛烈的真实”的精神，这是凡读《古史辨》者都会感觉到的。在中国现在这个环境中，要想专心研究一种学问差不多是不可能的。生活的压迫与不安定使我们东奔西走，把精力和时间一大半消磨在不相干的应酬与对待方面。顾君也同样的处在这种环境之内，但他时能排除万难，有计划的，有系统的，不断地努力。这是值得钦佩的。

顾君曾自述其整理中国历史的意见说：

我日来在家里做《辨伪丛刊》的事情。……这《辨伪丛刊》分做两类:一是辨伪事,二是辨伪书。……辨伪事的固是直接整理历史;辨伪书的也是间接整理。因为伪书上的事实自是全伪,只要把书的伪迹考定,便使据了伪书而成立的历史也全部失其立足之点。照我们现在的观点,东周以上只好说无史。现在所谓很灿烂的古史,所谓很有荣誉的四千年的历史,自三皇以至夏商,整整齐齐的统系的年岁,精密的考求,都是伪书的结晶。……我们这样做,必可使中国历史界起来一大革命。(页三五——三六)

要从伪书和伪事的辨订上去重新估定中国的古史,而指出"其立足之点"及其所构成的系统之不可靠:这是顾君研究的目的。所以他的目的是注意破坏,是欲推翻旧的古史系统。

顾君"自己愿意担任的工作有两项":

一是用故事的眼光解释古史的构成的原因,二是把古今的神话与传说作有系统的叙述。(六一)

这一层,我们必须认得明白。多少读者因为对于这一点不十分注意,所以误会顾君是在那里著"真实的古史",以致发生了许多出于问题以外的非难。其实,顾君早说过:

我知道要建设真实的古史,只有从实物上着手的一条路是大路,我的现在的研究仅仅在破坏伪古史的系统上面致力罢了。(页五〇——五一)

又在第二册自序里说:

所以我的工作,在消极方面说,是希望替考古学家做扫除的工作,使得他们的新系统不致受旧系统的纠缠;在积极方面,是希望替文籍考订学家恢复许多旧产业,替民俗学家辟出许多新园地。(七页)

不明了顾君研究的目的与范围,而加批评,是抓不住顾君的痒处的。例如某君说:

在西国，凡研些上古史事，纯为考古家责任。历史学家不必皆为考古学家，故作上古史者必须借用考古学家所得之证据。今顾君仅作文字上之推求，故虽得圆满之结果；然此因吾国考古学之成绩不良不足以为顾君之资助故也。……此即言治吾国古史而仅凭本国数篇旧书，不足用也。（三八三）

此言诚然，然而我们却不能以此来责难顾君。虽“考古学者所得之证据”，足以“资助”辨伪；然仅“资助”而已。且欲建设真实的古史，必须先借助于史料的辨伪结果，其事亦甚明显。且把古传说与神话作为有系统的科学的研究，则在西国亦仅“文字上之推求”。

据顾君自述，他辨伪古史的动机，一方面是受了胡适之先生的思想的影响；一方面是由于做了两年多的“戏迷”和研究了许多民谣的结果。他用所谓“历史演变的方法”去研究故事；他又用故事的眼光去观察古史。他说：

我看了两年多的戏，惟一的成绩便是认识了这些故事的性质和格局，知道虽是无稽之谈原也有它的无稽的法则。（《自序》二三页）

如《桑园会》，《列女传》上原说秋胡久宦初归，路上不认识他的妻，献金求合，其妻羞其行，投水而死，何以戏剧中就变成了秋胡明知采桑妇是自己的妻，却有意要试她的心而加以调戏，后来他屈膝求恕，她就一笑而团圆呢？这些故事的转变，都有它的层次，绝不是一朝一夕之故。若能如适之先生考《水浒》故事一般，把这些层次寻究了出来，更加以有条不紊的贯穿，看它们是怎样地变化的，岂不是一件最有趣味的工作。同时又想起……适之先生……辨论井田的文字，方法正和《水浒》的考证一样，可见研究古史也尽可以应用研究故事的方法。因此，又使我想起……薛平贵的历尽了穷困和陷害的艰难，以乞丐而将官，而外国驸马，以至做到皇帝，不是和舜的历尽了顽父嚚母傲弟的艰难，从匹夫而登庸，而尚帝女，以至受了禅让而做皇帝一样吗？……这些事情，我们用了史实的眼光去看，实是

无一处不谬;但若用了故事的眼光看时,便无一处不合了。(《自序》四一页)

故事的演变是随时,随地,随人;古史的演变亦正如故事一样。因此,顾君要"推翻伪史";他"分了三项事情着手做去":

第一,要一件一件地去考伪史中的事实是从那里起来的,又是怎样地变迁的。第二,就要一件一件地去考伪史中的事实,这人怎么说,那人又怎样说,把他们的话条列出来,比较看看,同审官司一样,使他们的谎话无可逃遁。第三,造伪史的人虽彼此说得不同,但终有他们共同遵守的方式,正如戏中的故事虽各各不同,但戏中的规律却是一致的,我们也可以寻出他们的造伪的义例来。(《自序》四二——四三)

他是这样的研究"传说中的古史"。他根据他的观察,得到了下面的一个"假设":

古史是层累地造成的,发生的次序和排列的系统恰合是一个反背。(《自序》五二页)

顾君说:

我很想做一篇层累地造成的中国古史,把传说中的古史的经历详细一说。这有三个意思。第一,可以说明"时代愈后,传说的古史期愈长"。……周代人心目中最古的人是禹,到孔子时有尧舜,到战国时有黄帝神农,到秦有三皇,到汉以后有盘古等。第二,可以说明"时代愈后,传说中的中心人物愈放愈大"。如舜,在孔子时只是一个"无为而治"的圣君,到《尧典》就成了一个"家齐而后国治"的圣人,到孟子时就成了一个孝子的模范了。第三,我们在这上,即不能知道某一件事的真确的状况,但可以知道某一件事在传说中的最早的状况。

顾君这个见解,和崔述在《考信录》里所说的颇相近。崔述说:

> 世益古则其取舍益慎，世益晚则其采择益杂。孔子序书，断自唐虞；而司马迁作《史记》乃始于黄帝。……近世以来……乃始于庖牺氏或天皇氏，甚至有始于开辟之初盘古者。……(《提要》上)

但崔述考到“经书”便止住，而且承认“经书”即“信史”的。顾君不然，他说：

> 要从古书上直接整理出古史迹来，也不是妥稳的办法。因为古代的文献可征的已很少，我们要否认伪史是可以比较各书而判定的，但要承认信史便没有实际的证明了。崔述相信经书即是信史，拿经书上的话做标准；合的为真，否则为伪，所以整理的结果，他承认的史迹亦颇楚楚可观。但这在我们看来，终究是立脚不住的：因为经书与传记只是时间的先后，并没有截然不同的真伪区别；假使在经书之前还有书，这些经书又要降做传记了。我们现在既没有“经书即信史”的成见，所以我们要辨的古史，看史迹的整理还轻，而看传说的经历却重。凡是一件史事，应当看它最先是怎样的，以后逐步逐步的变迁是怎样的。我们即没有实物上的证明，单从书籍上入手，只有这样做才可得一确当的整理，才可尽我们整理的责任。

因为他“看史迹的整理还轻，而看传说的经历却重”，所以他的“辨伪”，差不多完全专力于“传说的经历”的辨证。

史料与方法是相依的。有丰富的史料而没有方法，自然不能研究出好结果来；但是只有方法，而没有丰富的史料，也同样的得不到好结果。方法可以驾驭史料；但同时也可以被史料限制住而不能充分发挥的。例如顾君所说的“禹的传说的演变”。这个研究颇有人加以非议。其所以受人非议者，据我看，不为别的，根本的原因还是一个史料问题。顾君说过，“古代的文献可征的已很少”。其实，岂止“可征的”“古代的文献”，便是不“可征的”“古代的文献”现存的也太少了哩！因此研究古代“传说的经历”与方法便受了史料的限制而不能畅所欲为，不能像研究后世的故事一样。因此，我们看一个古“传说的经历”，“看它最先是怎样的，以后逐步逐步的变迁是怎样的"时，必须十分谨慎，必须在"史料的限制"中去"看"。否则，将方法用过了火时，便会引伸出一种贫乏的结论来。比如顾君说"禹的来源在何处"？他说：

> 至于禹从何来？……我以为是九鼎上来的。《说文》云，"禹，虫也，以内象形"。……大约是蜇蜴之类。我以为禹或是九鼎上铸的一种动物，……禹是鼎上动物的最有力者；或者有敷土的样子，所以就算他是开天辟地的人。……流传到后来，就成了真的人王了。(六三页)

他根据《左传》所说的九鼎和《说文》的禹说求证明"禹的来源"，这便突出了史料的限制的范围。顾君"看传说的经历"是根据"史籍产生的年代"，依照"传说先后出现的次序，排列起来"而加以说明的。我们便假定禹或是《说文》的"禹"，"或是九鼎上铸的一种动物"，但是《左传》是战国时的史籍，《说文》则更后。所以我们严格的说，只能承认这是战国至汉时的一种"禹的传说"，绝对不能从而推测到"禹的来源"。否则岂不与一般人根据那时候的另一种禹说(如禹是古代的圣人)来说明"禹的来源"是一样的谬误吗？在理论上，我们相信禹必有其来源；但是依照现存的史料而论，我们对于那最古的或较古的禹是怎样的一问题，现在只能闭着嘴，或者学着孔二的办法："君子于其所不知，盖缺如也"。顾君又说：

> 我对于禹的来历很愿再下一个假定："禹是南方民族的神话中的人物"。……南方民族在这样的环境里，如何不会有无数平水的神话出来，更如何不会有平水土的最力量的禹来！……从此可知南方民族的神话从楚国传到中原是很可能的。(一二一——一二五)

又说：

> 商周间，南方的新民族有平水土的需要，酝酿为禹的神话。这个神话的中心点在越；越人奉禹为祖先。自越传至群舒；自群舒传至楚；自楚传至中原。(一二七)

假使我们便承认顾君的解释是全对，也不能无疑的。第一，顾君文中所列的理由，自(1)至(8)项，不外《楚辞》，《左传》，《史记》，《汉书》等那些战国以后的书；从而至多只能作出以下的结论：(一)当战国时(不能说是商周间)，南方民族对于禹有很多的神话；(二)从现存的材料看去，似乎可以证明禹的神话，在战国时以南方为最丰富。至于南方神话，固然可以说是从楚国传到中原的；但是我们也保不住不会从中原传到楚国，因而传遍于南方的。顾君又按诗书，说明西周后期及春秋初期时的"禹"；又说"看得他在古史中的地位是最重要的了"。假是我们照"时代的前后"做着点来说：禹在西周及春秋初期是中原的一个敷土的天神；后来由楚国转到南方，于是在南方酝酿出许多丰富的神话。不可以吗？中原的"商周间""尚没有禹的伟大的神迹"，但是南方的"商周间"也找不着确实的证据来呢！

我并不反对顾君对于一个传说要去找"来源"。不过我以为：像在现在古代文献如此贫乏的条件之下，有时候，对于那"来源"，甚至便如那演变的层序，似乎都可不必看得太认真。"打破沙锅"自然要"问到底"。但不幸所打破的是一只无"底"的沙锅，"底"早失掉了，如何好呢？

传说的演变是由于"时"，由于"地"，但"人"更重要。顾君对于"人"虽已注意，然未能充分的发挥。例如论禹有"天神性"，只很空泛的去讨论"周代人"对于禹的观念，而没有仔细的去分析那"人"。我们知道，一切传说均由口述而传达下去，故其性质是继续不断的改变，直至写定。因为传述者的意识和信仰不同，所以其性质便会改变，以致常形成极端相反的差别性来。试引《左传》所记的一个传说为例：

> 晋侯有疾。郑伯使公孙侨如晋……同疾。叔向问焉，曰："寡君之疾病，卜人曰'实沈台骀为祟'，史莫之知，敢问此何神也"？子产曰："昔高辛氏有二子，……季曰实沈，……迁……于大夏(即晋)，主参，……由此观之，则实沈参神也。昔金天氏有裔子曰昧……生台骀，台骀能业其官，……封诸汾川，……由此观之，则台骀汾神

> 也。……若君身,则亦出入饮食哀乐之事也。山川星辰之神,又何为焉”!……叔向曰:“美哉肸未之闻也”。……晋侯闻子产言,曰“博物君子也!”(昭公元年)

我们从这段记载里可以看出传说的古史的真相。第一,卜巫所传述的,是神话;第二,“史莫之知”,自然是表示不信“为祟”之说;第三,晋国的贵族学者叔向“未之闻”,但郑国的贵族学者子产则似乎是将神话与古事化于一炉,说得有条有理,不愧为“博物君子”。禹的真相何尝不是如此?他是天神吗?是,巫书(例如《山海经》)是这样的说。他是古代的圣王吗?是,作《春秋》的孔丘便是这样的看。他也是天神,也是圣王呢?不错,我们从那位不知名的“博物君子”所著的《洪范》里便可以闻我们所“未之闻”的。

我们假使根据这个“人”的观点去辨证,去观察“传说中的古史”,我们可以看出古史的演变是走着好几条路:(一)神话的逐渐扩大;(二)古事的逐渐理想化;(三)两者的逐渐互相混和——神话混入古事;古事杂些神话。从大体上看,中国的古史是走上了第(三)条路之后的结晶。但细密的分析一下,那三条路线都还各有遗迹可寻;由于传述者的意识和信仰不同,所以他们中间差别性仍然显露得很明白。如果对于这方面不充分加以注意,而对于一个传说,只按“时”和“地”去说他的经历,常常可以引起某种相反的结论。例如“禹”,顾君说先是“山川之神”,后变为“社神”,终成了“人王”,但好些人则以为“禹”本是“人王”,后变为“神”。从历史,从民俗学各方面看去,这两种说法都各有理由的。所以有差异者,各人的看法不同而已。

我写这篇短文的目的不是讨论古史,所以趁此将话带住。最后,我盼望:同情于顾君的,读此书时,必须保留自己的批评的权利;反对顾君的,读此书时,至少要了解著者的目的是在辨伪,不是造史。

夷方和徐方

古代河济迤南最多古国。如风姓任姓诸国，如商东徐奄，如妘姓曹姓诸邦，皆其著者。此等古国均为此方的土著，其种族的历史大多可溯源于上古，此篇以徐夷二国为主，依据甲骨金文，参稽古代传说，而追踪其起源，发展与乎衰没之迹。然以文献之不足，不能畅所欲为，仅可述其崖略耳。

夷方

夷方之名屡见于殷墟所出的甲骨文。其文云：

癸亥王卜缺，[illegible]在九月，王缺夷方在雇缺（龟甲兽骨上第九页）

癸亥卜，寅贞：王旬亡[illegible]，在九月，征夷方，在雇[illegible]□大徐。（前编卷二第六页）

癸巳卜贞；王旬亡[illegible]，在十月，在齐次，佳王来征夷方。（同前第十五页）

癸酉卜，在攸，派贞；王旬亡[illegible]，往来征夷方。（同前第十六页）

癸酉王卜，贞旬亡[illegible]，王来征夷方。（后编卷上第三十一页）

商民族的发展情形，现也不能知其详。只有《长发》（商颂）一诗，略记一二。《长发》道：

> 濬哲维商，长发其祥。……
>
> 有娀方将，帝（指上帝）立子生商。

古金中亦屡有“征夷方”之记。鮽尊云：

> 隹王来征夷方；（《攈古录》《奇觚室吉金文述》）

《节甗》云：

> 王徂夷方。（《从古堂款识学》；《攈古录》作“王宜人甗”）。

“徂”即诗“我徂东山”的“徂”，训“往”。二器疑皆商人所作，时代至迟必在商之末季。何以呢？第一，周金中罕见“夷方”之名；第二，语法与上引卜辞相同；第三，《鮽尊》首书“丁巳”，后书“隹王十祀又五”，又称“年”为“祀，”且有“肜日”之祭，此皆商人的习制。故知之。

据上，是夷方当为周以前一崛强的方国，而与商人时时在相斫中者。

夷方的史迹之传留于后世者已不多见，然钩稽周秦故藉，亦有若干史绩可供我们的思索，解释，其详当于下节述之，此处应先加解释者，则《山海经》曾屡有“人方”之记。如云：

有人方，耕名曰“叔均”；……叔均……播百谷，始作耕。（《大荒西经》）。

有人方，食鱼，曰深目民之国。（《大荒北经》）

有人方，食木叶，

有人方，扜弓射黄蛇，名曰“蜮人”。

有人方，齿虎尾，名曰“祖状之尸”。（以上见《大荒南经》）

案：人方当即夷方，所以知者，古文“人”“夷”两字大体无别。（故夷方的“夷，”前人有释为“人”者。）《师酉敦》“卑人夷”，“人”字作“ㄋ”，“夷”字作“λ”，可证。且“人”“夷”二字，不但形相似，且声亦相近，太炎先生曾说："说文𠔁……其奇字作儿，别作仁，……人儿仁皆音奴邻切；夷音同迟，（以倭迟作郁夷证之）作杜尼切，同为舌音，故得相借。臣锴引《山海经》"非人羿莫能上"，今本作仁羿，皆夷羿也。（夷本儿之孳乳字）"（见《文始》）至所记的事实则属神话，自然不能作为历史看。然"人方"之名，以甲骨金文证之，则确非虚构。由此可知夷方实为上古一著名的方国；其名，其种族的神话，直至战国以后巫史尚能道之。

夷方的所在，在甲骨文中亦可委曲以推测之，甲骨文记"征夷方"，常云"在某地"。那时商的都邑在殷，（今安阳）则所以"在某地"者，当是为了"征夷方"方便之故。换言之，其所"在"之地必定是要距离夷方较近些。试分述之：

一言"在雇"，王静安先生说："雇字古书多作扈，《诗小雅》'桑扈'，《左传》及《尔雅》之'九扈'，皆借雇为扈，（憬案：《左传》昭十七年，郯子论少皞氏以鸟名官，中有'九扈氏'，注'扈有九种'。又注'九扈'中有'桑扈'，是雇为本字，扈乃其假借也。）然则《春秋》庄二十三年'盟扈'之'扈'殆本作雇。杜预云，'荣阳卷县北有扈亭'，今怀庆府原武县。"（见《三代地理小记》）。

一言"在攸。"攸之地理史阙无征。然鬲攸从鼎说；

> 王在周康宫辟大室。鬲从以攸卫牧告于王。曰（王曰：）"女叧我田，牧弗□许鬲从。王命相史南以即虢旅，乃使攸卫牧，誓曰：'□弗具付先祖，射封田邑则誓；攸卫牧则誓。'"……（《浭阳端氏藏器》；《攈古录》）

器中"攸"字作"𢼊，或省作攸"；卜文"攸"作"攸"，与省文同；知是一字。攸为地名。阮氏谓"攸从，鬲二于，攸为兄，从为弟，"非也。（《钟鼎彝器款识》卷四）王静安先生说："鬲从簋与鬲攸从鼎是一人所作。考鬲从簋作于王二十五年，但称鬲从，鬲攸从鼎作于三十一年，前称鬲从，后称鬲攸从，盖是年始得攸卫牧之地，故兼称鬲攸。犹晋之瑕名饴甥，吴之延州来季子矣。"（见《散氏盘考释》）案：周时卫地在殷墟，则牧当即牧野。《左传》隐五“郑人侵卫牧”,杜注“牧卫邑”,顾栋高说,“即商之牧野”,在今汲县北淇县南。卫牧二地皆在今河之北,则攸地亦当在其附近。又,雇地即在牧南,疑攸雇相距亦不远。

一言“在齐次”。“次”字在卜文作“”,作“”,故罗振玉氏认为“餗”,而以“次”释之。然《汉孔庙礼器碑》河南偃师之“师”作“師”,《曹全碑》远师之师作“師”,则汉代释此字为师(《甲骨文地名考》)甲骨金文中言在某次,至某次者甚多(古籍则言某师。)即以甲骨文而论,据《殷虚书契考释》所集,(地名第四)“称于某次者已十有五”。我疑“次”是一共名,有“地”意。(《周礼》司市“胥师贾师涖于介次”,注“次者可以安行旅之地也”便释为“师”;《周礼》肆师“凡师甸”,疏“师,封也”,封字古有“域”意。)古言某次(或某师)犹今之言某地,“齐次”有以为即今山东临淄者。然其地距殷颇远,实未敢定以为一地。(卜辞所见地名之可识者,大抵在大河南北数百里内。)我疑“齐”乃一泛称,盖齐即济,齐次即“济水附近”之意。请以“洛师”为印证,《周书洛诰》乃周公营新邑;相宅事;文中曾说:

> 予惟乙卯,朝至于“洛师”。我卜河朔黎水;我乃卜涧水东,瀍水西:惟洛食(吉。)我又卜瀍水东,亦惟洛食(吉。)

此“洛师”正与“齐次”之意同,乃指洛地,乃指“洛水附近”而言。是“齐次”,盖如“牧之野”,“周之原”,“河之曲”泛言某某一带之意,考古之济水出自王屋山为允水;又东至温县(今河南距雇地不远。)西北为济水:孔安国所谓“泉源为允,流去为济”(《水经注》)是。复东过荥阳北;(雇地即在河之北岸)复东北流,入今山东而注于海。若据攸雇的地望以推度之,知当日所指的齐次,当不出济水的上游一带。

攸雇之地,均在今大河的北岸,殷邑的南面;与殷邑相距都不十分远,(如雇地距殷不过二百里左右)故甲骨文记王可“往来征夷方”。征伐夷方而王必至攸,至雇,必到齐次——由此观之,可知夷方出没之地必在河济迤南或其附近(与下节所述正相合),故夷方侵商,必至河济;而商人伐之,常陈师齐次,以便于经略。

* * * * * * * * * * * *

我疑夷方的先世即有穷。据古代的传说,“有穷后羿”亦称“夷羿”,(《世本作篇》“夷牟作矢”“牟”疑即“羿”。又《海内西经》言“非仁羿莫能上”,臣锴引“人羿”,皆“夷羿”也)《楚辞天问》曾记:

> 帝降夷羿,革孽夏民;胡䠶(射)夫河伯,而妻彼雒嫔?冯珧(弓名)利决(《仪礼》有“决”,注:以象骨为之,着右大指以钩引弦者。)封豨是䠶;何献蒸肉之膏,而后帝(天帝)不若?浞取纯狐,眩妻爰谋;何羿之䠶革,而交吞揆之?……浇在户,何求于嫂;何少康逐犬,而颠陨厥首?……覆舟斟寻,何道取之?

这个故事又见于《左传》。襄公四年记:

> 昔有夏之方衰也,后羿自鉏迁于穷石,因夏民以代夏政。恃其射也,不修民事而淫于原兽。弃武罗伯因熊髡龙圉而用寒浞,——寒浞,伯阴氏之谗子弟也,……夷羿……信而使之,……浞……虞羿于田,……以取其国家,内外咸服。羿犹不悔,……家众杀而亨之。……其子死于穷门,靡奔有鬲氏,促因羿室,生浇及豷,……使浇用师灭斟灌及斟寻氏。处浇于过,处豷于戈,靡自有鬲氏,收二国之烬,以灭浞,而立少康,少康灭浇于过;后杼灭豷于戈,有穷由是遂亡。

又记:

> 在帝夷羿,冒于原兽,忘其国恤,而思其麀牡,武不可重,用不恢于夏家。

“夷羿”当云“夷国之君而名羿者”,(如寒浞,杜注:寒,国名。)“夷羿”之称当与“齐桓”“晋文”同例。至于“夷羿”之所以又称为“有穷后羿”者,(如《左传》襄四引夏训)当为夷羿迁穷石后的别称,如同春秋时的州公,因都于淳于,故《左传》又称之为淳于公一样,(桓五年)那时夷方的根据地及其势力之所至可从这故事看出来。试将这故事里所见国邑的地望表列如下:

国邑	今地	附注
鉏	约在今河南汲县境	《括地志》,故鉏城在滑州卫城县东十里
穷石	约在河洛之间	《习地记》,"河南有穷谷,盖本有穷氏所迁也"
有鬲	今河南密县	《括地志》,故鬲城在洛州密县界。甲骨文有记"鬲"事;金文中有"鬲从"。
戈		杜注,戈地在宋郑之间。
过		杜注,过当在东莱掖县北(疑过地当近戈)
斟寻		杜注,北海平寿县东南有斟亭。臣瓒云,斟寻在河南,后迁北海也。案:瓒说较是。《纪年》太康居斟寻,羿亦居之,桀又居之,地必近洛。
斟灌		杜注:乐安寿光县东南有灌亭(疑灌地亦在河南)

据上表,夷方的最初(?)据地本河济之间,在后羿时始迁居于今河之南,故《天问》说:"胡射夫河伯,而妻彼雒嫔?"到了后来,则自洛以东,宋郑之间,都在夷方的势力范围之内。其后有穷之势力虽杀,然其部族必仍居于河济迤南或其附近无疑。

当商人没有兴起之时,有夏是大河南北一带的霸主。夷羿能乘"有夏之方衰""因夏民以代夏政",则夷方必为当时一强大的部落。其后,夏之霸权复转人新兴的商之手。我们借依甲骨金文的指示,夷方已复兴起,活跃,而与商人常以兵戎相见,其势似不甚弱,前已言之。

* * * * * * * * * * * *

夷方出没于河济之南,曾历夏商二世,为时盖甚久。故至周时,洛水迤东淮水以北,犹留有夷方的遗迹。尝研究此一带之古代地理,有二三地名——称尸,称夷,疑皆因夷方曾寄顿而得名者。试分述之,以为印证:

一、《左传》昭公二十六年记:

刘人败王城之师于尸氏。

王起师于滑,……遂次于尸。

召伯逆王于尸，及刘子单子。

按：尸氏与尸是一地。(据杜注)尸亦即夷。古“尸”“夷”同字皆“人”字的分化。(故夷方的“夷”，前人亦有释为“尸”者)“尸”字，篆文作“[illegible]”。(作“[illegible]”非)徐灏说：“尸象卧形，其字即人篆之横体末笔引而长之。人部‘仁’古文作[illegible]，即其证。……故凡从尸之字多言人事。……”(见《说文解字注笺》)如屋字从尸至，居字古文作屃，(《玉篇》《汗简》引《说文》作层。)皆取“人”义，就声音言之，古音“尸”“夷”同在脂部。(诗《楚茨》“尸”“逼”相协)故“人”“尸”“夷”三字古相通假：《左传》成十七年“一朝尸三卿”，韩非引厉公语曰“吾一朝而夷三卿”。《周礼凌人》“大丧共夷槃冰。”郑注“夷之言尸也，尸之槃曰夷槃，床曰夷床，衾曰夷衾，移尸曰夷于堂”。又，𡰥夷二字古亦相通；《泰誓》“受有亿兆夷人”，敦煌本作𡰥《孝经》“仲尼居”，《释文》“居本作𡰥，古夷字也”。《汉书樊哙传》“与司马𡰥战砀东”，颜注“𡰥读与夷同”。尸之地，杜注“在巩县西南偃师城”。(《后汉书郡国志》，偃师县有尸乡，春秋时曰尸氏)其地在成周东孟津南。(距济及雇，均不甚远。)

二、庄公十六年纪：

初，晋武公伐夷，执夷诡诸，芳国请而免之。

杜注“夷诡诸，周大夫夷采地名”。是其地必在成周畿内无疑，(芳国亦周大夫，其采地在今偃师孟县之间，夷地必与之近。)

二、僖公二十三年纪：

楚成得臣帅师伐陈，……遂取焦夷，城顿而还。

杜预谓焦夷二地皆陈邑。后来，昭公九年又记：

楚公子弃疾迁许于夷，实城父，取州来淮北之田以益之。……迁城父人于陈，(其时陈已为楚所灭。)以夷濮西田以益之。

案：“实”当训为“广”。“实城父”，意谓广以城父。盖夷与城父本二地，因迁许于夷，故以城父广之，且又取州来田在淮水北者以益之。同时则迁城父人于陈，乃割夷田在濮水西者以益之。据上，是楚人所取的夷地当在宛丘城父焦顿之间。

假使以上三地可视为即上古夷方足迹所至之证，则与前所述者正相吻合。（未完）

夷方与徐方(续)

商周之际,西土的周人沿渭水东进而伸展其势力于东方。商周之相砍不仅是“争霸”,并含有东西两方民族“火并”的意味。周人东侵,率有许多“友邦君”和“西土之人”;而东方民族,不只商,便如河济迤南的方国加入商方面以抵抗周者亦很多。我疑夷方也和徐芊(楚之先世)一样,抛弃了向来与商敌对的态度,转而附和商,以与东侵的西方民族斗争。

《左传》昭公二十四年引太誓曰:

> 纣有亿兆夷人,离心离德。

《逸周书明堂篇》说:

> 周公相武王以伐纣夷,定天下。

疑夷即夷方。商周斗争结果,商人失败了,领土的大部分遂为周人所分割,仅能保留河南的商邱一隅之土,苟延残局。夷方自然也逃不了这命运,据《左传》所传,齐的东南有一夷国,我疑此夷当即古代夷方的子裔,因受周人势力的压迫而东南迁者。

《左传》隐公元年记:

> 纪人伐夷。夷不告,故不书。

杜注:“夷国在城阳壮武县”,案当今山东胶县与即墨县境。在春秋初,夷与鲁似不甚通往。盖其势力已甚微弱,且不能附末大国,追随盟会了。

此夷方,据《正义》引《世本》“夷,妘姓”。此事极可注意。据《国语》所记,妘族是古代南方著族——所谓“祝融八姓”之一种。《郑语》记史伯答桓公问“南方”道:

> 夫黎为高辛氏火正,以淳耀惇大,天明地德,光昭四海,故命之曰祝融……其后八姓于周未有侯伯……妘姓——邬郐路偪阳……皆为采卫,或在王室,或在夷翟,莫之数也。

祝融是古代南方(洛邑迤东,淮水以北,东抵东海一带)诸种族所共同崇拜的宗神,祝融八姓在周以前实为南方一带最有势力的种族,《郑语》已言之。由此反证,则妘姓的夷之在上古实一崛强的方国,自属可能。又据《说文》,“妘祝融之后也,从女云声,籀文妘从员”。古金中如娟氏鼎周娟匜叔娟匜季娟鼎函皇文敦周棘生敦,均为娟姓所作器物,从员而不从云,可以为证。“娟”为女姓,其字本不从女。我疑“员”即“夷”,古音“员”在真部(与人字同部),“夷”在脂部,阴阳对转。而“妘”则“娟”之假借。妘姓诸国疑皆夷方的遗部,至周时乃分离而树立者。其称号之变异,尽如“夏余”的杞鄫同:因地而殊号也。

周时妘姓诸国之见于《国语》及《左传》者,如下表:

国	地望	附注
邬	约在今河南偃师县西南。	或作鄢
郐	在荥阳密县东北。	《左传》作桧,诗有桧风;后为周武公所并。
路	?	韦注:“桧之别封。”
偪阳	今山东峄县南境。	灭于晋
禹	今山东临沂。	鲁昭公十八年,邾人入之。
夷	今山东胶县与即墨县。	据《世本》,“夷,妘姓”。疑为上古夷人东徙之一部而仍沿用固有的称号者。

以上诸国,从其分布之迹言之,可分两组:一在河南的中部;一在山东的东南境。总而言之,则约以洛邑迤东为中心,由此而西北,皆见其族的足迹。与甲骨文中所见的夷方,传说中“革孽夏民”的夷国,其地望大致相呼应。

我们设想:盖自周人东进之后,夷方遂为周征服。其国根据之地大部份已为周人掠夺;周人所建立的东都(洛邑),即在其地,其族之仍居于此者,则多臣服于周,降“为采卫”;(如邬桧)其族之一小部分则被迫而东迁,寄顿于今山东的东南边境。(如偪阳夷)所以史伯说:

> ……于周未有侯伯……皆为采卫,或在王室,或在夷狄,莫之数也。而又无令闻,必不兴矣。

徐方

徐方亦为古代东南方之一崛强的方国。其名亦屡见于甲骨文字。如记:

> 王缺⿱余止人(殷虚书契前编卷六第二十五叶)
>
> 缺与其⿱余止虎方,告于大甲。十一月(殷契征文帝系)
>
> 缺其⿱余止虎方,告于祖乙。十一月(同上)
>
> 缺其⿱余止虎方,告于丁十月(同上)
>
> 贞:乎(呼)㪿(疑国名)⿱余止子姑来。(前编卷六第二十六页)
>
> 贞:勿乎㪿⿱余止子媳来。(同前)

案:“⿱余止”字,卜文作“[illegible]”,“[illegible]”,“[illegible]”,“[illegible]”,“[illegible]”,及“[illegible]”,从“止”,从“余”。“余”当即“徐”字。所以知者,“徐”字从“彳”与“⿱余止”字从“止”同意。《说文》“彳”,小步也,象人胫,三属相连也”,本义当为“足”;“足“即”止“也”。《射雉赋》“彳亍中辍”,徐爰曰:“彳亍止儿”。又“止”象人足,即趾之本字。《易噬嗑》初九“屦校灭止”,《释文》云:“止本亦作趾”；又云“贲其趾”，一本作“止”。《周南》麟趾，《诗传》《诗说》皆作麟止。故止亦训足：《仪礼士昏礼》“北止”注，“止，足也”；《汉书刑法志》“当斩左止”，师古曰“足也”；《尔雅释言》：“趾，足也”。知“𡉚”之为“徐”，故又知“𡉚人”当即古籍中的“徐方”。且徐方的盘踞之地，据《诗》《书》所传乃在淮泗流域。上引甲骨文多“𡉚虎方”连举，而虎方者乃古代南方之一国。《南宫中鼎铭》云：“惟王命南宫伐反虎方之年，王命中先相南国”可证。是𡉚之所在必近虎方，与徐方之所在正相呼应。

“𡉚”（徐）在古金文中又多作“郐”。所以知者，“郐”字从“邑”。“邑”字，卜文作“[illegible]”，金文作“[illegible]”，从“口”从“[illegible]”，“[illegible]”即“人”字，象人跽形，口即围，域也。从“邑”者，谓人所居也。故“𡉚”（徐）与“郐”，古多通假。《周礼》雍氏注，“征徐戎”，《释文》“徐，刘本作郐。《史记鲁世家》“楚伐我徐”，索隐引《说文》谓即“郐”。故古金文中所记的“郐方”亦即《诗》中的“徐方”，甲骨文中的“𡉚人”。

古金中的“郐方”，“郐”亦省作“余”者。盖“𡉚”（徐）“𡉚”均从“余”得声，故古相通假。《易》困彖辞之“来徐徐”，《释文》引王肃本作“余余”；《余义钟》之“余义楚”，《左传》记作“余仪楚”，可以为证。我疑古之“𡉚方”本作“余”，后变为“徐”，为“郐”。古金中的“余”“郐”混用，则甲骨文中亦有混用之可能。甲骨文屡记余事：

乙丑卜，王贞：余代猷。（前编卷七第十八页）

己酉王卜贞：余征三[illegible]方，𢀛，[illegible]命邑，弗敏，不匕匕彝，在大邑商，王[illegible]，曰大吉，在九月，遘用求五牛。

丁丑王卜贞：今[illegible][illegible]九[illegible]册焚[illegible]灰弓□丈众二迷余其从战亡有自下上□□□有不曾戋□□因邑商亡它在□□。

庚寅王卜在羲，贞余其自（師）在丝上[illegible]，今[illegible]其[illegible]，其乎[illegible]示于商，正（征）（征）余，又，王[illegible]曰吉。（《考释》下引，页三三）

“余”即“𡉚人”之省称，又从余之地望推测，亦可印证。上引甲骨文云“余伐猷”,猷之地点与商之宗邑商丘相近,甲骨文曾记“癸巳卜,㽙贞商𢦏猷”可证。是当日余之所在亦必近商丘。上引甲骨文记“余征”“征余”屡言“在大邑商”或“于商”亦可证。由上观之,则余与居于“淮浦”的徐方在地望上相吻合,是余之必为郐方无疑。

* * * * * * * * * * * *

徐方在当时之势力如何?我们在甲骨文中尚无所见。但古金中记郐方事,屡言“郐王”,如《郐王庚之慭子沇儿钟》,《郐王义楚耑》,《郐王鼎》,《郐王耑》皆称“郐王”,《史记》中亦屡记周穆王时,徐偃王作乱的故事。(见《赵世家》,《秦本纪》)可知徐方在古代,盖与荆楚同为南方诸国中的最强者。然此或属西周中页的事实,不能依以推证上古(商时)的徐方的实际情状,故我们在今日欲观察此事,只好依据后人的传说。

徐方地近商邑,在殷东南。故周以后的记录,或称之为“淮夷”,“南淮夷”,(徐方当为淮夷之一;且或为南淮夷之势力最大者。)亦有称之为“东夷”者。《逸周书作雒解》说:“周公立,相天子(成王)三叔,殷,东,徐,奄…… 以略。”《史记周本纪》则记:“周公以王命为师伐淮夷,残奄,迁其君于薄姑;成王自奄归;……成王既伐东夷,息顺来贺。”可证东夷在周以前和商人时在争逐中。试引一二传说为证:

> 商人服象,为虐于东夷。(《吕氏春秋古乐篇》)
>
> 纣为黎之搜,东夷叛之。(《左传》)
>
> 武乙衰微,东夷寖盛,遂分迁淮岱,渐居中土。(《后汉书东夷传》)

疑此事或与徐方有关系。因徐方为“东夷”,而其出没之地又与商邱亳最邻近。则徐方之“分迁淮岱”,甚至“渐居中土”,实属方便之至。而商人则虽定居河北,然对于河南的旧地仍不忽视,或更欲由商亳而伸张其势力于淮上,亦在情理之中。总之,当时徐方势颇不弱,然较之商人则差远了。

* * * * * * * * * * * *

徐方为古代嬴姓的国,(《左传》十七年"齐侯之夫人徐嬴"。)嬴,古籍亦作"盈",(《春秋》桓三年杜注嬴音盈二字音近;)《地理志》徐下注"故国盈姓",嬴族为古代东南一带的一著名的种族。

此种族之立国于古代者,如下表:

国	地望	附注
嬴	今山东莱芜县西北。	《春秋》桓三"公会齐侯于嬴"杜注"齐邑,今泰山嬴县"。以古之氏姓多本国。邑之名例之。
		疑即上古嬴姓的宗国。且其地近奄可为印证。
奄	今山东曲阜县东。	商周之际曾附商抗周。《左传》定四记鲁之立国"因商奄之民"。
葛	今河南宁陵县东。	夏商之际为汤征伏。周时降为附庸之邦。
黄	今河南光州西。	为楚所灭。
江	今河南正阳县东南。	为楚所灭。
徐	淮泗之间。	
谷	今湖北谷城县西北。	疑由东移殖,后为楚灭。
梁	今陕西韩城县南。	初为秦兼并,后入晋。
秦	初封在今陕西清水县。	

秦远在西土,其立国在周时,实为周所封建之国。其公室虽嬴姓,然其人民则为"西戎"。(《史记》记载甚详)梁亦在西,疑当与秦同例,亦嬴姓之封建于西土者。除秦梁而外,就诸国分布的地望看去,知古代嬴族的足迹乃在古济以南,淮水以北一带流域之内,东北至泰山,西南至今河南东南。又其极南所至,如谷的一支,已达汉水。

如嬴地果为嬴姓的宗邑,则嬴族在上古当为有济诸族的一种。所以《国语》说:

> 嬴,伯翳之后也。

韦注:"伯翳,少皞之后。"《史记封禅书》"秦襄公既侯,居西垂,自为少皞之神。"据传说,少皞之虚在鲁。(即奄)是嬴族本居于泰山附近,在上古实与商之先世错居今山东的西部。后乃逐渐分殖于淮水流域的。此其一。

第二,嬴族在上古建国者,有嬴,(地近"相土之东都")有奄(亦商之先世——南庚曾居之地)有葛(与商之宗邑——商邱为邻)。由此,可推测徐方之立国亦必很早。嬴族与商人的关系,自古甚密。例如成汤北进,先伐葛人;武庚抗周,奄助之最力。则徐方之或与商相砍,或附商抗周,亦属常事了。

* * * * * * * * * * * *

商周之际,周人东进而与商人争霸。在最初,武王虽将商师击破,然未能抚有土,仅置三监而去。武王回去便死了,其弟师旦颇有效商人的"兄终弟及"而自立之意。商王武庚遂乘机煽动三监,率领东南诸族以反周。《逸周书作雒解》曾记其事:

> 周公立,相天子。三叔,及殷,东,徐,奄,及熊,(楚)盈(盈即嬴)以略。周公……内弭父兄,外抚诸侯。元年夏六月,葬武王于毕。二年,又作师旅临卫,政殷。殷大震溃降。……凡所征熊,盈族十有七国。

武庚这次抗周,大概徐方和奄及其同族诸国助之最力。此事并见于《左传》(昭公元年记赵孟曰:"周有徐奄")《史记》(《周本纪》及《鲁世家》)诸书,知为实录。其后,奄为周人所灭,徐方的一部亦为周俘。《左传》曾记:

> 成王……分鲁公以……殷民六族:条氏,徐氏,萧氏,索氏,长勺氏,尾勺氏,使帅其宗氏,辑其宗族,将其类丑,以法则周……因商奄之民,……而封于少皞之虚。

此"徐氏"当即徐方的部族,以附商抗周而被俘者。

* * * * * * * * * * * *

周时,徐方出没之地仍约在淮泗之间。《诗常武》说,"率彼淮浦,省此徐土";又说"铺敦淮渍,仍执丑虏"。(大雅)柴誓也说,"徂兹淮夷,徐戎并兴。”(《周书》)可证。案《春秋》庄二十六年记“鲁公会宋人,宋人代徐”,杜注“下邳县东南有大徐城”。似其根据之地盖汉之临淮郡(《地理志》)又《诗闷宫》说,“保有凫绎,遂荒徐土,至于海邦,淮夷蛮貊,及彼南夷,莫不率从。”(《鲁颂》)案:凫与绎,传云,“山也”。凫当即《郡县志》的凫山,据云“在衮州邹县东南三十八里”;绎山,《地理志》谓“在鲁国邹县北”。是凫绎二山均在曲阜的南方。《粜誓》的“粜”,今文作“盼”,即“费”;(今本《周书》作“费”,三字音均相近。)费即曲阜东南的费县,是周时的徐方虽在淮浦,然时时北进,而伸展其势力于泗水的上游,侵入鲁境。

成王之时,徐方虽败,然其势力仍存。到了康王,徐方果复兴起。《后汉书东夷传》说;

> 康王之时,徐戎僭号,乃率九夷以伐宗周,西至河上。

古金中所见称“王”之郐器,大概皆此后所作。从“西至河上”一语,可知当时徐方势力之大。其后,势力日渐盛炽:

> 穆王畏其方炽,乃分东方诸侯,命徐偃王主之。(见《东夷传》)

终周(西周)之世,徐方与周人时在相砍中。直至春秋以后,其势力始渐杀。

中国的原始社会

第一节　原始人类与其生活

据地质学者的考察，中国现今的地势大致构成于新生代。① 新生代的前期，中国境内的地形就本体言之，已与今日所见者相似。那时中国的东南两部已渐为大洋侵隔，于是亚洲南部遂与澳洲北部分离；此大洋北向而冲断亚洲东北与美洲西北的连接，于是今之伯令海峡形成。此后虽略有变异，然地形的大体并无变改。② 在新生代的前期——第三纪，中国境内还没有人类的踪迹，直到后期——第四纪，始有人类的遗迹发现。

当第四纪的初期中国的北部有一种古人类在那里栖息着。这种古人的遗骸是在北京附近的周口店发现的，所以我们叫他做北京人(Sinanthropus Pekinesis)。北京人大约同爪哇猿人(Pithecanthropus erectus)，皮尔当人(Eoanthropus)和海得尔堡人(Homo heidelbergensis)同

① 史前史以地史为根据。中国境内的地史与他国虽多差异，然其基本的结构亦大略相似，可以做五大代(Era)：最古是太古代，次是元古代；再次是古生代，最后是新生代。看 Grabau 的 Stratigraphy of China。

② 看 Grabau 的 Paldeogeographic maps of Asia，P，1－6。

时;①是一种原始式而较进步的人种,较内安得塔尔人(Neanderthal man)为更原始,与分歧而发达为内安得塔尔人及现代人两属的理想之祖先,相去不远。这种古人的形状,颇难描写。大概他和 Homo Rhodesiensis 近代人及其他与近代人相似的“人”均不相似。从他的外表看,和内安得塔尔人倒有点相像,尤其那头鞍部最相像;和爪哇猿人亦有相像的地方,例如那上眼眶骨。惟头盖骨的部分略较高与完全,此示其智识的能力较爪哇猿人为大。但在另方面,又有许多性质足以证明他们不是同一个种属的。总之说他是一种似人的兽,一种遍体生毛的怪物,大概不十分委屈他罢。但是有一点该记住的,便是从那脑部的发展状态看去似乎他已能言语。——自然他所操的语言还够不上称为“人类的语言”的;仅是一种最原始,略具节音的语言而已。②

北京人不但略能言语,而且会制造一种很粗劣的石器来使用。又如被称为“人类生活之光”的火,北京人似乎已经知道利用了。从这几点看去,他的生活一定比较那些类似猿进步得多了。人类为了生存必须与“自然”争斗;自从创造了劳动的工具,势必加紧人与“自然”斗争的情绪,于是遂使人与人相互间的关系更形密切了。

当北京人出没于中国的北部之时,其所处的自然环境与今日所见者是不同的。那时中国北部的气候和现今亚洲南部的情形相似,湿润而炎热。原生森林密布于此广漠的原野,有现已绝迹的动物——犀牛,熊,冰鹿,刀齿虎及野牛等巡游其间。还有各种的猿猴在那里栖息着与北京人为伴。③

北京人大概是住在山洞里(我们现已发现他们居住的遗迹,但是这种山洞不是人造的,多半是天然的)。那时居住这种山洞的不一定是人。那熊那虎也都是据穴而居的。也许人们所居的即前时熊虎之所居的罢。

① 看 Osborn 的 Men of the old stone Age 章一章二。

② 看 Black 的 On an adolescent skull of Sinanthropus Pekinesis in Camparison with an adult skull of the same species and with other hominid skulls, recent and facil, 1931
又 Smith(G. Elliot) the discovery of primitive man in China Antiquity, March, 1931。

③ 看 Andersson 的 Essay on the Cenozoic of Northern China, 1923。

我们在那山洞中会寻见了许多烧过的木炭和灰烬。[1] 火是原始人攻击兽类防备兽类的唯一利器;(现代的猎人还常利用它的)因为那些猛兽是不畏惧原始人的武器的,它们只怕火。原始人有了火,对于那些猛兽便减去了多少戒心,可以安居而无虑了。我想当时北京人之所以在洞隅举火,一定含有这种自卫的目的。无非是借那火光以防兽类之暗袭罢。

不过,我们还未敢悬想当时人类已完全了解火的性质及火的功用的。[2] 据近人的考察,北京人确有使火的能力的,因为从那洞里所留下的遗迹看去不是天然的火确是人工的火。他们既知用火,必知生火及引火方法的。但是他们仅能利用自然产生的火(如森林的自焚)呢?还是已知"钻木"或击石以取火了呢?这问题我们现还不敢想的。又如那山洞中还遗留下好些燃烧过的动物骨骼,这种骨骼因为曾经火力燃烧过,所以有些骨骼的原形已稍为屈曲,并有许多不规则的裂缝。有的人一定推想:当时人也许已火食了。但是我们想:烤兽肉而将骨都烧坏了,那肉还能吃吗?并且那洞里骨堆很多,有点是烧过的,有的全未烧过。这又怎样的去解释呢?所以当时人是否已经养成了火食的习惯这问题,我们现在也无从臆断。

从北京人栖止的山洞里,曾寻见了一大批石器,这些石器决不是由风化而成的自然剥片。那上面有打缺的,鳞片的凿痕,这种有规则的排列,显然是人工遗留的痕迹。这种石器的石质,以石英最多,砂石次之,火石及燧石等则只有几块在一大批的石器中,可以看出:有些是(经过初步的制作的)原料;有些是些没有作成便损坏了的,或破碎的石器,真正做成或曾经使用过的仅占百分之一。从这一点推想当时人类制作器物是何等的艰难。那些作成功,可以拿来使用的(或曾使用过的)石器都是打击而成的;制作的技术并不高明。不过它的形式已略能辨,推想它的用处似各不同了。有一种带尖状的石器,大概是当时人所用的唯一武器;有一种刮削器和一种平圆形的器具,大概是拿来做刮削他物之用的。

---

① Black的 Evidences of the use of fire by Sinanthropus,1931。

② 现代有些居于热带的原始民族,例如澳洲的土人,虽也知道用火,但还不能完全懂得火的功用的。何况比他们还要幼稚的北京人?

此外，还一些骨器，但多破碎。有些学者以为这种东西大都不是有意识作成的器具。那时候的人之所以打碎骨骸，目的是在取出骨髓里面的骨髓，以供食用。这些石器的形状很有点和欧洲旧石器时代的中期——莫思提期(Morsterian)的石器相像，①但不如那时期的石器之制作精细。又如欧洲莫思提期的手锥(handpoint)，是那个时期石器的特征；但是在周口店所出的石器中是没有的。总之北京人所使用的石器不及莫思提期石器的进步，不待地层上的反证已可断定其时代当在莫思提期之前，盖旧石器时代的前期物。②

北京人即依靠这种粗劣的石器出没于中国北部，从事游猎，与“自然”斗争，以求生存。他们利用那极不锋利的石之尖端，或尖旁的刃以宰割；或利用石之圆处以椎击，杀敌，猎兽，全赖此自己造成的爪牙齿角，其应付环境的艰难不言可喻。

* * * * * * * * * * * *

我们翻检地史，追迹原始人类的遗迹，又知至第四纪的中期，中国的北部复有一种新的古人类在那里栖息着。这种古人的遗件是在鄂尔多斯的东南，所以我们叫他做河套人。(其实他和内安得塔尔人相似，所用的器物也相同，故亦可称之为中国的内安得塔尔人。)这种古人是一种较北京人已呈显着重大的进步的人种，他虽还没有进化为现代的真人(Horo Sapiens)然其种属较北京人更与现代人类接近。其人的形状大概和欧洲冰河时代的内安得塔尔人相同：③“身躯很矮，男子约五英尺三英寸，女子四英尺三英寸，和现在的日本人差不多；④骨厚，头重而大，额际突出。其人的体干与筋肉似很坚韧，一望而知有水牛般的

---

① (法国的)莫思特利期即(德国的)内安得塔尔人的时期。

② 看裴文中的 Note of the Discovery of Quartz and other stone Artifacts in the Lower Pleistocene Hominid-bearing Sediments of the Chonkontein cave Deposit, 1931。又周口店猿人之文化，本年七月份大公报。

③ 内安得塔尔人居于欧洲西部。但由最近在巴勒士坦，罗持西亚以及其他各地的发现证明，这种古人似遍布于欧亚非三洲。中国的发现也可证此说之可以成立。

④《人类学泛论》(西村真次著)页一六一。

力量，不似现代人类之姣弱。

河套人之足迹所至，据今日所知者，大概自河套迤南，东至山西西部，西达甘肃东北。其人智力当较北京人高些。然其身躯还笨重，盖不及现代人类的灵便。

当第四纪的中期，中国的北部原布黄土。那时的气候。由潮湿变为干旱：初近于今日的热带，后又呈现如冰河时代的干旱情状。有各种古动物游行其间。最常见者为巨齿象，犀牛，野牛，猎狗，水鹿，骆驼，羚羊，野豚，熊，灌，狼及獭。又有古鸵鸟，时出没于黄土之间，河套人亦在此时往来其地。其人所使用的器具，以石英岩及别种岩石为之。形式和造法均较北京人进步，石器种类渐多。拿它和欧洲所发现的石器比较，属旧石器时代的莫思特利式或早期的奥林拿西式（Aurignacian）的。① 其使用之法，已可分辨。例如尖锐的器具，当是作为穿孔之用的；刮磨的器具，当是作为刮磨石器之用的；扁杏状的武器，当是用以杀敌及猎兽的。当时人类也似已开始使用骨制的器物。但至多能利用贝壳和比较柔软的兽骨而已；据我们的经验，②必须至新石器时代，骨制器物的使用才能在生活上占得主要的器具的位置。藉依上述器物的指示，我们悬想河套人的生活殆较北京人已稍复杂与进步。③

欧洲的内安得塔尔人已知用火。河套人亦知用火，已在他们所栖止之处寻得了一些燃余灰烬。从其智力方面去推测，想当时取火或已不依赖自然：钻木，击石，如现代澳洲土人之取火方法，当时人想已知之。至火的使用，想于杀敌外，或知用以烹食了。

由此种种，可知河套人之应付“自然”的能力盖已增大。

---

① 看 Osborn 的 Men of the old stone Age，章三。

② 看张凤等合编的《考古学》（论骨器节）。

③ Andersson 的 Essay on the cenozoic of northern China，1923. Teilhard and Licent：On the Geology of the northern，Western and Southern Borders of the ordos China. On the Discovery of a Palaeolithic Industry in Northern China；Black，D. On a presumably Pleistocen human tooth from the sjara ossogol （S. E. Ordos） Deposits；M Boule，H Breuil，E Licent et P. Teilhard. Le Paliotithique de In Chine；杨钟健的山西西部陕西北部之地质观察（附录三）1930。

第二节 “群”

我们藉依古物学之助得知中国原始人类——北京人和河套人——的生活之大略状况。他们的生活中间虽不免有若干差异,然而大体上相差必不甚远。

这两种原始人的生活的主要基础都是游猎。他们顺依这种生活的形式而构成了一种特定的社会关系——“群”Horde。现在让我们对于这种原始的“群”作一概略的合理的推测。①

原始人的生产事业可以分做两项来说:第一是制造劳动的器具。当时人除了石器(或骨器)之外,还能制作木器——如木棍之类。据最近学者的研究,人类在最初所用的器具是木器。在旧石器时代的人类大都知用木器的。② 中国原始人自然不能例外。

第二,寻见生活资料——食物。除了“猎兽”之外,还会捕虫,捉鱼,和采集草果。我们在当时人所居之处寻得许多大小的兽骨,推想他们必是以兽肉做主要的食物的。不过他们还没有发明弓矢,所使用的武器还是很粗劣的;藉依那种粗劣的武器去猎取动物,所能猎得的都是些弱小的动物。他们也许渴望能获取那种凶猛而巨大的动物,可是力量够不

---

① 从原始人所偶然遗下的残迹是得不到当时整个的生活观念的:它们只能告诉我们原始人的技术,所用以劳动的工具和物质的条件等等,使我们能够了解原始人一部份的物质生活。至于其他的生活尤其是他们的社会诸关系,我们便无从知道了。不过我们可以利用间接的方法去作科学的臆度的。我们相信生产的技术和生产事业是相类似的;有了一定的技术必有一定的经济关系和社会关系。民族间的技术如果互相类似,则其间的社会生活亦必大略类似的。现代有许多落后民族所用的生产工具和原始人类有相似者;所以我们可以利用他们的实例来做研究原始社会的材料,来做佐证。这种间接的证据,欧洲的考古学者之研究石器时代的社会状况是常常利用的。主要参考材料如下。

Avebury (Lubboek), Prehistorical times as Illustrated by Ancient Remains and The Manners and Customs Of Modern Savages;

Sollas's Ancient Hunters and Their Mordern Repressentatives;

Smith's man the Primeval Savage,

② Macalister's A Text Book of European Archeology. P. 205。

上。合起群来去猎取罴,但是粗劣的石斧,木棒是不适合于大规模的狩猎的;他们狩猎的方法只能暗袭,不能明击。他们如果想吃巨大的动物的血肉,只得等机会;遇到大动物之残废濒死的,甚至已经死去了的,他们才得一饱口腹。①

草果,自然是当时人类主要的食物之一。因为当时人类还不知道耕种,也不知道饲养动物。他们寻找食物,除了游猎,必须要采集草果。野果,蔬菜以及肥嫩的草茎叶芽,都是常馐,鸟卵,蛇,虫以及各种小动物,皆其所食之物。(直到现在,如北方人和广东人还有食虫的嗜好)。鱼及介族自然也是常食之物。但是当时还没有网罟,大都用手或用木尖以捕之。

当时似已有分工的倾向。何以呢?第一,所造的器物已有一定的技术,不是人人都能够造的;第二,游猎和采集草果是不能同时去做的,所以不能不分工合作。当时分工的原则,大概以性为别。② 男子群出游猎;妇女留守,从事治餐,制器,采集果物等工作,兼带看护子女。

当时人类的住处,尚不能称为居宅,只是一种暂时的栖息处而已。所居必旁河川,附近必有山岩。有山石,则便于采取石料以供制器之用;近水,则便于饮汲,因为当时尚未发明陶器,所用以取水者贝壳而已。其居处或用兽皮铺地以便寝卧;或用之为遮蔽物以避风雨的侵入。裸体;若是天气寒冷,则用兽皮裹身以取暖。

原始人是在这样的一种社会的生产关系内生存着。他们——男男女女——共同劳动共同消费。

原始人的物质生产力极幼稚;他们的生活一定是异常的艰难。食物之时感缺乏实为当时最普通的现象。③ 试想那时候自然的灾祸,和遍地都是凶猛的兽类,时时处处与人类为敌。人类既无力量去克服"自然",

① 原始人也许会设阱以捕巨大的动物——如象——的。现代的落后民族,如澳洲的土人都会用这个方法了。

② 现代澳洲的土人还是如此。

③ 例如澳洲的土人 Tasmanians,Eskimos 和非洲的 Bushmen 他们常常有饥馑之虞;每逢食物发生恐慌之时,他们只得减食,或将老人,婴儿——不生产的杀死,以节省食物。但是他们的生产技术还比原始人要进步些哦!

又没有毒牙利爪与兽类争斗,仅能凭借几种粗劣的武器,在自然的灾祸和猛兽的爪牙之下讨生活,食物之不能充分获得自在意料之中。加之,原始人又没有储藏食料的习惯。——事实上也没法储藏,因为当时还没有发明陶器,缺乏储藏食物及调理食物的必要器物。那种生的,半生半熟的食物是不易储藏的。——[①]食饱弃余,不知节制。一个地方的生活资料而能给原始人可以取得的,自然是很有限。一旦物力已尽,除了转移,别无他法。所以原始人因为食物的关系,不能定居,必须时时迁徙。他们居住之久暂,完全以所处之地可以获得的生活资料的情形来决定。

因为劳动和生产技术的幼稚,食料之不能充分的供给,以及时时的转移,所以原始人的团体便不甚凝固,人数便不能过多,他们只能集合少数的男女形成一种带得"游离"的性质的小群,以经营共同的(极小限度的)生活。

原始人的"群"和"氏族"不同。"氏族"的组织比较凝固,具有较高度的结合意味;是"群"的一种较高级(在理论上推测)的构造。"群"是"氏族"的胚胎;当原始人的文化形态由野蛮(Savagery)而进入"半开化"(Barbarim)之域的时光,"群"始发展而成为"氏族"。

原始人的"群"是介于高等动物(如人猿)的结合和真正的"氏族"之间的一种无血统关系的组织。[②] 这种"群",是一个家庭,[③]同时也是一个社会。"群"的人数,或三五十人,或近百人,以食料的多寡为决定。当食料很多的时光,则群的集合范围便较大些,一遇缺乏,便会分裂,各自结

---

① 例如 Eskimos,他们只觉得自己的肚皮是贮藏食物之所,每逢食物丰多之时,大家都拼命的吃,差不多成了习惯。

② 这种组织,从理论上推测,自然还比不上现代的落后民族(如澳洲的土人)的社会组织那样庞大,那样严密的。

③ 家庭即社会的生物的单位,是人类社会发生的一个基本原素。在哺乳动物(人类也是其中的一支系)就有一种特性,能积累经验,传授子孙,学者已称之为"家庭的动物"了。现代的澳洲的土人和美洲的原始印第安人,有许多还未曾发达为氏族组织的群,仅是一种家庭,一种不以血统关系为结合的基础的家庭,因为当子孙长大之后会离了生母而加入别的群里去了。

伴而去。他们的集合,结伴,大都以"地域"为范围,为标准的。因此在某一个"地域"之中,他们的习惯语言彼此比较接近,易于结合。

在这种极单纯的"群"内,权力这个东西是不能发生的。也许一群人对于那老者和壮者比较要表示尊敬一点,信从一点,因为老年人的经验知识比较要丰富,壮者的生产能力比较要强大。但是这种"敬尊""信从"是不会变为一种"权力",因为没有人觉得要绝对服从他(或她),依赖他(或她)的,所以当老年人的体力衰弱,多病,不能劳动的时候,一群的人觉得不需要他(或她),觉得他(或她)不能自存了,不是杀了他(或她),便是将他(或她)遗弃,让他(或她)死去,毫不加以怜惜的。当壮者要利用体力来侵犯别人时,一群的人便合起而攻之,或各自结伴而去的。在这种原始的社会里,人与人间是没有财产差别,没有掠夺的行为;所以他们的地位,他们的权力是没有什么差别的;"阶级""首长"这东西是没有的。① 他们是生活一种和平的,实际无政府的状态中。他们之生活的斗争,不是人与人,乃是人与"自然"。他们的社会乃是一种谐和而合作的自由的集团。

北京人和河套人是否为我们之直接的祖先,现还无从臆度。② 但我们想我们远古的祖先必和这种原始人相似,必曾经过此等(长期间)蒙昧的社会生活。有古代人的传说——对于此等原始的社会状况之回忆的记述,③可以参证。试撷集若干零文残简,以为谈助:

古者人之始生,未有宫室之时,因陵丘堀穴而处焉。(《墨子

---

① 例如较进步的原始狩猎种族(Botokude Wedda)中虽有了首长,但首长的权力是极有限的。至于多数的狩猎种族人都没有所谓"首长制"的。看 Grosse 的《家族诸形态》,页三九。

② 中国史前史的研究现方开始,所以幼稚。有许多问题离解决之途尚甚远,不但在中国,便是在考古学最发达的欧洲,其地所发见的内安得塔而人之与现代人类的关系一直到现在还未能解决。

③ 在文字尚未发明的时代,一切信仰史实全凭口述。口述的神话传说,因为常常变化,扩大之故,还不免有所缘饰,此等曾经缘饰过的神话传说虽未便视为唯一的史料,然有古物学人类学上二重证据,亦不能一笔抹杀。我们相信我们的远古祖先之原始的生活状况必有一部分随着巫史的口传而存留于古代的。虽已与后人的理想意识混而难分,然在我们客观的严格的选择和批评之下,未始不可以利用它们的。

节用》)

昔者先王未有宫室,冬则居营窟,夏则居橧巢;未有火化,食草木之果,鸟兽之肉,饮其血,茹其毛;未有麻丝,衣其羽皮。(《礼记礼运》)

古者山居则食兽,近水则食鱼鳖螺蛤。(谯周《古史考》)

上古之时,人民少而禽兽众,人民不胜禽兽虫蛇。有圣人作,构木为巢以避群害……号曰有巢氏。民食果蓏蜯蛤,腥臊恶臭,而伤害腹胃,民多疾病。有圣人作,钻燧取火以化腥臊……号曰燧人氏。(《韩非子五蠹》)

上述正与那种原始的狩野种族之生活状况相近。我们如果不被那"先王""圣人"(这是后人的一种猜度)云云拘束住,则我们远古的祖先所遇的物质生活实历历如目睹。

我们再看古代人说:

古者未有君臣上下之别,未有夫妇匹配之合,兽处群居,以力相征。(《管子君臣下》)

昔太古尝无君矣,其民聚生群处,知母不知父,无亲戚兄弟夫妻男女之别,无畜积之便。(《吕氏春秋特君览》)

宓牺以前,人民至质朴。卧者居居,坐者于于,群居聚处,知其母不识其父。(《论衡齐世篇》)

民人但知其母,不知其父。卧之呿呿,起之吁吁。饥则求食,饱即弃余。(《白虎通德论》)

人惟知其母,不知其父。鹑居壳引,而不求不举。昼则旅行,夜则类处。及其死也,蒿异风化而已。(《路史》引《亢仓子》)

上述又正和那种原始的狩野种族之社会形态相同。(这里的"宓牺",他书作"服羲""伏羲"或"庖牺"。必不是人王。"宓牺"与"服牛""伏马"同,即驯服兽类以为人用之意。"宓牺以前"即"牧畜以前"之谓。)

由上观之,则原始的中华人在开始从事牧畜事业之先,其所过的生活是“穴居”“野处”，游猎，采集，其“群居”有如“兽处”，是在一种“无亲戚兄弟夫妻”的关系，是在一种“知有母而不知有父”的“无父无君”的团体里生存着。

由此出发，而不断的演展，一步一步的向较高级的社会国家之途前进。（未完）

中国的原始社会（续）

原始人的社会是由“群”而发展为“氏族”。中国人的历史似乎也不会“例外”。古代人对于此等原始时代的“群”已有回忆的记述，前已谈及。在另方面，我们又以许多史料中还可寻得这种“氏族”的残迹。现在让我们先将那较进步的原始中华人与其物质生活的状况略加叙述，再来讨论这种“上层建筑物”——原始的氏族组织。

要想正确地叙述那原始的中华人，势必要将我们的眼光转移到地史上去了。

当第四纪的末期，（即地质上所谓“现代”）中国北部地文上主要点已与今日所见者大略相近。（山岭，河流，冲积平原，一如今状；亦小有改变者，例如今之辽东山东两半岛在有史以前似相联接。）那时的气候，已由干燥渐变为温和，然还不若今日之和煦宜人。大鹿，犀牛，象及箭猪，在当时还可以生活；今则不见。直至有史时的初期，仍然如此：如古殷墟（今河南安阳）甲骨层内有象骨，其文字中亦屡记“狩象”，可证那时的气候和今日不很相同的。当黄土草原渐变而为森林之时，原始中华人遂出现于中国的北部。①

---

① Andersson's Essays on the Cenozoic of northen China. 1923.
殷墟所出甲骨文中记狩猎之事极多，如云“获虎”，“穽鹿”，亦曾记：“今夕其雨获象”（见《前编》卷六第三十一页）。

原始中华人的遗骸，现已寻得有一二百副。据人类学者的研究，这些骸骨所代表的人种"大多是原形支那派的"。其人的"体质与现代华北居民的体质是同派"，故和现代华北人颇相似。换句话说这种原形派的中华人便是现代中国人的祖先。①

原始中华人居住过的遗址，现已发见四十余处。从那些遗址中所得到的遗存看去，大抵均属新石器时代的器物。（在大多数遗址中从未发现金属的器物；有少数几处会见过小件的铜器，其代表的时代当较迟。）当时铜器大概尚未发明，或尚未普及。亦无文字发见，可证其时代之远古。举凡欧洲新石器时代所常见的重要的器物，此时代均可见之；其所不同者，当然是由于"地方特性"之故。从那些遗存看，推想当时人的文化形态，盖已由野蛮（Savagery）而进入半开化（Barbarism）之域了。

原始中华人的足迹所至（以今日所知者为限）东至辽宁，中经山西河南，西抵甘肃，由此可知在有史以前，现代中国人的祖先盖已分殖于黄河的两岸，而遍布于中国北部的膏腴沃野了。

新石器时代是磨光石器及陶器发达的时期。然以制作的器物之技术尚有高低精粗的分别；故此期人类所过的生活，亦还有种种不同的变异。若以欧洲的新石器时代的历史②作为比较的标准，则在中国的新石器时代遗址中所得到遗存，（大多数的遗址）大多属末期之物，因所有的器物均极精美，尤其是陶器，最可为证。至于新石器时代的初期或中期的器物，历来在各处亦有零星发见，但真确的，（附有幼稚的陶器）整个

① Black：A note on the physical characters of the Prehistoric kansu race；1925：又 The Human skelectal remains From the Sha Kuo Tun Cave Deposit in Comparision With Those From Yang Shao Tsun and With recent north China Skeletal material，1925。又，A Study of Kansu and Honan Aeneolithic Skulls，1928。

② 欧洲的新石器时代的历史为今世所称最完备者。其开始约在一万二千年以前；至五千年前后乃进入铜器时代。其间须多演变，可以分做三个时期：最先——初期，以 Campignian 文化为代表：模范期——中期，以 Robenhansian 和湖居人为代表；过渡期——末期，即晚石器和紫铜器的时期。见 Osborn's Men of the old stone age P. 18. 欲知其详，可读 Tylor's The newstone Age in northern Europe.

的,足以表示其时代特性的遗址,则尚未找着。然文明的累进,由粗简而至精细,由低级而至高级,此为必经的轨迹。故我们深信有较古时期的存在。且,据地质学的研究:“自黄土期后河流之侵蚀作用观之,其冲刷之期,至少须数千年,然后此末期的文化始出现。而河流侵蚀之,可作为此地当新石器时代的初期及中期必有人类居住之证。”[①]又从末期诸遗址的器物看,其中有一部份(石器与陶器)形式粗简,保留有不少的原始的特点,几可视为初期及中期的器物。“此外又得新石器时代人类遗骸的间接暗示”,亦可确信其存在的。

中国北部的大半,都会发见过早期的新石器时代人的遗物。那些遗物比较末期的要幼稚,要简纯得多,多和欧洲早期所见的相类似。我们由此可以推测新石器时代的早期和末期,其间生活和文化实有种种的差异:在末期,农业已颇发达,生活已较安定,文化形态盖已进入“半开化”的较高阶段。在早期,大部仍以游猎网罟而生,然亦于适宜的区域利用石锄,开始“务农”,其文化形态似尚在初离“野蛮”而转入“半开化”之时。

人类在旧石器时代进步甚缓。比如前节所述的北京人和河套人,其所处的时代距今(依地质上的估计)约在四万以前至五十万年以前。新石器时代的继续时间比较要短得多,然亦有约万年之历史。欧洲新石器时代的开始,约在一万二千年以前;在他处(例如西亚)或更早数千年。中国新石器时代的开始,当不能“例外”。我们推想新石器时代人自从离开那“纯粹渔猎”的生活而渐进入一种“新式”的生活(知驯禽兽,且耕土地)的时候,便着手创造了一种新的原始文明。经历长期的进展,而至末期——石铜时代的过渡期。此过渡期的年代,距今约在五千年以前;此期文物之进步,已非早期的人类所能梦见。

新石器时代末期的器物形态已与中国有史时代——商周的器物形状近似。如殷墟所出陶弹石粟鉴之类,完全承袭末期(河南仰韶)的原

① Andersson 的《甘肃考古记》页三十三。

样,毫无变化;又如末期所见的箭镞和陶鬲陶鼎等,与商周的铜器,大体相同而略有变化,“谓为此等铜器的雏形,亦未始不可。”①

原始中华人,盖不久便经过了此“过渡期”而逐渐的走进了铜器时代。

现在让我们来考察此时代人的状况生活。

新石器时代人使用的石器,已由“打击”的改变为“磨制”的。形式与技术均呈显非常的进步。除了这种锐利无比的石器外,骨制的器物亦充分使用了。在以前,器物是直接由手的力量运用的;到此时,器物的一端能凿孔而接以木柄;或骨柄。有了这些精锐的石斧,锋利的石镞骨镞(由此可知当时已发见弓矢),推想那时候狩猎的方法一定改进了。

文字是现实生活的反映。当时虽尚未发明文字,然后来的文字所含蓄的事实,必有一部分可溯源于此时的。考殷墟文字颇多象实物之形者。例如:“斧”作“[illegible]”(《龟甲文字》卷一第十八页)“[illegible]”;“戊”作“[illegible]”(前编卷二第十五页);“戈”作“[illegible]”;(金文作[illegible]参看 Andersson's An Early Chinese Culture,页五,石戈)“弓”作“[illegible]”;(前编卷五第七页)“射”作“[illegible]”“[illegible]”;(前编卷三第三十二页)、“弹”作“[illegible]”;(卷五第八页,中国新石器时代遗存中有陶制弹丸)此皆视为新石器时人已用之武器,有实物可为佐证或反证者。又有“[illegible]”,(前编卷五第十四页)“[illegible]”,(卷下第六十三页)或象以网(古网字)捕兽,或象兽在阱中。

又有渔具。文字作“[illegible]”,(前编卷五第四十五页)作“[illegible]”,(后编卷下第三十五页)或钓饵鱼,或用网罟鱼。现代澳州土人亦有用树枝编网罟以捕鱼者。又有“舟”,作“[illegible]”。此种极简单的独木舟,与现代落后民族所用正相似。推想新石器时代人亦必使用这器物的:以有舟罟,那时

① 看李济的《小屯与仰韶》,中央历史语言研究所安阳发掘报告。又 Andersson 的《中华远古的文化》绪论。

候捕鱼的方法当有革变。

那时候人渐知制作陶器。自从发明了这种贮藏饮食物与调理的器物之后，生活遂根本起了变化。在从前，“关于此种器物大都以贝壳，木实的壳或兽皮袋等充之；但是它的耐久性及形状大小不能如人之意，于是便发生促起人类创造新器物以补此种缺陷的冲动”。[①] 在初期所制的陶器极幼稚，其形式“大都是模仿果实壳等自然物；到了后来便逐渐的能从使用的目的而制作各种特殊的形式，且能加以种种装饰”。此种陶器的出现，实为人类生活史一大转机，社会学者或以此为“野蛮”与“半开化”的区别的标志。[②]

那时候人又慢慢的开始饲养动物了。他们的狩猎方法已进步，获得较多；他们将那些较驯良的养着。到了后来，便逐渐发达而成为一种习惯——牧畜。牛羊豕等是最初为人类所畜养的动物，故殷墟文字中，“家”字从“宀，”从“豕；”“牧”字从“牛，”(或从“羊”)从“攵，”“攵”乃象手执鞭行牧。原始的农业也在这时代开始了。在前期，所谓“农业”实在还没有脱去那“采拾”的意味的。那时候人或者利用木尖将地面挖松，把种子散布其间；或者是用一种粗劣的石锄。(这种农具还是半磨制的；足证那时人还不知注重农业，故制作石锄的技术不讲究。)人类自从知道了“务农”和饲餐动物，在经济上将开始起重大的革命了。

当耕稼与牧畜之事尚未发达之时，原始中华人似已散居中国北部。他们大部份似仍以游猎网罟为生——渔猎业还占主要的生产部门；虽然他们也知于适宜的区域，利用石锄从事耕稼，也知(零星的偶然的)饲养家畜，以为营养的资源。他们的社会生活自然较旧石时代的“猎者”进步得多：够得上说是过一种较有组织，较有形体的“族居”生活了。但是这种“族”，度不过一经营共同生活之小氏族耳。何以故？他们的生活虽较

---

① 见张凤著《考古学》论土器节。

② Morgan 的《古代社会》卷上页十七。

旧石器时代人要安定些，所组合的团体虽较大些，[①]然终被他们的生产食物的方法所支配，所限制：生聚之所仍难固定而悠久——若营养上的主要资源——渔猎的供给若一旦有什么更变，则不能不“荡析离居”，随之而迁徙的。所以他们所组合的团体仍不甚大。在平时，这些小氏族是各自分居的；若一旦遇有大敌，或举行一种大规模的狩猎时，则会集合有血缘关系或习俗相同的族类，组成临时的更大的队伍，以御敌猎兽。

当时弓箭是最利器。那些善用弓箭的武士，猎兽和杀敌的本领必较大，所得的胜利品必较多。在平时，他们是族中的较富有者；在战时，他们是临时的首长。平时虽不能支配族人，但在战时他们的命令差不多有绝对的权力的。

当时人的社会已不是那种与“兽群”相近的“原始群”了——

人类自走入新石器时代之后，进步极速。他们所用以劳动的器物不断革进，日新月异。农业的改善，牧畜业的形成，——因食物的改善而人口遂大增加。到了末期，人类的生活遂日渐安定，团体遂日渐扩大。

晚石器时代人已遍布于中国北部，他们的生活颇为安定。[②] 他们所用的器物比前期更进步，极其巧妙。例如石器，种类极多：有精美的山石斧，石髓作成的钻锥，石凿，石刀，石锛，石矛尖，石栗鉴等等。又如骨角

---

① 试以南满辽北一带所见的贝冢为证。贝冢是那时人将其废物遗弃而积成的——冢内遗有破碎的器物和大批供食用的贝类哺乳类鸟类等骸骨。贝冢的面积已有相当的广，层积有相当的深；可证时人居住的时间有相当的悠久，团体的人数已颇众；因为遗积层的厚薄和面积的广狭与居住的久暂和人口的众寡成正比例的。不过和末期的人居住的遗址比较，则后者的遗存更厚，更广；又可证那时人的社会生活和末期的人的村落生活绝不相类。

② Andersson《中华远古之文化》一九二三；
《甘肃考古记》一九二五
《奉天锦西县沙锅屯洞穴层》一九二三
李济《西阴村史前的遗存》一九二七
滨田《貔子窝》东亚考古学会发行
八木奘三郎《满洲考古学》；
Wilder, Man's Prehistoric Past.
李济《小屯与仰韶》
Burkitt: Prehistory. P. 157

所制之器(亦有以贝壳制造之者),形式亦极美观:有凿刀,窄而高,刀锋极利;有形如羹匙之器物;又有精巧(用以缝纫)的骨针,一端穿有小孔,置一空骨中以护之。最为注意者为陶器,制作得极美丽,形式亦极多:有磨光而带彩色的,花纹种类不一,绘法变化莫测;亦有单色而不带彩的;其造法亦不一:如灰色上有印纹或刻纹的,多系手制;亦有用磨轮推圆的,薄而小,工艺甚精细。手制的,大多先用细布或麻绳作模形,外敷以泥,然后烧之。此等陶器,多不知名。所知者,仅尊,鬲,碗和带高足的盘而已。(因为此等形式至铜器时代仍沿袭未变,故知之)尚有一雕刻物,其形似兽,尤其像猫。此物在一人骨上得之。有孔通过全身,知为时人装饰之物。此外,又在骨骸层中寻得许多石钮,石珠,石环,(作镯用者;有用大理石作成的)小骨环,石坠。皆时人生时所御或用为装饰之物。由上种种,可证当时制作器物的技术之进步,想见其社会的分工必日趋细密。

此时,牧畜之事必已发达。在遗址中所见的兽骨多属豕骨。豕的种属非野豕而为家养的猪。豕骨既多,故时人亦有以之(骨或齿)作镞刀环玦等器者。农业亦有进步,成为正业。所见石器中有大者,其状如耨,如锄,当是农具。那时关于木器的使用,当更进步。木制的农具想已使用。殷墟文字中有“耤”字,作“[illegible]”,(前编卷六第十七页)作“[illegible]”,(同上)作“[illegible]”(同卷七第十五页)作“[illegible]”(后编卷下第二十八页),与金文令鼎的“耤”([illegible])字形体相近,象人执耒形。汉人武梁石室画像,神农所执耒耜之形与此略同。知“[illegible]”,“[illegible]”,“[illegible]”,“[illegible]”均为农具。推想当时所用木制的农具,必此类物。此种简单轻便的器具,颇宜于黄土的耕种的。又,当时种植之事盖已盛行。所出土的器物中,有石或泥制的圆锭,是作纺织上合线底坠之用的。纺织的材料当出于植物。陶石器上的印文,有绳印或布印者;其绳印显系苎麻所编之绳,则其时已种苎麻。由上种种,可证此时人生活上的资源必仰给于牧畜与农业了。

由于工业的进步,农业与牧畜的成立,他们的劳动方法遂为一变。随着这种生产方法的变改,人与人间相互的,社会诸关系也随着变异了。

当时人的生产方法大部份既以农业与牧畜为基础,所以生活也安定了。[①] 他们安居密集,构成村落。这种原始的务农者居住的村落,现已发见多处。此种古代村落的遗址,多为厚薄无定的残物层所构成。有木炭的余烬,陶器的破片及其他遗物等。从地积之广阔,层积的深厚以及遗存之丰富,可以断定彼等居留的时间必不甚短,人民必甚众多。有数处往往与现代的村落无别。可以想见甚大。

现代的村落则多在河成平原。当时村落建立之情状略异。想此等河成平原,在当时或系森木太密,泽沼过多,不宜永久的居住。彼等所居,以环境的不同而有种种的差异。大概此等古族颇喜莫居于黄土之中,以其性松易掘,经营居处,比较方便。[②] 如所居地势平坦,缺乏深谷为其天然的保障,则住处周围常筑土壁以为防御之用。若在河谷中阶段式土台上,则无土壁的需要;以此,故当时人多喜移居河谷,不但得天然的保障,且彼时谷中林木畅茂,禽兽繁多,而牧畜与种植等事亦可得良好的机会。又若陡坡山嘴,亦为彼时人类选为居处之所,盖以其峭壁环立、形势险峻,可资防御。

那时遍布于中国北部,大半是这种大村落。每个村落都是一个内部自足自给的团体——社会。一村落中,有耕者,有牧人,有陶工及各种工匠。他们不能各自在一种孤立的状态之中生存的。他们在互助的原则之下,为了全体而劳动,而生产,而共同分配。当时还不知使用铜器,物质的生产力还幼稚,“商品的生产”是做梦也想不着的。“物物的交换”也许会发生,但不是人与人,是团体与团体。“私人所有权”的观念是没有

① 在原始时代,农业与牧畜是连带发生的。两者一样,须有相当的自然条件,始能向前发展;又因自然条件的差异,而各为独立的分途的发展。在地性肥沃之区,农业较易发达,遂成为主要的生产事业,畜牧变为副业。牧畜则依草蒭为发展的要件。在林森草肥之地,最适牧畜。故牧畜与时与地有关,不能不常变换牧地,遂由静的形态而变为动的形态,成为“游牧”,生活极不安定。在中国有史时代的初期,华北还有这种游牧种族,何况史前?然游牧之族,来去无常,遗址不甚显著,无从研究。

②《诗》传说:周人在古公亶父之时还是“陶复陶穴”。(绵)“复”,说文引作“覆”,云“地室也”。《史记》谓“古公乃贬戎狄之俗而筑城郭室居而邑别居之。”(《周本纪》)又据近人记录,今陕西河南等处还有这种地室的。

的；产业是全体共有的。各人所穿的，女子的饰物，男子的武器，可以说是私产。但他们对于这种“私产”的观念和现代人不同。这些东西，在当时人的眼中看去，是每个人所特有的；好像禽兽的毛与爪一样是“人体”之一部。所以人死了时也不能离开这些东西，都随死者而被葬于地下。[①]他不能将这些东西传给另一人的。至于土地居宅及日常用具，不属于任何人，是一族，一村，一群所共有的。

当时“私产”没有发生，所以社会上不分阶级；这一群人支配那一群人的现象不能发生。但是团体的组合既扩大了，必定发生了许多公共的事务。例如分配生产品，保护田野，预防敌人，指挥行动等事，需要专责的人。于是团体中便有一批“领袖”人物。这种“领袖”人物是首长（或民长），武士和巫觋。

巫在原始时代是唯一的知识分子，是最受一群的人爱戴的人“古者…… 民之精爽不携贰者；而又能齐肃衷正；其智能上下比义；其圣能光远宣朗；其明能光照之；其聪能听彻之；如是则明神降之——在男曰觋，在女曰巫。”（《国语》）当时是一个“拜物”“拜神”的时代。巫觋是自然的解释者，是与鬼神交接者，是一切禁忌的维持者。他们又是医生，（《论语》“人而无恒，不可以作巫医”）又是占星家，（农业与占星术同时发生）又是历史家。

当时，一群，一族的大事，便是生产，战争和祭祀。[②] 而巫觋在这三方面都占着重的地位——占天时，占吉凶，和享神——巫觋是一群一族的人精神上的支配者。

这种团体是一种笼统的，混同的，未分化的特殊的社会组织。直到了有史时代，始发生变动而分解。我们从许多已经改变了的“残物”（Survivals）上，和一些古代人留下的神话传说里，还找得着这种社会的影迹。

---

① 各地都发见了这时人的葬址。

② 辽宁锦西沙锅屯遗址是一个祭址。当时人祭神，用人作享。此种杀人祭神的习俗，在甲骨文中，在《左传》里都看得见的。Andersson 的奉天锦西县沙锅屯石穴遗址页二十一。

中国的原始社会（续完）

第四节　图腾——氏族

我们藉依古物学与人类学之助，略知现代中国人的祖先在史前时代的社会状况，现在让我们再从古代人所留下的文献里去探索，以为印证。

中国古代的记载中，有许多传说颇可细玩。例如《易系传》上有一段记载：

> 古者庖牺氏之王天下也，仰则观象于天，俯则观法于地，观鸟兽之文与地之宜，近取诸身，远取诸物，于是始作八卦，以通神明之德，以类万物之情。作结绳而为罔罟，以佃以渔，盖取诸离。
>
> 庖牺氏没，神农氏作，斫木为耜，揉木为耒，耒耨之利，以教天下，盖取诸益。日中为市，致天下之民，聚天下之货，交易而退，各得其所，盖取诸噬嗑。
>
> 神农氏没，黄帝尧舜氏作，通其变，使民不倦，神而化之，使民宜之。……垂衣裳而天下治，盖取诸乾坤。刳木为舟，剡木为楫，舟楫之利，以济不通，致远以利天下，盖取诸涣。服牛乘马，引重致远，以

> 利天下,盖取诸随。重门击柝,以待暴客,盖取诸豫。断木为杵,掘地为臼,臼杵之利,万民以济,盖取诸小过。弦木为弧,剡木为矢,弧矢之利,以威天下,盖取诸睽。
>
> 上古穴居而野处;后世圣人易之以宫室,上栋下宇,以待风雨,盖取诸大壮。古工葬者,厚衣之以薪,葬之中野,不封不树,丧期无数。后世圣人,易之以棺椁,盖取诸大过。上古结绳而治,后世圣人,易之以书契,百官以治,万民以察,盖取诸夬。

这段话,我们可以从两方面去看:第一是从"自然"的观察而作出"通神明""类万物"的"卦",来说明社会的演变——这是作者个人的社会哲学;第二,是划分庖牺,神农,黄帝尧舜为三个时代——若从现代人的眼光看去,是由渔猎,经过农业,而进入文明的三个时代。假若我们将作者的"五帝观象制器论"剥了去,则这段话里面实有"若干史实为之素地",可作一段"原始社会"的追忆看。

器物的创作在上古乃积累长期间多数人的经验与心力而逐渐完成,决非由于一人一手之力。"某人制器云云"自是后世"好事者为之(《孟子》)"。因此各传说中的"制器者"遂不能一致。例如《世本作篇》所述:

> 句芒作罗;(又《御览》引"芒作网"。)
>
> 垂作耒耜,作耨;(又《御览》引,"咎作耒耜";又引"绵作耒耜"。)
>
> 祝融作市;共鼓货狄作舟;胲作服牛;相土作乘马;奚仲作车;雍仲作杵臼;挥作弓;夷牟作矢。
>
> 尧使禹作宫室。
>
> 诅诵苍颉作书。

与《系辞传》所传者完全不同。可证这两种"制器者"的传说,均属伪造。《淮南子》的《泛论训》曾记:

> 古者民泽处复(缕)穴,冬日则不胜霜雪雾露,夏日大不胜暑蛰蚊虻;圣人乃作,为之筑木构木以为宫室,上栋下宇以蔽风雨,以避寒暑,而百姓安之。……

古者剡耜而耕，摩蜃而耨，木钩而樵，抱甀而汲，……后世为之耒耜耰钼，斧柯而樵，桔皋而汲。

古者大川名山冲绝道路，不通往来也；乃为窬木方版以为舟船。故地势有无得委输，乃为靻蹻而超千里，肩荷负担之勤也，而作为之揉轮建舆驾马服牛，以致远而不劳。

与《系辞传》所云大致相吻合，知为较古的传说：所述“居处”，生产及交通状况与新石器时代所见者大致近似。

原始的中华人在晚石器时代，已离居，各自发展，而成为或大或小的群——各自组成了部族。[①] 所以，当他们初入历史的记录的时候，似因经过了长期间的“分割作用”，所构成的独立部族遂多至不可胜数。即以甲骨文所记者而论，大小已近百数。[②]

商人在殷墟时代已成立了原始国家。但这种“国家”的行政上和军事的编制上仍是以氏族为基本的单位的；它仍是由无数氏族的联合——以“王族”为中心——而构成部族，而组成共同的政府。这种“部族”显然是最高级的发展，已不是原始的——史前时代的形式。(看章二第三节)不过它的内容还保留有若干较古的氏族社会的结构与机能，则无疑。

“在人类所有的制度中，其发生最古而且流行最广的制度，便是氏族制度。……氏族制度是(古代)社会所依以组织所依以结合的要具。……这种组织，贯通于古代世界之全体人类种族间，最后由达到文明之域的种族，下传至于有史时代。”[③]中国的历史不会例外，因为有许多

① 据近人的研究：“晚石器时代系”各组——例如(辽宁的)沙锅屯人，(河南的)仰韶人和(甘肃的)史前人——的遗骸，彼此已有若品质上的差异；又从器物，习俗各方面考察，各处(约三四十处)所见者亦多差异。此种事实即表示那区域(中国北部)内的原始中华人散居已久；由于地理上的隔离而各自独立发展之故，遂发生了种族与文化上的种种差异。

② 那时商人宅居河南，故所记皆其邻近而有关系的。加之，甲骨文亦残余之记录耳，在传说中的历史中所见者，甲骨文中多不见。由此可测史前时代部族的众多。

③ Morgan's《古代社会》上卷九三——四。

神话传说和记录时代的“事实”①，可以为证。

中国古代社会有一种氏族制度。例如《左传》所记：

> 无骇(鲁卿)卒，羽父请谥与族。(隐)公问族于众仲。众仲对曰：“天子建德，因生以赐姓，胙之土而命之‘氏’。诸侯以字为谥，(顾亭林左传杜解辅正应作‘以字为氏’)因以为‘族’。官有世功，则有官族；邑亦如之。”公命字为展氏。(无骇为公子展之孙)。(隐公八年)

这种氏族制度不用说是曾经受过“宗法”与“封建”两种制度的洗礼，滚上不少的“宗法”与“封建”两种制度的礼文，而非那原始的未经粉饰过的真面目或真形式了。这种氏族制度虽已是一种变了“质”与“相”的东西；但是还能在它里面看见几点较古的意义。第一是族的分裂形式。原始的氏族一旦分裂，子族便对母族独立，另换名称。在最早的时候，其命名的方法多采取动物或无生物的名称；后来，始以所居之地为标记。到了封建时代，才演为“胙之土而命之氏”(或以“官”或以“字”)的形式。第二是氏的承袭原则。氏——即一族的标记是代表氏族权的；在原始时代，是属全族所共有的。到了“宗法”和私有制度形成之后，“氏”乃随之而变为“大宗”，“嫡子”的世袭之物了。

这种氏族制度是原始社会组织上的基础。这种氏族的组织，是一切民族在没有建立所谓“国家”以前的，政治上以及社会的制度上的单位；②

---

① 这种“事实”是(史前的)原始时代传下的，在半路上经过种种变化的“残物”(Survivals)。这种“残物”不用说是极有的。因为历史每种事物或制度，必经(一)发生，(二)成长，(三)衰没及(四)残存几个过程。由这“残物”可以预想它的过去。所以现代历史学者社会学者之研究有史以前的各种制度，常根据现存的或历史曾见过的那制度残留痕迹，而以世界同阶段的时代的类似制度为旁证，从而预想其存在与其一般的状况。

② 氏族制度是世界一切民族在没有建立所谓“国家”以前的一种共有的社会现象。不过氏族制度是一种极复杂的制度。各民族的氏族制度的构造各依据其种族，地域及其生产方法的不同，而有种种差异的程度与形式的，就是从各民族的氏族制度的自身形成史上看去，也有许多演化和变迁的。所以，所谓“共有的”意义，并非说是各民族氏族制度的起源及其构造都是完全一致的，惟妙惟肖的，乃是说它们的根本性质及其发展的普遍步骤大体上是常相似的罢。

是“有共同的祖先,以氏族名称相区分,以血缘的关系相结合,而成的一个同族团体”。① 我们还可以在商人的氏族制度里看出这种较古的意义的。《左传》记:

> 成王……分鲁公……以殷民六族——条氏,徐氏,萧氏,索氏,长勺氏,尾勺氏,使帅其宗氏,辑其宗族,将其类丑(众),以法则周。(昭公四年)

商人是由无数的“氏族”结合所成的。甲骨文记:

> 癸未王令斿族寇周(“殷虚书契前编”卷四第三十二页)
>
> 己卯卜□贞令多(众)子族从虎侯寇周□王史(事)五月(《殷契征文》人名三十一)
>
> 王□□令五族伐羊(《后编》卷下第四十二页)

据上,则“氏族”仍然是当时行政上和军事的编制度的基本单位。虽已将原始时代的普遍的特殊的性质逐渐消失了,然还没有变成像在封建时代所看见的那样的氏族制度。氏族制度仍然是当时社会的组织核心:一面基础于各氏族的结合,成为一个联盟;同时,诸氏族自身在那整个的族团中各具有独立的形式。

在那原始的典型的氏族制度里,家族这个东西也许已存在;不过,它的领域已被氏族占去:当氏族制度正盛行时,只见氏族而不见家族;家族之显露头角必须在氏族制度崩坏之时。所以,每个氏族又可以说是一个大家庭。这个大家庭是以一种松懈的亲族关系为家族的组织基础。在商人的亲族关系中,尚留存有这种大家庭的特殊性质之残影。甲骨文记:

> 戊子卜于多(众)父旬□。(《前编》卷一第四十六页)

---

① Morgan 又说:氏族乃是联紧于一个血统——有时也不这样——的人的集团,这些人共出于一祖,同敬一神,公一姓氏,对于民事与刑事共同负责;有时是公有或公共使用财产的家族的综合体。

贞帝(祷)多父(《龟甲兽骨文字》卷一第一页)

父甲一牡,父庚一牡,父辛一牡。(《后编》卷上第二十五页)

庚午卜□贞告于三父(《甲骨文字》卷一第五页)

甲申卜王□卫邗(于)多(众)母(卷八第四页)

□□之子母甲,母辛(卷一第二十八页)

“多父”即“众父”,即“诸父”之意。(《诗》“既有肥羜,以速诸父”)“父者,父与诸父之通称”(王静安师语)“多母”之意与“多父”同。甲骨文又记:

祖辛一牛,祖甲一牛,祖丁一牛(《前编》卷一第二十页)

己卯卜贞帝甲□□其众祖丁(《后编》卷上第四页)

“众祖”当同“多父”。由上观之,知当时的习俗,“子”一辈称“父”一辈均呼为“父”而不别;称“母”一辈也是均呼为“母”。所以在祭祀或贞卜时,向一人则云父某或母某,向众父则云“多父”或连云父某父某或母某母某。其称“祖”一辈与“父”“母”同。当时商人的氏族组织是“父系制”的。① 已通行一夫一妇制;然仍保留有那典型的氏族制度内的亲族关系的残余形式。

原始的氏族不但是一大家庭,同时还是一个经济的生活的共同体:为全体而共同劳动与生产;而共同分配与消费。中国历史上所见的大家庭(现在到处还可看见)也许还保留有这种氏族的遗意罢。

祖先崇拜与氏族是互相联系的,因为氏族的组织是以血族观念(同祖观念)为中心。在原始时代。祖与神差不多是视为同一的;宗神在当时人的心理中就是天帝,或天帝之子。直到商,祖先崇拜仍然狂热。这种势力在现代还保有相当的活动能力。

氏族的起始极古远,要想正确地说明它是不可能的。在最初,每个氏族或者自成部落。一旦分裂,移居他处,然彼此间的联系仍然存在。

---

① 看拙著《商民族的氏族社会》,第三节——《社会组织》,一九二八,中山大学历史语言学研究所周刊。

这种"联系"逐渐紧密,成为一种对外——御侮——对内——判争——的有形体的组织。有时,因为在"婚姻"关系之下也可互相联合的。

古代人的传说中所谓"氏"者颇多,大都可作氏族的部落看。例如《左传》《国语》所记,像黄帝氏,炎帝氏,大皞氏,少皞氏,帝鸿氏,祝融氏,缙云氏,御龙氏,豕韦氏,豢龙氏,烈山氏,方雷氏,彤鱼氏,有蟜氏等。此外见于先秦载籍者,还有。上引所谓某氏者,殆皆与殷之"条氏"等同,乃原始时代的氏族,而其名尚为后人能记忆者。古传说中记诸"氏"的神话甚多。例如:

> 黄帝教熊罴貔貅䝙虎,以与炎帝战于阪泉之野,三战然后得其志。(《史记五帝本纪》)

语虽"不经",然正如古希腊的神话一样,皆是由原始时代氏族间的斗争,火并之情状而神化的故事,中间或不无可以表示一面的事实的。

上引"诸氏"如"豢龙","大皞"等,疑皆是"图腾"社。原始人是自然崇拜者。他们所用以生产的劳动工具不能使"自然"发生多大的变化;因而自感能力荏弱,必须顺应"自然"才能生存。由是而生畏怖,而生崇拜。他们觉得"自然"——一切"物"均有生命,灵魂,且有超人类的神力。由是而发生"图腾"的崇拜。他们相信其族受了某"物"的保护,仗着他的神力,故能和其他的物斗争,而得以生存。由于图腾与原始人群的结合,遂形成了图腾社。故"图腾"(Totem)的本身乃是一种有生或无生物。(最普通的是动物,有时是植物,有时是别种物或自然的现象。)可是它与人群经过了神秘的结合之后,便发生了社会的意义。第一,他是氏族的名称和标记;第二,它是一族的理想的祖先。有澳洲土人和印第安人可以为证。(图腾即是印第安人的语言)他们所有的氏族命名之法都是采用动物或无生物的名称,如狼,食火鸡,黑蛇,大蜥蝎等。比如"狼氏"其氏族的祖先便是狼,全族的分子都相信自己出于狼,含有狼的特质,得以狼自称。中国的原始人在远古的某一期,其氏族的命名或许也是这样。

不过,当原始人一旦进入有文字史的时候,甚至于还要早的时候,他们便开始把氏族的动物名称抛弃了,而代以别种的名称。但是“图腾”的崇拜和许多习俗仍然存在。所以到后来,有些部族还以为他们是那个从前所依以命名的“物”之子孙。例如商,《诗商颂》记:

天命“玄鸟”,降而生商,宅殷土茫茫。(玄鸟)

有的,则对于这个“神秘的”关系而与以一种新的解释,于是“半人半兽”或“非人非兽”的“神化”的祖宗观念——神话便产生。《山海经》所记,多是这种神话的残物。如:

祝融氏“兽身人面”

又如:

蚩尤作兵伐黄帝,黄帝乃令应龙攻之冀州之野,应龙蓄水。蚩尤请风伯雨师纵大风雨。黄帝乃下天女曰魃,雨止,遂杀蚩尤。(《大荒北经》)

到了后来,这许多族神宗神——保护神——又随着家族观念所发展与知识的进步而“人化”了。例如祝融,于是便成为“以淳燿惇大,天明地德,光昭四海,故命之曰祝融,其功大矣”(《国语》)的“先王”。又如黄帝,不用说也成了西方诸族的“先王”;后来又给秦汉的史家一抬举,便变为汉族的“开宗”的祖先了!①

“图腾”的残迹在商周的铜器亦有所见。② 例如令段的“[illegible]”当为“作册矢令”的族徽。盖古代的族徽或家徽多有沿袭上古氏族的旧标帜者,不仅中国,便如日耳曼人旧家庭的武器上边留有“图腾”兽的遗迹,又如古埃及法老王室以“鹰”为象徽亦沿袭旧日的氏号耳。

同时,新的氏称遂继之而起。例如姬氏,据《国语》说“我姬氏出自天鼋”,(《周语》)是姬氏的旧“氏”本为“天鼋”,正如子氏(商)之本为“玄鸟”

① 史前诸“氏”(《国语》)的演变情状甚烦,处处不能细谈,仅举例以言而已。详见拙著《古神话与古传说》,未刊。

②《古神话与古传说》附录一。

一样。后来将他抛弃了,而代以“姬”,据传说,这“姬”乃“以姬水成”(《晋语》)。

* * * * * * * * * * * *

诸氏族中有“氏长”,或“族长”,是一氏一族的首长,其职务在指导全氏族的行动,及处理其他事务。氏长之外,还有“师长”。氏长和师长均由各氏族产生的。——此种习惯一直到有史时代还继续保存着。例如《盘庚》所记:

> 盘庚……曰,……“今予……历告尔百姓(金文作生)于朕志。……呜呼!邦伯,师长,百执事之人,尚皆乘哉。”……

“百姓”即“百氏”;“邦伯”即“氏长”或“族长”的后身;“师长”即当时所谓“侯”。

“侯”是军事的领袖,在较原始的时代是由族里选举出的。关于这一点,《易卦爻辞》①曾记:

> 利建侯,行师(《豫象辞》)
>
> 利建侯(屯象辞及初九)

建,“立”意。“侯”,甲骨文作“[illegible]”古金文同,从厂从矢。《仪礼大射仪》“司弓命量侯道”,郑注“所射正谓之侯”。故“侯”为古代“师长”的通称,甲骨文屡记“令多子族从虎侯寇周”。出征之“侯”由选举而出者,故卦文言“行师”而“建侯”,“利”乃指筮象而言。

“伯”有“长”意。“邦伯”当为一邦——即一族的执政之官。“邦伯”当是世袭的职务,故盘庚向他们说话,有“世选尔劳,予不掩尔善”之语。然在原始,亦由选举而出者。“王”的性质与“伯”相近;所不同者,伯为一族,一邦(部落)之长,王则联盟的“共长”耳。在商,“王”位已成为“王族”(见甲骨文)世袭之地,然仍保存一种近于选举的习俗。甲骨文记:

---

①《易》卦爻辞作于商周之际,然其中多较古的事实。

癸卯卜王十二月(《殷虚书契前编》卷五第三十九页)

庚子卜王(《殷虚文字》第十六页;第三十三页;又四十九页及五十页,凡三十余见。)

“卜王”即卜嗣王。(见《殷契征文考释》)“卜王”是一种“王”的选举法。大概当时嗣王是由卜以产生的。“王”是在“王族”内选举出的,是在“王族”内世袭的;其世袭法,不是由前王传位于其子弟,乃是缺出时又从新选举——用卜来求选。从卜辞中所见商先王的世数,(看王静安先生的《古史新证》十六)去推测当时商人的“王”的继袭形式,大概是当王位缺空时,例须选举“王族”里最亲近的人继任。案照当时氏族组织的亲族关系,以前王的兄弟辈为最亲近的人员,而前王的儿子辈则为次级最亲近的人员。所以从继统的秩序看去,是“以弟及兄,以子继辅”;然而王位虽是依此法则顺次选袭,但必须经过一种卜的手续。

* * * * * * * * * * * *

金属器物的出现及使用已普遍以后,人类社会的物质生产力遂呈显着飞跃的进步;与之适应的社会诸关系遂随之而起质的变易。私产制与奴隶制逐渐成立了;社会上遂生贫富的差别和隶属的关系来。旧的氏族制度不能统制这新的局面,新的组织遂应运而生:王侯的支配权终于确立而坚固,所谓“国家”这东西于是遂出现了。

记中古时代的士族

中古时代——魏晋至隋唐"士庶之际，实自天隔"；[①]无论在经济，社会，政治和法律方面，他们都不平等的。《宋书恩倖传》谓，"魏晋以来，以贵役贱，士庶之科，较然有辨"，是也。

汉时尚无士庶之分，沈约曾道：

> 顷自汉代，本无士庶之别。……庠序棋布，传经授受，学优而仕。始自乡邑，本于小使干佐，方至文学功曹。积以岁月，乃得察举。[②]

到了东汉，尤其是末期，那些豪宗世族渐渐在社会方面形成了一种阀阅，与一般庶民的身份始炯然有别。那时候，乡里之间有所谓"议民"与"贱民"[③]之分；那时候，乡里论人已是"以族举德，以位命贤"。[④] "贡荐则必以阀阅为前"[⑤]了。所以后汉章帝曾道：

> 夫乡举里选，必累功劳。今刺史守相，不明真伪，……既非能显

①《宋书王弘传》
②《梁书武帝本纪》
③ 章太炎《检论》引后汉蔡湛碑阴
④ 王符《潜夫论论荣篇》
⑤ 同上《交际篇》

> 而当授之政事者，甚无谓也。每寻前世举人贡士，或起畎亩，不系阀阅，朕甚嘉之。①

《后汉书韦彪传》亦称："郡国贡举，率非功次。"……彪上议曰："士宜以才学为先，不可纯以阀阅"。② 这种操纵"贡荐"，"论评"的豪宗世族，同时也就是各地的富室，地主的。中古时代"士庶有别"的风尚便由此而萌始了。

"汉末丧乱，魏武始基，军中仓卒，权立九品，以论人才"。③ 于是便给了那些豪宗世族一个发展的好机会。《新唐书》记：

> 魏氏立九品，置中正；尊世胄，卑寒士，权归右姓。其州大中正，主簿，郡中正，功曹，皆取著姓世族为之，以定门胄，品藻人物。④

"九品官人之法，陈寿所建"，⑤"盖以论人才优劣，非为世时高卑"，《文献通考》记：

> 延康元年（魏文帝），尚书陈寿以为天朝选用，不尽人才，乃立九品官人之法，州郡皆置中正以定其选，择州郡之贤有识鉴者为之区别人物，第其高下。⑥

但是那些中正都是"本地人"，同书记：

> 州郡县俱置大小中正，各取本地人在诸府公卿及台省郎吏有德充才盛者为之，区别所管人物，定为九等。……是以吏部不能判定全天下之人才士庶，故委中正铨第等级，凭之授受，谓免乖失。⑦

这种本地人的中正多属一乡"物望"之人，其本身大致都是豪宗世族，靠

① 《后汉书章帝本纪》
② 同上《韦彪传》
③ 《宋书恩悻传》
④ 《新唐书柳冲传》
⑤ 《三国志陈寿传》
⑥ 《通考选举考》
⑦ 《通考选举考》

他们来判全天下人才，自然是“高下任意”，只“知其阀阅，不辨其贤愚”，下品当然无高门，上品当然无寒士的。说得好听一点，是“世之显贵，与物多隔，不能当心寒素”。① “故据上品者非公侯之子孙，则当途之昆弟，筚门蓬户之后，未有不陆沉者”，②其实是“乡举道废，请托交行”，“故选官用人，不科实德，惟在白望，不求才干”。③

九品官人之法行后，“历宋齐梁陈皆因而不改”。赵瓯北道：

> 当时中正所品高下，全以意为轻重。真所谓上品无寒门，下品无贵族，高门华阀，有世及之容，庶姓寒人，无寸进之路。……然魏晋及南北朝三四百年，莫有能改之者，盖当时执政者，即中正高品之人各自顾其门户，故不肯变法；且习俗已久，自帝王以及士庶，皆视为固然而无可如何也。④

“习俗已久”，豪宗世族与中正的结托，“视为固然”。于是在社会上政治上产生了一种特殊的阶级——所谓士族。

同时，他们在经济上法律上也取得了一种特殊的地位。原来晋“平吴之后，制户调之式。……其官品第一至第九，各以贵贱占田。……而各以品之高卑，荫其亲属。……宗室国宾先贤之后，及士人子孙亦如之。而又得荫人以为衣食客及佃客。”⑤

在“周汉之世，以智役愚”，而“魏晋以来，以贵役贱”。这种“占田”“荫附”的制度，晋人东迁亦照样实行的。《隋书食货志》记：“晋迁江左…… 都下人多为诸王贵人左右佃客曲计衣食客之类，皆无课役。”⑥本来那些贵族士夫大多是地主，豪室，兼并贫弱，剥削农民，在经济方面早已占有优越的地位。自从晋人行此制后，他们更得到国家法律的保证，

①《梁书王暕传》
②《晋书段灼传》
③ 同书《熊远传》
④《二十二史札记》
⑤《隋书食货志》
⑥《隋书食货志》

可“占田”“荫人”，又可“免役”，于是他们变成了封建式的领主了。沈既济说：“汉世虽丞相之子，不得蠲户课。而近世以来，九品之家，皆不征其高荫，子孙重承恩奖，端居役物，坐食百姓，其何以堪之。”①他们在经济，法律方面，取得了特权，自然不肯与庶民征法：士庶之间当然“天隔”了。

五胡乱华，晋室南渡，中土的著姓世族随之而过江者甚多。他们自以为是中原的华族，到了那文化经济都落后的江南，根本便看不起那吴人的；同时，他们又想恢复旧土：故自谓“侨人”，“皆取旧壤之名，侨立郡县”以自表。《宋书》记：“自戎狄内侮，有晋东迁，中土遗氓，播徙江外。…… 百郡千城，流寓比屋，人伫鸿雁之歌，士蓄怀本之志，莫不各树邦邑，思复旧井。”②这许多侨人，仍然握有政权，对于吴人且取压迫的态度，于是引起了吴中豪族所谓南士——的对抗。《晋书》所记周玘事可以为证：

周玘三定江南，开复王略。……宗族强盛，人情所归。……于时中州人士佐佑王业，而玘自以为不得调，内怀怨望。复为刁协轻之，耻恚愈甚。时镇东将军祭酒东莱王恢，亦为周顗所侮，乃与玘阴谋诛诸执政，推玘及戴若思与诸南士奉[元]帝以经纬世事。……谋泄，[玘]遂忧发背而卒。……将卒，谓子勰曰：“杀我者诸伧，子能复之，乃吾子也！”(吴人谓中州人曰“伧”，故云耳)。……勰……常缄父言，时中国亡官失守之士避乱来者多居显位，驾驭吴人，吴人颇怨，思因之欲起兵……，豪侠乐乱者翕然附之，以讨王导刁协为名。……元帝以周氏奕世豪望，吴人所宗，故不穷治，抚之如旧。③

南奔的世族不但轻视吴人，便是对于那些“北人晚渡者”，亦加界隔，《通鉴》记：

江东王谢诸侯方盛，北人晚渡者，朝廷悉以伧荒遇之，虽复人才

① 《通志选举略》唐德帝时沈既济语。

② 《宋书律志》序

③ 《晋书周处传》

可施，皆不得清途。宋主尝与[杜]坦论金日磾。……坦白："请以臣言之，臣本中华高族，世业相承，直以南渡不早，便以伧荒赐隔"。①

至于那些停留在中土的著姓世族呢？初乱时，他们多聚集族众，筑坞自守，对抗胡人。一部分不能自保的，则多领率宗人，或北赴鲜卑，或西依氐族。因为刘曜石勒起时，带有一种种族争斗的色彩，对待那些王公世族是很惨酷的。石勒曾杀西晋名公百官甚多，又徙大族数百户于襄国。直到氐族苻坚统一北方之后，始"复魏晋士籍，使役有常"。②（这大概受了士族出身的王猛的影响）。后来鲜卑的慕容宝又定"士族旧籍"。中土的著姓世族于是重复抬头！元魏兴起，雅重世族。《通鉴》记："魏主雅重门族。范阳卢，清河崔，荥阳郑，太原王四姓，衣冠所推。陇西李当朝所重。故世之言高华，以五姓为首。"③当时汉族的世族自称郡姓，郡姓中又以上述五姓为首。《新唐书》说

马休之之数宋武曰："裕以庶孽，与俭文嫡婚，致兹非偶，实由威逼"。沈约之弹王源曰："风闻东海王源，嫁女与富阳满氏，王满联姻，实骇物听。此风勿剪，其源遂开，点世尘家，将被比屋，宜置以明科，黜之流伍"，可以见其界之严矣。其有不幸而通婚者，则为世族之玷。如杨佺期自以杨震之后，门户承籍，江表莫比；有以其门第比王珣者，犹恚恨。而时人以其过江晚，婚宦史类，每排抑之，然庶族之求偭于世族者，则仍不已；不必其通婚也，一起在动作之微，亦以偕偶士族为荣幸；而终不能得。如纪僧真尝启齐武曰："臣小人，出自本州武吏，他无所须，惟就陛下乞作士大夫。"帝曰："此事由江斆谢沦，我不得措意，可自诣之"。僧真承旨诣斆，登榻坐定；斆命左右："移吾床，让客"。僧真丧气而退。告帝曰："士大夫固非天子所命也"。其有幸而得者，则以为毕生之庆。如王敬则与王俭同拜开

①《通鉴》宋元嘉二十二年条

②《晋书》载记苻坚传

③《通鉴》卷一四零

府仪同,曰:“我南州小吏,侥幸得与王卫军同拜三公,夫复何恨”?甚至以极凶狡之夫,乘百战之势,亦不能力求。如候景请娶于王谢,梁武曰:“王谢高门非偶,当朱张以下访之”,积此诸端观之,当时士庶界限,可以想见。①

士庶之辨,以南北朝时最严。《南史》记:“中书舍人徐爰有宠于帝,尝命王球与之相知。球辞曰:‘士庶区别,国之章也。臣不敢奉诏。’帝改容谢焉。”②所以那时期可以说是士族最兴旺的时代。到了隋唐以后,士族的声势便由盛而衰,逐渐不振了。其所以日趋衰微,大约有以下三个原因:第一,由于农民的反抗;第二,由于士族自身的腐化;第三,由于新旧的非士族的贵族的压迫。

当士族兴盛时代,“权门兼并,强弱相凌”,“占田”“占山”,剥削农民。魏齐虽行均田之制,然难“塞农井之路”。农民屡起反抗,虽多失败,然对士流已不若从前之“视为神圣而不可侵犯”。故黄巢之起,号召贫农,饥民攀附,广侵田宅,凌辱衣冠。强宗大族,甚多沦没。

自“膏粱世德”,籍依门第,充实官选。然“多无学术”。仅“美风范,美容止”而已,不堪经国。故周时便有选举不应限资荫,惟在得人;“苟得其人,自可起厮养而为卿相”③之意。到了隋开皇年间,遂罢九品及中正,变更选举之法④。于是士族跃登仕版的“方便法门”遂被阻塞。《新唐书》记:“隋承其弊,不知其所以弊,乃反古道,罢乡举,离地著,于是乎士无乡里,里无衣冠,士族乱而庶人僭矣”。⑤

六朝士族,大都尚文轻武。不但自己不肯屈志戎旅,并且轻视武人,不愿和他们为伍,因为武人多出身于寒族。例如《梁书》记钟嵘言曰:“臣

① 夏曾佑《中国古代史》晋南北朝隋之风俗节

② 见《王球传》

③《周书苏绰传》

④《通考》记“南朝至于梁陈,北朝至于周隋,选举之法虽有损益,而九品及中正,至开皇中方罢”。

⑤《新唐书柳冲传》

谓军官是素族士人，自有清贯，而因是受爵，一宜削除以惩浇竞；不得因军，遂滥清级。”[①]于是遂引起寒族武人的愤慨，起而反抗。例如唐太宗道：“齐据河北，梁陈在江南，虽有人物，偏方下国，无可贵者，故以崔卢王谢为重。今谋臣劳士以忠孝学艺心我定天下者，何容纳货旧门，向声背实，买昏为荣耶？”[②]太宗这话，实是隐隐的替那一班新起从龙的寒士武人出口气！那些士族甚至自高门第，轻视皇室。于是又引起帝王的反感。唐代屡修氏族志录，尽力抑制旧来士族，便是有意报复。旧来的士族，受新兴的贵族的抑制，虽“故望不减”，然已“为世所嫉”，实际上已日就衰微了。

降至五代，丧乱频兴，社会，政治，制度各方面都发生了变化。那时候武人专横，庶族抬头，而士族失其固有地位。《通志》记：“自五季以来，取士不问家世，婚姻不问阀阅。”[③]从此，所谓士族便不再受世人的重视了。

---

①《梁书钟嵘传》

②《新唐书高士廉传》

③《通志》卷二五

阴阳家与古史

一　阴阳家与巫祝

“春秋战国以前，所谓阴阳，所谓五行，其语甚希见，其义极平淡。且此二事从未尝并为一谈”。（梁任公先生的《阴阳五行之来历》）如“阴阳”，见于《诗》。《公刘》云，“既景乃冈，相其阴阳”。此“阴阳”与后世阴阳家之说实无关系。“五行”则见于《书》之《甘誓》与《洪范》。《甘誓》号称《夏书》；《洪范》或称《商书》。然二书实有战国末至汉初人所作。据近人刘节所考证，《洪范》盖出于战国之末，其中所载的五行之说即战国时驺衍一辈的学说（《洪范疏证》）；《甘誓》中“五行”与“三正”对举，这种说法简直是秦汉人士的易服色，改正朔的论调（顾颉刚的《五德终始说下的政法和历史》）。在诸子书中，《论语》和《孟子》从未提到“阴阳”“五行”过。《老子》书中有“万物负阴而抱阳”一语，然此为一种自然观的万物论，（说详下）而非“阴阳消息”之说。只《墨子》有“五行毋常胜”（见《经下》及《经说》）之说，似与阴阳家有关。但据吾人研究，经和经说实较晚出，非墨翟之言。

不过战国末的荀卿曾说：

> 略法先王而不知其统，犹然而材剧志大，闻见杂博，案往旧造说，谓之五行，甚僻违而无类，幽隐而无说，闭约而无解；案饰其辞而祗敬之曰，“此真先君子之言也”。子思唱之，孟轲和之，世俗之沟，犹瞀儒嚾嚾然不知其非也，遂受而传之。（《荀子非十二子》）

荀卿说“五行”之说是子思所唱而孟轲和之。据近人研究，此处所骂的子思所唱当是驺衍的传误。（顾颉刚的《五德终始说下的政法和历史》）总之，在荀卿时已有“五行”之说了；又照荀卿所知，这学说是“案往旧”的传闻而“造说”的。如果我们承认他的议论是确有所据，则阴阳家所“案”的“往旧”似可从今存的《国语》《左传》中寻见其踪迹。请言“阴阳”。《越语》记范蠡曰：

> 天道盈而不溢，盛而不骄，劳而不矜其功。夫圣人随时以行，是谓守时。天时不作，弗为人客；人事不起，弗为之始。……时不至，不可强生。事不究，不可强成。……必有以知天地之恒制，乃可以有天地之成利。……天因人，圣人因天。人自生之，天地行之，圣人因而成之。

以“阴阳”解释“天道”。后《老子》因之，《庄子》因之。古代道家的自然宇宙观即本此观念而形成。这种“天时不作，弗为人客”的思想和阴阳家的“阴阳消息”论根本相反，这种“天道”观和春秋末年子产所说的“天道远，人道迩”同是反原始的宇宙观的言论。主张这种“天道”观者鲜有不反对“机祥”“感应”之说的。诚以荀卿的《天论》为证。《天论》说：

> 天行有常，不为尧存，不为桀亡。……天不能贫，……天不能病，……天不能福。故水旱不能使之饥，寒暑不使之病，祆怪不能使之凶。……故明于天人之分，则可谓至人矣。
>
> 不为而成，不求而得，夫是之为天职。……天有其时，地有其财，人有其治，夫是之谓能参。舍其以参而愿其所参，则惑矣。
>
> 列星随旋，日月递照，四时代御，阴阳大化，风雨博施，……天有常道矣。……故君子敬其在己者而不慕其在天者。

荀卿的《天论》显然曾受老庄的影响。因为“天行有常”,所以他叫人要“明于天人之分”,而“不求知天”。《天论》又说:

> 星坠木鸣,国人皆恐,曰“是何也?”曰:“无何也!是天地之变,阴阳之化,物之罕至者也。怪之,可也,而畏之,非也。夫日月之有蚀,风雨之不时,怪星之党(或然)见,是无世而不尝有之。……虽并世起,无伤也。”

“明于天人之分”,才知天人并无感应,所谓降灾祸或祥瑞(如果是真的)不过是“物之罕至者”而已。

请言“五行”。《左传》记子大叔语赵简子曰:

> 吉也闻诸先大夫子产曰:“天之经也,地之义也,民之行也。天地之经,而民实则之。则天之明,因地之性;生其六气,用其五行。”……(昭二五)

“六气”(注:谓阴阳风雨晦明)是“天之明”,“五行”(注:谓金木水火土)是“地之性”。《鲁语》记展禽曰:

> ……山川社稷之神,皆有功烈于民者也。即前哲令德之人,所以为民质。及天之三辰,民所以瞻仰也。及地之五行,所以生殖也。及九州名山川泽,所以出财用也。非是,不在祀典。

“地之五行”,即木,火,金,水,土。所以五行即五物,地之“所以生殖”即由此五物。故五行是地之所以构成的五种物质。《左传》又记司此五物者有五神:

> 秋,龙见于绛郊。魏献子问于蔡墨(晋大使)。……对曰:“……古者畜龙。……夫物物有其官,官修其方(法术),朝夕思之。……官宿其业,其物乃至;若泯弃之,物乃坻伏,郁湮不育。故有五行之官,是谓五官,实列受氏姓,封为上公,祀为贵神。……木正曰句芒,火正曰祝融,金正曰蓐收,水正曰玄冥,土正曰后土。龙,水物也。水官弃矣,故龙不生得。(昭二九年)

"五官"——所谓"五正"即"五行之官"。(我疑"五正"即由"五行"演变而成。古"行"有"正"义,见《管子心术》。)五官是五位贵神。五神见《山海经》。这五神是古代神话中五位实义,《史记》说:

> 荀卿嫉浊世之政,……不遂大道而营于巫祝,信机祥。(《孟荀列传》)

这话最可注意。我疑阴阳家之说实源渊于古代巫祝的拜物思想。《史记》说:

> 齐带山海,膏壤千里,宜桑麻,人民多文彩布帛鱼盐。……其俗宽缓阔达而足智,好议论。(一二九)

齐人多空想,好作"怪迂""不经"的议论。《孟子》记有"齐东野人话",《庄子》记有"齐谐之言"。而造"阴阳五行"之说也多是齐人。这一带,宗教甚发达。《史记》说:

> 始皇……东游海上,祠名山大川及八神。……八神自古而有之。……其祀绝莫知起时。八神:一曰天主,祠天齐("齐所以为济,以天齐也"。);……二曰地主,祠太山梁父;……三曰兵主,祠蚩尤,蚩尤在东平陆监乡,齐之西境也;四曰阴主,祠三山;五曰阳主,祠之罘;六曰月主,祠之莱山,皆在齐北并渤海;七曰日主,祠成山,成山斗入海,最居齐东北隅,以迎日出云;八曰四时主,祠琅邪,在齐东方。盖岁之所始,皆各用一牢,具祠,而巫祝所损益,珪币杂异焉。(《封禅书》)

所说当是齐地的原始宗教之遗形物(survival)。巫祝是原始和较古时代的智者。他们创造宗教,制作祭仪和传述神话。他们又是原始时代的统治或支配阶级;他们自以为代表神意,他们利用神灵的威权做约束人们的工具。他们讲述"禁忌",灾异,祥瑞——一切"物之罕至者"都是他们用以解说"天人感应"的好资料。阴阳家主要的论调——所谓"符应"大概便是脱胎于古代巫祝的宗教思想的。(《封禅书》作者叙述巫祝的宗教毕，便紧接着说到驺衍的言论，大概不是偶然罢！）

阴阳家的学说是基础于古代的巫术，所以“阴阳”，“五行”为之纲领。后来，又和神仙方术混合。他们的学说在开始时本已有点“滥”，神仙方术混入后更“杂”了。他们也欢喜“讬古”，不过“其言异”。先秦诸子之“讬古”可以分做两个公式：儒墨和庄周之徒，均说今不如古，一代不如一代；法家则说今不见得不如古，一代比一代进步。阴阳家既不非今，更不是古，自成一“怪迂”而“闳大不经”的说法。

二 驺衍

阴阳五行之说起于战国之时，其宗师为齐人驺衍。《史记》说：

> 驺衍，后孟子。驺衍睹有国者益淫侈，不能尚德，若大雅整之于身，施及黎庶矣，乃深观阴阳消息而作怪迂之变，终始大圣之篇，十余万言。……然要其归，必止乎仁义节俭，君臣上下六亲之施；始也滥耳。王公大人初见其术，惧然顾化；其后不能行之。（《孟荀列传》）
>
> 自齐威宣时，驺子之徒论著终始五德之运。驺衍以阴阳主运显于诸侯。（《封禅书》）

又，《集解》引如淳曰：

> 今其书有五德终始。

《文选魏都赋》注引《七略》曰：“驺子有终始五德。”《汉书艺文志》著录：

> 《驺子》四十九篇，
> 《驺子终始》五十九篇。

可惜这位怪杰所作的终始大圣阴阳主运——共一百零篇，十余万言——没有传下来。现在要想研究他的主张，只能依靠《史记》里所转引的言论了。

《史记》说：

> 驺衍……深观阴阳消息而作怪迂之变……其语闳大不经，必先验小物，推而大之，至于无垠。先序今以上至黄帝，学者所共术，大并世盛衰。因载其机祥度制，推而远之，至天地未生，窈冥不可考而原也。先列中国名山大川通谷禽兽，水土所殖，物类所珍，因而推之，及海外，人之所不能睹。
>
> 称引天地剖判以来，五德转移，治各有宜，而符应若兹。
>
> 以为儒者所谓中国者，于天下乃八十一分居其一分耳。中国名曰赤县神州，赤县神州内有九州，禹之序九州是也，不得为州。中国外如赤县神州者九，乃所谓九州也。于是有裨海环之。人民禽兽莫能相通者，如一区中者，乃谓一州。如此者九，乃有大瀛海环其外，天地之际焉。
>
> 其术，皆此类也。

照上面所说的话看来，驺衍的学说可以分为五点：一是“类推”的辩术；二是“由今上至黄帝”；三是“由黄帝推远至天地未生”；四是“由中国推至人所不知的海外”；五是“九州”和“大九州”。

驺衍是当时一位善辩之士，号称“谈天衍”。他的辩术是“必先验小物，推而大之，至于无垠”。二三两点，说历史；四五两点说地理。

驺衍“序今以上至黄帝”是以“五行转移”和“机祥”“符应”做本据。《吕览应同篇》记：

> 凡帝王者之将兴也，天必先见祥乎下民。
>
> 黄帝之时，天先见大螾大蝼。黄帝曰，“土气胜……”土气胜，故其色尚黄，其事则土。
>
> 及禹之时，天先见草木，秋冬不杀。禹曰，“木气胜……”木气胜，故其色尚青，其事则木。
>
> 及汤之时，天先见金，及生于水。汤曰“金气胜……”金气胜，故其色尚白，其事则金。

及文王之时，天先见火，赤乌衔丹书集于周社。文王曰，“火气胜……”火气胜，故其色尚赤，其事则火。

代火者必将水，天且先见水气胜。水气胜，故其色尚黑，其事则水。

据他的推测，“代火者将水，天且先见水气胜”。后来秦并天下之后，齐人便把这个说奏上。《史记》说：

驺子之徒论著终始五德之运，及秦帝而齐人奏之，故始皇采用之。（《封禅书》）

又说：

秦始皇既并天下则帝，或曰，“黄帝得土德，黄龙地螾见。夏得木德，青龙止于郊，草木畅茂。殷得金德，银自山溢。周得火德，有赤乌之符。今秦变周，水德之时。昔秦文公出猎，获黑龙，此其水德之瑞。”（《封禅书》）

那位自以为“五帝所不及”的秦始皇自然听得进，所以“采用”了。《史记》说：

始皇推终始五德之传，以为周得火德，秦代周，德从所不胜。方今水德之始，改年始朝贺皆自十月朔，衣服旄旌皆上黑，数以六为纪，符法冠皆六寸，而舆六尺，六尺为步，乘六马。更名河曰德水，以为水德之始。刚毅戾深；事皆决于法，刻削毋仁恩和义，然后合五德之数。于是急法，久者不数。（《始皇本纪》）

后来汉代的统治者也欢喜这一套。从自作史记时的史官和历代自以为“真命天子”的都默认驺衍这种说法是“真”历史了。

驺衍由黄帝推而至天地未至，我猜想大概是以“阴阳消息”做本据。《淮南俶真训》记：

有“始”者，有未始有“有始”者，有未始有夫“未始有‘有始’”者。

有“有”者，有“无”者，有未始有“有，无”者，有未始有夫“未始有

‘有，无’”者。

所谓有“始”者，繁愤未发，萌兆牙蘖，未有形埒垠堮，无无蝡蝡，将欲生兴而未成物类。

有未始有“有始”者，天气始下，地气始上，阴阳错合，相与优游竞畅于宇宙之间，被德含和，缤纷茏苁，欲与物接而未成兆朕。

有未始有夫“未始有‘有始’”者，天含和而未降，地怀气而未扬，虚无寂寞，萧条霄雿，无有仿佛，气遂而大通冥冥者也。有“有”者，言万物掺落根茎，枝叶青葱苓茏，萑芦炫煌，蠉飞蝡动，蚑行哙息，可切循把握而有数量。

有“无”者，视之不见其形，听之不闻其声，扪之不可得也，望之不可极也，储与扈治，浩浩瀚瀚，不可隐仪揆度而通光耀者。

有未始有“有，无”者，包裹天地，陶冶万物，大通混冥，深闳广大，不可为外，析豪剖芒，不可为内，无环堵之宇而生有无之根。

有未始有夫“未始有‘有，无’”者，天地未剖，阴阳未判，四时未分，万物未生，汪然平静，寂然清澄，莫见其形。

这一段还是说天地将“判”而“未判”之时，至于“天地剖判以来”的“阴阳消息”，我们现在已不知道了。

三　封禅

齐人奏给秦始皇的还有封禅说。秦始皇实行封禅一次，后来汉武帝也实行封禅。于是封禅之说便也成了“真”的历史。秦汉时，那些没出息的，想做官的儒生也钻入这说法的圈子里去了。

古无“封禅”之说。自驺衍之徒讲帝王易代由于“五德转移”，当“转移”之际必有“符应”，于是“封禅”之说起矣。《史记》说：

自古受命帝王，曷尝不封禅？……未有睹符瑞见而不臻乎泰山者也！（《封禅书》）

封禅之事,《史记》引《尚书》《周官》《秦记》为证。然所引者皆"郊祀",与所谓"封禅"实无多大关系。故"封禅乃燕齐方士所伪造,昉于秦始,侈于汉武"(梁玉绳说),战国以前无有也。

"自古帝王……皆受命然后得封禅"(《封禅书》)封禅的第一事必见祥瑞符应,《史记》说:

> 古之封禅,鄗上之黍,北里之禾,所以为盛;江淮之间,一茅三脊,所以为藉也。东海致比目之鱼,西海至比翼之鸟。然后物有不召而自至者十有五焉。(《封禅书》)

瑞符是表示新王的"受命";有瑞符然后得封禅。封禅的另一事即必在圣山祭祀。在先秦时代,列国分立,各地均有圣山——后世所谓"岳"是。泰山乃是齐鲁的圣山,是齐鲁一带的人士所公认的最高山。《孟子》记孔丘"登东山而小鲁,登泰山而小天下"。封禅说是齐之方士所发明的,所以认定泰山是天下的唯一圣山。历代受命的新王必在泰山祭祀天地。

秦始皇并天下而帝,已采用齐人所奏五德转移之说而改制;和五德移转说有连带关系的封禅说自然也奏闻了。所以秦始皇即帝位三年,东巡郡县,祠驺峄山,颂秦功业。于是征从齐鲁之儒生博士七十人,至乎泰山下。诸儒生或议曰:"古者封禅,为蒲车,恶伤山之土石草木;扫地而祭。席用苴稭,言其易遵也。"始皇闻此议各乖异,难施用。由此绌儒生,而遂除车道,上自太山阳。至巅,立石颂秦始皇帝德。明其得封也,从阴道上,禅于梁父。(《封禅书》)

这是历史上第一次封禅。封禅说本是方士所伪造,不过秦汉时的儒生多附和之,因此后世儒家遂认封禅为儒者所倡的礼典。

言封禅者而不讬之"古",则时主不会"高远其所从来,因而贵之"。于是方士,附和此说的儒生,遂引经据典高谈"古"之封禅。《史记》说:

> 孔子论述六艺传,略言易姓而王,封泰山,禅乎梁父者七十余王矣。

此说又见《韩诗外传》,云:

> 孔子升泰山,观易姓而王可得而数者七十余人,不得而数者万数也。

当是秦汉时的儒生假托孔丘之言。《史记》又说:

> 管仲曰:"古者封泰山,禅梁父者七十二家,而夷吾所记十有二焉:昔无怀氏封泰山,禅云云;虙羲封泰山,禅云云;神农封泰山,禅云云;炎帝封泰山,禅云云;黄帝封泰山,禅亭亭;颛顼封泰山,禅云云;帝喾封泰山,禅云云;尧封泰山,禅云云;舜封泰山,禅云云;禹封泰山,禅会稽。……皆受命然后得封禅"(《封禅书》)

以上是封禅说下的古史系,由"无怀氏——虙羲——神农——炎帝——黄帝——颛顼——帝喾——尧——舜——禹"一贯相承。这样的排列,和各家所讲的不同。最奇特的是所谓"无怀氏",古籍均不见。照"无怀"二字意味看法,当是杜造的古帝。古帝"易姓而王可得数者七十余人,不得而数者万数",史之久远可知,不是方士——没有驺衍所传的"推远"术——如何敢那样的胡说八道!

古史的研究

古代史的研究是近代史学界的一件伟绩。近代史学与其同盟军——考古学与人类学已将人类远古的故事恢复不少；今日所得有史之初及史前人类之知识，皆近代学者努力所致者。

希腊人最善演述故事，荷马之诗中所言之神与英雄皆当时人所乐闻，所熟知者。人神之黄金时代既人人信之，彼等心目中之已往历史即此一群人神故事而已。此种神话与传奇，奇丽浪漫，最能动人听闻，遂致希腊人不复再求新知。罗马人重实际的生活，过去的事实之溯探非所注意。当纪元后四世纪顷，有 Sulpicius Servius 者，曾著一关于欧洲古代的史书，（其书直至十六世纪时仍为有权威的著作）然所述多属罗马人的史迹，关于希腊人仅于 Marathon 战役曾略言及，遑论其前。后来的史家虽渐知将希腊人的伟奇事业加入古代史中，而上溯至荷马史诗的时代，然自探索至此朦胧奇幻之黄金时代，再不能前进。此种为希腊人最尊重的史诗乃诗人所创造的传奇，多属难稽的英雄传说。虽其中未尝无真实的事实为之素地，然终觉模糊难辨，仅能与读书界一种漂渺的景象而已。此种半信半疑的故事，直至十九世纪仍未能破其庄严古代人的古代史。其内容实至为枯窘可怜。然在今日，吾人试一读剑桥大学的古代史（Ancient History），觉其材料之丰富，史迹之详明，盖非从前史家之所能梦见。近代学者对于古代史家如 Herodotus 等的著作已持半信半疑的态度，对于荷马史诗所描写的英雄故事不敢信其全为实事。他们将古代人所传下的神话与传说作种种的考订与解释，排出一切绝对不可信的部份，将古史缩短至史事可稽而历日可纪之时。传述失真的古代记载已不能拘束近代史家的心灵；他们另觅新途，重寻史料，重搜证物，用作古史之新根据。近百年来——尤其近六七十年，许多发掘者在荒野旧城之下搜索古代人残留之物质的遗存（Material Remains），许多考古学者根据这些遗物遗迹，费尽心思去研究，去说明，去推测，于是在今日我们乃得见几十年前的古人制作物，藏书，而古代人的生活状况与其文化遂一一显露我们的目前。自从尼罗河的古城古墓发现，Champollion 阐明了古埃及象形文，埋没了几千的埃及古史遂明白了。自从巴比伦与亚述的宝藏现露，Rawlinson 认识了古波斯的楔形文字，于是西亚的古史便明白了。自从 Troy 城的发见，希腊的古史遂新添了几页。自迈锡尼（Mycenae）和泰鳞兹（Tiryns）的岩堡发掘之后，希腊初期的古文明被我们晓得了。自从克尼特（Crete）的发掘，找着一个光荣的爱琴文明，并从而获得周环一个可以将地中海的各古文化的传承关系建立起来的重要关键。还有那些有史之前的古城古墓的发掘，将欧洲人的文化上推至数万年，乃至数十万年之时，更为近代学术界新奇的事业。当十九世纪的初期，欧洲有些地质学者根据一些从地下偶然掘得的石器，推测今法比一带在一二十万年以前便已有人类。但当时的一般人们都不相信，以为是那些地质学者的欺人的梦话。到了一八四六年，法人伯斯 Boucher de Perthes 出版其关于原始工业的著作，他很坚决的断定这种古石器为古昔的人类所遗留的实业品，那时守旧的史学家虽仍然还多持反对的论调，不信当时科学家所主张的冰河期间有人类及所谓石器文化之说的，然事实胜于雄辩，终不能阻止此种的科学研究的进展。后来，经许多考古学者分地发掘，得到同样的有人工痕迹留在上面的器物甚多。稽数十年的研究，“史前的考古学”（Pre-historic Archaeology）便渐以成立，而史前（人类历史乃包括各个时代，各种人类的一切活动的事绩而言；同属于人类所活动的事绩，能将此一段遥长的历史命为“史前”或先史这是不甚妥当的。所以有些史者主张改“史前”或先史为“没有记载以前”或“先文字史”(Pre-literary history)，以表明所谓“史前”史乃研究人类没有创造文字以前的各时代各人类所留存的种种遗物遗迹，从而推测得当时生活与文化的演变与发展的那一段人类故事。换言之，史前之意乃对于那一段有文字的直接记载以后的人类历史而言。)文化遂得以昌显。同时，又由于人类学的进展，人类的初期模型之研究日有进步。吾人今日不但详知史前时代的文化，并能略识此种原始人的形态及其智慧程度。总之，近代西洋史家得到考古学及人类学之帮助，已能重新改造其古史。他们知道研究欧洲文化要溯源近东诸古国并还推至那史前时代人类的石铜文明，虽然还不过是六七十年来的事情；虽然还有些重要的研究，如石器时代古人类进化的“连锁”(Missing link)尚未觅得，又如赫梯象形文字(Hieroglyphic Writing)及克里特线形文字(Linear Writing)尚未能认识。但是古代传下的半真半伪的传说现渐多改正或证明了。近代史家已将欧洲人的古史——从那远远的石器时代逐渐进化到罗马帝国时代的故事一一的联贯起来。近代史家现已探得了此光华璀璨的古文化的一部份的本来面目。古史的研究现已走上了正规的科学的途径。将来，材料的获得必日多，研究的方法必日进，解释史实的态度必日益客观，料想那种种可惊的进步必一天一天的增多，现远不可知的那些古代的传奇必一页一页的呈现，或将又出我们意料之外的。

* * * * * * * * * * * *

西方学者研究古史所持的新态度，所用的新方法，所得的新成绩，已振动一世的听闻，已树立一新的壁垒，已获得一康坦大道。新史学的威力由西方而传至东方，遂击破了我国陈旧的史学的壁垒。我们的上古史所依以建立的基础遂显呈动摇之势。近十多年，我国的新史家已多注意于此问题，多想大胆地冲开古神话与传说的范围，藉依历来在地下所得的新材料，重新整理，建设我们的真实的上古史。

凡受过新史学的洗礼，稍有欧洲上古史的新知识的人，是没有不怀疑中国的上古史的，近数十年来，欧洲学者颇能研究中国及东方的学问。他们受科学方法训练过的；我们这些错误百出，真伪参半的古籍，古史，一到他们的手里，那荒谬处自然会齐显露了出来。一八九五年，法国著名的“中国学者”沙畹（Edouard Chavannes 1868－1918）教授所译的《史记》第一卷出版，其序论中会指出尧舜等模范人王的传说，大都属于后人所伪造的；他们的整齐完全的形式，无论什么人都必怀疑的。又说：尧舜的事迹，在最古的《诗经》竟未一见，尤为可怪。其后，夏德（F. Hirth）在所著《中国古代史》。（一九〇八年出版）中，对于尧舜等的传说亦致怀疑，以为此种传说只是神话的幻影，而非实有其事。

近世的日本史学界，受西洋科学的影响很大。许多新式的“中国学者”均能采取科学方法来研究中国的学问。老辈的学者如白鸟博士，他在一九〇九年（后夏德氏的《中国古代史》出版一年）所著《支那古传说之研究》中，作与沙畹夏德二氏相同的议论，以为尧舜禹等传说为儒家思想的产物，乃本于天地人三才之说而造成的。而小川琢治在其《中国历史地理研究》中，更明显的说，中国史的上古部份至为可疑，尧舜禹的黄金时代虽异常漂亮，然我们试一比较春秋战国时各家所传的种种传说，知皆儒家本之上古神话加斧削润色，使成为实在的人物，且理想化者。

我国的上古史本是那些的“好事者为之”的。所以一面有人伪造，同时一面便有人辨伪。先秦诸子中，如孟子，于古事之不足信者，则说“好事者为人”；如韩非，则认“孔子墨子俱道尧舜而取舍不同”。秦汉以后，有些较有眼光，较有见地的学者，亦常有辨伪的文字，或辨伪史，或辨伪书，然大都属于一鳞片甲的知见而已。及至清代中叶，有崔述者，作《考信录》，有系统的辨订古史。他曾说：“世益古则其取舍益慎，世益晚则其采择益杂。故孔子序书，断自唐虞；而司马迁作《史记》乃始于黄帝。…… 近世以来……乃始于庖牺氏或天皇氏，甚至有始于开辟之初盘古氏者。……嗟乎，嗟夫，彼古人者，诚不料后人学之博之至于如是也”。（《提要》上）但他是相信经书即信史的，只知战国以后的话不可靠，只知杨墨的话有意装点古人；他的态度是不彻底的。（可看《东壁遗书》）他只是一个儒家的史学者。到近世，康长素先生作《孔子改制考》，其第一篇论上古事茫昧无稽，说孔子时夏殷的文献已不足，何况三皇五帝之史事。他又说：先秦诸子的话，大都是“讬古改制”。但他辩论古史的目的在建设自己的哲学，他是一个哲学家不是一个史学家。不过，崔述和康长素二先生的工作，虽不能直接使古史起生一种根本的大变动，然其伏流颇能间接给我们现在辨论古史时以种种的消极扶助。

到了一九一九年（民国八年），胡适之先生在《中国哲学史大纲》一书中很大胆地说：“以现在中国考古史学的程度看来，我们对于东周以前的中国古史，只可存一个怀疑的态度”。他的书，开头一章便从《诗经》说起，把唐虞夏商一齐丢开，自从胡先生向中国古史放了这一支冷箭后，我们脑筋里所装满的三皇五帝一套老话便发生了变化。后来顾颉刚先生接受了胡先生这个暗示，开始从事“伪史考”的工作，不数年，这个怀疑古史，推翻了古史系统的风潮，便由顾先生引惹了起来。顾先生对于中国的古史曾下一个总攻击，说“中国的古史全是一节糊涂账”。他指出古史中种种难以相信的大疑点，他指出古史的系统是由后人逐渐的随意编造成的。

顾先生尝自述其整理中国古史的意见说：

> 我日来在家里做《辨伪丛刊》的事情。……这《辨伪丛刊》分做两类：一是辨伪事，二是辨伪书。……辨伪事的固是直接整理历史；辨伪书的也是间接整理。因为伪书上的事实自为全伪，只要把书的伪迹考定，便是据了伪书而成立的历史也全部失其立足之点。照我们现在的观点，东周以上只好说无史，现在所谓很璀璨的古史，所谓很有荣誉的四千年的历史，自三皇以至夏商，整整齐齐的统系的年岁，精密的考求，都是伪书的结晶。……我们这样做，必可使中国历史界起来一大革命。（《古史辨》一，夏三五—三六）。

他从伪书和伪事的辨订上去重新估定中国的古史，而指出“其立足之点”及其所构成的系统之不可靠。他是用故事的眼光去考察古史的，他说：

> 我看了两年多的戏，惟一的成绩便是认识了这些故事的情质和格局，知道是无稽之谈原也有它的无稽的法则。（自序二三页）
>
> 如《桑园会》，《列女传》上原说秋胡久宦初归，路上不认识他的妻，献金求合，其妻羞其行，投水而死，何以戏剧中就变成了秋胡明知采桑妇是自己的妻，却有意要试他的心而加以调戏，后来他屈膝求恕，他就是一笑而团圆呢？这些故事的转变，都有它的层次，绝不是一朝一夕之故。若能如适之先生考《水浒》故事一般，把这些层次寻究了出来，更加以有条不紊的贯穿，看它们是怎样地变化的，岂不是一件最有趣的工作。同时又想起……适之先生……辨论井田的文字，方法正和《水浒》的考证一样，可见研究古史也似可以应用研究故事的方法。因此，又使我想起……薛平贵的历尽了穷苦和陷害的艰难，以乞丐而将官，而外国驸马，以致做到皇帝，不是和舜的历尽了顽父嚣母傲弟的艰难，从匹夫而登庸，而尚帝女，以致受禅让而做皇帝一样吗？……这些事情，我们用了史实的眼光去看，实是无一处不谬；但若用了故事的眼光看时，便无一处不合了。（自序四一页）

故事的演变是随时，随地，随人；古史的演变亦正如故事一样。因此，顾先生要“推翻伪史”；他“分了三项事情着手做去”：

> 第一，要一件一件地考伪史中的事实是从那里起来的，又是怎样地变迁的。第二，要一件一件地去考伪史中的事实，这人怎样说，那人又怎样说，把他们的话条列出来，比较看看，同审官司一样，使他们的谎话无可逃遁，第三，造伪史的人虽彼此说得不同，但终有他们共同遵守的方式，正如戏中的故事虽各各不同，但戏中的规律却是一致的，我们也可以寻出他们的造伪的义列来。（自序四二—四三）

他是这样的研究“传说中的古史”。他根据他的观察，得到了下面的一侧“假设”：

> 古史是层累地造成的,发生的次序和排列的系统恰合是一个反背。(自序五二页)

顾先生说:

> 我很想做一篇层累地造成的中国古史,把传说中的古史的经历详细一说。这有三个意思,第一,可以说明"时代愈后,传说的古史期愈长"。周代人心目中最古的人是禹,到孔子时有尧舜,到战国时有黄帝神农,到秦有三皇,到汉以后有盘古等。第二,可以说"时代愈后,传说中的中心人物愈放愈大"。如舜、在孔子时只是一个"无为而治"的圣君,到《尧典》就成了一个"家齐而后国治"的圣人,到孟子时就成了一个孝子的模范了。第三,我们在这上,即不能知道某一件事的真确的状况,但可以知道某一件事在传说中的最早的状况。

顾君这个见解,和崔述在《考信录》里所说的颇相近。但崔述考到"经书"便止住,而且承认"经书"即"信史"的。顾君不然,他说:

> 要从古书上直接整理出古史迹来,也不是妥稳的办法。因为古代文献可征的已很少,我们要否认伪史是可以比较各书而判定的,但要承认信史便没有实际的证明了。崔述相信经书即是信史,拿经书上的话做标准,合的为真,否则为伪,所以整理的结果,他承认的史迹亦颇楚楚可观。但这在我们看来,终究是立脚不住的;因为经书与传记只是时间的先后,并没有截然不同的真伪区别:假是在经书之前还有书,这些经书又要降做传记了。我们现在既没有"经书即信史"的成见,所以我们要辨的古史,看史迹的整理还轻,而看传说的经历却重。凡是一件史事,应当看它最先是怎样的,以后逐步逐步的变迁是怎样的。我们既没有实物上的证明,单从书籍上入手,只有这样做才可得一确当的整理,才可尽我们整理的责任。

因为他"看史迹的整理还轻,而看传说的经历却重",所以他的"辨伪",差不多完全专力于“传说的经历”的辨证。

顾先生研究古代传说最重演变，又好探原。吾人知道史料与方法是相依的。有丰富的史料而没有方法，自然不能研究出好结果来；但是只有方法，而没有丰富的史料，也同样的得不到好的结果。方法可以驾御史料；但同时也可以被史料限制住而不能充分发挥的。比如顾先生所说的“禹的传说的演变”。这个研究颇有人加以非议。其所以受人非议者，据我看，不为别的，根本的原因还是一个史料问题。顾先生说过，“古代的文献可征的已很少”。其实，岂只“可征的”“古代的文献”，便是不“可征的”“古代的文献”现存的也太少了哩！因此研究古代“传说的经历”，方法便受了史料的限制而不能畅所欲为，不像研究后世的故事一样。因此，我们看一个古“传说的经历”，“看他最先是怎样的，以后逐步的变迁是怎样的”时，必须十分谨慎，必须在“史料的限制”中去“看”。否则，将方法用过了火时，便会引伸出一种贫乏的结论来。比如顾君说“禹的来源在何处”？他说：

> 至如禹从何来？……我以为是九鼎上来的。《说文》云，“禹，虫也，以内象形”。……大约是蜥蜴之类。我以为禹或是九鼎上铸的一种动物，禹是鼎上动物的最有力者；或者有敷土的样子，所以就算他是开天辟地的人……流传到后来，就成了真的人王了。（六三页）

他根据《左传》所说的九鼎和《说文》的禹说来证明“禹的来源”，这便突出了史料的限制的范围。顾先生“看传说的经历”是根据“禹”，“或是九鼎上铸的一种动物”，但是《左传》是战国时的史籍，《说文》则更后。所以我们严格的说，只能承认这是战国至汉时的一种“禹的传说”，绝对不能从而推测到“禹的来源”，否则与一般人根据那时候的另一种禹说（如禹是古代的圣人）来说明“禹的来源”又有何分别？在理论上，吾人相信禹必有其来源；但是依照现存的史料而论，吾人对于那最古的或较古的禹是怎样的一问题，现在只能闭着嘴。或者学着孔二的办法：“君子于其所不知，盖阙如也”。顾先生又说：

> 我对于禹的来历很愿再下一个假定:"禹是南方民族的神话中的人物"。……南方民族在这样的环境里,如何不会有无数平水的神话出来,更如何不会有平水土的最力量的禹来!……从此可知南方民族的神话从楚国传到中原是很可能的。(一二一——一二五)

又说:

> 商周间,南方的新民族有平水土的需要,酝酿为禹的神话。这个神话的中心点在越;越人奉禹为祖先。自越传至群舒;自群舒传至楚;自楚传至中原。(一二七)

假使我们承认顾君的解释是全对,也不能无疑的。第一,顾君文中所列的理由,自(1)至(8)项,不外《楚辞》,《左传》,《史记》,《汉书》等那些战国以后的书;从而至多只能作出以下的结论:(一) 当战国时(不能是商周间),南方民族对于禹有很多的神话;(二) 从现存的材料看去,似乎可以证明禹的神话,固然可以说是从楚国传到中原的;但是我们也保不住不会从中原传到楚国,因而传遍于南方的。顾先生又按诗书,说明西周后期及春秋初期时的"禹";又说"看得他在古史中的地位是最重要的了"。假是我们照"时代的前后"做着点来说:禹在西周及春秋初期是中原的一个敷土的天神;后来由楚国转到南方,于是在南方酝酿出许多丰富的神话。不可以吗? 中原的"商周间"也找不着确实的证据来呢! 我并不反对顾君对于一个传说要去找"来源"。不过我以为:像在现在古代文献如此贫乏的条件之下,有时候,对于那"来源",甚至便如那演变的层序,似乎都可不必看得太认真。"打破沙锅"自然要"问到底"。但不幸所打破的是一只无"底"的沙锅,"底"早失掉了,如何是好呢?

顾先生又好用"默证",此层亦颇受人之非议。"凡欲证明某时代无某某历史观念,贵能指出其时代中有与此历史观念相反之证据。若因某书或今存某时代之书无某史之称述,遂断定某时代无此观念",此种方法谓之"默证"(Argument From Silence)默证之应用及其适用之限度,西方史家早有定论。吾观顾氏之论证法几尽用默证,而什九皆违反其适用之限度。……“《诗经》中有若干禹,但尧舜不曾一见。《尚书》中除了《尧典》、《皋陶谟》有若干禹,但尧舜也不曾一见。故尧舜禹的传说,禹先起,尧舜后起,是无疑义的”。此种推论,完全违反默证适用之限度。试问诗书(除《尧典》、《皋陶谟》)是否当时历史观念之总记录,是否当时记载唐虞事迹之有统系的历史?又试问其中有无涉及尧舜事迹之需要?此稍有常识之人不难决也。呜呼,假设不幸而唐以前之载籍荡然无存,吾侪依顾氏之方法,从《唐诗三百首》,《大唐创业起居注》,《唐文汇选》等书中推求唐以前之史实,则文景光武之事迹其非后人“层累地造成”者几希矣!(《古史辨》第二册二七一页)

然顾氏之求真态度及批评之精神实可钦佩。虽于近代神话学者所操之方术似未能充分应用,故所作之解释,所得之结论,难以折服人心,而吾国之古史实多可议,已为不可掩藏之事实。世界各民族之初期史多属神话与传奇;在当时人的心目中,皆信为事实,毫不怀疑。及至史的观念兴起,此种奇诞之故事遂被史家修改,融化,飘忽无定之传说乃变成适合人性之故事。故此种神话,传奇以及历史化了的故事,是真是假,不真不假,不可一味专真伪这点去推敲,须处处用人类学的神话解释法以董理之,然后乃可明其妙。又如传说的演变是由于“时”,由于“地”,但“人”更重要。顾氏对于“人”虽已注意,然未能充分的发挥。如论禹有“天神性”,只很空泛的去讨论“周代人”对于禹的观念,而没有仔细的去分析那“人”。我们知道一切传说由口述而传达下去,故其性质是继续不断的改变,直至写定。因为传述者的意识和信仰不同,所以其性质便会改变,以致常形成极端相反的差别性来。试引《左传》所记的一个传说为例:

> 晋侯有疾。郑伯使公孙侨如晋……问疾。叔向问焉,曰“寡君之疾病,卜人曰实沈台骀为祟,史莫之知,敢问此何神也”?子产曰:“昔高辛氏有二子,……季曰实沈,……迁……于大夏(即晋),主参,…… 由此观之,明实沈参神也。昔金天氏有裔子曰昧……生台骀,台骀能业其官,……封诸汾川,……由此观之,则台骀汾神

> 也。……若君身，则亦出入饮食哀乐之事也。山川星辰之神，又何为焉"！……叔向曰："美哉肸未之闻也"。……晋侯闻子产言，曰"博物君子也！"（昭公元年）

这个传说颇耐人思玩。从这段记载里可以看出传说的古史的真相。第一，卜巫传述的，是神话；第二，"史莫之知"，自然是表示不信"为崇"之说；第三，晋国的贵族学者叔向"未之闻"，但郑国的贵族学者子产则（似乎是将神话与古事化于一炉）说得有条有理，不愧为"博物君子"。禹的真相何尝不是如此？他是天神吗？是，巫书（例如《山海经》等）是这样的说。他是古代的圣王吗？是，作《春秋》的孔丘便是这样的看。他也是天神，也是圣王呢？不错，我们从那位不知名的"博物君子"所著的《洪范》里便可以闻我们所"未之闻"的。吾人须知在那远古时代，神话与传说即系古史，传布此最古历史乃卜巫的专业；他们传习全恃口诵。（直到春秋战国，有一部份始被人用文字写出。）但是，较后出的那些原始的史家已不满意卜巫们的解说，他们将神话"人化"，把那些神人都说做古代的帝皇，神人的世界都变成黄金之时代。（文字是史的专学，所以有一部历史化的故事竟被早些写入历史。）至于那些"博物君子"态度比较不甚谨严，于是混和二者，自成一种说法。上所引《左传》中之一席话，便是这个缘由。

* * * * * * * * * * * *

神话与传说之研究，自有其特殊之园地。惟此种研究颇有助于古史，至少能替研究古史者扫除种种障碍。至于重造真实之古史，乃考古学者之责任。（史家不必皆为考古学者，然必须借用考古学者所得之事实）。近一二十年，考古学者对于古史的考订亦颇努力。

从历史上看去，古器物的出土，盖无代而蔑有。隋唐以前，其出于郡国山川者，史书已有所记。然以识之者而记之者复不详，其略存者只美阳与仲山甫二鼎而已。至宋，始有专研究古器物的学者，如欧阳修等；而古器物的出土亦渐多。有清一代，古器物的研究日有进展，材料的搜集亦日广盛。但是,古器物的出土虽日多,研究者虽日众,然而对于古史上仍始终没有什么贡献,其故:(一)由于搜集古物,只藉依“偶然的发见”,和古物商的转授,以致对于出土地点及其“共存关系”大都不能彻底明晓;(二)加之研究又无方法,其所注意,只在赏玩古物,只在认识文字,不能更进一步藉以研究古史。近三四十年中,古器物的出土更盛,研究方法亦渐进步。此三十年中,除铜器外,最可注意者,为一八九九年(光绪二十五年)古商人所遗留的龟甲兽骨在河南安阳出土一事。考古学者罗振玉氏曾往检搜,考定其出土的地点。后来经过王静安先生的精密研究,其上所刻文字大半可识。王先生于乾嘉诸儒之学术方法无不通,又颇能了解西洋近世的科学的方术。(虽然他的思想还不能完全摆脱过去传统学说的支配)他利用新材料,新方法去研究古史;于是古史的研究遂别开生面,而获得一新途径。王先生之治古史,“能以旧史料释新史料,复以新史料释旧史料,辗转相生”,(《观堂集林》程序)故多新得,所著如《鬼方昆夷玁狁考》,如《殷周制度论》,其见解,其方法,其发明,实非从前的史家所能梦见。不过王先生治学之精神终为时代所限制,对于古史虽能别开生面,在实物上作种种新的研究,但在真事实中有时仍不免还杂有不足信之史迹。王先生在《古史新证》里曾说,“研究中国古史,为最纠纷问题。传说与史实混而不分。史实之中,固不免有所缘饰,与传说无异,而传说之中,亦往往有史实为之素地。……”又云,“吾辈生于今日,幸于纸上之材料,更得地下之新材料,由此种材料,我辈固得据以补正纸上之材料,亦得证明古书之某部分全为实录,即百家不雅驯之言,不无表示一面之事实”。“传说之中亦往往有史实为之素地”,这话我们是承认的。但我们寻出传说中的“史实”,我们要证明古书中有一部分实录,有“一面之事实”;必先在实物上作种种独立的,系统的研究,而且,我们只能用纸上的材料来补证地下的材料,因为纸上的记述多经后人的缘饰,不似地下的材料之真确可靠。

继王先生之后,根据此种“地下之新材料”以考订商周史者颇有人。他们虽以王先生之业绩为其出发见点,然颇能洞悉先生治学之弱点;他们能充分应用近代史学上之方法，且已完全挣脱传统的史观之拘束。

吾国之古物，虽屡有发现，然皆出于偶然。此种偶然发现的材料，靠不住甚多。吾人考古必须注重有意的“系统的发掘”。六七年来，中央研究院之考古工作，遂为吾人研究树立一新的基础；而李济之徐中舒等之新研究，又为古史之学开辟无数新方向。

自经近世考古学者之研究，商周二代之历史已是“诬者十七八”。至于那商周以前，更不用说了。近一二十年，吾人之史前时代的遗存又渐有所得。吾人又有可以根据的新材料，于是对于那一段没有文字记载的历史能作种种之推想。吾国旧日之考古学者所研究的古物范围是极狭的，他们只搜集，研究有文字的金石，对于史前之所遗是不知注意的。所以 Wells 在其《世界史纲》(The Outline of History，1920)中说：“中国考古学几无所闻于世，其地石器时代之情状更不可知”。近方去世之西亚与埃及的考古学者 J. de Morgan 在其名著史前人类(L'Humante Prehistorique，1924)亦谓“中国之史前文化，吾人尚绝未有所闻”，不过严格的说来，他们的话也不免失考。盖在彼等成书以前，吾人之史前文化实非绝无所知。十余年前，已有一二西洋学者对于中国所发现的史前的遗物曾做过若干工作。例如 Enrio H. Ciglioli 氏，曾作“中国的石器时代”一短文，文中称引中国古籍所载石器如矢镞等的粗制，并历举近数十年来零星采集之成绩。又如一八六〇年，John Andersson 在中国西南部作科学旅行。他沿 Irawaddy 河之上游，经 Bhamo 以入云南。在云南的 Momien 近处采得石斧石凿的一百五十件。其物多以石英，冻石，燧石，玉石，页岩，玄武岩，闪长岩及辉缘岩等为之。该处居民，常于耕种时得之。(a Report on the Expedition to western yun-nan via Bhmams，1871)不过当时的中西学者多不加注意。其后先史的遗物出土亦较多，但学者又多以为其物乃属于别民族所遗留。例如美国的最有名的“中国学”者洛佛博士，(Berthold Laufer)曾著《中国古玉考》，(Jade，A Study in Chinese Archaeology and Relegion，1912，Chicago)其附图中载有矢镞，玉斧及其柄孔的斧等，据云出于山东，但氏之结论则说中国虽偶有石器，然尚未见整个遗址，即有石器时代亦非中国人的石器时代。又如日本现代有名的考古学者鸟居龙藏氏，其《东蒙》及《南满》两书中，亦谓所见的石器乃属于别一人种，其时代或近于周汉之际。不过，此种先史的遗物，所得的并不很多，加之其出土的地层与地点大都不表明了，疑之是可以的，然谓之为属于别人种所遗留的，则未免过于武断了。

一九一九年，瑞典 J. G. Andersson 博士与北京地质调查所曾着手中国古文化的研究。至一九二〇年，氏便有第一次的报告公布。（Stone Implements of Neolithic Type in China.《中国医药报》解剖学增刊）其后，氏又亲自采集，所得新材料甚多，远胜旧日所闻。其发掘与研究所得已先后发表。氏在各遗址获得若干人类遗骸，经人类学者 Davidson Black 之研究，此种原形中华人即系吾人之先祖。此种原形中华人不知如何用金属器物——较晚的人虽略知用铜器，然亦不普遍。于是吾人之史前史——石铜时代及新石器时代之文化乃始显露。同时，又有法国学者 Teihard de Chardin 及 E. Licent 者，在鄂尔多斯一带发见旧石器时代的器物及作此种器物之原人。又有 Nelson 者，在戈壁沙漠中，发见同时代之遗物。于是吾人之史前史又多新页。复有奥人 Zdansky 博士在北平附近周口店发见北京人（Sinanthropus Pekinesis），后来裴文中又寻此种古人类所使用之器物。于是吾国的历史乃展长至距今数十万前之原石器时代。

李济之教授在其《小屯与仰韶》一文（《安阳发掘报告》第二期），曾比较殷商及新石器时代之遗物，虽“殷商文化之代表于小屯者或另有一来源”，然其间确有一种“像那远房的叔侄”之关系。徐中舒教授在其《再论小屯仰韶》一文（同报第三期），则疑仰韶文化与夏盖有关系。此种研究现虽未完成，然吾人之前史与有史之初的关系已获得若干连络。

总之，吾国之古史自经最近中外考古学者与人类学者之努力探索，已得到许多新材料，新说明。虽然比起欧洲人古史的研究来还幼稚得很；虽然还有些重要的研究如金文与甲骨文字之阐释尚未完成，史前文化之真面尚未全识；但吾人已能离开旧日所传留古史系统，独立的叙述在此新线索下组织成之新故事了。

* * * * * * * * * * * *

自改造中国古史的运动发生,它所根据的,所用以支持及以用自卫的种种史实与理论,根本上已受了严重的致命伤,再也站不住了。旧日所传的半神话的,半传说的古史,将要从动摇的形态而趋于全盘破坏了,要想维持住,存在住,已经不可能,因为那新的材料一天会比一天的增多,旧的古史实在掩不住我们的新视线了。

王守仁的哲学

王守仁，字伯安，浙江余姚人，学者称为阳明先生。生明宪宗成化七年(1472)，卒世宗嘉靖七年(1528)。高祖与准，精礼易，著易微数千言。祖天叙，性洒落，著有竹轩稿江湖杂稿行世。父华，成化辛丑进士及第第一人，仕至南京吏部尚书。阳明是生于这样的一个诗礼缙绅的家庭里；他的幼年生活是很优舒的。

阳明为人，豪迈不羁。早年任侠，习骑射，好兵法。相传他十五岁寓京师，出游居庸，即慨然有经略四方之志，出塞逐胡儿骑射，经月始返。但他的趣好是多方面的，他那爱慕古豪杰的热情，终掩不住欲做圣贤的野心。相传他自幼年读书，尝问塾师："何为第一等事"？塾师说，"惟读书登第耳。"他不以为然，说："登第恐未为第一等事，或读书学圣贤耳"。年十八，至广信谒娄一斋，得闻宋儒格物之学。他觉得圣人必可学而至，深契其说。二十一岁在京师，一日思先儒谓众物必有表里精粗，一草一木皆涵至理；官署中多竹，即取竹格之，沉思其理，七日不得，因此病了。他想圣贤有分，免强不得，心便灰了。圣贤既不易做，遂一变而讲究举业辞章之学。

阳明二十七岁时，自念辞章艺能，不足以通至道。乃悔从前穷理过急，故无所得，因循序以求，然物理吾心，终若判而为二，内心烦闷极了。

沉郁既久，旧疾复作。偶闻道士谈养生之道，忆及十年前的一件旧事来。他就婚江西，合卺之日，偶闲行入铁柱宫，遇道士趺坐一榻，好奇心起，便叩问养生之说，遂相与对坐，竟至忘归，直到次晨，才被人寻还。这时他遂起遗世入山之意了。后在仕途混了几年，更觉无聊极了，遂告病归越，筑室阳明洞中，行导引术。但那静久的心境终制不住入世的热情，不久他又复思用世。三十三岁，他再走入仕途。此时他渐渐不信老释之言，甚至说他们害道；他欲做圣贤的热情又在内心腾沸着了。

阳明三十四岁，与湛甘泉定交，授徒讲学，共以倡明圣学为事。他说当时学者溺于词章记诵，不复知有身心之说。他教人先要立必为圣人之志。他的言谈和当时的风气相左，咸以为立异好名。是时武宗初政，刘瑾专权，国事日非。戴铣等以谏忤旨，逮系诏狱。他不忍见直士遇屈，奋起当年豪杰的心情，仗义抗疏相救。遂触瑾怒，矫诏廷杖四十，死而复苏。寻远谪贵州龙场驿。他赴谪至钱塘，途中险为仇人刺杀。他本想远遁，但恐连累亲属，故依旧冒险而前赴谪地。在途中，他曾题诗壁间，说："险夷原不滞胸中，何异浮云过太空？夜静海涛三万里，月明飞锡下天风。"可见他在那极困厄的时候，心境还是安静，态度仍然倔强的。

第二年的春间，阳明到了龙场驿。龙场在贵州西北万山丛棘中，蛇虺魍魉，虫毒瘴疠。夷人鴃舌难语，可通语者，又皆中土亡命也。旧无居室，范土架木以居。是时瑾憾未已，处境依然险恶。他自计一切得失荣辱，皆能超脱，只有生死一念，尚觉未化。他想如何能不怕死？乃作一石墩，自誓"俟命"，日夜端居澄默，以求静一，久之，渐觉胸中洒洒，怕死的心思逐渐化了。他生活上得到了这样惨苦的经验；他精神上受到了这样深刻的激刺。他常自己问自己：设圣人处此，更有何道？忽中夜大悟，寤寐中像有人告诉他似的，呼跃而起，从者皆惊。自云始知圣人之道，吾性自足，不假外求。从前求理于事物之中，确是错误。

阳明"居夷处闲，动心忍性之余，恍若有悟；体验探求，再更寒暑，证诸五经四子，沛然若决江河而放诸海"（朱子晚年定命论序）。他悟得格物致知的新解以后，复主知行合一之说，注重实践。常教学者静坐，使自悟性体；以为非如此不能廓清心体，使纤毫不留而真性始见。五十岁时，始以致良知之说训学者。

阳明的创见虽从体验上得来，然亦不能说毫无所本。他的心论可以上溯到陆象山；万物一体论更是宋儒的烂调。至若知行合一之旨，朱熹也有类似的说法。不过这些，他比前人都说得更透彻。而且他能溶化各说于自己特制的炉中，成了一片，毫无痕迹。他的哲学有肯定的前提，整齐的序次，精密的结构；体系分明，前后一贯。在近世哲学史，他确是一位特出的非常人物。

阳明的哲学是一种绝对唯心论，一元的色彩最浓厚。他的哲学是从“心”出发，轻快洒脱，极其简易。传习录记。

> 先生曰：“你看这个天地中间，什么是天地的心？”对曰：“尝闻人是天地的心”。曰：“人又甚么教做心？”对曰：“只是一个灵明。”“可知充天塞地，中间只有这个灵明。……我的灵明便是天地鬼神的主宰。……天地鬼神万物，离却我的灵明便没有天地鬼神万物了。……”又问：“天地鬼神万物，千古见在，何没了我的灵明，便俱无了？”曰：“今看死的人，他这些精灵游散了，他的天地万物尚在何处？”

心“只是一个灵明”。传习录又记他说：

> 心不是一块血肉，凡知觉处便是心，如耳目之知视听，手足之知痛痒，此知觉便是心也。

可见“灵明”便是“知觉”。依阳明的说法，物只是心的反映。物的存在是起于人的感官的觉察；没有觉察——便是这个心，万物便不存在了。所以他用“心外无物”做思索的前提。他说：

> 心外无物。如吾心发一念孝亲，这孝亲便是物。
>
> 先生游南镇，一友指崖中花树问曰：“天下无心外之物，如此花树，在深山中，自开自落，于我心亦何相关？”先生云：“你未看此花

时，此花与汝心同归于寂。你来看此花时，则此花颜色，一时明白起来，便是你的花不在心外。”

心与物是合一的；“天下无心之物”。不但心与物，身与心也是合一的。他说：

心者，身之主宰。目虽视，而所以视者，心也；耳虽听，而所以听者，心也；口与四肢虽言动，而所以言动者，心也。何谓身？心之形体运用之谓也。何谓心？身之灵明主宰之谓也。

没有心，便没有身的存在。身即是心，天下没有心外之身。物，身，心，合而为一，则宇宙无一物不是心的作用了。象山谓“心即理”。阳明于此，发挥得更透。他说：

心即性；性即理。下一与字，恐未免为二。

心之体，性也；性即理也。故有孝亲之心，即有孝之理；无孝亲之心，即无孝之理矣。有忠君之心，即有忠之理；无忠君之心，即无忠之理矣。理岂外于吾心耶？晦庵谓人之所以谓学者，心与理而已。心虽主乎一身，而实管乎天下之理。理虽散在万事，而实不外乎人之一心。是其一分一合之闻，而未免已启学者心理为二之弊。

又问心即理之说，“程子云：‘在物为理，’如何谓心即理？”先生曰：“在物为理，在字上当添一心字。此心在物则为理。”

朱熹只说性即理，不说心即理。阳明承认性即心；“此心在物则为理”故无心则无理。心与理是合一的，天下无心外的事物，故无心外的理。他说：

虚灵不昧，众理具而万事出。心外无理，心外无事。

心即理也。天下又有心外之事，心外之理乎？

夫物理不外于吾心；外吾心而求物理，无物理矣。遗物理而求吾心，吾心又何物耶？

析心与理而为二，而精一之学亡。世儒之支离，外索形名器数之末，以求明其所谓物理者，而不知吾心即物理，初无假于外也。

“物理不外于吾心”，故穷理不是“即物而穷其理”，乃是穷吾心之理。

朱熹分理气为二，阳明则破除理气之分，说：

“生之谓性”生字，即是气字，犹言气即是性也。气即是性，人生而静以上不容说，才说气即是性，即已落在一边，不是性之本原矣。孟子性善是从本原上说。然性善之端，须在气上始见得。若无气，则无可见矣。恻隐，羞恶，辞让，是非即是气。程子谓“论性不论气不备；论气不论性不明。”亦为学者各认一边，只得如此说。若见得自性明白时，气即是性，性即是气，原无性气之分也。

在“气”中见得“性美之端”，可知理与气是合一的，不是两件。这一点是理学家和心学家的最不同之处。理学家说理是“形而上之道”，“生物之本”；气是“形而下之器”，“生物之具”。理在先而气在后。这是一种二元论。心学家则说“气即是理”。“精一之精以理言，精神之精以气言。理者气之条理，气者理之运用。无条理则不能运用，无运用则亦无以见其所谓条者矣”（传习录）。正如身与心一样，像是可分，其实是不可分的。

阳明以为心与意亦不可分，他说：

以其凝聚之主宰而言，则谓之心；以其主宰之发动而言，则谓之意。

心之所发便是意，……意之所在便是物，如意在于事亲，即事亲便是一物。……意在于仁民爱物，即是仁民爱物便是一物，意在于视听言动，即视听言动便是一物。

意即是心，即是“心之所发动”。至于“其发动之明觉”处，“则谓之知”（大学问）。

依阳明哲学的体系，身，心，意，知，物，只是一物。他说：

盖身，心，意，知，物者，……虽各有其所，而其实只是一物。（大学问）

因此在修养上他说格，致，诚，正，修，也是一事，他说：

格，致，诚，正，修者，是其条理所用的工夫，虽亦皆有其名而其实只是一事。

他曾总括来说：

夫正心诚意，致知格物，皆所以修身，而格物者，……格其心之物也，格其意之物，格其知之物也。正心者，正其物之心也。诚意者，诚其物之意也。致知者，致其物之知也。此岂有内外彼此之分哉？理一而已。以其理之凝聚而已，则谓之性；以其凝聚之主宰者而言，则谓之心；以其主宰之发动而言，则谓之意；以其发动之明觉而言，则谓之知；诚者，诚此也；致者，致此也；格者故就物而言谓之格；就知而言谓之致；就是而言谓之诚；就心而言谓之正。正者，正此也；诚者，诚此也；致者，致此也；格者，格此也；皆所谓穷理以尽性也。（大学问）

这一段话，精密融化，颇可自圆其说。

阳明自谓良知之旨，是从困厄中得来。他说：

某于此良知之说，从百死千难中得来。非是容易见得到此。

良知是什么？传习录记：

良知者，心之本体，即前谓恒照者。

大学中“致知”的“知”便是良知：

知是心之本体，心自然会知。见父自然知孝，见兄自然知弟，见孺子入井自然知恻隐。此便是良知，不假外求。

良知是“心之本体”。心即是理，故“良知即是天理”。他说：

心之本体即天理也；天理之照明灵觉，所谓良知也。

良知是天理之照明灵觉处；故良知即是天理。

良知只是一个天理自然明觉发见处，只是一个真诚恻怛，便是他的本体。

良知是先天的存在，是“完完全全”，“亘万古，塞宇宙，而无不同”的。

宇宙无一物不是心的作用，换句话说，宇宙万物只有一心。由此，阳明主张“天地万物为一体”。他说：

夫人者天地之心，天地万物本吾一体者也。

你只在感应之几上看，岂但禽兽草木，虽天地也与我同体的。

所以良知不只是人人同有，万物也同具的。他说：

自己良知，原与圣人一般。

良知之在人心，无间圣愚，天下古今之所同也。

又说：

人的良知，就是草木瓦石的良知。若草木瓦石无人的良知，不可以为草木瓦石矣。岂惟草木瓦石为然，天地无人的良知，亦不可谓天地矣。盖天地与人原是一体，其发窍之最精处，是人心一点灵明。

依阳明的看法，良知即是“心之本性”，则在事实上与逻辑上，天地万物与人必同具此良知。此良知为一“廓然大公，寂然而不动之本体，人人之所同具者”。此良知自能分辨善恶是非，他说：

知善知恶的，是良知。

是非之心，不虑而知，不觉而能，所谓良知也。

此良知是先天的，本然的，故“不虑而知”，“不觉而能”。至于物，那“发窍之最精处”，正如“人心一点灵明”，即是那物的先天的，本然的良知。阳明最重良知，因为良知即是天理。有时，又称天理为道心，因为是“人心得其正者”。此称为天理，或称为道心，或称为良知的，是人心中的一个“准则”。他说：

这良知还是你的明师。

尔那一点良知,是尔自己的准则。尔意念着处,是便知是,非便知非,更瞒他一些不得。尔只不要欺他,实实落落依着他做去,善便有,恶便去。

何以能如此呢?因为:

吾良知之体,本自聪明睿知,本自宽裕温柔,本自发强刚毅,本自斋庄中正,文理密察,本自溥博渊泉而时出之,本无富贵之可慕,本无贫贱之可忧,本无得丧之可欣戚,爱憎之可取舍。

所以阳明以为:

良知之体,皦如明镜,略无纤翳。妍媸之来,随物见形,而明镜曾无留染,所谓情顺万事而无情者也。

这是佛氏之言,阳明不否认。不过他以为这是要"实落落依着他做去";而佛氏,则"怎么用智"(程明道语),想"不着相,其实着了相"(传习录)这便是他和佛氏不同之处。

良知虽人人同具,然有不能自全者。因人性虽善,但常为欲所蔽掩,不能扩充到至善之境。欲是恶,然而善恶实是一物。善是性;但恶也是性,欲也是性。这是和朱熹不同之处。传习录记

问:"先生尝谓善恶只是一物;善恶两端,如冰炭相反,如何谓只一物?"先生曰:"至善者心之本体;本体上才过当些子,便是恶了;不是有个善,却又有个恶来相对也。故善恶只是一物。"直因闻先生之说,而知程子所谓"善固性也,恶亦不可不谓之性。"又曰:"故善恶皆天理;谓之恶者非本恶,但于本性上过与不及之间耳"。其说皆无可疑。

"善恶皆天理";恶只是"过当些子"。于"本体上""过当些子",便为欲;故欲亦是人性上合有的。传习录又记

问:"知譬日,欲譬云,云虽能蔽日,亦是天之气合有的;欲亦莫

非人心合有否?”先生曰:“喜怒哀惧爱恶欲,谓之七情,七者俱是人心合有的,但要认得良知明白。比如日光,亦不可指著方所;一隙通明,皆是日光所在。虽云雾四塞,大虚中色象可辨,亦是日光不灭处。不可以云能蔽日、教天下不要生云。七情顺其自然之流行,皆是良知之用,不可分别善恶,但不可有所著。七情有著,俱谓之欲,俱为良知之蔽。然才有著时,良知亦自会觉。觉即蔽去,复其体矣。”(传习录下,全书卷三页三十二)

“过当些子”就“有所著”比如“忿懥……,人心怎能无得?只是……著了一分意思,便怒得过当”(传习录)了。“七情有著,俱谓之欲,俱为良知之蔽”。故阳明不教人“无欲”,只教人要去“过当”的欲,以“存天理”;只教人要去“良知之蔽”,而复其全体。

“致良知”的“致”,便含这种工夫。他说:

若良知之发,更无私意障碍,即所谓充其恻隐之心而仁不可胜用矣。然在常人不能无私意障碍,所以须用致知格物之功,即心之良知更无障碍得以充塞流行。

“致”是要致此心不为欲蔽,“要此心纯是天理”(传习录)。

阳明以为“致和”与“格物”,只是一事。他曾说:“格物者,格其心之物也;……致知者,致其物之知也”。物与知是一事,故格与致也是一事。他批评朱子道:

朱子所谓格物云者,在即物而穷其理也。即物穷理,是就事事物物上求其所谓定理者也。是以吾心而求理于事事物物之中,析心与理而为二矣。(传习录)

“析心与理而为二”,故不能不承认致知与格物是两事。他自己是:

所谓致知格物者,致吾心之良知于事事物物也。吾心之良知,即所谓天理也。致吾心良知之天理于事事物物,则事事物物皆得其理矣。致吾心之良知者,致知也。事事物物皆得其理者,格物也,是合心与理而为一者也。

“合心与理而为一”,则二者自是一事了。外界的物即是心内的事;物的理即是心的知。心的本体已明澈,则事物的理自得。故致知即是格物。良知如明镜,“妍者妍,媸者媸,一照而皆真”。所以我们不须外求,“若时时刻刻自上心集义,则良知之体,洞然明白,自然是是非非,纤毫莫遁。”(传习录)

良知便是知,致便是行。良知必须“致”而后完全,故阳明又倡知行合一之说。传习录记:

徐爱问知行合一。先生曰:“试举看”。爱曰:“如今人尽有知得父当孝,兄当弟者,却不能孝,不能弟,便是知与行分明是两件。”先生曰:“此已被私欲隔断,不是知行的本体了。未有知而不行者;知而不行只是未知。圣贤人知行,正是要复那本体,不是着你只恁的便罢。……某尝说:知是行的主意;行是知的工夫。知是行之始;行是知之成。若会得时,只说一个知,已自有行在;只说一个行,已自有知在。”

“知是行之始;行是知之成”。“只说一个知,已自有行在;只说一个行,已自有知在”。这种说法,和朱子的“知先于行”之意不同。所以他又以为:

知之真切笃实处即是行;行之明觉精察处即是知。知行工夫本不可离,只为后世学者分作两截用工夫,失却知行本体。……真知即所以为行,不行不足谓之知。

知之所以不能到“真切笃实处”,便是为“私欲隔断”;行之所以不能到“明觉精察处”,也便是为“私欲隔断”。如人知当孝父母,顺此“良知之发”,则必“服劳奉养,躬行孝道”,是到了“真切笃实处”,此时若为“私欲隔断”,转念间而心疏息了,则等于未知。因为只有孝道一念,便为“私欲隔断”,没有“躬行孝道”,则不能体验这孝的实际,不能“明觉精察”这孝的全景，那不是真知。所以“知行不可分作两事”，“只一个功夫”。

知行合一之说是一种实践哲学。依此说法，则知行必同时并进，真知则必行，不行终非真知。将理念与实践打成一片，这是阳明的最大贡献。

大学有一贯的思想，最为宋明学者所注意。阳明晚年（死的前一年）将自己的哲学系统的概括的写了出来，作大学问（此书所言为阳明之最后的见解，故其徒称之为“师门之教典”）。有一番圆融精到的解说。

亲民堂记说南元善问政于阳明；阳明说：“政在亲民”。

> 又问曰：“亲民何以乎”？曰：“明明德何以乎”？曰：“在亲民”。曰：“明德亲民一乎”？曰：“一也。明德者，天命之性灵昭不昧而万理之所从出也。人之于其父也，而莫不知孝焉；于其兄也，而莫不知弟焉；于凡事物之感，莫不有自然之明焉。……其或蔽焉，物欲也。明之者，去其物欲之蔽以全其本体之明焉耳。……德不可以徒明也，一人之欲明其孝之德也，则必亲于其父而后孝之德明矣。欲明其弟之德也，则必亲于其兄而后弟之德明矣。君臣也，夫妇也，朋友也，皆然也。故明明德必在于亲民，而亲民乃所以明其明德也。故曰‘一也’。”（全书卷七页三八）

“亲民”即“明明德”；“明明德”即“亲民”。明德亲民是一件事。明德便是知；亲民便是行。必须“亲民”，然后才“明明德”。这是修身。南元善又问这和为政有什么相干？他说：

> 人者，天地之心也；民者，对己之称也。曰“民”焉，则三才之道举矣。是故亲吾之父以及人之父，而天下之父子莫不亲矣。亲吾之兄以及人之兄，而天下之兄弟莫不亲矣。君臣也，朋友，推而至于鸟兽草木也，而皆有亲之，无非求尽吾心焉，以自明其明德也，是之谓明明德于天下，是之谓家齐国治而天下平。（全书卷七）

从“亲吾”“以及人”的，而使天下的“莫不亲”。换句话说，只要治人

者亲其所亲,则治于人者便皆亲其所亲。这如何能够发生这样的功效呢?关于这一点,亲民堂记里虽提及,然说得不透。大学问解道:

> 大人者,以天地万物为一体者也。其视天下犹一家,中国犹一人焉。若夫间形骸而分尔我者,小人矣。大人之能以天地万物为一体也,非意之也,其心之仁本若是其与天地万物而为一也。岂惟大人,虽小人之心,亦莫不然。……是故苟无私欲之蔽,则虽小人之心而其一体之仁,犹大人也。……明明德者,立其天地万物一体之体也;亲民者,达其天地万物一体之用也。……是故亲吾矣。亲吾之兄以及人之兄,以及天下之兄,而后吾之仁实与吾之兄,人之兄,与天下人之兄为一体矣。实与之为一体,而后弟之明德始明矣。君臣也,夫妇也,朋友也,以至于山川神鬼鸟兽草木也,莫不实有以亲之,以达吾一体之仁,然后吾之明德始无不明,而真能以天地万物为一体矣。夫是之谓明明德于天下,是之谓家齐国治而天下平。

良知即是"明德之本体",即是仁,阳明的政治哲学是从"天地万物本吾一体"出发。他以为"万物与吾一体",只要人人"去其私欲之蔽",而"复其一体之本然","一体之仁",则大人(治人者)与小人(治于人者)"真能为一体"。良知既复,上下一心,自然的家齐,国治,而天下平了。

仁者"以天地万物为一体","视天下犹一家,中国犹一人焉"。而事实上则人物之间,不能无私,岂不矛盾?传习录记

> 问:"大人与物同体,如何大学又说个厚薄?"先生曰:"惟是道理自有厚薄。比如身是一体,把手足捍头目,岂是偏要薄手足?其道理合如此。禽兽与草木同是爱的,把草木去养禽兽又忍得。人与禽兽同是爱的,宰禽兽以养亲与供祭祀,燕宾客,心又忍得。至亲与路人同是爱的,如箪食豆羹,得则生不得则死,不能两全,宁救至亲不救路人,心又忍得。这是道理合该如此。及至吾身与至亲,更不得分别彼此厚薄;盖以仁民爱物皆从此出,此处可忍,更无所不忍矣。大学所谓厚薄,是良知上自然的条理,不可逾越;此便谓之义。顺这

个条理便谓之礼。知此条理便谓之智。始终是这条理便谓之信”。

厚薄不是私,乃是“良知上自然的条理”,免强不得;我们只能“实实落落依着他做去”。古代儒家承认爱有差等;而墨家则主张兼爱。因为儒家是从伦理出发,去解释爱;墨家是从宗教出发去解释它。所以根本不同。阳明的说法,自是儒家的旧调,不过他给了它一个新的根据。阳明以此批评墨家,传习录记

> 问:“程子云:‘仁者以天地万物为一体,’何墨氏兼爱反不得谓之仁?”先生曰:“此亦甚难言,须是诸君自体认出来始得。仁是造化生生不息之理,虽弥漫周遍,无处不是,然其流行发生,亦只有个渐,所以生生不息。……譬之木,其始抽芽,便是木之生意发端处。……父子兄弟之爱,便是人心生意发端处,如木之抽芽,自此而仁民,而爱物,便是发干,生枝生叶。墨氏兼爱无差等,将自家父子兄弟与途人一般看,便自没了发端处。不抽芽便知他无根,便不是生生不息,安得谓之仁?”

墨家所说兼爱,即是交利,这自然是仁。不过从一位反对“兼”的儒家眼中看来,仁不是那样的解。仁是“造化之理”,是爱的进程。爱是发端于父子兄弟,故有差等。若说“兼”,“便自没了发端处”,是“无根”的东西,仁更说不上了。

一方面说“天地万物为一体”,一方面说爱有差等——这是一个大矛盾。这矛盾,在阳明的哲学体系中,成为对立的统一现象,所以我们觉得他还能自圆其说的。

原始人类的生活与环境

史的地质学(Historical Geology)和史的生物学(Historical Biology)乃人类历史的前导,这是近世史家所公同承认的。在今日,要叙述世界的历史,必须从时间的地史讲起,要叙述一国的历史,也必先从一国的地史讲起。

地史叙述自地壳生成以后地层的种种变化:海陆的变动,气候的更迭,以及生物的演化之情态。我们脚踏着的地球是由一层一层的地质构成的;各个地层都有各种生物的遗迹:好像一本书。一个地层就是一页书;那岩石,那夹杂里面的生物遗迹就是书中的文字画。地球的层次是顺依着时代而堆叠,越是接近地面的地层,它们的时代愈新,愈近;反之则愈久,愈古。各地层的生物化石,其形状种种不一:时代越古的越简单;越近的越复杂。

地壳生成以前的地球形状,现不必推测。据我们所知,自从地壳生成以来,年代盖已久远;现所见的各洲,有时陷没而成为大海,有时隆露于水面,其变迁盖甚烈著。即以中国地盘的来历而论,其间经过亦极复杂。

据地质学者的研究,此地球的历史,(从最古代的地形至最近代的,尚有遗留而经地质学者寻得的时代为限),可分做四大界(Era),每界又可分为若干纪(Period),而每纪中又各就其特殊情形分为若干层系。中国地质与外国虽多差异。然其基本的结构亦大略相似。

地球最古的岩层是太古界。这层岩石的构成,距今已约有七千万年。泰山系即属这时期。其分布地点之可知者,东北则纵横于辽宁河北山东山西河南内蒙古等处,南方则绵延于福建江西及四川西北及广东沿海一带。继为元古界,距今至少约二千三百万年以上。(太古元古两界不易分别,学者或有将两界合为一个时代者。)今五台山及南口诸山两系则均属于元古界的岩层。五台山系以山西五台山附近发育最盛,南口系(今又名震旦系)则露见于热河河北山西河南等区,至山东则层厚略减。此后即为古生界,距今至少约在一千万年以上。此期又分为下中上三部,古生界的下部包括寒武纪及奥陶纪。其岩层的分布,纵横于河北山东山西河南诸省。东南部一带研究不详,而南京附近,鄂陕蜀三省交界之间,自湖北宜昌至湖南贵州间均偶见此岩层。云南东部亦或见之。此外如蒙古辽东及山东东部浙赣闽粤沿海一带,均未见有相当地层。古生界的中部包括志留纪及泥盆纪。此期岩层的分布,以东北部一带为最著。陕甘蜀一带亦有完备的岩层。又云南贵州广西以迄湖南西部一带,分布亦甚广。惟中部黄河长江两岸,关于此种地层的踪迹,尚未多见。上部古生界包括石炭纪及二叠纪。其岩层分布,纵线东北诸省,及秦岭以南长江一带;云南一带分布亦颇广,继为中生界距今至少约在五百万年以前。此期包括三叠纪侏罗纪及白垩纪。前两纪岩层的分布,北方及南方均极广。云南四川一带亦多踪迹。惟白垩纪地层,中国各地尚少发明其遗迹。

最后为新界,距今至少约在三百万年以上。此期包括第三纪及第四纪。中国现今的地形即始略于此时期。从地质的情状看去。此时期的层积亦颇复杂。第三纪分为四统,最古为始新统,垣曲(山西)系地层属之;次为渐新统,抚顺(辽宁)系属之。次为中新统及上新统过渡层,三趾马层属之。后为上新统,周口店洞穴层属之。第四纪分为两统:一为洪积统,又名黄土层,其时黄土分布于中国北部,南方如湘鄂闽浙等省亦见其痕迹。一为冲积统,即现今的地层是。

据葛拉普氏(A. W. Grabau)说,地史中最古的岩石,都可在中国的境内看得见。并且,构成亚洲地壳的基础岩层,也都在中国发见。足证中国地壳造成的古远。大概在太古界的时候,中国地盘已成为亚洲地形的主要部分。自太古界至古生界的第一纪期间,从岩石(都为沙泥的变形)方面看去,当时海陆已分布,然其形态则颇难言。大概那时中国境内,自西藏南部东北向,贯中国中部南部甚至蒙古(远及西伯利亚)为一大海,惟东北及西北一部分为陆地。今泰山五台山及南口各山,以其岩石的性质言之,实为太古时代的高原,然又会发见三叶虫化石(古代浅海中的最初生物)及泥沙变质岩石,(变质浅而范围少)似其地在太古时也曾经沦为浅海或大湖。那时亚洲的地形,西部与欧洲东北部相接,东部与日本菲利宾相接,东北与北美洲西北部相接。

太古界的气候如何,现已难言,此层岩石大都多变质,成为结晶片岩片磨岩等。生物遗迹绝未发现。故学者又名此岩层为无生代岩层。至元古界始确有生物生活其间。震旦系内已发现藻类的遗痕,好像泥里的虫迹,其形极简单。其时又似乎还有一种微小的动物,因为在同系的化石中曾发现一种肾形岩石,据学者的研究,此岩石须受有机的微生物作用方能产生的。至于泰山附近所见的三叶虫化石,当系寒武纪物。此种三叶虫是一种节枝动物,其形如舟虫,由头腹尾三部构成,足数极多。他们生活于浅海中;其时陆地盖尚无生物,此种生物,在寒武纪发育最盛,各处地层中均见之。故学者谓当下古生界之初,横行于地球之上者只此种在水中游泳爬行之生物而已。

中国境内的地层,不但曾经"沧海桑田",且多冰河遗迹。今宜昌南沱村曾发现冰碛石,实为冰河遗迹。而湖南贵州间亦发现同样地层,地质学者设想其地当元古界末寒武纪初盖为一冰河。此冰河实为世界最古的冰川,其时代盖在三叶虫横行地球的浅海中之时以前。

自古生界的第二纪起至其末,中国境内地形又忽变。元来在寒武纪奥陶纪时，当时中国各处海水渐进渐深而海面越广。到了后来，（第三纪及第四纪内）此大海北流直入今北冰洋，那时欧亚两洲便中分为二。后来，此大海复贯连欧洲西部；又进穿中国东部，而北部。中部及南部均为海水淹没，与中国比邻的朝鲜及日本亦同时没为大海。那时，只有自西藏东北向至河北山东间还各有高峰相联贯，好似大海中无数横列的岛屿。而中国境外，今南洋群岛以南，西伯利亚以北实为陆地。到了古代界的末期，今西藏南部的喜马拉雅山于时崛起，因此横贯中国境内的大海乃逐渐的退移，陆地遂逐渐的现露，今新疆甘肃以及蒙古一带沙漠即形成于此时。后来，大海忽东向，贯穿东部，从今南京一带入大洋。那时，中南部复没于水，只东北一部，黄河沿岸一带及新疆西藏间仍有无数高原，星星相连，现于海面。

此时生物，发育纪甚盛。当寒武纪时，已为三叶虫横行的时代，前已言之。至奥陶纪以后，三叶虫的种类已天天加增，已发育至全盛时期，此时，又有各种贝介类名腕足类的，他们多把腕当足，形似有根动物。生活于浅海中，好似藻类的飘漾于水中一样。其体大小不等。大的，其介壳约十八英尺。足证当时生物之发育。其后，此种软体动物遂逐渐的把三叶虫的势力夺来，执掌了海洋生物的牛耳。最古的鱼类已于此时出现，后亦成为时代中顶有势力的动物。

在石炭纪和二叠纪的时候，各地都变成了浅海或陆地，气候狠卑湿，植物狠茂盛。并且，那时候的地壳又忽然起变动，有极厚的火山熔岩喷出，分布于云南的东北一带；南北各地亦有涌起成山之势。火山的喷发也颇盛，成为当时地面特有的大观。

到了中生界的时候，大海忽然向西退下，中国的全部遂逐渐出露于水面。侏罗纪以后，全国陆地逐渐巩固，所有的内海与浅海也同时蒸发干涸。自后虽仍然屡见地动，但狠少有没浸而为海的。到了新生界的初期，地形削平而入于老期。那时，亚洲东南部遂与南洋群岛及澳洲连成一片。其西南，亚欧两洲及印度北部与西藏南部复相联合，因为群山涌起，海水渐流回大洋，其东北，仍与朝鲜，日本，菲利宾相接。

古生界末时，至中生界初，在地史中看去，实一非常的时期，不但地形，便如气候亦有极大改变。当时生物的生活情形亦随之而改变，几乎有把从前生物全部消灭的样子。只有一小部分较能适合新环境的生物能生存而开始向新方向发育进化。其时受害最烈的，是生活在浅海中的动物，因为那时内海成了陆地，近海成了大洋，动物或失水而死，或不惯于深水的生活而死了。中生界的生物乃是最能适应那时环境以生存的新的生物。

当石炭纪及二叠纪时两栖类及爬虫类动物已出现，然最幼稚。到了三叠纪以后，两栖类动物发育颇盛，然终不及爬行动物发展之绝伦。所以此时期实为爬行动物纵横大陆的时代，那时气候温度比现在高得多。植物异常茂盛，从今日之煤田可以见之，那时的植物在今日惟有热带方能生活。低地有松柏及羊齿等矮小的长青植物。那时昆虫之类亦甚多，不似古生界期中，地面之上静寂异常，无悦耳之虫声点缀其间。又如海中鱼类，生殖亦甚发展。

此时，爬虫动物的形态最为奇特。形体伟大，种类复杂，其强猛有如新生界时代的哺乳类。有鱼，有鳖，有鳄鱼，有蜥蜴。最可注意者，则为巨大绝伦的龙类。此种龙类动物，奇形怪状，非言语所能形容。此龙类动物实为此时代所特见的动物，三叠纪以前绝未有见，白垩纪以后则已完全灭亡。其中最大者为恐龙，其庞大与海中所见最大的鲸鱼相伯仲，且有数种为食草兽，好吃羊齿等植物的嫩叶。亦有身轻善跳，能猱爬树上者，最先的鸟亦于此时出现，然不似今鸟，实亦爬行动物之一种，

到了末期，大概因气候的巨变，此种巨大的爬行动物便随之而灭亡。所遗存者只蜥蜴属的小者及鳄鱼与鳖而已。

中国现今的地势大概形成于新生界。在新生界前期，中国境内地形，就本体言之，已与今日所见者相似。那时中国的东南两部已逐渐的为大洋侵隔，于是亚洲南部遂与澳洲北部分离；此大洋，北向，冲断亚洲

东北与美洲西北的联接，于是今之伯令海峡成。此后虽略有变迁，但地形的大体并无甚变改。

这时候的气候时常变换。即以今日中国本部言之，气候可谓温和。然稽查地下岩石的记载，自新生界初期以来，其间实有时天气炎热，有时天气严寒，有时天气干燥，风力猛疾。而生活于其时的生物，受此气候变更的支配，期间实曾经几次生存的奋斗，才能有一部份还能生存于现世吓。那时候，此一片大陆已不像从前一样，只是一片岩石之地；那时候草渐繁盛，遍地皆成草原。那时候此一大片草原，杂各种古生植物如薇，红木，刻松，白杨，赤杨，杉，柏，山毛榉，桦等，满布甚夥。

哺乳类动物即在草原与森林中逐渐出现。哺乳类实为爬虫之一种。其与爬虫类的区别；一为“毛”，毛为哺乳类特有的保护物；一为胎生，且知哺乳；更有一种特性，能积蓄经验，传授子孙，所以学者称之为“家庭的动物”（此种特性实为使生物生活史开一新纪元的要素，然至今人类才知其重要）。此种富有传续经验的能力的哺乳类动物，自新生界初期以来，藉其本能，遂代爬虫类动物而起，占有大陆。今山洞中（例如四川所见者）往往见其遗留的骨骼，盖已过渡穴居生活。

在始新纪的时候，哺乳类动物已经出现，且有非常的进展。近人在此岩层已发现猴属，偶蹄类属，啮齿类属的化石。那些中生代的巨大的爬行动物在此时期虽逐渐灭亡，然龟，鳄鱼及蜥蜴仍相继生存，此外软体动物如腹足类亦可见。然其生活样式均与现在不同，那时淡水湖河为彼等所占领。那时的气候最暖。

到了渐新纪以后，气候渐温，植物发育最为茂盛。到了中新纪及上新纪过渡时，气候则颇干旱。那时哺乳动物发达已至极点。奇蹄类有三趾马，全角犀，无角犀，巨角犀及中新马。偶蹄类有鹿，羚羊，“麒麟”及豕。肉食类有鬣狗，狸，麝，猫，剑齿虎，狗熊及鼬鼠。长鼻类有柱齿象及掩齿象，啮齿有獭属及松鼠属。亦有灵长类的巨猿。因为那时气候干旱，遍地皆成草原，偶或一时一处雨水丰足，池沼树林得以发展，动物亦因之萃集其中，或跳于林间，或归游于水内，皆于不知不觉间发达其脑力。此外，鸟类则有鸵鸟，爬虫类则有龟鳖之属。

至上新纪时，气候也还温暖，不过在高山之上却狠冷了。考之化石，那时小动物中最多者为啮类，田鼠类及食虫类。巨大动物中有马，犀，豕，鬣狗及剑齿虎。又有鹿属，巨牛属及熊属等动物。那时的动物大都好群居洞穴，例如剑齿虎，熊属及鬣狗等。而动物间为生存而互相争斗，其流血的残剧亦时有所闻。我们试一检阅遗留今日的洞穴中，其间颇多被齿啮断的骨肢，可以知之。

火山的喷兴，致使地壳发生震动。此事，从岩石的记载中看去，大盖是没有那一时代没有的。即以中生界而论，侏罗纪便是一个富于火山的时候。据近人研究，新生界地壳亦有剧烈的变动。从地层断折及褶曲的现象看去，此种变动的形成大概在上新统前及始新统间，约当渐新统及中新统之时。而渐新统中火山的兴盛狠可与侏罗纪相伯仲。

第四纪为哺乳中的人类兴起而逐渐占领大陆的世纪，当洪积统时，中国北部一带，厚布黄土。黄土的堆积，乃籍风水之力。（此期的黄土，从结构上言之，底部为砂砾层，厚有至十公尺者。）地质学者推测此地层的构成，由于近山处水力甚盛，砂砾随之而下，其时风力亦甚烈，所以砂砾与黄土参互相间。后来水力渐强而风力渐强，上层遂完全为黄土所布，成为风积黄土层；其色灰黄，无层序。此黄土之下更有红色黏土层，旧日学者均以为亦与黄土层同其时代。据近人研究，此红色土层实属于第三纪上新统初期，有其中化石可以为证。

此黄土从何处来的呢？有的人说乃自中亚沙漠及草原间随风而至者。而近人则以为实非尽由中亚移来，其于原本地址作成者当亦不少，因为当上新纪至黄土层过渡期似有一潮湿时代，将灰岩风化之土溶解而冲刷，黏土质随水洗去，只余细砂土，到了第四纪中期，天气复干旱，砂土乃随风分布而成今日我们所见的黄土。

那时蜗牛类物似甚多。哺乳类中常见者为巨齿象，犀牛，鬣狗，水鹿，獐，羊，熊及獭。又有古驼马，亦于黄土间出现。

那时天气如何，颇难决定。从所见的动物看去，气候近于今日的热带，但从黄土看去，则那时又似干旱，为冰河时期的干旱情状。

原人及古人即在此冰河时期中出现。

黄土之上即今地的冲击层，即所谓冲积统是。此地层，有一部份亦是黄土。此时期的气候又复温暖。然其间有不测的变换，例如仰韶文化古址中有箭猪齿，(箭猪乃今南部较热带的兽类)又如安阳甲骨文化层内有象骨。其文字中亦记狩象，则彼时北方天气必近热带气候，不若今日之和煦宜人。

最近代的地面形势，似已无重大变更，山岭，河流，冲积平原，一如今状。然仔细言之，亦少有改换。例如今之辽东山东半岛在有史以前相联接。黄河流道亦多变迁。黄河以外凡沿海平原诸流也莫不随时变迁。

其生物亦一如今种。然以气候的变更，迁移之迹亦有所见。如大鹿，犀牛，象及箭猪，向来是生活于中国北部，今则不见。

今人类——我们的祖先乃于其时出现：征服自然，宰制万物，占领大陆。

人类的源流至今尚难明了。学者根据各种材料，各种观点，故其推测各不相同，异说纷纷，难得一是。最普通的是人类由人猿进化说：他们考察现代人类与人猿的身体与心理颇相近似，因之主张人类实源出于似人的猿类。不过此说，近科学界大都认为理由不充足，不能成立。近科学界多信人类与人猿同出于与人猿相类的一种动物。请以 Wells 之说为证。他说“以人类史为主要的史中，有特饶兴味的动物一群。彼猴与狐猴，始新世化石中既已见矣，惟有一异物尚未得其片骨。此异物，必系半类像人，半类狐猴；能攀援树木，时或人立而驰，善用后足。以现在的标准较之，其脑甚小，惟其两手灵便，能执果子，能击核于石，且取树枝石卵以击其侣。吾人虽无实在的证据，然生物学上的事实足以使吾人深信当时实有此物的存在，此即人类与似人类的祖先吓”。

近世学者根据古生物的分布推测亚洲的中部当为人类祖先的发源

地。他们认为中亚一带的气候以及各方面所具有的种种条件都适宜于人类的祖先之居住的。所以他们说，欲求人类的神秘祖先，或于中亚一带搜查之可得。他们更设想：人类的祖先既成长于此摇篮，于是由此而分布于地球的各处；其后乃逐渐的演化而构成后来所见的各种各样的人类。此说也，初倡之于李斗(Joseph Leidy)。他在一八五七年左右便这样的主张了。他的立论是根据一种"文化起生说"，以为世界最古的文化既是起始于亚洲，那么人类的发祥地或许也在亚洲的。不过这种立论是不很科学的。到了后来，著名的人类学者奥斯朋(H. E. Osborn)也主张此说。他还预料这个假设将来在亚洲一定可以得到物证的。不久，马绣(O. S. D. Mathew)更从而附和之。一九一一年，他在纽约科学会讨论"气候与演化"(Climate and Evolutian)，发挥此说。大意是：人类是发源于亚洲的，是由亚洲分布于全世界的。其发源的地点大概是在亚洲中部的高原或附近之地。此一带，现虽比亚洲的任何区域要荒芜些，但其地所残存的遗物比亚洲乃至世界的任何区域所见者都要古远些。又此一带附近之邦国皆属世界最早的文明古国；在那些古国的文字记录中，也都寻得到可以证明与此地有关系的种种痕迹。奥斯朋后来和恩朱(R. O. Andrew)于一九二二——三年间到蒙古一带实地考察，回到北平，在《北京导报》(Peking Leader)上发表一文，题为《为什么蒙古或许是人类的初生地》。据他的意见，最早的人类不是居在河谷，也不是居在林中，一定是居在高原之地。蒙古，从其地史看去，在第三纪和第三纪以前，都属高原，没有深密的森林，没有平原河谷。在此高原之地，生物的生活必很艰难。但是生活越艰难，生存竞争越猛烈，智力越进化。初生人或许是在此具有自然条件的蒙古高原之地演化而形成的。

此种假设现虽还没有得到确实的直接的证据，但是有许多新发现的实物可以证明它颇有成立的可能性。这些事物便是近十多年中在华北，蒙古，新疆和 Palestine 一带所发现的曙石器时代和旧石器时代初期的石器和属于内安得塔尔人种(Homo Neanderthalensis)的头盖。还有那在北平附近所发现的北京原人，尤其是此说之一强有力的旁证。

北京原人的发现不但可以证明“中亚是人类的发源地”一说之合理，便是中国的历史也因此增加了许多篇幅。

中国北部境内之有远古人类遗迹的发见，远在数十年前，一九〇三年，德国孟兴大学古生物学教授舒罗塞(Max Schlosser)在其所著《中国古兽类化石》(Die fossilen Säugetiere Chinas)中，述及曾得一枚近于古人类的后臼齿。因为那齿上附黏有少许红土，所以他推想这遗件或许是出于第三纪的红土层，而非第四纪的黄土层中之物，据他的研究：“从那个齿根的外形结构和性质看来，可以算他是‘似人类’的。这个人形动物的齿根好像已比‘似人猿’的齿根坚固得多。单就他原来的形态说来，好像已经是有了相当的年代。大胆的说一句，已是第三期的人类的牙齿。因此我们判定他是近于人类的牙齿，而且比现在已经发现的‘荷谟’(Homo)的牙齿似乎还近似现代人的牙齿。不过，我们虽然可以断决他是第三期的人的牙齿，但是这里却发生了一个问题，即是，‘这个牙齿为什么从洪积统时期起，到现在，经过这么久的时间，还能保与第四期的牙齿相类似的形态’？不过假使这个疑问能成立的话，即令它不是第三期的牙齿，至少也是新生代洪积统时期的牙齿，因为 Prähistorischer 的牙齿在这种情形之下不会变化这样快。总而言之，这个牙齿的年龄是很久的了。虽然我们可以认定他不是真人的，而是一种猿人的牙齿。(这是我们现在还不能解决的问题)不过我们还不能断决定它是否属于洪积统时期或第四期的牙齿。我这个说明的目的是想以后的探讨者(在中国)的，能对此问题加以注意，不是说已在当地发现了原人的化石，或发现了第四期的或 alchlecslocäue 时期的人类。”

我们由此一齿自然不能推知其所代表的古人类或似人类的性格。就是斯氏自己也不敢以其设想而真实。他再三的说：这异物是真人呢？还是似人猿呢？其种属实难决定吓。加之这遗件的出土地点又不明了，因为斯氏所得乃是从 Habora 博士在北京某药肆所购之脊椎动物的化石材料中发现的。所以，此事终不能引起当时科学界的注意。

Schlosser 教授所发现的人形动物的遗迹，微光略呈，旋复暗隐。及至近十年来,又在北京附近一带发现了一种人形动物的遗件。此新发现的人形动物与 Schlosser 所发见者,或许是属同类。

一九二〇年,安得生(J. G. Andersson)与 otto Zdansky 在北京西南房山县的周口店一带探集脊椎动物化石。在周口店附近(据 Andersson 的《中国北部的新生界》一文,地名老牛沟)发现一洞穴;穴中充满堆聚物,堆聚物中含有哺乳动物的骨骸化石甚多。至一九二五年,Zdansky 整理打扫欧洲的化石材料,在骨骼之间忽发现臼齿二枚。经氏的研究,此臼齿似为人类之一种 Homo SP。自此二枚原人的(或与其接近的生物的)臼齿发现,北京地质调查所即加以注意。乃与协和医校合作,从事于详细的调查。果于一九二七年十月间复发见似人类的臼齿一枚。经 D. Black 研究结果,此齿确为古昔人类的遗件。此次的采集与鉴定,均非常仔细。自第一次发现遗齿时,北大地质学教授 A. W. Grabau 便特为文盛言其事,而科学界亦莫不相信。复经此次的检采与研究,便向之作怀疑论者,亦均变更其态度。后来又在那一带继续的发掘,次次有惊人的发现。不但寻见了许多主要的骨骸,便是这种古昔人类所居的穴,所用的石器也都寻见了。

Zdansky 曾推断彼所发见的人齿,谓从周口店所发见的古动物化石言,其地质时代当属于第四纪的初期,然 Zdansky 所检得的臼齿,乃在携回欧洲的土中所发见,故其物的所在地点及其地层均不能确知。后经地质调查所的继续发掘,又发见同样的臼齿及古动物化石多件,始将该处沉积,逐层加以详细的研究。

此种遗件与其他动物化石的发见所在之地层,属于奥陶纪的石灰岩层。其洞穴的构造,自底至顶共分八层。总厚十七公尺,各层土质与所含化石微有不同。遗件的所在,在第二层的东北隅,近第二层的交界处。第一层的层面,呈凹凸不平之形。其所含的动物化石,多属大兽之骨,如犀,豺,猪,熊,马,牛,羊,狗与鹿等类。第二层位于第一层及洞底灰岩之上,与第一层不相一致。盖由第一层沉淀后,复经相当侵蚀,始有第二层的沉积。其所含化石与第一层大致相仿。从其地史看去,这种原始人出现的年代距离我们无疑的是很久很远了。

此人形动物虽非真人，然亦非人猿，乃是一种较初的原人。

当第四纪的初期，中国的北部有一种古人类在那里栖息着。这种古人的遗骸是在今北京附近的周口店发现的，所以我们叫他做北京人(Sinanthropus pekinesis)。北京人大约同爪哇猿人(Pithecanthropus erectus)，皮尔当人(Eoanthropus)和海得尔堡人(Homo heidelber gensis)同时；是一种原始式而较进步的人种，较内安得塔尔人(Neanderthal man)为更原始。

当北京人出没于中国的北部之时，其所处的自然环境与今日所见者是不同的。那时，中国北部的气候和现今亚洲南部的情形相似，湿润而炎热。原生森林密布于此广漠的原野。有现已绝迹的动物——犀牛，熊，冰鹿，刀齿虎及野牛等巡游其间。还有各种的猿猴在那里栖息着，与北京人为伴。

北京人大概是住在山洞里(我们现已发见他们居住的遗迹)。但是这种山洞不是人造的，多半是天然的。那时，居住这种山洞的不一定是人。那熊，那虎，也都是据穴而居的。也许人们所居的即前时熊虎之所居的罢。我们在那山洞中曾寻见了许多烧过的木炭和灰烬。火是原始人攻击兽类防备兽类的唯一利器；(现代的猎人还常利用它的)因为那些猛兽是不畏惧原始人的武器的，它们只怕火。原始人有了火，对于那些猛兽便减去了多少戒心，可以安居而无虑了。我想当时北京人之所以在洞隅举火，一定含有这种自卫的目的，无非是藉那火光以防兽类之暗袭罢。

从北京人栖止的山洞里，曾寻见了一大批石器。这些石器决不是由风化而成的自然剥片。那上面有打缺的鳞片的凿痕；这种有规则的排列显然是人工遗留的痕迹。这种石器的石质，以石英最多，砂石次之，火石及燧石等则只有几块。在一大批的石器中，可以看出：有些是些(经过初步的制作的)原料；有些是些没有作成便损坏了的，或破碎的石器；真正做成或曾经使用过的仅占百分之一。从这一点推想当时人类制作器物是何等的艰难。那些作成功,可以拿来使用(或曾使用过的)石器,都是打击而成的;制作的技术,并不高明。不过,它的形式已略能辨,推想它的用处各不同了。有一种带尖状的石器,大概是当时人所用的唯一武器;有一种刮削器和一种平圆形的器具,大概是拿来做刮削他物之用的。

北京人即依靠这种粗劣的石器出没于中国北部,从事游猎,与"自然"斗争,以求生存。他们利用那极不锋利的石之尖端,或尖旁的刃,以宰割;或利用石之圆处以椎击。杀敌,猎兽,全赖此自己造成的爪牙齿角,其应付环境的艰难,不言可喻。

河套古人的出现,在第四纪的初期。一九二三年,法国古生物学专家德日进与天津传教士桑志华(P. Teilhard de Chardin et E. Licent)二氏组织的科学探险队曾游华北及蒙古各地,于河套发见大宗旧石器时代的器物,与多数洪积统的哺乳类化石同产于情形明了的地层中。此外同时在甘肃陕西邻境亦有同样的发见。然当时并未发见确当的人类遗骨。到了后来,德日进氏在天津北疆博物馆复整理剩件,忽发见一人类臼齿。经 D. Beack 的研究,确定为 Mousterian Period 的人齿。据此,则中国北部的黄土时代实确有人类。

黄土时代的古人,其躯体构造约与欧洲旧石器时代的 Homo Neanderthalensis 相似。此种古人,虽不能谓之真人,然在生物学上分类已归于人类的范围。这种古人是一种较北京原人已呈显着重大的进步的人种,不过他还没有进化为现代的真人(Homo Sapiens)。其人的形状,据人类学者推测,身躯很矮,男子约五英尺三英寸,女子四英尺三英寸,和现在的日本人差不多;骨厚,头重而大,额际突出。其人的体干与筋肉似很坚韧,一望而知有水牛般的力量,不似现代人类之姣弱。河套古人的足迹所至,据今日所知者,大概自河套迤南,东至山西西部,西达甘肃东北。其人智力当较北京原人高些,然其身躯还笨重,盖不及现代人类的灵便。

其人所使用的器具，以石英岩及别种岩石为之。形式和造法均较北京人进步。石器种类渐多，拿它和欧洲所发见的石器比较，属旧石器时代的莫思持利式或早期的奥林拿西式（Aurignacian）的。其使用之法，已可分辨。例如尖锐的器具，当是作为穿孔之用的；刮磨的器具当是作为刮磨石器之用的；扁杏状的武器，当是用以御敌及猎兽的。当时人类也似已开始使用骨制的器物。但致多能利用贝壳和比较柔软的兽骨而已；据我们的经验，必须至新石器时代，骨制器物的使用才能在生活上占得主要的器具的位置。籍依上述器物的指示，我们悬想河套人的生活殆较北京人已稍复杂与进步。

欧洲的内安得塔尔人已知用火。河套古人亦知用火，已在他们所栖止之处寻得了一些燃余灰烬。从其智力方面去推测，想当时取火或已不依赖自然；钻木，击石，如现代澳洲土人之取火方法，当时人想已知之。至火的使用，想于御敌外，或知用以烹食了。

当第四纪的末期，黄土草原渐变而为森林之时，原始中华人遂出现于中国的北部。原始中华人的遗骸，现已寻得有一二百副。据人类学者的研究，这些骸骨所代表的人种“大多是原形中华派的”。其人的“体质与现代华北居民的体质是同派”，故和现代华北人类相似。换句话说，这种原形派的中华人便是现代中国人的祖先。

原始中华人居住过的遗址，现已发见四十余处。从那些遗址中所得到的遗存看去，大抵均属新石器时代的器物。（在大多数遗址中从未发现金属的器物；有少数几处曾见过小件的铜器，其代表的时代当较迟。）当时铜器大概尚未发明，或尚未普及，亦无文字发见，可证其时代之远古。举凡欧洲新石器时代所常见的重要的器物，此时代均可见之；其有不同者，当然是由于“地方特性”之故。从那些遗存看，推想当时人的文化形态盖已由野蛮（Savagery）而进入半开化（Barbarism）之域了。

原始中华人的足迹所至（以今日所知者为限）东至辽宁，中经山西河南，西抵甘肃。由此可知在有史以前，现代中国人的祖先盖已分殖于黄河的两岸，而遍布于中国北部的膏腴沃野了。

人类在旧石器时代进步甚缓。比如前面所述的北京原人和河套古人，其所处的时代距今（依地质上的估计）约在四万以前至五十万年以前。新石器时代的继续时间比较要短得多，然亦有约万年之历史。欧洲新石器时代的开始，约在一万二千年以前；在他处，（例如西亚）或更早数千年。中国新石器时代的开始，当不能“例外”。我们推想新石器时代人自从离开那“纯粹渔猎”的生活而渐进入一种“新式”的生活（知驯禽兽，且耕土地）的时候，便着手创造了一种新的原始文明。经历长期的进展，而至末期——石铜时代的过渡期。此过渡期的年代，距今约在五千年以前；此期文物之进步，已非早期的人类所能梦见。

新石器时代末期的器物形态已与中国有史时代——商周的器物形状近似。如殷墟所出陶弹石栗鉴之类，完全承袭末期（河南仰韶）的原样，毫无变化；又如末期可见的箭镞和陶鬲陶鼎等，与商周的铜器，大体相同，而略有变化，谓为此等铜器的雏形，亦未始不可。原始中华人，盖不久便经过了此“过渡期”而逐渐的走进了铜器时代。

王安石与司马光

一　序说

自唐玄宗天宝间安禄山之叛乱至宋太宗太平兴国间北汉的降服(公元七五五——九七九),约有二百数十年之久,是一割据的纷乱的黑暗时代。及至赵宋的统　,集权政府树立,将帅兵柄解除,政治始渐趋安定,经济亦日益繁荣。故当时——北宋的初期——的情况颇有似乎西汉的初年。史称汉初"黎民得离战国之苦","君臣俱欲休息乎无为",所以采用黄、老的治术。宋初亦因人民初离唐末五代之苦,所以当时执政者的治术也是尚无为而重因循。如赵普、王旦、李沆等相继为相,"皆以此术驭天下"。相传赵普为相时,"置大瓮于坐屏后,凡有人投利害文字,皆置其中,满即焚之"。王旦相真宗,"以为祖宗之法具在,务行故事,慎所变改",因劝真宗以"无事"治天下。李沆为相,且不用"喜事之人",其同年马亮责备他:"外议以兄为无口瓠",他笑着回答说:"吾居政府别无所长,但中外建议,务更张,喜激昂者,一切告罢,聊以此报国耳"。这显然的都是仿效曹参那种"日夜饮酒","不治事","卿大夫以下吏欲有言,辄饮以醇酒","吏之欲务声名者辄斥去之,"的故智。于是这种"贵清静而民自定”的“治道”，在宋初遂成为传统的策略。

在经过一个长期的动荡之后，因人心的厌乱，为恢复政治的秩序及社会的繁荣而使用这种策略，是确有相当效用的。然累世因循而成保守；无为积久，遂至苟且，流弊亦因而丛生。在社会方面，由于放任的结果，以致土地兼并的情势日趋严重；在政治方面，则由于因循之故，以致官吏选任只凭资历，不问才干，监司检查亦徒有空名。如此“上下偷惰取容”（王安石语），而行政大权反落入吏胥的手中，以致“吏强官弱，浸以成风”（宋史蔡居原传），舞文取贿，政事日坏。而地方政府的吏胥更习于专横，凌侮长官；甚至通连豪强，鱼肉民众；终于政废法坏，乱象渐生。故当时有识之士如寇准、范仲淹等莫不奋然兴起，亟思改革，以挽世运。但因他们的主张激切，行动急进，为当时的保守派所不容，时受排斥。而他们亦不避利害，锐意竞进。于是一方面有尽力钳制新思想以防止改革的保守派，他方面又有肆意发摘积弊以求变法的改进派。

这两派对立的情势，到神宗时而益尖锐化。当时代表前者为司马光，代表后者则为王安石。两方面剑拔弩张，各不相让，终至由暗斗而演为明争。

二　王安石

无疑的王安石是北宋时的大政治家，就是他的反对派苏轼亦称他是一“希世之异人”。他是临川人，字介甫，生宋真宗天禧五年，卒于哲宗元祐元年（公元一〇二一——一〇八六）。幼时随父亲王益宦游。年十九而父卒。二十二岁就成进士，签淮南判官。他早岁是为贫而仕，倚靠俸禄以养家人。然志气不群，英特迈往，曾作诗以自见志道：“此时少壮自负恃，意气与日增光辉。”“坐欲持此博轩冕，肯言孔孟独寒饥。”“端坐感慨忽自悟，青天闪烁无停晖。男儿少壮不树立，挟此穷老将安归？吟哦图书谢庆吊，坐室寂寞生伊戚。材疏命贱不自揣，欲与稷契遐相希。”

介甫在少壮时便以稷、契自期，故平日最关心民间的隐痛，对于当时社会贫富不均的现象以及下属政治腐败的情形都有极清楚的认识。原来当近世社会开始的(北宋初期)时候,中古社会物质基础——庄园制度早已崩溃,于是兼并起而豪强生。豪强不但独占土地,武断市场,而且用高利贷来剥削农民。加以当时的租税力役异常的繁重,奸滑的官吏又复多方的压迫,农民的困苦情形到了极点,介甫目击心伤,曾有诗道:“三代子百姓,公私无异财。人主擅操柄,如天持斗魁。赋予皆自我,兼并乃奸回。奸回法有诛,势亦无自来。后世始倒持,黔首遂难裁。秦王不知此,更筑怀清台。礼义日已偷,圣经久堙埃。法尚有存者,欲言时所咍。俗吏不知方,掊克乃为材。俗儒不知变,兼并可无摧。利孔至百出,小人私阖开。有司与之争,民更可怜哉”。因之遂使一个初入仕途的青年起了一种“仁者恻隐”的同情心,他很想有所作为以苏解民困,又有诗道:“贱子昔在野,心哀此黔首。丰年不饱食,水旱尚何有？虽无剽盗起,万一且不久。特愁吏之为,十室灾八九。原田败粟麦,欲诉嗟无赇。间关幸见省,笞扑随其后。况是交久春,老弱就僵仆。州家闭食庾,县吏鞭租负。乡邻铢两征,坐逮空南亩。取资官一毫,奸桀已云富。彼昏方怡然,自谓民父母。朅来佐荒郡,懔懔常惭疚。昔之心所哀,今也执其咎。乘田圣所勉,况乃余之陋。内讼敢不勤,同忧在僚友”(同书感事)。又道:“先王有经制,颁赉上所行。后世不复古,贫穷主兼并。非民独如此,为国赖以成。筑台尊寡妇,入粟至公卿。我当不忍此,愿见井地平。大意苦未就,小官苟营营。三年佐荒州,市有弃饿婴。驾言发富藏,云以救鳏茕。崎岖山谷间,百室无一盈。乡豪已云然,疲弱安可生？兹地昔丰实,土沃人良耕。他州或呰窳,贫富不难评”(文集发廪)。这几首诗讲得何等沉痛！他认为当时挺严重的一个问题便是社会里的兼并问题,在这个兼并的情势之下,富者愈富,贫者愈贫,“乡豪已云然,疲弱安可生?”因此,使他很慕念那“公私无异财”的“井田”的“三代”盛世。其次是奸滑官吏的横行。“鞭租负”,“闭仓庾”,虽然“自谓民父母”,但是“民更可怜哉”。所以他“心哀此黔首”“懔懔常惭疚”的深自惕励,不要做一个俗吏。史传他宰鄞四年,很做一番事业,如“起堤堰,决陂塘,为水陆之利;贷谷与民,立息以赏,俾新陈相易。兴学校,严保伍。后此熙宁初执政,所行之法皆本于此”(邵氏见闻禄)。但他虽慕古,却并不泥古。他不是一个“不知变”的俗儒,更不是一个“不知方”的俗吏。

当时天下势即是“方若敝庐”(欧阳修语),先有王小波之变①,后有王则之乱党②。连德齐诸州,在庆历中亦先后起兵作乱,因而“四方有志之士諰諰然常恐天下之久不安”,岂复是宋初诸臣那种因循苟且的政略所能应付得了。但在介甫执政之前,虽然有寇准的欲改革吏制,而“上下群攻之”(水心文集论资格);复有范仲淹均公田,厚农商,减徭役,抑侥幸,精贡举,择长官等的建议(宋史本传),亦格不能行。嘉祐三年(一〇五八),介甫年三十九,自常州移提点江东刑狱,使还报命,会上书仁宗言事③,直指出当时的隐忧所在。他认为如果长此“苟且因循”下去,必然会发生类似汉、唐的事变。他盼望仁宗宣法先王仁政之意徐图变法,“为之以渐,期为合于当时之变”。可是仁宗无意用他。过了十年,神宗即位,他才奉诏越次入对,得参知政事,实行变法,以发抒他毕生的抱负。

但是,介甫不仅是一政治家,同时还是一思想家。他的变法固然有现实的原因如上所说,而他在精神方面还有一“自得”的哲学为其基础。可惜现代史家只看重他的政术而忽略了他的哲学,总以为他不过是一个“独有得于刑名度数,而道德性命则有所不足”(朱熹批评介甫的话)的人

① 宋史樊知古传:“蜀中……土狭民稠,耕种不足给。由是兼并者益粜贱贩贵以规利。淳化中,青城县民王小波聚众为乱。谓其众曰:‘吾疾贫富不均,今为汝辈均之’。附者益众。”

② 宋史明镐传:“王则者本涿州人,会岁饥,流至恩州,自卖为人牧羊”。

③ 见文集卷三十九,其中大意谓:“以臣使所及,一路数千里之间,不才苟简贪鄙之人至不可胜数。朝廷每一令下,其意虽善,在位者犹不能推行,使膏泽加于民,而吏辄缘之为奸,以扰百姓。……方今制禄,大抵皆薄。自非朝廷侍从之列,食口稍重,未有不兼农商之利而能充其养者也。其下州县之吏,……官大者往往交赂遗,营资产,以负贪污之毁;官小者贩鬻乞丐,无所不为,……委法受赂,侵牟百姓。……陛下其能久以天幸为常,而无一旦之忧乎?盖汉之张角,三十六万同日而起,所在郡国莫不发其谋。唐之黄巢,横行天下,而所至将吏无敢与之抗。汉唐之所以亡,祸自此始。……方今公卿大夫莫肯为陛下长虑后顾,……臣窃惑之。昔晋武帝趣过目前,……当时在位亦皆偷合苟容,……上下同失,莫以为非。有议者固知其将必乱矣,而其后果海内大扰,中国列于夷狄者二百余年。……臣愿陛下览汉唐之所以乱亡,惩晋武帝苟且因循之祸,……虑之以谋,计之以数,为之以渐,期为合于当时之变。……”。

而已。而不知假如他对于自然和社会没有一种深入的见解，独到的会心，如何能说得出像“天变不足畏，人言不足信，祖宗之法不足守”这种大胆的话？假如他没有一个一贯的理论，来做他变法的精神基础，如何能做得到“日得毁于流俗之士……而吾心未尝为之变”（答王深甫书）这个地步。所以，他尝慨然的说：“天下之变故多矣，而古之君子辞受取舍之方不一，彼皆内得于己，有以待物，而非有待乎物者也。非有待乎物，故其迹时若可疑；有以待乎物，故其心未尝有悔也。若是者岂以夫世之毁誉者概其心哉？若某者不足以望此，然私有志焉”（答李资甫书）。于此可见他是“内得于己，有以待物”的道，故能固执而“笃行之”，不因“世之毁誉”而出入其心志。

介甫终身好学，自强不息，于书无所不窥，于事无所不问，自云：“我读万卷书，识尽天下理”（拟寒山拾得，文集卷三）。晚年在与曾子固书中亦很自负的说：“某自百家诸子之书至于难经、素问、本草诸小说无所不读，农夫女工无所不问，然后于经为能知其大体而无疑。盖后世学者与先王之时异矣，不如是不足以尽圣人之故也。扬雄虽为不好非圣人之书，然于墨、晏、邹、庄、申、韩亦无所不读，彼致其知而后读，以有所去取，故异学不能乱也。惟其不能乱，故能有所去取者，所以明吾道而已。子固视吾所知为尚可以异学乱之者乎，非我知也”[①]。因为他常问及农夫女工，故能洞悉民情而不泥于古；因为他有自得的知见，故能“纲罗六经之遗文，断以己意”（苏轼颂介甫语），读百家之书“能有所去取”，不为所乱。而且他不但好问好学还好沉思，宋稗类钞记：“荆公燕居默坐，研究经旨，用意良苦。尝置石莲百许枚几案上，咀嚼以运其思，遇尽未能益，往往啮其指，至流血不觉。他有这种“慎思”“明辨”的精神，故能剖析事物至微而得其理，而“致其知”，综合贯会以自成一家之学。

介甫着有易解二十卷（今佚）[②]，洪范传一卷（今存），论语解十卷（今

① 案：子固来书规其治佛学（文集卷七十三）。

② 文集中有易泛论，卦名解，河图洛书，易象论解，九卦论等篇，皆言易者。

佚)和孟子解若干卷(今佚)。他最喜欢易传,曾说:"夫易之为书,圣人之道于是乎尽矣"(文集卷六十六大人论)。又喜洪范传,以为"书言天人之道,莫大于洪范"(文集卷六十五,洪范传)。他的思想几个主点都可溯源于此二书。但他虽宗依孔子,然和当时道学家的态度不同,一点争"道统"的臭味都没有,对于各家均持批评的态度,不事漫骂。他著有老子注(今佚),公武说他"平生最喜老子,解释最所致意"(文献通考引)。他亦喜庄子,自云:"庄生之书,其通性命之分而不以生死祸福累其心,此其近圣人也"(文集答陈梠书)。复好佛说,多与禅僧往还,所作诗篇,颇有入禅味者(如拟寒山拾得诗二十首),对于禅家所用的经典如金刚、维摩、楞严诸经均深有研究①。尤其于楞严经最所注意。晚曾为作解若干卷(今佚),"详诸师之略,略诸师之详"(楞严经指掌疏悬示)。名僧洪觉说其书"有表一家识妙之处"。他受佛老的影响而不自讳。

传说介甫一日与程明道对谈说:"公之学如上壁,其言难行"。明道回道:"参政之学如捉风"。其实两人的互评都极确当,明道为学主瞑想,要空无依旁,故"如上壁";介甫为学主思辨,须即事申演,故"如捉风"。他尝说:"通天下之志在穷理"(洪范传),穷理即是精义,"理穷于不可得"(书金刚经义),即是义精于不可易。他以为"不能精天下之义,则不能入神;不能入神,则天下之义亦不可得而精也"(致一论)。穷理精义重在思辨,洪范传说:"敬者何?君子所以直内也,言五事之本在人心而已"。"五事者:一曰貌;二曰言;三曰视;四曰听;五曰思"。"五事以思为主,而貌最其所后也。而其次之如此,何也?此言修身之序也。恭其貌,顺其言,然后可以学而至于哲;既哲矣,然后能听而成其谋;能谋矣,然后可思而至于圣。思者事之所成终而所成始也。思所以作圣也;既圣矣,则虽无思也,无为也,寂然不动,感而遂通天下之故"(文集)。这段话可谓极尽"捉风"的思辨之能事。其实他只是要说君子的直内以敬,而敬的目即此五事而已。他尝说:"心,体之主也"(文集卷六十三易泛论)。"心之官

① 他作有书金刚经义,读维摩经有感。

则思”。故“五事之本在人心”。换句话说:“五事以思为主”,亦即是直内以思为主。直内即是修身,同时亦即为学。为学重在思辨,思辨不是空想,必须即事即物,以事物为思辨的对象。穷物的理,精事的义,起于慎思而终于明辨——故说“思者,事之所成终而所成始”。“理穷于不可得”处,“义精于不可易”处,则本末兼察,几微洞明。到了这种“至乎其极”的境界,即所谓“思而至于圣”,入于神了。思辨的能力能达到神化,便是叫做“睿”;“睿则思无所不通”了。这种神化的思辨能力成为心的灵明,“则虽无思无为,寂然不动”,“感而通天下之故”。他又叫这种境界为“致一”之时,致一论说:“万物莫不有至理焉,能精其理则圣人也。精其理之道,在乎致其一而已。致其一,则天下之物可以不思而得也。易曰:‘一致而百虑’,言百虑之归乎一也。苟能致一以精天下之理,则可以入神矣;既入于神,则道之至也。夫如是,则无思无为寂然不动之时也”。“一致”即是“一贯”,即是精理入神,“无思无为寂然不动之时”。“百虑”即是穷物物的理,精事事的义,穷理精义至于神化,“一以贯之”,这便是叫做“百虑之归乎一”。宇宙万物纷繁杂多,能得其约,能“致其一”,则执约御博,举一反三,“天下之物可以不思而得其理,而‘通其故’”。他这种“思而致于圣”,“致其一”的方法论,多少带点直观的神秘的意味,不过他毕竟是一个尚理智重实际而主张“道问学”的思想家,传说神宗曾向程明道问:“介甫之举何如?”明道回道:“博学多闻则有之,守约则未也”。他这样讲究“致一”,讲究“一贯”,但从一位重顿悟讲心观主张摆脱现实的思想家眼中看来,自然过于支离,未能守约,实在算不得高明的。

现在我们且先来谈谈介甫的基本观念——道,他的道可分两方面:一是天道,一是人道。他说:“道有本末。本者,万物之所以生也;末者,万物之所以成也。本者出之自然,故不假乎人之力,而万物以生也;末者涉乎形器,故待人力而后万物以成也。夫其不假人之力而万物以生,则是圣人可以无言也,无为也。至乎有待于人力而万物以成,则是圣人之所以不能无言也,无为也。故昔圣人之在上而以万物为己任者,必制四术焉。四术者,礼乐刑政是也,所以成万物者也。故圣人唯务修其成万物者，不言其生万物者；盖生者尸之于自然，非人力之所得与矣”（文集卷六十八老子）。这段话可作为介甫的全部思想的缩影。天道为道的本，人道为道的末；本是道的体，末是道的用。天道即是天行，“出之自然”，“故不假人力”。人道是人的行为，不能纯任自然，必须参与人力。他论人道这一点最重要，可以说是他思想的一个特点。他曾从这一点出发强烈的攻击老庄一派的“万物之自然而莫敢为”的人道论，所以他说：老子者独不然，以为涉乎形器者皆不足言也，不足为也，故抵去礼乐刑政，而唯道之称焉，是不察于理而务高之过矣。夫道之自然者又何预乎？唯其涉乎形器，是以必待于人之言也，人之为也。其书曰：‘三十辐共一毂，当其无，有车之用’。夫毂辐之用，固在于车之无用，然工之琢削，未尝及于无者，盖无出于自然之力，可以无与也。今之治车者，治其毂辐而未尝及于无也，然而车以成者，盖毂辐具则无必为用矣。如其知无为用，而不治毂辐，则为车之术固已疏矣，今知无之为车用，无之为天下用，然不知所以为用也。故无之所以为车用者，以有毂辐也；无之所以为天下用者，以有礼乐刑政也。如其废毂辐于车，废礼乐刑政于天下，而坐求其无之为用也，亦近于愚矣。”（同上）。人道必须重人的努力，如果不重人为而静待“于自然之力”，好比“废毂辐于车，废礼乐刑政于天下，而坐求其无之为用”，岂非笑话吗？照他看老、庄之所以如此，不见得全由于“蔽于天而不知人”（荀子解蔽篇），只不过是他们“以为涉乎形器者皆不足言，不足为”，“以为仁义礼乐者，道之末，故薄之云耳”（文集卷六十八庄周）。

介甫论天道，一方面说，“天道自然”，在别一方面又说：“尚变者，天道也。……此天地自然之意，而圣人于易所以则之者也。”（文集卷六十三河图洛书义）。可见“天地自然”之意，即是变化。天道是自然的，变化的。他从这自然的变化出发说明“万物之所以生”，洪范传说：“五行，天所以命万物者也”。“五行一曰水，二曰火，三曰木，四曰金，五曰土。何也？五行者也，成变化而行鬼神，往来乎天地之间而不穷者也，是故谓之行”。“天地之用五行也，水施之，火化之，木生之，金成之，土和之——施生以柔化成以刚……而济以和，万物之所以成也”（文集卷六十五）。这是他的万物发生说。宇宙万有的发生,成于五行的变化;而五行之为物,又是阴阳二气之所生。所以他同时更简切的说:“生物者,气也”(同上)。这“气”又称太极,因此他有时又说:“夫太极者,五行之所由生也”(文集卷六十八原性)。气或太极为宇宙万有的根原,气分阴阳,阴阳二气,动静,收散,交感,发展,各成其象,五行由生。又据洪范传的说法,五行是有形,有质,有性,有时(时间),有位的(空间);是视之可见,听之可闻,搏之可得,嗅之可觉的。五行分于阴阳,故“各有耦”,“一柔,一刚,一晦,一明”,相生,相克,相继,相治,“成变化而行鬼神”,生成万物。天道“尚变”,这“变”是一种对立,矛盾的发展;“立于二”(正反),“成于三”、“变于五”,“万物莫不由之”,“万物莫不听之”,便是叫做“自然”。万物起始于阴阳,形成于刚(明)柔(晦);其本然的性命,遂有这种相反的素质。故发为事象,见于行为,遂“有正有邪,有善有恶,有丑有好,有吉有凶”。所以他说:“性命之理,道德之意,皆在是。”这就是他的世界观。这个世界观是他的思想的本体,而他的人生论——处世的方术,只是它的运用。

现在我们接着再来叙述介甫的性论。他的性论是从他的天道论来的,他有杂咏诗说:“万物余一体”。万物与我并生,故属一体。分于阴阳五行,以有人物,则人物之性自然受于天。他又说:“天播五行于万灵,人固遍而有之”(文集卷六十九原过)。“天地无所劳于万物,而万物各得其性;万物虽各得其性,而莫知其为天地之功也”(文集卷六十七王霸)。因为“万物各得其性”,各有所限,故物与物,人与物之性遂有差别。飞禽之性不同走兽之性,走兽之性不同人类之性。性禀受于天,故所谓性只是血气心知。性“以类为之区别”,故凡同类者皆相近。性是自然的本能,五常的实体,故无所谓善恶;无所谓善恶混的。于是他就从这个立场以批评古来的性论,原性说:“或曰:‘孟、荀、杨、韩四子者皆古之有道仁人,而性者有生之大本也;以古之有道仁人而言有生之大本,其为言也宜无惑,何其说之相戾也?吾愿闻子之所安’。曰:‘吾所安者孔子之言而已。夫太极者,五行之所由生,而五行非太极也;性者,五常之太极也,而五常不可以谓之性。此吾所以异于韩子。且韩子以仁义礼智信五者谓之性,而曰天下之性恶焉而已矣。五者之谓性，而恶焉者，岂五常之谓哉？孟子言人之性善，荀子言人之性恶；夫太极生五行，然后利害生焉，而性不可以利害言也。性生乎情，有情然后善恶形焉，而性不可善恶言也。此吾所以异于二子。孟子以恻隐之心人皆有之，因以谓人之性无不仁。就所谓性者如其说，必也怨毒忿戾之心人皆无之，然后可以言人之性无不善；而人果皆无之乎？孟子以恻隐之心为性者，以其在内也。夫恻隐之心与怨毒忿戾之心，其有感于外而出乎中心，有不同乎？荀子曰：其为善，伪也。就所谓性者如其说，必也恻隐之心人皆无之，然后可以言善者伪也，而人果皆无之乎？荀子曰：陶人化土而为埴，埴岂土之性也哉？夫陶人不以木为埴者，惟土有埴之性焉，乌在其为伪也。且诸子之所言皆吾所谓情也，习也，非性也。杨子之言为似矣，犹未出乎以习而言性也。古者有不谓喜怒爱恶欲情者乎？喜怒爱恶欲而善，然后从而命之曰：仁也，义也。喜怒受恶欲而不善，然后从而命之曰：不仁也，不义也。故曰：有情然后善恶形焉。然则善恶者，情之成名而已矣'"（文集卷六十八）。他认为诸子所说的性是情，是习，不是性。仁义礼智信是习，不仁不义不礼不智不信也是习。恻隐之心是情，怨毒仇戾之心也是情。"性生乎情"，但"情不可以谓之性"，好比太极生乎五行，但太极非五行。我们只可以说性是情之所由生，性是五常的本体。性是体，情是用；性是情的体，情是性的用。所谓善恶乃起于情，"有情然后善恶形焉"。由性生情，即情显性。常人不察，误情为性，于是遂以善恶言性。这种说法，有人谓与禅家的意见相合；因为临济宗的昙颖尝作性辨，认为"古今圣贤之云性者，仅得情耳"。但禅家分解性情，以情为妄，必须打破妄情，始能见性。而介甫则不然，他所注重者是情。他有"性情合一"之说："性情一也。世有论者曰：'性善情恶'，是徒识性情之名而不知性情之实也。喜怒哀乐好恶欲未发于外，而存于心，性也。喜怒哀乐好恶欲发于外，而见于行，情也。性者，情之本；情者，性之用。故吾曰：'性情一也'。彼曰：'性善'，无他，是尝读孟子之书而未尝求孟子之意耳。彼曰：'性恶'，无他，是有见于天下之以此七者而入于恶，而不知七者之出于性耳。故此七者，人生而有之，接于物而后动焉。动而当于理，则圣也，贤也；不当于理，则小人也。彼徒有见于情之发于外者，为外物之所累而遂入于恶也，因曰：'情恶也，害性者情也，'是曾不察于情之发于外，而为外物之所感，而遂入于善者乎？盖君子养性之善，故情亦善；小人养性之恶，故情亦恶。故君子之所以为君子，莫非情也。小人之所以为小人，莫非情也。彼论之失者，以其求性于君子，求情于小人耳。……如其废情，则性虽善，何以自明哉？诚如今论者之说，无情者善，则是若木石者尚矣。是以知性情之相须，犹弓矢之相待而用。若乎善恶，则犹中与不中也"（文集卷六十七性情）。"喜怒哀乐好恶欲未发"，叫做性；"已发"，叫做情。"未发"是就本质说，"已发"是就作用说。性是静态，情是动态，这二者是不可分割的。体不离用，用不离体；动为静的动，静为动的静。"未发"是"已发"的根源，"已发"是"未发"的发展。"已发于外而见于行"，是有此七者；"未发于外而存于心"，也并不是没有此七者。此七者"人生而有之"，所不同的只是一个"已发"，一个"未发"而已。故从根本上说，性情决非二物。"动而当于理"则为善；"不当于理"则为恶。其所以当与不当，皆由外铄，亦非情所固有，故说善恶是习。由习成情，故情有善有恶。情有善有恶故不能说"情恶"，更不能说"害性者情"。至若性，则是情的"未发"，更无所谓"善"或"恶"。他不承认"无情者善"，而有情者恶。他以为凡有血气心知的人，都莫不有情，只有木石无情。性情是相须相依的，情由性显。"废情""则性虽善何以自明"呢？善恶是对立的，不入于善则入于恶，遂成为君子和小人的分野。但君子小人都是人，其"性相近"，因"习相远"。成为君子或为小人，"莫非情也"，故不能"求性于君子，求情于小人"。因此他反对"废情"而主张"养性"。他认为"养性"即所以"养情"，以善养性，则不为物所累；七情流露，自然皆"当于理"。介甫这种性论真的比较同时诸家所讲的要高明得多了，且有非那些主张无情废情无欲去欲的道学家所能完全了解的呢。

介甫的性论既归结于"养"，则他的人生哲学自然也是从这"养"上发挥出来，所以他最喜孟子里的两句话："养其大体为大人，养其小体为小人”。可见成为大人或小人，其关键全在“养”。那末将如何的“养”？他作了一篇大人论以阐明其旨道：“孟子曰：‘充实而有光辉之为大，大而化之谓圣，圣而不可知之为神’，夫此三者皆圣人之名，而所称之之不同者，所指异也。由其道而言谓之神，由其德而言谓之圣，由其事业而言谓之大。古之圣人，其道未尝不入于神，而其所称止乎圣人者，以其道存乎虚无寂寞不可见之间，苟存乎人，则所谓德也。是以人之道虽神，而不得以神自名，名乎其德而已。夫神虽至矣，不圣则不显；圣虽显矣，不大则不形。……称其事业以大人，则其道之为神德之为圣可知也。孔子曰：‘显诸仁，藏诸用，鼓万物而不与圣人同忧’，盛德大业至矣哉！此言神之所为也。神之所为，虽至而无所见于天下。仁而后著，用而后功，圣人以此洗心退藏于密。及其仁济万物而不穷，用通万世而不倦也，则所谓圣矣。故神之所为，当在于盛德大业；德则所谓圣，业则所谓大也。世盖有自为之道而未尝知此者，以为德业之卑不足以为道；道之至在于神耳，于是弃德业而不为。夫为君子者皆弃德业而不为，则万物何以得其生乎？故孔子谓神而卒之以德业之至。……神之用在乎德业之间。……故曰：神非圣则不显，贤非大则不形，此天地之全，古人之大体也”（文集卷六十六）。道学家也讲究“养”的，但他们“以为德业之卑不足以为道”，“于是弃德业而不为”，终日讲究主敬习静，欲在“静中养出端倪”，想由瞑想发现天理。他们以为那“不可知”的神——道，必须如此才能体会得。其实他们只是虚中玩弄光景，所见皆是镜花水月，“玩弄花月一生，徒自欺一生而已”（颜元性理书评）。介甫和他们正相反，他以为离开“德业”的“养”，要从“德业”入手。何谓德？答韩求仁书说：“道之在我者为德，德可据也。以德爱者为仁，爱而宜者为义（依洪范传增）。仁，譬则左也；义，譬则右也。德以仁为主，故君子在仁义之间，所当依者仁而已”（文集卷七十一）。据德依仁，是修身的事，德据仁依。则动作自“当于理”。据德，即所以养性；依仁，即所以尽性，（九卦论云：“仁足以尽性”）。何谓业？业是事功。“圣人以成万物为己任”的，故重事功。德业都是“人之道”，乃一事的两面。致一论说：“致用之效始见乎安身。……易曰：‘精义入神以致用，利用安身以崇德’，此道之序也”。“身既安，德既崇，则可致用于天下之时也”。“夫身安德崇而又能致用于天下，则事业可以备矣”（文集卷六十六）。“致用”便是此两端的一个理，则必须“能致用于天下”，始有盛德大业！有盛德大业才算是大人和圣人故讲“致用”，重“德业”，才是“养其大体”，才是大人的“养”。

“盛德”之“养”是为我，而“大业”之“为”是为人。圣人之所以成为圣人，便是由于能人我两全。为我，所谓盛德之养，在如何充显一己的情性，而“居仁由义”。为人，所谓大业之为，在如何体念人人的情欲，而“仁济万物”。介甫的社会政治学，即从这“仁济万物”的同情心出发，同时他认为天道“尚变”，人道当本承天道，当然也应“尚变”的。如何的“变”？自是依“时”依“势”，因人“性之欲而为之制”（文集礼论）。

介甫上仁宗书，说仁宗有“仁民爱物之意”，“宜其家给人足，天下大治。而效不至于此”，是由于不知法度。故他认为须变更当时的法度，使合于“先王之政”。不过这不是复古，因为今世去古已远，“所遭之变，所遇之势不一”，自然不能用古之法度；但可法其意而作革更的。

最后，我们再来谈谈介甫对于政治制度的改革。他对于这方面的改革，二语足以尽之，即立学校制度以养吏才，定官制以集法权。这和当时保守主义的行政制度是不两立的，自然要遭反对。但最使当时的保守派感到切肤之痛的，则莫过于关于社会经济方面的新法。

新法的最先议行者，是制置三司条例司的设立。他以为此举可将利权收归国家，既可“制兼并”，“济贫乏”，又可增加国富。但这个政策和豪商地主的利益最为冲突的，故仅行年余即被废罢。又行青苗法，亦称常平新法，他说明此法之利道：“昔之贫者，举息之于豪民；今之贫者，举息之于官。官薄其息，而民救其乏”。其目的在救济贫农。又行均输法，其目的在限制“富商大贾乘公私之便，以擅轻重敛散之权”。其目的在利农。又行募役法，解放贫农，“害农之弊，莫甚于差役之法”。自行募役，农民困敝遂得以解除。然此法以产业物力为输钱助役等第，“所宽优者皆材乡朴愿不能自达之穷岷，所裁取者乃仕宦兼并之家能致人言之豪右”,因此士夫豪右反对此法最烈。史传神宗尝与君臣论免役之利,文彦博奏对:“祖宗法制具在,不须更张以失人心”。神宗反问他说:“更张法制于大夫诚多不悦,然于百姓何所不便”?结果彦博但能以“为与士大夫治天下,非与百姓治天下也”来搪塞。

总观新法内容的目的,一方面是改革吏制,消灭奸滑的官吏;一方面是树立新的经济政策,压制豪商地主,摧毁兼并之家。因之,遂招致剧烈的反对,新法卒不获畅行无阻,介甫自己且蒙受数百年不白之冤,可想见当时的反动势力是如何的大啊。

三 司马光

反动派中包含着无数思想陈旧的有名人物,而以司马光为其领袖。

司马光字君实,陕州夏县人。生宋真宗天禧元年,卒哲宗天祐元年(一〇一七——一〇八六)。他于仁宗宝元初便中了进士甲科,他早年本是一个“时念天下事”,“以天下安危为念”的志士。在庆历间,他曾参与欧阳修等所倡导的古文运动,攻击那束缚性灵的“险怪奇涩之文”体。在嘉祐间,又主张要选贤任能,而同情于科举的改革和吏制的整顿。及至英宗时,他又倡议募人充“衙前”,使“农夫于租税之外而无预”(这便是介甫所行新法中的募役法,不过他未曾想到征助役钱)。但到了介甫执政变法的时候,他却一变而为反动派中的领导人物了。他和介甫的私交本来甚厚,相传介甫的进用即由吕公著和他的荐引(据邵氏见闻录),后来为了变法两人因立场的不同和意见相反遂至争议不已。他曾致书介甫说:“介甫才高而学富,……今……从政始期年,而士大夫在朝廷及四方来者莫不非议介甫,如出一口,下至闾阎细民,小吏走卒,亦窃窃怨叹人人归咎于介甫。不知介甫亦尝闻其言而知其故乎?……今介甫为政尽变祖宗旧法……使上自朝廷,下及田野……士吏农工商僧道无一人得袭故而守常者,纷纷扰扰,莫安其居。……自古立功立事,未有专欲违众而能有济者也”(司马文正公集卷七十四)。而介甫则回答他道:“窃以为与君实游处相好之日久,而议事每不合,所操之术多异故也。……至于怨诽之多,则固前知其如此也。人习于苟且非一日,士大夫多以不恤国事同俗自媚于众为善;上乃欲变此,而某不量敌之众寡,欲出力助上以抗之,则众何为而不汹汹然?”(王临川文集答司马谏议书)介甫明白告诉他,那些奸滑的官吏以及豪商地主兼并之家“汹汹然”的“怨诽”,事前早已料到了,何足怪异。但他不独和介甫在私人间争议,还在神宗面前极力阻扰新法。终于因为神宗不能容纳他的主张,愤而辞去枢密副使,退居于洛。及哲宗立,太皇太后专政,新党失势,光始出当国政,尽罢新法。甚至如他从前曾倡议过的募役法,也因为“仕宦兼并能致人言之豪右不便”而一并罢去。

后人之同情介甫新法者,辄说君实之反对乃因意气,而其实不尽然。上面已指出他面对的社会不同于介甫,而最重要的还是他所服膺的政术,他的基本观念——道,和介甫根本不同的缘故。所以我们想了解他为什么始终反对介甫变法,又必须对他的哲学而加以考察。

君实著有易说潜书(多有阙文,一说本未成书)及大学中庸义;又曾注系辞,老子道德论,太玄经;又有文集八十卷。又“患历代史繁,人主不能遍览,遂为通志八卷以献。英宗悦之,命置局续其书。至神宗名之曰资治通鉴”。他“于学无所不通,惟不喜释老,曰:‘其微言不能出吾书,其诞吾不信也’”。而其实他的思想与老氏最多勾搭。他“最与康节(邵雍)善,然未尝及先天学,盖其学同而不同”。因为邵雍是从道士队里出来的,他才是真正宗依原始的道家。

君实论为学之道重在“治心”,迂书说:“小人治迹,君子治心”(文集卷六十五)。又说:“学者,所以求治心也;学虽多而心不治,何以学为?”(文集卷六十五)“迹”是事迹,实迹。所谓学,不在察究事实,多识多闻,须是讲求内心的修养。不过“治心”并不是“无心”,迂书说:“或问:‘子能无心乎’?迂叟曰:‘不能。若乎回心,则庶几矣。’”(文集卷六十五)“治心”就是“回心”,和孟子所说的“求放心”相仿。“放心”则必去善而从恶,去是而从非;“回心”则可反是。“回心”不是一件玄妙的事情,心的“回”

和“放”全“在我”,“我”“操则存”,“我”“舍则亡”(告子上)。只须“我”把握得住,自会“去恶”,自会“舍非”。唯心论的极端唯我论。这是必然的。他的修养术不仅重视这“心”,而且太重视这“我”了;虽然说得不很玄妙,也够空洞了。因为他不好联想,不爱空谈,所以只讲“回心”,不说“无心”。这“回”字包含有强制之意。“回心”好“如追放豚”,故说是“去恶而从善,舍非而从是”。因此,他“治心”偏重消极的强制。

程伊川“于涑水(即君实)微嫌其格物之未精”(涑水学案上全祖望引),自然嘛,君实的思想体系比起伊川来实在不如他那样的精密会通,但他也还能本末兼察,体用一贯,可以自圆其说的。

潜虚说:“万物皆祖于虚,生于气,气以成体。……故虚者,物之府也;气者生之户也;体者,质之具也”。这是他的天道论。这“虚”大约相当于老氏的“无”,“气”则相当于老氏的“有”。老子说:“无名天地之始,有名万物之母。”他的“祖于虚,生于气”的主张大约便是从这个意思伸引出来的。“虚”为“天地之始”,“气”为“万物之母”,故说:“虚者,物之府;气者,生之户”。这“虚”和“气”似乎不是对立的两物。他论万物的发生,于“虚”用一“祖”字来说,于“气”用一“生”字来说;但“气”于万物是直接,而虚“则”是间接。照这样看法,他的“虚”相当于茂叔的“无极”,“气”相当于茂叔的“太极”。自“虚”而“气”,正如茂叔的“自无极而太极”,都是从老子的“万物生于有,有生于无”的意思伸引出来的。大约他把“虚”看作“体”,而“气”则是用。由体起用,万物化生,故是“祖于虚”。万物皆分于“气以成体”质,故是“生于气”。总括的说,他以为宇宙的本体为“虚”,“虚”的现象为“气”,“气”的分殊为万物。

君实又从“物”谈到“性”,潜虚接着说:“体以受他性者,神之赋也”,这是他的性论。“气以成体”“体者质之具”。故所谓体,只是气质。“体以受性”,则性只是气质之性。性是“神之赋”,乃是“天与”的(疑孟说“所谓‘性之者’,天与之也”)因之,他遂拿“才”来说性。他老老实实的说:“才,不才,性也。”他劝大家不必东一拐西一湾的“竞为幽僻之语以欺人”。“才”便是孟子所说的“天之降才尔殊”,故性有“才,不才”之分。

“才”是性,“不才”也是性;“才”便是善启,“不才”便是善的。以此,他遂反对孟子的性善之说。疑孟说:“孟子曰‘人无有不善’,此孟子之言失也。丹朱、商均自幼及长所日见者尧舜也,不能移其恶。岂人之性无不善乎?”因为如果承认“性无有不善”,则便没有“不才”之可言了。如果“天之降才”是一模一样,则人类便没有“愚智”之可分了。他不能这样的说。他认为人类的材性是有“愚智”的,为的是“天之降才尔殊”。他更从这个前提演申出以下的结论:“夫民之所以有贫富者,由其材性愚智不同。富者知识差长,忧深思远,宁劳筋苦骨恶衣菲食,终不肯取债于人,故其家常有赢余,而不致狼狈也。贫者呰窳偷生,不为远虑,一醉日富无复赢余;急则取债于人,积不能偿,至于鬻妻卖子,冻馁填沟壑而不知自悔也。是以富者常假贷贫民以自饶,而贫者常假贷富民以自存。虽苦乐不均,然犹彼此相资,以保其生。今县官乃自出息钱,以春秋贷民,民之富者皆不愿取,贫者乃欲得之。”(文集卷四十一)这是他上神宗乞罢条例司常平使疏里的一段话。介甫请制条例司的目的,在“抑制兼并,均济贫乏”。行青苗法的目的,在限制豪民的高利借贷。他为了保护豪商地主兼并之家的利益,而乞罢去。他不承认贫富不均是由于制度,起于剥削。他觉得高利借贷是贫富“彼此相资,以保其生”的绝妙办法。他认为“均济贫乏”,“抑制兼并”是多事,是不合理。他老老实实的说:“夫民之所以有贫富者”,是“由其材性愚智不同”。富者才而智,“忧深思远”,所以富了。贫者不才而愚鲁,“不为远虑”,所以贫了。“材性愚智”乃天所赋与,为性所固有,是故贫富的分化,乃出于自然为天所命定,岂是人力所能挽救的?所以他认为均贫富,只是一种反自然违天命的邪说。

君实又从性谈到名,主张“性以辨名”。何为名?“名者,事之分”。故“辨名”即所以定分,而“辨名”亦即孔子所说的“正名”,名正则事成,事成则分定,分定则人安分而无争执。但是名分的正定,又多是根由其材性的。迂书说:“愚智、勇怯、贵贱、贫富,天之分也;君明、臣忠、父慈、子孝,人之分也。”(文集卷六十五)材性有愚智、勇怯,人事有贵贱、贫富,这是“天之分”。君臣之礼,父子之伦,这是“人之分”。而“人之分”又是根据“天之分”而来的。最后，他从这个观念去说明人的行为。

君实主张“名以立行，行以俟命”。何谓行？“行者，人之务”。何谓命？“命者，时之遇不遇”。“人之务”在能守己而安分；守己以待天，安分以俟命。迂书说：“或曰：夫士者当美国家，利百姓，功施当时，泽及后世，岂独龊龊然仅使其分不敢失陨而已乎？曰：非谓其然也。……僭天之分，必有天灾；失人之分，必有人殃。尧舜禹汤文武勤劳天下，周公辅相致太平，孔子以诗书礼乐教洙泗，颜渊箪食瓢饮，安于陋巷。虽德业异守，出处异趣，如此其远也，何尝舍其分而妄为哉！”（文集卷六十五）在消极方面，他不赞同“舍其分而妄为”，虽贫贱亦须乐天安命，不要以此而反对贵富的人。故迂书又说：“治心以正，保躬以静。进退有义，得失有命。守道在己，成功则天。夫复何为？莫非自然。”（无为赞）“圣人之为善，岂有异乎其间哉？事至而应之以礼耳。礼者，履也；循礼则事无不行。义者，宜也；守义则事无不得，圣人执礼义以待事，不为善而善至矣。圣人岂有意乎其间哉。”（绝四）在积极方面，他主张要“治心以正，保躬以静”，无为而自然，“执礼义以待事”，这就是他的人生哲学。

他从“安分”主义出发，进而解释社会政治的起源。他说：“或问：‘太古如何’？曰：‘不如今日也’。‘何以言之’？曰：‘古之人寒衣而饥食，贪生而畏死，不殊于今日也。喜怒哀乐好恶畏欲，与民俱生，非今有古无也。古之食鸟兽之肉，草木之实，而衣其皮。鸟兽日益殚，草木日益稀。人日益众，物日益寡。视此或不足，视彼或有余，能相与视死而勿争乎？争而不已，相贼伤，相灭亡，人之类盖可计日而尽也。圣人者悯其然，于是作而治之，择其贤智而君长之，分其土田而疆域之，聚其父子兄弟夫妇而安养之，施其礼乐政令而纲纪之，明其道德仁义孝慈忠信廉让而教导之。犹有狂愚傲狠之民悖戾而不从者，于是鞭朴以威之，铁钺以戮之，甲兵以殄之。是以民相安分而保常，养生而送终，繁衍而久长也。’”（集六十九修文宣王庙记）故一方面是“人日益众，物日益寡”；一方面又是“此或不足，彼或有余”。不“能相与视死”，故“争而不足”。照这情形看来，则定制度，均贫富，损“有余”以补“不足”，自是当然的合理的结论。但是，圣人不是这样的想和这样的做。圣人认为所以如此，实由于人民不能“相安分”。因此，圣人立君长，定疆域，讲人伦，施礼政，明道义，严刑法，——教化与膺惩双管齐下，务使人民明白“贵贱贫富天之分也”的道理。如果人人都明白了这个道理，然后可以“相安分而保常”，不敢“舍其分而妄为”了。这是他的社会政治发生说。他从这个结论体会得“保常”的妙用，他的政术即以这个“保常”主义为核心。

他最喜说“自然”，他以为“自然”便是“无为”，便是不变，便是守常。迂书说：“古之天地有以异于今乎？天地之不易也，日月无变也，万物自若也，性情如故也，道何如而独变哉。”（集卷六十五）天道是守常的，不变的，治“道何如而独变”？他认为“法不可变”，应以因循为务。他曾致书介甫畅论老氏的“无为”的政术，他说：“老子曰‘天下神器不可为也，为者败之，执者失之’，又曰：‘我无为而民自化，我好静而民自正，我无事而民自富，我无欲而民自朴’。又曰：‘治大国，若烹小鲜’。今介甫为政，尽变更祖宗旧法，先者后之，上者下之，右者左之，成者毁之，弃者取之，矻矻焉穷日力，继之以夜而不得息。使上自朝廷，下及田野，……无人得袭故而守常，纷纷扰扰，莫安其居。此岂老氏之志乎？”（集卷七十四）他说介甫的变法是违反老氏的政术。他最喜汉初那种行“黄、老之术”“以因循为用”的政治。史载神宗读资治通鉴至曹参代萧何事，问曰：“汉守萧何之法不变可乎？”光对曰：“宁独汉也，使三代之君常守禹汤文武之法，虽至今存可也。汉武取高祖约束纷更，盗贼半天下。元帝改孝宣之政，汉业遂衰。由此言之，祖宗之法不可变也。”（宋史司马光本传）

他又谈到人君的南面术，曾说：“臣窃惟人君之大德有三：曰仁，曰明，曰武。仁者，非妪煦姑息之谓也；兴教化，修政治，养百姓，利万物，此人君之仁也。明者，非烦苛伺察之谓也；知道义，论安危，别贤愚，定是非，此人君之明也。武者，非疆亢暴戾之谓也；惟道所在，断之不疑，奸不能惑，佞不能移，此人君之武也。故仁而不明，犹良田而不能耕也；明而不武，犹视苗之秽而不能耘也；武而不仁，犹知获而不知种也。三者兼备，则国治。”（集卷十八）又说：“审求天下之大贤而可用之，举社稷百姓而委属之；虽有至亲不能夺也，虽有至贵不敢争也，虽有诡巧不能间也。确然若胶漆之相合，视其际而不可得见也。然后贤者得尽其心而施其才，不忧怨贼之口，不惧猜嫌之迹。人主端拱无为，享其功利，收其荣名而已矣。"（文集卷六十）一个理想的人君，要"仁"，要"明"，要"武"，最重要的则是要能选任贤能。能够选贤任能，可做到"端拱无为"而天下治。

不但人君南面须要"端拱无为"，人臣何独不然。他致书介甫说："自古圣贤所以治国者，不过使百官各称其职，委任而责成功也。其所以养民者，不过轻租税，薄赋敛，已逋责也。介甫以为此皆腐儒之常谈，不足为，思得古人所未尝为者而为之。……聚文章之士及晓财利之人使之讲利。……又于其中不次用人，往往暴得美官。于是言利之人，……炫鬻争进，各斗智巧，以变更祖宗旧法，……以自为功名……。"因此，他认为"使百官各称其职"，务行故事，不事更张，才是最佳的政术。这正是宋初赵普、王旦、李沆们一派的心传。

四 结语

由于上面分别推阐的结果，我们可试将君实的"道"（哲学）和"术"（政术）的各方面和介甫的加以比较，即可发现他们是处处相反，无一同调。这就可证明我在上面所说的他们二人的对抗不仅是社会政治方面的现实原因，同时还有个这样更纠缠的思想问题夹在里面。他们确是面对现实，而各提供一种应付现实的方略。但他们所提供的方略，不全为现实主义的，而是从他们的不同的政治哲学出发。这种政治哲学乃是从一种玄学演生，且各有其古远的源渊的。因此他们遂由思想上哲学上的对立而演为政治上的对抗。各有所据，各自言之成理。终而自分党团，遂成水火，此兴彼起，累世而不能休。

秦代政制之研究

秦王政二十六年，（民元前二一三二；西元前二二一）将军王贲从燕南攻齐，齐王建降。关东六国，至此皆为秦并，天下统一。此为中国史上第一次实际之统一。秦王政既创立此前古未有之大一统局面，对政制各方面势必有所革整，以期焕然一新，始可以表现此新国家之精神与实质。

（一）国体之形成——皇帝

在此种自然趋势之下，秦王政最先对于自己之新地位——宰制天下之至尊地位——觉有计议之必要。史载彼于二十六年初并天下时，令丞相御史曰：

> 寡人以眇眇之身，兴兵诛暴乱。赖宗庙之灵，六王咸服其辜，天下大定。今名号不更，无以称成功，传后世。其议帝号！

群臣计议之后，对曰：

> 昔者五帝地方千里，其外侯服夷服，诸侯或朝或否，天子不能制。今陛下……平定天下，海内为郡县，法令为一统，自上古以来

> 未尝有，五帝不能及。臣等谨与博士议曰："古有天皇，有地皇，有泰皇。泰皇最贵。"臣等昧死上尊号，王为泰皇。命为制，令为诰。天子自称曰朕。（史纪始皇本纪）

秦王"自以德兼三皇，功包五帝，"[①]因并以为号，曰："去泰著皇，采上古帝位号。号曰皇帝。他如议。"（史纪始皇本纪）复废除谥法，谓太古之君"有号无谥，中古有号，死而以行为谥，如此，则子议父，臣议君也，"（同上）甚不可，自为始皇帝，命后世以计数，二世三世传至千万世。

始皇欲宣扬其成功，欲表显其新得之地位，为一古无伦比的新邦之至尊，非旧日之王国的君称所可含摄，而另建皇帝之号。然此种意念之涌兴，不全出始皇之直觉，而实由时势之积渐。观其令文末直言"其议帝号"，则称"帝"之事在其意识盖已视为当然，然其时秦尚未正式为"帝"，而作如是说，可知称"帝"之议必有由来，实非一完全新起之问题也。

原来，战国以前之君主皆称为王。周以前之王乃一方一国（其时之万国，部落而已，与周以后之所谓国者不同。[②]）之盟主。其时方国之大事，惟战争与祭祀；故所谓王者，仅有祭祀上之主祭权，战争时之统率权，对国内各族之内政实不得支配之也。且其时之所谓国者，同时不止一国；故称王者，亦非一人。此种情形至商末周初仍然，如周人于帝乙之世已称王；而武王东征，置监而去，商之主仍为王如故（周公旦于平定三监之变后，建洛邑，作多士，"用告商王士"，可证商主武庚之仍然称王）。其后周公旦再定东土，在周之武力所能控制之范围内，众建亲贤，树立一新国规模。于是诸侯与王室之关系始密切而分明。虽王与诸侯"俱南面而治，有不纯臣之义"[③]，然其宗属之名分大定，已不容自由变更。在原则上，所谓王者已拥有所有全国之土地与人民，认为

---

① 蔡邕独断卷一。

② 殷虚卜辞多称国为方，如土方，羊方，吉方。金文亦然，如云夷方，郐方。故古谓四方，常与四国同意。

③ 公羊传注文。

“普天之下，莫非王土，率土之滨，莫非王臣”；（诗北山）在实际上，周王对于诸侯，在法定与可能范围之内，亦具有控制与支配之权，诸侯必须尊之为宗室，而接受其统治。（不过此就周之封建势力所及者言之，其势力所不及之方国，则自称王如故，如大如徐。）①

犬戎之变，周室东迁，王畿狭削，人口减少，于是王室在经济与武力方面之优越地位已丧失。不但不复能控制诸侯，实权已失，渐至王室之存在，亦惟“晋郑是依”。其后幸赖侯国众多，势力相均，人心不一。对周室的宗主地位尚不敢公然否认，故在名义上仍被尊为共主。所以春秋时代之国际政治，其中心问题为“争盟”，为“争霸”，（霸者，伯也；伯者，诸侯之长也。）尚不敢“争王”，且必须“尊王”。其时实力较大之诸侯可为盟主，可以称霸，然必须尊崇周室，必须取得周王之认许（所谓“赐伯”），始可号令诸侯，控制诸侯。（此种尊王之遗风至战国初仍未息。如三家分晋，田氏篡齐，仍须取得周王的认许，“命为诸侯”；又如秦在孝公时，始建诸侯。仍袭旧日霸者之方略，会诸侯于周，受封为伯，以确定其地位。）当时之周室，由于诸侯间的均势，由于霸者之可利用，故其传统的政治上法律上之一尊地位，得赖以保全。

此种情形至春秋之末迄战国前期，始逐渐更变。因为经过一长时期之自然发展与兼并，若干国家已更强大。复由各国经济上所起之剧变，使旧式之社会关系因而分解，因而变质。一方面采邑之农奴渐成为自由农民；他方面官府之工商奴亦渐变为自由之庶民。彼辈已成为国家之人民，不复受其旧日领主之统治。而旧日之世族，大多失去或放弃其采邑，其优越之身份亦渐被消除，多有降为士庶者。又有士阀，为一中间阶级，此社群之来源有二。一者，来自庶农。国语记，“农群萃而州处，以从事于田野，不见异物而迁焉；是故农之子恒为农——野处而不昵，其秀民之能为士者，必足赖也”（齐语）。是士乃由领主拔选

① 矢之为国名见于散氏盘铭；矢君之称王亦有矢王彝可证。郐方之称王见于史记赵世家秦本纪，古金中亦有郐王鼎，郐王耑，可证也。

其隶农之“秀”而“能为士者”，成为士。一者，来自世族。如孔子之先为宋之世族，奔于鲁，后成为士。（左传记孔子之父为一武士）王与诸侯，世族皆有士，授以田，使就闲燕，讲学习艺。（孔子为士。论语记孔子以六艺教人。礼乐书数为文事；射御为武事。盖古代之士所讲习，文武兼包。）彼辈因习战阵，所以为君之“干城”；因娴治术，所以又为君之“腹心”。当旧社会解体时，此中间阶级——士阀乘机而得到更高度之发展。因为士阀虽有恒产，但非领主，与庶民接近，可与新旧之庶民合流为一。因为彼辈虽娴治术，得为官吏，然多沈下僚，且在政治上并无传统之势位。故当国君统一一国之政权，而削除世族在政治上之传统势力时，常喜任用此种由士阀出身之士人为新型政府之官吏。彼辈之权位并非由于世袭，而是授自国君，——国君可以予之——故对国君忠心，对新政权拥护。总之，此时之社会已渐非旧日之社会，而国家亦非旧日之国家。在封建时代，列国之统治阶级为诸侯与世族，而此时则为国君（主权者）与士阀（治理者）。此时诸侯之国家已为统一的国家，一国之主权属君主一人或一家（非一族），一国之官吏均直接间接受命国君以治理人民。此时之国君虽仍为以前诸侯或贵族之后裔，然其实质已改变矣。

由于社会与政治之剧变，而时代意识亦随之起生剧变。旧日传统之政治观念已渐难拘束此时之国君与新兴士阀之心。彼辈止知有国，对于权势丧失已久，且益衰微之周室已渐视若无物。同时由于蚕食与兼并，至此时诸侯存者十余国而已，而强大者仅数国。于是“争霸”“争盟”之称强方法已成为过时之政略。此时列国对外争战之目的，一言以蔽之曰“辟土地”而已。此时列国已渐不“尊王”，与周时之关系若存若亡，不绝如缕。且有一二大国已起对周室宣告独立而自为王之意。其意发端于魏，魏在战国初期为东方诸侯之最强大者。魏君（惠王）于逢泽之会[①]（民元前二二五五；西元前三四四），“乘夏车，称夏王。”（战

① 此从钱穆说，见先秦诸子系年八三节。

国策秦策)而齐亦大国,起与争强。"齐击魏,大败之,于是齐最强于诸侯,自称为王,以令天下。"(史记田齐世家),然此皆自为之,尚未得他国之承许也。后以秦故,终至相王,于是国际形势因之一变。原来秦较晚起,至孝公时,用商鞅变法,国势始盛,跃为强国。乘魏齐争强,东侵,屡败强魏。且效桓文故略,号召诸侯以朝周主。颇有假借名义以令天下之意,遂使东方诸国不得不谋对策。秦孝公卒后之四年(民元前二二四五;公元前三三四。)魏王用惠施谋,与齐威王会于徐州,相约互许称王。明年,复以苏秦为从约长,魏齐燕赵韩楚合从以抗秦。后九年,秦亦称王。其他诸侯如韩燕,亦前后称王。仅赵君不肯,令国人称己为君,但不久亦为王。由于诸侯相王,周为天下共主之地位遂正式被消除,而封建之残余势力至此乃扫尽。同时,称王之国必具其实,始可处其名,(如魏用犀首谋,立中山为王。而齐不欲,以为中山小而称王,羞与为伍。此种观念在封建时代,则不会起生。)可知此时对王之观念已有一新标准在,非复旧日之所谓王者矣。

其后列国复由相王而转为争帝。从诸侯相王至秦之统一,百余年间,为齐赵秦争强之时代。初为齐秦争强,后齐势渐弱而赵起与秦争。几个国势凌驾于他国之上的强国,渐有兼并他国而成一统天下之意。当时之思想家亦同此感想,如儒家之孟轲,彼周游列国,鼓传其"王天下"之理想。其实东方最强大之国为齐,然魏仍未太弱。孟轲至魏[①],魏王问:"天下恶乎定?"对曰:"定于一。"适齐,齐王问:"齐桓晋义之事,可得闻乎?"对曰:"仲尼之徒,无道桓文之事者。无已,周王乎!"(孟子梁惠王上)王者,"王天下"之谓也。在此种"王天下"之理论下,而帝王论应生。因为列国已称王,期"王天下"者必须别立一更高之称号,始可以表显此中新地位。彼辈追迹过去,主采用于古之"帝"为"天下"之位号。"帝"为上帝,在上古之神话传说中,为宰制宇宙之至上

---

① 江永群经补义曰:"孟子见梁惠王,当在周慎靓王元年辛丑,(民元前二二三一;西元前三二〇。)是为惠王后元之十五年。至次年壬寅,惠王卒,襄王立,孟子一见即梁去矣。"说甚是。其时距齐魏相王已十五年。

神，为神与人之主。及神话为人话，此天帝遂变为上古之人王，遂成为“光被四表，格于上下”（书帝典）之“天下主”。至此时，或创五帝论，或立三皇说，（古传说中之天帝，或称“皇皇上帝”，或称“皇帝”或称“皇天”，故“皇”亦“帝”也。）似上古确有此种人世之“帝”焉。有此史学可供鼓传之资据，且现实上亦确有其需要，故不久遂得时君之信采。此时期之初，列国以齐秦为最强大，各有“王天下”之雄图。然二国之势均力敌，两不相下，遂取平分天下，各自为帝之策。此事是由秦发动。秦昭王十九年（民元前二一九九，公元前二八八。）十月，昭王自称西帝，而使人致东帝于齐湣王。湣王受之，欲以并周室，为天子。但此乃二国相约，而非由势力较弱之国所推戴。大约别国颇有流言，故不久，苏代自燕入齐，劝齐湣王去帝号，使天下爱齐而憎秦。湣王从之，复为王。秦畏天下之见背，亦自去其帝号。然称“帝”之说，已由一理想而成为事实，遂在时人之意识中，立下一坚不可拔之基础矣。后二年，苏代为燕昭公设谋，以秦为西帝，赵为中帝，燕自为北帝，立三帝以令诸侯，齐不听，则燕赵共伐之。燕昭王二十八年，（民元前一二九五；公元前二八四。）燕将乐毅以秦赵韩魏之师伐齐，几灭齐国。后齐虽复国，元气大衰，已不能再为东方之最强国。然燕亦渐弱而赵起，与秦争强十余年。赵孝成王九年，（民元前二一六九，公元前二五八。）秦围赵邯郸。此时秦已成当时之最强国，各国均畏秦，不敢救。魏虽出援兵，然亦以畏秦而观望不前。魏王复使人谓赵王曰：“秦所以急围赵者，前与齐湣王争强为帝，已而复归帝，以齐故。今齐……弱，方今惟秦雄天下。此必非贪邯郸，其意欲求为帝。赵诚发使尊秦昭王为帝，秦必喜，罢兵去”。（战国策赵策，史纪鲁仲连传）有鲁仲连者，适游赵，劝止之。否则秦昭王三十年来“争强为帝”之宏志，已及身而实现矣。魏公子无忌复窃符与赵合兵击秦，破秦军，解邯郸之围。然秦之强仍如故。明年，灭西周，取其宝器。其后，韩王入朝，魏委国听命，天下皆服于秦。秦在当时，实际上已以帝自居，（史记李斯列传言斯将入秦，告荀卿曰：“斯闻今秦王欲吞天下，称帝而治”云云。）人亦以一“天下主”事之，故荆轲刺秦王政时（秦王政二十年），曾称秦王为“天子”。（战国策燕策）。

由于社会经济之革变而新国家之基础形成，由于诸侯均势之破坏而一统局面之条件具备，由于思想家之宣倡而为帝之识兴起。故始皇兼并六国后之称帝，之议帝号，诚属顺自然之趋势而为当然之计虑者也。始皇既“采上古帝位号”为国君之称号，以维持国家之统一，于是“皇帝”遂成为国家一统之象征。（史记始皇本记载琅邪石刻文曰：“普天之下，抟心揖志，……应时动事，是维皇帝。……皇帝之明，临察四方；……皇帝之德，存定四极。……六合之内，皇帝之土；西涉流沙，南尽北户，东有东海，北过大夏。人迹所至，无不臣者；……莫不受德，各安其宇。维秦王兼有天下，立名为皇帝。”皇帝与一统之国家观念遂合而为一。）从此所谓国家遂成为皇帝一人之国家，（史记高祖本记载：未央宫成，高祖大会群臣。高祖奉玉卮，起为太上皇寿曰：“始大人常以臣无赖，不能治产业，不如仲力。今某之业，所就孰与仲多？”群臣皆大笑为乐。由此可知皇帝已视国家为其一人之物，而臣民亦如此认许之。）万民皆成为皇帝一人之臣民。（汉书高帝本纪下记：高祖五日一朝太公，太公家令说太公曰：“天亡二日，土亡二王。皇帝虽子，人主也，太公虽父，人臣也。奈何令人主拜人臣？如此，则威重不行。”后上朝，太公拥彗迎门却行。上大惊，下扶太公。太公曰：“帝，人主，奈何以我乱天下法？”因为“天无二日，民无二主”，虽为皇帝之父，亦人臣也，故不能尊于皇帝。）于是皇帝遂被认为人中之至尊。（蔡邕独断卷一云：“皇帝，至尊之称。”）因为皇帝为一国之至尊，所以一国之内止有一皇帝。从此皇帝即为最高主权者，成为国家唯一之权原：上自立法，任官，封爵，……下至礼仪，……皆由其诏令规定。总而言之：经过一长时期——事实上，意念上——之演进，之积累，至此已达到“君主即国家”之境界。帝号已定，而此新国家之精神与实质遂能总摄。

(二) 帝国之精神的根源——德

帝号既立，国体遂定。于是始皇乃推阐帝国代表之“德”，以为立法作制之本据。史载：

> 始皇推终始五德之传，以为周得火德，秦代周德，从所不胜，(正义云：“秦以周为火德，能灭火者水也，故称从其所不胜于秦。”)方今水德之始。改年始朝贺，皆自十月朔。衣服旄旌节旗皆上黑。数以六为纪。符法冠皆六寸；而舆六尺。六尺为步。乘六马。更名河曰德水，以为水德之始。刚毅戾深，事皆决于法，刻削毋仁恩和义，然后合五德之数。(索隐云：“水主阴，阴刑杀，故急法刻削，以合五德之数。”)于是急法，久者不赦。(史记始皇本纪)

立法作制，所以显扬秦之“德”也。而秦之“德”乃推演“终始五德”之传而得之者。故欲究察始皇所推得之“德”，必先明了所谓“终始五德”之说。

五德终始之说为战国时人驺衍所造。虽为一新说，然其基本观念亦有所本。其所本，一为古昔之天命论。“天命”之思想传自遂古。古者以为人世之君主乃天帝之元子，为天帝所立，“作民父母以为天下王”者；(书洪范)如人君不能恪尊天服，则天不复顾眷，而更命有德。故周之伐商，自谓“天乃大命文王殪戎殷”，(周书康诰)自谓“皇天上帝，改厥元子，兹大国殷之命”。(同召诰)二为道家之阴阳观。古人以为天地未生以前，一片闇冥浑沌，及至光明(阳之本义为“明”，阳即光明。)出现，闇冥(阴之本义为“闇”；阴即闇冥。)消去，天地始判，万物乃生。后世之智者复依傍此传说而申衍之，创一“道生一，(即混沌；故云：‘有物混成，先天地生。寂兮寥兮，可以为天下母。吾不知其名，字之曰道’。即太一，故云：‘强名之曰大，’又云：‘混而为一，是谓无状之状，无物之象，是谓道纪。’)一生二，二生三，三生万物：万物负阴而抱阳，冲气以为和(庄子田子方云：‘阴阳两者交通成和，而物生焉。’)。”

(老子四二章)之宇宙发生论。在此种之宇宙论中,天地已不复被想象为神祇,阴阳已成为两种气物,而万物已被说为由此阴阳两者和合而化生者(庄子田子方云:"阴阳两者交通成和,而物生焉。")三为古代之五行说。"五行"之说初见于书洪范:"五行:一曰水,二曰火,三曰木,四曰金,五曰土。"此五行为五种物质,而地乃由此五物所构成者。春秋时人据此以创立一种元子论:谓"天有三辰,地有五行"(左传昭公三十二年记史墨言);谓"则天之明,因其地之性,生其六气,用其五行"(同上昭公二十五年记子产言);谓"地之五行,所以生殖也"(国语鲁语上记臧文仲言)。此三思想出现之时不同,且各为独立之发展,然皆为吾先民所积遗之世界观。驺衍之所造说,即以此三种往旧之思想为本据,推衍之,扩充之,使其表里一贯而成为一虽因而实创之新说。史载:

> 驺衍,后孟子。驺衍睹有国者益淫侈,不能尚德,若大雅整之于身,施及黎庶矣。乃深观阴阳消息,而作怪迂之变,终始大圣之篇十余万言。…… 先序今以上至黄帝,……大并世盛衰(索隐:"言其大体,随代盛衰,观时而说事。"),因载其禨祥度制,推而远之,至天地未生,窈冥不可考而原也。……称引天地剖判以来,五德转移(转移或作终始),治各有宜,而符应若兹。……然要其归,必止乎仁义节俭,君臣上下六亲之施;始也滥耳。(索隐云:"滥即滥觞,是江源之初始。故此文意以滥为初也。谓衍之术,言君臣上下六亲之际,行事之所施所始,皆可为后代之宗本,故云滥耳。")王公大人初见其术,惧然顾化;其久不能行之。(史记孟荀列传)

驺衍为接近子思孟子一派思想之儒者。(司马迁著列传,孟荀与驺衍同传,必有所见;驺衍一派之成为阴阳家,实在秦以后。)儒家对于传统的天命论最重视。孔子已有"畏天命"(论语季氏)之言,(论语尧曰言"天之历数",亦与儒家的政治思想有关。)而中庸首章开始即云"天命"。至于孟子,承受此种传统思想之痕迹则更显明。如告万章所问天以天下与舜之说,直言“天与之者,以行与事示之而已;”(孟子万章上)不仅重视天命,且已含有天见“符应”之意味。又如言“五百年必有王者兴,其间必有命世者,由周以来七百有余岁矣,以其数则过矣,以其时考之则可矣,”(同上公孙丑下)言“由尧舜至于汤五百有余岁,由汤至于文王五百有余岁”;(同上尽心下)不仅重视天命,且已含有气运“终始”之意味。然严格言之,子思孟子虽好言天命,但其政治思想尚非以此为最根本的观念。故驺衍之为儒家,不必定属于思孟一系,然当与之接近,或闻其风而起者,孟子之宣扬天命,之阐明天之“历数”,在鼓励时君行仁政以王天下。而驺衍之造五德终始之说亦然。彼见当时之有国者之淫侈而不尚德,故为此说以示天命无常,使王公大人见而生惧,因而修德。因为修德则可以王天下;否则必丧其邦家。彼之五德终始之说实为一种新天命论,是以一种所谓阴阳消息之玄学为其基础。淮南中曾言及此种玄学,云:

> 气有涯垠;清阳者薄靡而为天,重浊者凝滞而为地。……天之袭精(气也)为阴阳,阴阳之专精为四时,四时(四时,疑当是阴阳之误)之散精为万物,积阳之热气生火,火气之精者为日。积阴之寒气为水,水气之精者为月。日月之淫气精者为星辰。……天道曰圆,地道曰方;方者主幽,圆者主明。明者吐气者也,……幽者,含气者也;吐气者施,含气者化——是故阳施阴化。天之偏气怒者为风,地之含气和者为雨。阴阳相薄,感而为雷,激而为霆,乱而为雾。阳气胜则散而为雨露,阴气胜则凝而为霜云。毛羽者,飞行之类也,故属于阳;介鳞者,蛰伏之类也,故属于阴。日者阳之主也,是故春夏则群兽除,日至而麋鹿解。月者阴之宗也,是以月虚而鱼脑减,月死而蠃蜄膲:……物类相动,本标相应。……麒麟斗而日月食……贲星坠而勃海决。人主之情,上通与天,故诛暴则多飘风,枉法令则多虫螟,杀不辜则国赤地,令不时则国淫雨。(天文训)①

① 淮南虽汉人所编著,然书中多保留先秦之古说。此其一也

此说当亦驺衍所造。此种玄学之中心观念为"阴阳",以为万物皆为天地之阴阳二气所形成,故神气交感,故"物类(人为'物类'之一种)相动,本标相应",如专就人事言之,则天人感应,故"人主之情上通于天",政事之善恶,天必见祥机以相应。见瑞则预示其将王;见祟则暗示其将灭。驺衍本据此说以论推历史,复以一种所谓五行相胜说为其间架,而造成一种极具体之历史定命论。五行相胜之说,当亦驺衍案据往旧的五行之说而造成者。其说之详情已难考,仅能就当时墨者辩诘之文中委曲以推究之。墨子卷十经说下曾记一说,云:

> 经　五行毋常胜,说在宜。
>
> 说　五:合(金),水,土,火(木),火,离然。火灿金,火多也。金靡炭,金多也。合(金)之府水,木(火)离木。若识麋与鱼之数,无所利。

毋,无也。胜,克制也;五行克胜而成用。[①] 宜乃多字之讹。宜古文宐,(广韵作宩)与多字形近[②]。炭即火;庄子天下篇辩者之谈"火不热",淮南诠言训高注云"炭不热"。此"毋常胜"论为墨家所立,用以破驺衍之徒所创之"常胜"论。"常胜"论者认为五行"常胜",而"毋常胜"论则认为"毋常胜"。五行常胜:木胜土,金胜木,火胜金,水胜火,而土又胜水。此之谓之五行相胜。五行何以"常胜"?"说在多"。[③] 如"土烁金,火多也。"又如"金胜木者,非以一刃残林也,"(淮南说林训)以刃多也。"土胜水者,非以一墣塞江也,"(同上)以土多也。又如木胜土,必以木多也;水胜火,必以水多也。驺衍创此五行相胜说,以为"五德转移"之依据。依此说,则天命之转移(此终彼始)是机械的终而复始:(此亦为其时学者所共术,说出于易。易复卦辞云:"反复其道",彖曰,"刚反,

---

① 曹镜初墨子笺云

② 栾调甫说,见古史辨第五册页三八三。

③ 白虎通云:"五行所以相害者,天地之性;众胜寡,故水胜火;精胜坚,故火胜金;刚胜柔,故金胜木;专胜散,故木胜土;实胜虚,故土胜水也。"

动而以顺行，是以反复其道。”而老子因之，云：“有物周行而不殆，吾字之曰道。人法地，地法天，天法道。”）顺五行相次，从所不胜。如木之代土，是因土已终，故胜土之木起而代之。

德为五行之德，五行是相次终始，故五德亦是以“土、木、金、火、水”相次终始。史记驺衍论著“终始五德”之运，谓“五德各以所胜为行”（史记封禅书集解引），谓“终始五德，从所不胜：土德后，木德继之，金德次之，火德次之，水德次之。”（文选魏都赋注引七略引）木德克土德，故木继土德后；金德克木德，故金继木德后；……如此相次终始，乃本诸天运，而非人所能为。彼宗以此理则推论历史，认为古代帝王之相争，王朝之改换，皆顺应此五德之运，皆按据此天之历运而“相次转用事”（史记封禅书集解引如淳注）者。换言之，新王之兴起必因前朝之德已终，而新王所据之德，必为前朝所不胜之德。驺衍曾云：

> 五德之次，从所不胜，故虞土，夏木，殷金，周火。（淮南齐俗训高注引邹子曰）

此种“递兴废，胜者用事”（吕览荡兵篇）之史象，非可任意解说。因其终始，转移，乃根据“符应”。“符应”即“禨祥”。故上说，若详言之，则是如此：

> 凡帝王者之将兴也，天必见祥乎下民。黄帝之时，天先见大螾大蝼，黄帝曰：“土气胜。”土气胜，故其色尚黄，其事则土。及禹之时，天先见草木秋冬不杀。禹曰：“木气胜。”木气胜，故其色尚青，其事则木。及汤之时，天先见金刃生于水。汤曰：“金气胜。”金气胜，故其色尚白，其事则金。及文王之时，天先见火赤乌衔丹青书集于周社。文王曰：“火气胜。”火气胜，故其色尚赤，其事则火。（吕览应同篇）①

彼宗以为黄帝以前之史事，虽可推而远之，至天地未生，然已窈冥不可

① 以淮南齐俗说高注所引“邹子曰”证之，知吕览应同篇所云乃驺衍之说。

考而原，故断自黄帝。自黄帝至禹，至汤，至文王；或由虞为夏，为殷，为周：其盛衰皆非出于偶然，而是由于天运，由于“五德之次，从所不胜”之结果。而机祥之“见”，即为此天命的流露。依据“终始五德之传”，旧德必有终止之时。周为火德，推而论之，则未来起而周代必为火德所不胜之水德，彼宗据此而作预言云：

> 代火者必将水，天且先见水气胜，故其色尚黑，其事则水。（吕览应同篇）

五行之德既相次移转，则与其德相应之制度，亦必须随之而改变。如黄帝所得德为“土德”，“土气胜”，故其服“色尚黄，其事则土。”而禹所得之德为“木德”，木克土，“木气胜”，故其服色改“尚青”，而“其事则木”。又如文王所得之德为“火德”，“火气胜”，故其服“色尚赤，其事则火”。据此而推，可预知将来代“火德”而起，以“水气胜”之新王，其服色必须“尚黑”，其事必须“则水”。不过吕览应同篇所言不详。依史记始皇本纪封禅书所载，则彼宗所作之五德法典中，与德相应之事项实有以下九种：（一）年始，朝贺；（二）衣，服，旄，旌，节，旗；（三）数；（四）符，法冠；（五）舆；（六）步，（七）乘；（八）音；（九）政事。此九事又可分为以下五类：一为建正朔；二为改服色；三位制度数；四为定音律；五为立政术。如此，则五德法典中，代表各德之制度当如下表：①

五德	正朔	服色	度数	音律	政术
土	?	上黄	以五为纪	上黄钟	?
木	建寅	上青	以八为纪	上姑洗	助天生
金	建丑	上白	以九为纪	上无射	助天收
火	建子	上赤	以七为纪	上林钟	助天养
水	建亥?	上黑	以六为纪	上大吕	助天诛

① 据顾颉刚所作，见古史辨第五册，页四二八。

彼宗以为当五德移转之际，必须各据其所得之德而作如上表之改变。匪特此也，新朝之兴起对前朝之“政教”，均须有所损益，因“五德移转，治各有宜”故也。驺衍曾云：

> 政教文质，所以云救也。当时则用，过则舍之，有易则易也。故守一而不变者，未睹治之至也。（汉书严安传引驺子之言）

彼宗为“治各有宜”，故“政教”不可“守一而不变”。然彼宗之所谓“变”，乃是顺“时”而革易；换言之，必须依“五德终始之运”而改变。因为一代之“政教”，乃所以表显其所据之德。旧德既终，则其所宜之“政教”同时亦失其“用”；而新德之起，势必有所制作，以适其所宜。此乃本诸天命，征诸五德之运而革易，实非人主所可依其意念而自由行之者也。故非“受命而王”之天子，“不议礼，不制度，不考文”；（礼记中庸）“虽有其位，苟无其德，亦不敢作礼乐焉。”（同上）何则？“虽善无征（符应），无征不信，不信民弗从”（同上）也。

驺衍以此“五德终始”之说游唱于诸侯，征符应，推兴废，迂大而闳辨，闻博而旨幽，真使时君一则以喜，一则以惧。

所以喜者，得此说可以利为宣传之资，暗示天命有常，此德已终则彼德当起，己之将“王天下”。所以惧者，若不修德，则难冀天之眷顾，不入五德之运，不得为天子。“驺衍后孟子”，正当列国相王之后，争抢为帝之时。史载：

> 驺子重于齐。适梁（魏），梁惠王（？）郊迎，执宾主之礼。适赵，平原君侧行撇席。如燕，昭王拥彗先驱，（索隐云，“彗，帚也。谓为之扫地，以衣袂拥帚而却行，恐尘埃之长。”）请列弟子之座而受业，筑碣石宫，身亲往师之。……其游诸侯，见尊礼如此，岂仲尼菜色陈蔡，孟轲困于齐梁同乎哉！（史记孟荀列传）

此时之魏、赵、燕，皆有为帝之意，皆曾一度称帝，正需要此种诡怪而能荧惑人心之学说，自然异常欢迎。驺衍之说不仅利于时主，且能吸取学者之心。史记“驺衍以阴阳主运（之说）显于诸侯，而燕齐海上之方

士传其术，不能通，然则怪迂阿谀苟合之徒自兴，不可胜数也。”（史记封禅书）

秦在驺衍死后，渐有席卷天下之势。至始皇遂并六国，天下大定。于是驺衍五德终始说，遂为始皇采用。史载：

> 自齐威宣之时，驺子之徒论著终始五德之运。及秦帝而齐人奏之，故始皇采用之。……（史记封禅书）
>
> 秦始皇既并天下而帝，或曰，“黄帝得土德，黄龙地螾见。（集解引韦昭曰：“黄者地色，螾亦地物，故以为端。”）夏得木德，青龙止于郊，草木畅茂。殷得金德，银自山溢。周得火德，有赤乌之符。今秦变周，水德之时。昔秦文公出猎获黑龙。此其水德之瑞。”（同上）

驺衍仅预言“代火者必将水，天且先见水气胜。”其时列国争帝，不知鹿死谁手，所以亦不能明指何者为“天且先见”之符瑞。秦既灭周，并诸侯，大事已定，驺子之徒乃以师说于始皇，推定秦为水德，又依“水色黑”而指秦文公“获黑龙”一事为“天且先见水气胜”之瑞。如此言有据，始皇自然深信而纳用；且得此说为根据，则可证秦虽旧邦，其命维新。于是始皇“推终始五德之传”，“更名河曰德水，以冬十月为年首，色上黑，度以六为名，音上大吕，事统上法”（史记封禅书），如上文所说者。此种根据五德法典而改之制度，乃所以表显“方今”为“水德之始”。且以次宣示天下：秦之灭周室，并诸侯，乃出于天命；而始皇帝实奉天承运之天子。（所以始皇统一天下后，每出巡，必“立石刻颂秦德。”）

始皇据德改制，其政术“上法”。依理度之，似不应如此也。何则？驺衍为一接近思孟一系之儒者；（所以秦汉之际，阴阳家与儒家几至混而难分。）史记言衍语虽“闳大不经”，然其说之起实由“睹有国者之不能尚德，施及黎庶，”故“其归必止乎仁义”，与“法先王之道，行仁义之化”之儒家同，仅术异耳。大约“上法”，“剥削毋仁恩和义，然后合五德之数”之主张，非驺衍，乃其徒之所造者。此其故，必因秦本尚法，自商鞅以来已成为传统之政术，而始皇亦好之，故“阿谀苟合之徒”，造此尚法之说以逢迎始皇，无非冀得始皇之欢心而见用耳。

与五德终始之说相连者尚有封禅之说。此说亦为驺衍之徒所创，而多数之儒者和之。其说大意，以为自古受命之帝王，于受命后，必须封禅。（筑土为坛以祭天曰封，除地以祀地曰禅。）因帝王既为天子，父天母地，秦承天命以牧养万民，故当易姓而王之时，必须祭祀天地，以告太平，以报神功。又古人以为上帝虽在天上；亦居人间。其所居之地当为天下积高之处。封禅之说既为齐鲁之士所创和，则祭天之处自然选在泰山。因泰山，在此一带之人士心中，乃天下最高之山，故儒书有“孔子登泰山而小天下”（孟子尽心上）之言。彼宗以为此种封禅之事，亦有史实可征。“古者封泰山，禅梁父者七十二家”：如黄帝，曾有“封泰山，禅亭亭”；如禹，则“封泰山，禅会稽”；如汤，则“封泰山，禅云云”；如周成王，则“封泰山，禅社首”；“皆受命，然后得封禅”。（史记封禅书）秦既代周为天子，则封禅一事自属必行，否则无以称成功，告天命，报神恩。

始皇既采用五德终始之说以改制，则封禅一事当然深信为必需。史载：

> （始皇）即帝位三年（二十八年），东巡，①……征从齐鲁之儒生，博士七十人至乎泰山下，（议封禅之事）（依始皇本纪增）。诸儒或议曰：“古者封禅，为蒲车，恶伤山之土石草；埽地而祭，席用苴楷。”始皇闻此议各乖异，难施用，……而遂除车道，上自泰山阳，至巅，立石颂秦始皇帝德，（封祠祀）……从阴道下禅于梁文。（史记封禅书）

封禅——祭天祠地——之隆重典礼已经举行，于是火德便正式告终，而水德乃正式开始，于是所谓秦革周命之“改德”手续始完毕。

① 始皇为皇帝后，屡次出巡，目的虽在安抚吏民，宣扬秦威，然其事亦与封禅说有关。封禅书言古封禅事，引尚书，述舜受命后，遂类于上帝，禋于六宗，且巡狩四方。始皇之出巡，盖仿古帝之所为耳。

(三) 统治之方式——集权集治

帝号即立,新朝所据之"德"既明,已足以"称成功,传后世"。到此乃可讨论统治之方式问题。① 史载:

> 丞相(王)绾等言诸侯初破,燕齐荆地远,不为置王,毋以填之,请立诸子,唯上幸许。
>
> 始皇下其议于宰臣,君臣皆以为便。
>
> 廷尉李斯议曰:"周文武所封子弟同姓甚众,然后属疏远,相攻击如仇雠,诸侯更相诛伐,周天子弗能禁止。今海内赖陛下神灵一统,皆为郡县,诸子功臣以公赋税重赏赐之甚足,易制,天下无异意,则安宁之术也。置诸侯不便。"
>
> 始皇曰:"天下其苦战斗不休,以有侯王,赖宗庙,天下初定,又复立国,是树兵也,而求其宁息,岂不难哉。廷尉议是。"分天下以为三十六郡,……更名民曰黔首。(史记始皇本纪)②

群臣皆主张再行封建,李斯独以为不便,而始皇则赞同斯之建议,于是周以来之封建政体乃正式废止。后儒之慕念封建者,多以此为秦之罪。其实非也。纵始皇用王绾等言而行封建,亦必如汉初之所行者。汉初之封建制实非周之故物,乃战国时所流行之封君制。此种封君制为封建制变质后所留之遗形,不可与周之所行者同视,故封建制之废止,势使然也。不便复,亦不能复之矣,请略言之。

商之末世,封建制之基本条件盖已具备。然封建制之正式出现,实至周初。西周之封建,具两方式:一为"封建";一为"再封"。周王建国,谓之"封建";诸侯分封,谓之"再封"。(王畿之内之采邑主,不得视

① 史记始皇本纪述秦始皇定天下后之改革,本末相次,甚有系统,非随意为之。故拙文之行文层次,皆依本纪。

② 此事可见李斯之识世务,及始皇之英断。后世所现之事实,如西汉初,如晋初,如明初,皆"以有侯王",皆以"复立国"而"树兵",遂致不"易制",可为证也。

为诸侯,乃甸侯。其对王室之关系,与氏族之对公室者同。就其本质言之,亦“再封建”之一种耳)。在此制度之下,王与诸侯,诸侯与世侯,皆南面而治,各有其国邑,各君其人民。此种统治之方式,原则为分权分治。故典型的封建制之为物,实一种贵族(王、侯、世族)分权分治之政体也。及至春秋末年,诸侯强大。其后列国国情已起种种剧变,一切权力,渐集中于国君一人。于是旧日分权分治之统治方式已不可维持。然其时之世族虽已丧失其“为君”之权位,而少数巨室在政治上之势力仍然潜在。因之而封君制产生。此种封君制,大约至战国初年已完全成立,可以孟子所记者证之。孟子记,“孟子为卿于齐,出吊于滕。王使盖(齐下邑)大夫王驩为辅行。”(公孙丑上)又记,“陈仲子,齐之世家也,兄戴,盖禄万钟。”(滕文公上)陈戴为“齐之世家”,盖为其封邑。依封建之原则,盖为戴所有,可以南面而治之。然治盖之大夫非戴之家臣,乃国家之官吏,齐王所派使者也。戴仅在名义上为盖之君,食盖所纳之贡税万钟而已。(离娄所云,“天子使吏治其国,而纳其贡税焉,”)正此种封君制之写实。此种食税之封君,不可与过去的封建主同视。其时列国均行此种封建制,至末期则更明显,所谓“致汤沐之邑”,所谓“封万户之都”者是也。在封建时代,分封之后,可以世世为君主,至此时亦不能。如齐,孟子告齐王,谓为齐之臣者,“去之日遂收其田里。”(离娄)又如赵,左师谓赵太后曰,“今三世以前,至于赵王之子孙为侯者,有乎?”曰,“无有”。(史记赵世家)又如楚,孙叔敖谓“楚功臣封”一世而收。(吕览)故食贡税式之封君制,有封建之名而无其实,乃一国之君主在集中其权力之过程中,为应付尚有余势之封建残留世族及有功之臣而发生之制度。封君制既为君主专制政体成长过程中之产物,故当后者成熟之时,前者之被消灭实为当然之事。此又可以秦之史实证之。秦杂戎俗,起始便受封建制之影响不深,氏族之势力不大。及孝公用商鞅变法,君主之权异常集中。虽亦有“分土”之事,然皆采封君制也。至王政初年,废吕不韦,杀嫪毐后,似封君制亦有被消灭之象。如王翦出征,将行,请美田宅园池甚众,谓“为大将,有功终不得封侯,故臣及时以请园池为子孙业耳。"(史记王翦传)及初并六国,皆为郡县,而周室遗留之残余封建形式亦被消灭。至此,不仅事实上已不便封建,且为应付"诸子功臣,以公赋税重赏赐之甚足,"亦不需封建矣。属地广远,"填之"自有他种合宜之方式。再置诸侯,不仅"树兵"而已,亦违背当时之自然情势也。

或谓始皇虽从李斯议不再置诸侯,然于封君制似仍继续施用,有以下之事实可证。史记二十八年始皇冬巡至琅邪,立石刻颂秦德,文末列"列侯武城侯王离,列侯通武侯王贲,伦侯(索隐云,爵卑于列侯,无封邑者。伦,类也,亦列侯之类。)建成侯赵亥,伦侯吕武侯成,伦侯武信侯冯毋择。"(史记始皇本纪)实亦非也。封君制虽非封建制,然仍保留分土受民之传统形式。在名义上,封君仍为其封邑之君。其后又有由分土变为分户之制者,所谓"万户侯",所谓"封十万户"者是也。于是封君制之实质又一变。盖所谓"万户"云云直言其所得之贡税,而分土受民之意味亦消除矣。而"万户侯"之制,就其本质言之,亦为一种爵制,仅较"关内侯"多一"分户"之条件耳。上文之"伦侯",即"关内侯";而"列侯",亦称"通侯",李斯自言"上幸擢为丞相,封为通侯"(史记李斯列传)者是也。秦在统一天下以前,虽行封君制,或分土,或分户;及至始皇为王时,已有废除此制之意。统一天下后,采李斯之建议,"不立子弟为王,功臣为侯""使秦无尺土之封"(同上)。又就"诸侯功臣以公赋税重赏之已足"一语观之,"赋税"而云"公",则并"分户"之制亦废除之像。故上文之"列侯"实与"伦侯"同为封爵,虽冠以地名,然不授土授户,仅品佚有高下耳。

封爵之制虽有封建之遗意,然不害君主之权力及国家之统一,且行之已久而无弊,故始皇仍因而不改。秦之爵制,定自商君。商鞅为政,定爵为十八级,合关内侯,列侯凡二十等。史载:

> 商君为法于秦,战,斩一首,赐爵一级,欲为官者五千石。其爵名:一为公士;(言有爵命,异于士卒)。二,上造(言有成命于上),

> 三簪袅(以组带饰马);四不更(言不豫更卒之事;)五,大夫(列位从大夫);六官大夫;七,公大夫;八,公乘(言其得乘公家之车也);九,五大夫;十,左庶长;十一,右庶长(言为众列之长);十二,左更;十三中更;十四,右更(言主领更卒部其役使也。)十五,少上造;十六,大上造(或作大良造。言皆上造之士也。);十七,驷马庶长(言乘驷马之车,而为众长也。);十八,大庶长;十九,关内侯;二十,彻侯。(汉书百官表)

"彻侯"即"列侯"。此二十等爵,性质亦有别。"自公士至公乘,民之爵也,生以为禄位,死以为号谥。凡言赐民爵者即此。(史记始皇本纪记始皇二十七年,三十六年皆曾赐民爵一级。)"自五大夫之彻爵,则官之爵也。汉书补注引钱大昭说,又"七大夫(即公大夫)公乘以上,高爵也","令丞与亢礼"(汉书高帝本纪载高帝言秦制);而"非七大夫以下,皆复其身及户,勿事。"(同上)关内侯自始即无土地户口之封,(但可冠号,如伦侯赵亥,而称"建成侯"。)汉因秦制仍有此习惯,如汉书娄敬传(为关内侯,号曰"建信侯"。)但爵其身;彻侯则否。至始皇,始统一之,仅爵其身,以为表示身份与品秩高下而已。

又商鞅之为法也,乃在尊宠战士,赏有功,故秦爵有功者始授之。秦之公族,自来在政治上便无势力,又不与攻战之事,故授爵者少。至始皇更严行此法,故诸公子绝无授爵者。史载:"二世曰,'吾愿得一郡为王。'(阎乐)弗许。又曰:'愿为万户侯。'弗许。曰'愿与妻子为黔首,比诸公子。'"(史记二世本纪)可证其时秦之公族,不仅无任何特权,其身份与黔首等耳。善乎章太炎之言曰:

> 古先民平其政者,莫遂于秦。秦皇负扆以断天下,而子弟为庶人。所任将相李斯蒙恬皆功臣良吏也。后宫之属,椒房之妾,未有一人得自遂者。……秦皇以贱其公子侧室,高于世主。夫其卓绝在上,不与士民等夷者,独天子一人耳。天子以秉政劳民贵,帝族无功,何以得有位号?授之政而不达,与之以爵而不衡,诚宜不替,

与布衣黔首同。夫贵擅于人，故百姓病之者寡，其余荡荡乎于浣准矣。①

不置诸侯之议既定，乃普行郡县制度，并厘整官制，“皆有法式。”（泰山石刻文）此种郡县制度之普行与官制之厘整，一方面所以表示封建时代之分权分治政体已正式告终，他方面则可以表示统一国家之集权集治政体已完全成熟。

原来当封建世族之权位逐渐消除之日，正君主集权集治之情势逐渐成长之时。君主既欲集中其权力，成为一国唯一之统治者，一方面须有一可以直接控制之中枢政府，他方面须有一个适宜之地方政制可用以代替采邑制。于是一种新政制因之而产生。故此种新政制实与君主权力之集中，相伴而成长者。列国君王逐渐集中其权力之情势，在战国前期已显明。可由下文取得暗示：

孟子见齐宣王曰：“所谓故国者，……有世臣之谓也。王无亲臣矣，昔者所进，今日不知其亡也。……国君进贤，如不得已，将使卑逾尊，疏逾亲，可不慎与！”（孟子梁惠王）

邹忌以鼓琴齐威王，曰，“……夫大弦浊以春温者，君也。小弦廉折以清者，相也。攫之深而醳之愉者，政令也。钧谐以鸣，大小相应，……琴音调而天下治。”（史记田敬仲完世家）

邹……见齐威王曰，“今齐地方千里，百二十城，……朝廷之臣，莫不畏王，四境之内，莫不有求于王。……”（战国策齐策）

至后期则更具体，可以下文证实之：

范雎说秦王曰：“……夫擅国之谓王，能专利害之谓王，制杀生之威之谓王。今太后擅行不顾，穰侯出使不报，泾阳华阳击断无讳。……为此四者下，乃所谓无王已。然则权焉得不倾，而令焉得从王出乎？臣闻善为国者，内固其威，而外重其权。”（同上秦策）

---

① 章氏丛书秦政记。

原来自春秋末以来，或由诸侯收回采地，或由世族互相兼并，同时多数世族或被消灭，或降为士庶，于是列国之土地人民和政权逐渐集中于国君一人或其国之少数世族（彼等当势方成熟时，遂推翻国君，自成新国）之手。为便于统治，彼辈逐渐用近臣以代替世族，用郡县以代替封建。“世臣”之制既废除，一方面“国君进贤”自由，可“使卑逾尊，疏逾戚，”他方面则政令出一，君唱而臣随，主施而民受。至此，所谓君者，实“朝廷之臣莫不畏王，四境之内莫不有求于王”矣。此种君权集中之趋势至秦之统一乃达于最高度，而君主专制之政体乃成熟。于是君主遂成一国名实相符之至尊，政务独揽，“天下之事无大小皆决于上”，“诸大臣皆受成事”（史记始皇本纪）而已。君主之权势至于此，已成绝对，遂无限制矣。

“秦王兼有天下，立名为皇帝”（琅邪石刻文），于是皇帝制度正式成立。因为“天无二日，民无二主”，于是皇帝之生活言行皆规定有独特之礼制与称号。“自称为朕”；其“命为制，令为诰”。其后妃之爵列九品，各有称号。（见汉书外戚传，后汉书皇后纪）因为皇帝为受命而王之天子，故其行使职权所用之印玺，刻有“受天之命”（全秦文）之辞。

封建时代为“世官”制，王室与公室之官吏皆侯伯世族世任之。（惟“士无世官”，见孟子告子下）当世族在政治上之势力由盛而衰之际，君主渐派其近臣兼摄卿大夫之职掌。于是一国之政事渐转入此种近臣之手，渐次代替卿大夫之职位，而成为政府之重要执政者。其后复以此为基础而构成一划时之新政制。此新政制中之中央组织为二级制：官职最高者为丞相，为国尉，为御史大夫；次为卿。然此种转变，实由积渐，且列国之发展情况亦不同，请先言相制。春秋以前已有相，然此种“相”非如后日丞相或相国之相。其时之所谓“相者，宾赞之官，故在人主左右，”①相礼仪而已。此种“相”至春秋末仍存在。左传记鲁定公会齐侯于夹谷，“孔丘相；犁弥言于齐侯曰，‘孔丘知礼而无勇。’”（左传定

① 章太炎章氏丛书检论七。

公十年)杜氏解曰:“相会仪也。”①又有“小相”为相之佐员。《论语》记公西华对孔子言志云:“宗庙之事,如会同;端章甫,愿为小相焉。”(先进)“相”为相礼之官,与君主亲近,故渐与闻国政。其后复由参知政事,渐变而总理国政矣。此种演变之情状,与后世之尚书,学士,由君主左右掌司文书,传诏令之官而参与机要,而渐变为宰相者相似。此种辅政之“相”在战国前期已出现。史载,齐平公时,田常为相;魏文侯时,魏成子为相;韩昭侯时,侠累为相;赵烈侯时,仲连为相;燕王哙时,子之为相。(史记各列传)亦称“相国”,史记言“赧王令其相国之泰”(周本纪);或称“卿相”,孟子记公孙丑问曰,“夫子加齐之卿相,得行道焉。”(公孙丑下)②(又战国策韩策云:“严仲子乃诸侯之卿相也”。)至后期,相之权位乃确定,邹忌以琴之大弦比君,小弦比相;相为君主辅佐之意已明显。又史载朱英对春申君曰:“君相楚二十余年矣,虽名相国,实楚王也;”(史记春申君列传)燕王哙以子之为相,国事皆决于子之,(战国策燕策)相权之重可以想见。又史载侯嬴谓信陵君曰:“夫虞卿再见赵王拜为上卿,三见卒受相印,封万户侯,”(史记范雎列传)相之地位盖已高于上卿,而与列侯并列。更就其发展之情况言之,齐楚较早。左传记齐景公时,崔杼为相,庆封为左相(襄公二十五);史记载楚昭王尝曰:“将,相,孤之股肱也。”(楚世家)而秦则较迟,史记秦惠文君时,张仪相秦;又言武王时,“初置丞相,樗里疾甘茂为左右丞相。”(秦本纪)然齐楚虽早有以相名官之事实,但当时似尚未成为定制。相之称为丞相,燕赵魏均有之。而秦则在武王时乃“初置”耳。始皇初为王时,又设相国,以吕不韦任之。相国这权位似较丞相为尊,可以独断国事。次言尉制。尉为武官之名。应劭曰:“自上安下曰尉,武官悉以为称。”(汉书注)故尉实即六国时之“将”。在封建时代,政军之制合。所谓卿者,在平时为一国之执政;

① 此种遗风直至相制成立之际仍有存者。如史载苏秦佩六国相印,楚以相印受张仪,使入秦。此时之相乃所以代表列国之王会盟,非若执政之相也。

② 孟子中曾记微子比干胶鬲“皆贤人也,相与辅相之,”(公孙丑上)又记“舜相尧”,“禹相舜”(万章上)。此皆据时制以说古事。虽不可以明三代之有相制,然足以证相制在孟子时通行久矣。

在战时即军中之元帅。其后，政体质变，而军政之职掌遂分裂。执政者为相，而掌军者为将。（大约君主为重权计，不欲其辅臣专擅兵政，故分为二职也）将为将军之简言，通考谓魏献子卫文子时已有将军之官（卷五八）。其后列国多通行，盖已成为定制。复有上将军，（史记魏世家）大将军，（楚世家）盖将军众多，遂立此为统率也。后乃有尉（如赵，见史记白起列传），秦有尉，有郡尉，（史记王翦传）又有国尉。史载："白起为左庶长，明年为左更，迁为国尉，明年为大良造。"又载："秦使白起为上将军，而王龁为尉禆将。"（史记白起列传）似其品级不高崇。国尉之成为职掌全国军事而位比丞相之官，似起始皇时。相为执政，将则掌兵而御史则监察官吏之官也。战国以前之御史，职掌文书及记事，所谓"柱下史"者是也。（柱下史即御史，可以秦制证之。）如张苍在秦时为御史，主柱下方书。见史记张丞相列传。索引云："诸秦皆有柱下史，谓御史也，故老聃为周柱下史。"至战国仍然。史载赵王与秦王会于渑池，赵王鼓琴，秦御史前书之；秦王击缶，赵御史前书之。（史记蔺相如列传）此种御史，战国皆有之。彼辈为侍奉君主之近臣，故得渐与闻国政，又为君主之耳目，负有纠察内外官吏之职务。（封建时代行世袭制，职位世袭，国君不仅不能，亦无权监察卿大夫也）。其实国君之所以依赖御史行使其监察之权者，盖亦有因。一因御史乃史之一，古代之史世司国事之记。史载，晋赵穿杀灵公，大史董狐书曰，"赵盾弑其君"，以示于朝。盾曰："弑者赵穿，我何罪?"大史曰："子为正卿，而亡不出境，反不诛国乱，非子而谁?"（史记晋世家）又载：齐崔杼杀其君，大史书曰："崔杼弑其君。"崔子杀之，其嗣书，而死者二人。其弟又书，乃舍之。南史氏闻太史尽死，执简以往，闻既书矣，乃还。（左传襄公二十五年）良史"书法不隐"，可使"乱臣贼子惧"，此寓弹劾于"书法"之中，颇尽监察之意，因有正维国纪之效。故淳于髡谓齐王曰："执法在傍，御史在后。"（史记淳于髡传）一因御史执掌四方文书，"明习天下图书记籍"，（史记张丞相列传；记籍者，郡上计之籍也。）能知政情之故。以此，御史遂以史官兼司纠禁，其后遂为察举非法之司宪官吏矣。当此种御史成为定制之时，复设一官为之率，称之为御史大夫。秦在始皇为帝之前,此制已出现。史载始皇二十六年已有御史大夫劫可证。及至秦并天下,乃厘整官制,“审别职任”(会稽石刻文),使“职臣导分,各知所行”(之罘石刻文)。于是后世所称为三公制者,①至此正式成立。据汉书百官表所载,其制如下:

(一) 丞相(应劭曰:“丞者,承也;相者,助也”)金印,紫绶。掌丞天子,助理万机。秦有二相。(琅邪石刻文,末列丞相隗状,丞相王绾;三十七年,始皇出游,左丞相斯从,右丞相去疾守。)(属官),有两长史。

(二) 太尉(始皇本纪:“以尉缭为秦国尉”,正义,若汉太尉之比。则太尉秦称国尉。)金印,紫绶。掌武事。(补注曰,续志,掌四方兵事功课,岁尽,即奏其殿最,而行赏罚。)(属官),有长史。

(三) 御史大夫(应劭曰:侍卿史之卑,故称大夫。)位上卿。银印,青绶。掌副丞相(属官),有两丞。(一曰御史丞)。(见同书爰盎传;通典因之。)②一曰中丞,在殿中兰台,掌国籍秘书;(史记萧相世家言何至咸阳“独先入收秦丞相御史律令图书藏之。”“汉王所以具知天下阨塞,户口多少强弱之处,民所疾苦者,以何俱得秦书也。”外督部刺史,(部刺史为汉词,秦称御史监郡者为监御史。)内领侍御史员十五人。受公卿奏事,举刻按章。

此三公者,一辅政,一掌兵,一司监察,似成一政治,军事,监察三权分立之制度。实则不然。因三公之处理政务,必须听取皇帝之意旨。(史记始皇本纪言,“丞相诸大臣,皆受成事,倚办于上。”)以彼等为皇帝之辅佐,各对皇帝负责,故不能自成一权,而可独立自由运用其权力也。惟各有分职,自成行政系统,责任有专司耳。由此可知三公制实非根据三权鼎立之原则之形成者,盖其基础乃建立于一制衡原则之上,使其活动时,

---

① 秦早有三公之称。战国策秦策云,“武安君为三公”。又史记李斯列传云,“使消让斯居三公位”。然其制不能知。至汉初,三公之称已较普通。史记载公孙弘为御史大夫,汲黯谓“弘位列三公。”(平津侯列传),但其时似尚未成定制。三公制之成立,盖在成帝时。(见汉书朱博列传)

② 吴仁杰两汉书刊误补遗谓百官居表中“外督部刺史”下脱去“一曰内史”。历代职官表(卷十八)因之,谓“御史丞”乃“御史中丞”之省文。则两丞者,一为内史。然无证据,盖意度之也。

互相联络，互相克制。既可收指臂之效，而又便于君权之集中也。而三公中，丞相之权位较重，（史记始皇本纪二世本纪言及三公时，丞相列在将或御史大夫之前。）盖丞相上承天子，下至百僚，助理万机，督责众务，（故秦制，丞相亦令计籍，知郡实。）实为人臣中之最高官吏。故当其深得君主信赖之时，“事无大小，辄决于己。”（史记李斯列传载赵高为相时如此。）可以独揽政权，势倾人主。（此乃侵夺君权，而非由于注定使然。）御史大夫之地位在三公中则较低，然其职权则颇广泛，第一，御史大夫为副丞相，颇似后世内阁制中之协办大学士，佐贰丞相，总理政务；第二，为司宪官吏之首脑，执法纠禁，事无不察。在原则上，亦上承天子，下督百僚；故名为次贰，实分相权。因此古人甚重此职，以为选非其人，则“大职堕斁，王功不兴”（汉书薛宣传谷永云）当时，由三公三人各以独立之见解，辅助皇帝，而共决国事，然不亲庶务；是故三公制乃一机要组织，君主之辅弼机关也。虽典领百僚，事无不听，然不负行政上之实际责任，仅居监督与指导之地位，使列卿各尽其职而已。

负中央政府行政上之实际责任者为列卿，列卿为事务之官，职位次于三公。在封建时代，列国除执政之卿外尚有诸有司，所谓司徒，司马，司空，司冠，司宫，行人，工正，农大夫者是也。诸有司所掌，为一国之重要事务，即其时负实际行政责任之官吏也。及至国君集中掌大权之时，乃渐以其近臣或亲近之小臣参摄诸有司之职掌，而夺削其实权。一国之重要事务既渐为君主之亲信所独揽，渐次代替诸有司之职位，于是一新行政系统因而形成矣。此种情势，列国似皆然，但已不可深考。[①] 若以秦制例之，则如博士（鲁有博士，见史记循吏列传；魏有博士，见汉书贾山传），谒者，（齐有，见战国策齐策；楚亦有，见楚策），中大夫（赵有，见吕览见知度篇），郎中（楚有，见楚策。），大理（即秦之廷尉，齐晋楚均有之。），主客（齐有，见史记淳于髡传），中尉（赵有，见汉书补注引。）等官，六国已

① 列国史记为秦所焚，故列国之行政制度已不可考。然秦制多因袭六国制，如三公制，郡县制，以此例之，则秦之列卿制必非其所独创而特有之制度也。

有,可证列国之中央之事务行政制度实与秦同,已起实质上之变化矣。秦之列卿制①在战国末,大体已形备。至始皇乃调整而充实之,于是古制及六国制之与秦制不合者皆罢废。据汉书百官表所载,其制如下②:

卿	职掌	副佐	属官	附注
奉常	掌宗庙礼仪	丞	博士,太祝,太史令等	
廷尉	掌刑辟	正 监(左右)		
治粟内史	掌谷货	丞(二人)	太仓令,主铁官,等	
典客	掌归义蛮夷	丞	行人,等	
典属国	掌蛮夷降者			
主爵中尉	掌列侯			
郎中令	掌宫殿掖门户	丞	大夫,郎,谒者,仆射等	主郎内诸官,故曰郎中令
少府	掌山海池泽之税	丞(六人)	尚书令,宦者令,等	少府所入,以养天子也
卫尉	掌宫门卫屯兵	丞	卫士令,等。	
太仆	掌[天子]舆马	丞(二人)		
将作少府	掌治宫室	丞(二人)		
宗正	掌亲属	丞		
詹事	掌皇后太子家	丞	家令等	
中尉	掌徼循京师	丞(二人)		

奉常,汉称太常。师古曰:"太常,王者旌旗也,画日月焉。王有大事,则建以行礼。官主奉持之,故曰奉常"。(百官表注)郎中令,汉称光禄勋。如淳曰:"勋之言阍也。阍者古主门官也。"(同上)太仆,应劭曰:"众仆之长也。"(同上)典客,汉称大鸿胪。鸿,大也;胪,陈序也。古君主用以应客之仆也。将作少府,汉称将作大匠。大匠即古君主之工奴也。顾名思义,盖初为君主之执旌旗者,守门者,汉役,工奴,(所谓小臣)后乃变为掌司宗庙礼仪统领郎内诸官,总管皇帝车马,专任行人,掌治宫室之卿。又如卫尉,

① 奉常,廷尉诸官称"卿",秦已通行。如李斯为廷尉,而琅邪石刻文则称"卿李斯"。见史记始皇本纪。

② 下表不尽依百官表。

当为君主卫士之蜕变；内史，当为古史官（周有内史，见国语周语）之转变而成之者。复就列卿之职掌言之，半为国事，半为皇帝之家事。所以然者，后之君主即前之诸侯之转变。当后之君主“化家成国”之际；君主即是国家，君主之近臣小臣已变为国家之卿士，则家事国事区分之不明，“宫中府中俱为一体”，乃自然之现象也。再就列卿与三公之关系言之，列卿各掌国事，在原则上必须接受三公（尤其是丞相）之统辖。然实际上亦有不然者，因列卿之前身多为君主之小臣，及转变为卿后，以职掌关系仍与宫庭甚接近，故行动有时亦不受（非法定的）三公之干涉。且以与君主接近之故，得预闻机密，遂至侵夺君权，支配国政。如二世时，赵高为郎中令，“任用事”；“于是二世常居禁中，与寓决事”，而“公卿希得朝见”（史记二世本纪），其佳证也。此亦君主专制下之必然结果。因事无大小须决于上，所谓公卿不过是皇帝之仆役，皆服从君主，故职权之移转皆可由君主任意为之，不足怪也。总之，在君主专治政体之下，公卿之行事皆可视为君主之行事，一切皆秉承君主之意旨为之。故形式上虽有一定之组织，一定之职掌，然一切既可由君主任意而变，则实际上是无定制，无定职也。

中枢之政体已明，再述郡县之制。郡县之制，论者谓萌芽于春秋时代。如国语记管仲伍鄙，乡上为县，县上为属；左传载“上大夫受县，下大夫受郡”，逸周书言“千里为县，县有四郡”。然此乃名同而实则异也。以郡辖县，置吏守之郡县制盖始于战国前期，而流行于后期。史载魏文侯时，西门豹为濮令；又载李悝为上郡守，吴起为西河守。国策又记韩王曰，“请比郡县，称东藩。”而秦郡县之置，史载更详。孝公用商鞅法，“并诸小乡聚，集为大县，县一令，”（史记秦本纪）有丞。（同上商君传）后伐诸侯，得地皆郡之，如“拔魏二十城，以为秦东郡”（史记魏世家）。至始皇，乃分天下为三十六郡，郡有守，复以尉佐守，更置御史监之。郡下为县：县有令，长——万户以上为令；减万户为长，皆有丞，尉。于是郡县制乃完成，而普遍推行于全国。此种郡县制为二级制。郡为地方政府之高级机关，执行中枢法令，监督指导所属之县。县为基本组织，直接治理民事。据汉书百官表所载，郡县官吏之职司如下：

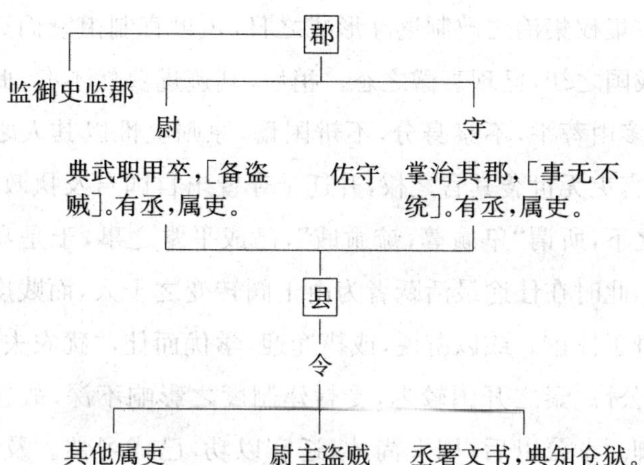

观察上表,知当时郡采分权,而县则取集权方式。又当时县以下有乡亭,更下复有里什伍,组织严密,序次不乱。大率如

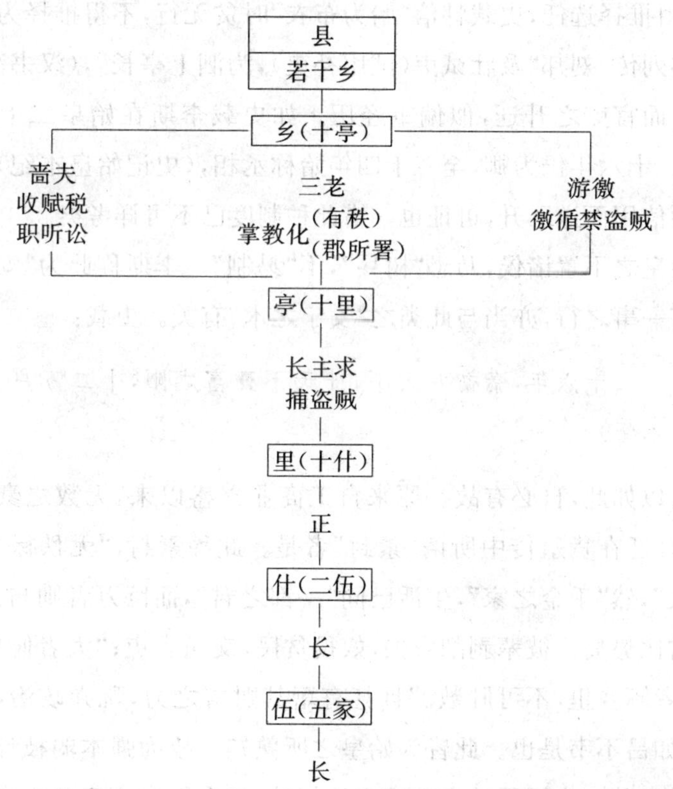

当君主集权集治之政制逐渐形成之日，正世官制由衰而灭之时。世官之制在战国之初，已现衰微之态。稍后，其迹遂荡然不存，此时列国用人任官，已多由荐举，不察身分，不辨国籍，原则上惟以其人之才能为标准。同时，官吏无世袭其官之权，升迁予夺皆出自国君及执政者之心意。在此情况之下，所谓"卑逾尊，疏逾戚"，已成平常之事，于是身份政治乃真消灭矣。此时在仕途最活跃者为由士阀转变之士人，而贱虏嬖幸之流亦得以置身于仕宦。或以游说，或籍逢迎，学优而仕，"犹农夫之于耕也"（孟子滕文公）。秦之开国较迟，受封建制度之影响不深，故在春秋时代已喜用客卿。孝公以后，用人尚才，迁官以功，已成习惯。及到始皇，天下一统，法度尚常，举错有式。于是官人之法遂由荐举而变为征召。始皇尝云："吾悉召文学方术甚众，"（史记始皇本纪）可证也。其郡县属吏官，则由推择选任，史载韩信"始为布衣，时贫无行，不得推择为吏"（史记淮阴侯列传）刘邦"及壮试吏（试用补吏），为泗上亭长"，（汉书高帝纪）可证也。而官吏之升迁，似偏重经历。如史载李斯在始皇二十年已为廷尉，然二十六年仍为卿，至三十四年始称丞相，（史记始皇本纪）并不因为始皇所信用而遂巨升，可证也。惜此种制度已不可详考矣。

始皇之不置诸侯，乃恐"树兵"，不"易制"。李斯称此为"安宁之术"。但尚有一事之行，亦当与此类之"安宁之术"有关。史载：

> 二十六年，秦初并天下，徙天下豪富咸阳，十二万户。（史记始皇本纪）

所以如此，自必有故。原来自工商业兴盛以来，无数之豪富因而产生，司马迁在货殖传中所谓"素封"者是。此种素封，"无秩禄之俸奉，爵邑之人"，然"千金之家"，生活已同"一都之君"，而巨万者则与王者埒富，与封君比势矣。彼辈剥削农夫，奴役贫民，交通官吏；"大者倾郡，中者倾县，小者倾乡里，不可胜数。"且甚有籍其财富之力，玩弄政治，而势倾人主者，如吕不韦是也。此皆为始皇之所熟知。故为强本弱枝计，为使"天下无异意"计，为增强地方政府之治权计，遂有徙富豪于关中之事。当其破赵之时,曾迁以铁冶致富之卓氏;伐魏之际,已迁以铁冶为业之孔氏,求此乃悉迁天下豪富于咸阳。同时,对本国之豪富,如以畜牧致富之乌氏倮,则“令比封君,以时与列臣朝请”,而资财巨大之“巴蜀寡妇”,则“为筑怀清台。”以为如此恩威并济,自可以防范于未然,而秦之政权固矣。

此外,又“夷郡县城”(史记李斯列传),复檄收天下兵器,“聚之咸阳,销以为钟鐻,金人十二,置廷宫中”(史记始皇本纪),以示天下一统,不复用兵。既可以弱黔首之民,又复永弭兵革之起。此盖鉴于春秋以来长期争战之苦,受老氏“兵者不祥之器”及儒墨寝兵非攻之说影响,而为及时制宜之计,且可以此而使“天下无异意”,亦强本弱枝,安宁之术也。

(四) 法治之规范——明法

统一国家须有统一之法制。秦自商鞅执政后,素重法治。始皇既并天下,因列国“律令异法”(许慎说文解字叙),于是厘订法律,归于齐一。史载:

泰山石刻文曰:“皇帝临位,作制明法,臣下修饬。……治道运行,诸产得宜,皆有法式。……贵贱分明,男女礼顺,慎遵职事。”

琅邪石刻文曰:“维廿六年,皇帝作始。端平法度,万物之纪。以明人事,合同父子……除疑定法,咸知所辟。方伯分职,诸治经易。举错必当,莫不如画。……尊卑贵贱,不逾次行。奸邪不容,皆务贞良。……六亲相保,终无寇贼。欢欣奉教,尽知法式。”

之罘石刻文曰:“大圣作治,建定法度,显著纲纪。……普施明法,经纬天下,永为仪则。……职臣遵分,各知所行;……黔首改化,远迩同度。”

会稽石刻文曰:“秦圣临国,始定刑名,显陈旧彰。初平法式,审别职任,以立恒常。……运理群物,考验事实,各载其名,贵贱并通,善否陈列,靡有隐情。饰省宣义,(徐广曰。‘省一作非。’)有子而嫁,倍死不贞。防隔内外,禁止淫佚,男女洁诚。夫为寄豭,(隐索

> 云，豭，牡猪也。言夫淫他室，若寄豭之猪也。）杀之无罪，男秉义程。妻为逃嫁，（正义云，'谓弃夫而逃嫁于人。'）子不得母，咸化廉清。……皆遵度轨，和安敦勉，……嘉保太平。"（史记始皇本纪）

分析上文，知始皇之齐一法度之工作，可分为二方面：一为行政法规之厘定，如上文所谓"审别职任"，"方伯分职"，"职臣遵分"，"臣下修饬"者是；一为普通刑（尔雅释话曰："刑，常也。法也。"）法之订整，大率属于公法这范围，然亦有涉及私法之处，如上文所谓"贵贱分明，男女礼顺"，"以明人事，合同父子"者是。此皆承顺春秋末年以来法治运动之自然趋势，而为适时应实之当然计虑也。

在昔封建时代，组织单简，君臣主奴间之关系分明而严整。世族间，有礼仪已可维持其关系；领主对奴隶，有刑罚亦足以威制之。自封建社会与政治呈现动摇之态后，渐至质变。组织日趋杂复，贵贱之间渐不似以前之若"天隔"。礼治刑治渐感不足。于是法治及法治之说遂应运而生。春秋末年，郑作刑书。叔向反对，贻子产书曰："昔先王议事以制，……惧民之有争心也，……严断刑罚，以威其淫。……民于是乎可任使也，而不生祸乱。民知有辟，则不忌于上，并有争心，以征于书。……弗可为矣。……今吾子相郑国，作封洫，立谤政，制参辟，铸刑书，将以靖民，不示难乎？"子产复书曰："侨不才，……吾以救世也。"（左传昭公六年）所谓救世者，即以救礼治刑治之不足也。故虽有守旧势力之反对，终难压制维新运动之发展。其后，郑邓析复作竹刑，而晋亦铸刑鼎，以著范宣子所为刑书。降至战国，法治运动已呈如火如荼之势。各国皆相次颁法律，采用法治。韩有刑符之作（申不害作），魏有法经之编（李俚作）。稍后，魏有魏宪（即"大府之宪"，见战国策魏策），楚有宪令（似属草未完，见史记屈原列传）。其时人对法之观念，已与春秋以前所呈现者不同。如尹文子云："法有四呈：一曰不变之法，君臣上下是也。二曰齐俗之法，能鄙同异是也。三曰治众之法，庆赏刑罚是也。四曰平准之法，律度权衡是也"。法治论者之所谓法，即以第一、二、四为主，而第三乃其所用之手段也。其时列国之法宪多出于此辈刑名之士之手;故其内容可以想象得之。而秦,在孝公时用商鞅变法。史载商鞅"少好刑名之学",(史记商君列传)其术本于李悝。"悝撰次诸国法,著法经。……商鞅受之以相秦。"(晋书刑法志)其法,"令民为什伍,而相收司连坐";"民有二男以下不分异者,倍其赋";"宗室非有军功,论不得为属籍"。又"集小都邑乡聚为县,置令丞;为田开阡陌封疆,而赋税平"。又"平斗桶权衡丈尺"。又为化民之教,父子男女有别,不得同室而居。(史记商君列传)其时各国皆尚法治,然以秦人所行最为彻底,故最见成效。是以秦之强盛,其主要原因,不能不归于法治。故秦之政治在七国中最优良,战国时人已有称美之者。李斯之师荀卿,虽一儒者,然与"好先生之道"之孟子异趣。荀卿主"法后王"(荀子非相云,"欲观圣王之迹,……后王是也"。杨曰:"后王",近时之王也。)故最留心当时各国之实际政治,曾游秦,见范雎,告以入秦后之观感曰:

> 入境,观其风俗,其百姓朴,其声乐不流污,其服不佻,甚畏有司而顺,古之民也。及都邑官府,其百吏肃然,莫不恭俭敦敬忠信而不楛,古之吏也。入其国,观其上大夫,出于其门,入于公门;出于公门,归于其家,无有私事也,不比周,不朋党,倜然莫不明通而公也,古之士大夫也。观其朝廷,其间听决百事不留,恬然如无治者,古之朝也。故四世有胜,非幸也,数也;是所见也。故曰佚而治,均而详,不烦而功,治之至也。秦类之矣。(荀子疆兵篇)

从风俗,教化以及政治各方面,一一考察,无不满意。此皆由法治以致之者。(大约荀卿之弟子韩非之好法家言,以及李斯之西入秦,皆受荀卿此种言论之影响无疑。)秦之法治基础,盖由商鞅奠定,后复循之而不怠,遂成习惯矣。及至始皇,始皇与用事之李斯亦皆好商君申韩之术者。(史记韩非列传言始皇见韩非所著者,大悦之。)于初并天下之时,本法家"治国务修明其法制"(韩非语见上书)之旨,乃集次列国"异法"之律令而理订之,而补充之,使之齐一。此种工作似"因"而实"创"也。故诸刻文中屡云“皇帝作始，端平法度”，“秦圣临国，始定刑名”，虽为颂德之言，亦纪实也。彼辈以为法度既定，恒常遂立，臣下黔首，“盖知法式”；如此则“各知所行”，“慎遵职事”，“和安敦勉”，而“黔首改化”矣。

后世论者每以秦之政术重刑而非之。此乃政实，非之可也。然以此而恶秦之法治，则不可，因法治与苛刑实非一物也。且秦虽急法而重刑，然不乱。管子君臣篇曰：“为人君者，弃法好刑私，谓之乱”。又曰：“有道之君，善明设法而不以私防也。而无道之君，既已设治，则舍法而行其私者也”。盖秦为一具有法治习惯之古国，其君之贤明者皆能“奉公法，废私术。”（韩非子有度篇）章太炎曾以汉政比秦政，而论之曰：

> 末俗以秦皇方汉孝武。……自法家论之，秦皇为有守，非独刑罚依科也，用人亦然。韩非有言曰：“明主之吏，宰相起于州部，猛将必法于卒伍。夫有功者必赏，则爵禄厚而愈劝，迁官袭级，则官职大而愈治。（韩非子显学篇）汉武之世，女富溢尤。宠霍光以辅幼主，平生命将，尽其嬖幸卫霍贰氏之伦。宿将爪牙，若李广程不识者，非摧抑乃废不用，秦皇则一任李斯王翦蒙恬而已矣。岂无便僻之使，燕昵之谒邪？抱一司契，自胜而不为也。孝武一怒，则大臣莫保其生。其自太守以下，虽直指得杀之。……世以秦皇为严，而不妄诛一吏也。由是言之，秦之与孝武，则犹高山之与大湫也。①

此论甚中肯，颇能表宣秦之法治精神。故秦代之政绩所以独卓千古，皆以“明法”，且能守法而致之者。及至二世，宠用所幸宦者赵高，（高自言“素小贱”，幸二世称举，今在高位，大臣鞅鞅实不服。）“肆意极欲”，“更为法律”，贱者贵之，忠者去之，（见史记李斯列传二世本纪）而秦政乱矣。

（五）社会经济制度

统一之国家须有统一之社会经济制度。史载：

---

① 章氏丛书秦政记。

二十六年,……一法度衡石丈尺,车同轨,(史记始皇本纪)

二十八年,始皇东行,……登琅邪,……立石刻,颂秦德,明德意曰:“维二十六年,皇帝作始。……器械一量。”(同上)

此事由李斯主动,斯尝自言之。斯上二世书,曾称己功曰:

更尅画平斗斛量度……布之天下,以树秦之名。(同书李斯列传)

李斯之为此,乃本诸法家之遗教。因权衡规矩,法家列为“平准之法”,商鞅变法,曾平斗桶权衡丈尺。盖法家以为权衡规矩之齐一,不但藉以宣示国家之统一,且能平息人民之争端也。

李斯不但使车同轨而已,二十七年后“治驰道”(史记始皇本纪)。汉贾买山传曰:“秦为驰道于天下,东穷燕齐,南极吴楚,江湖之上,滨海之观毕至。道广五十步,三丈而树,原筑其外,隐以金椎,树以青松。”驰道贯横全国,构成交通之网。此事不但可以促进商业之发展,表现国家之统一,且尚有便于集治之深意存焉。

* * * * * * * * * * * *

在经济政策方面,始皇亦有所建定。一为重农抑商政策之确立。自春秋末年以来,由于农业和手工业的发展,商业随之而兴盛。古代的都国本为诸侯及世卿之城堡,乃一国宗教与政治之中心;至此时,由于工商逐渐集中,遂多变为商业之重镇。商业一经发达,势力深入农村;于是商业乃渐支配农业,于是“市”逐渐“兴野争民”(管子),因为“用贫求富,农不如工,工不如商,刺绣文不如倚市门”(史记货殖传),于是,人们多有舍农而经商者。此种情况至战国后期而益显著,遂引起当时思想家之注意。法家对此,各以面对之现实不同,分成重商重农二派。一派主重商,代表此种重商主义者之著作为管子;一派主重农,代表此种重农主义者之著作为商君书。所以然者,以其时列国中,齐秦最为富强。作管子者盖为齐人,彼辈深知齐之强大,由于“齐带山海,宜桑麻,人民多文彩布帛鱼盐,其俗好贾而趋利”。(史记货殖列传)故主重商,(然无抑农之意)保护商人，促动国内外商业之进展。作商君书者盖为秦人，彼辈深知秦之强大，由于秦地“膏壤沃野千里”，自古“以为上田”，其民“好稼穑，殖五谷，地重。”（史记货殖传）故主重农（然无抑商之意），保护农民，令人民归心于农。儒家则不然。战国前期之孟轲主重农，虽尚无抑商之意，然已斥之为“贱大夫”；（孟子公孙丑下）而后期之荀卿则态度大变：其富国□中论国贫，以“工商业”为主要之原因，力主“省商贾之数”。（荀卷六）此种重农抑商之言论，最为其徒韩非所喜；非之态度更极端，至称“工商之民”为“邦之蠹”，以为彼辈“蓄积待时，而侔农夫之利”，（韩非子五蠹）“农困而末作之民利，则国可亡也”。（同亡征篇）秦既并天下，则重农优于重商之意念，得一比较而更坚定。且重农业的法家，托始于商鞅，而商鞅者，不仅重农，而确为一抑商之政治家。史记商鞅相秦，因秦农业落后，草不尽垦，地利不尽出，乃效李悝在魏所行尽地力之教，“开阡陌”，“为田”，“劝民急耕利土”。（史记秦本纪蔡泽传）复为令曰：“大小僇力本（农）业耕织，致粟帛多者，复其身；事末（商）利及怠而贫者，举以为收孥”（没为官奴婢）（史记商君列传）。可见商鞅不仅劝农，而且抑商。然其所有抑商之动机，并非由于国内商业之过度发展，与战国后期之重农抑商主义者不同。故商鞅死后，其遗留之农战政绩虽已成秦之传统的国策，而抑商之令似未继续进行。（所以托为商鞅之言之商君书中并无抑商之思想，而吕不韦以富商大贾可以为秦相）但此种抑商之政策必为秦之统治者所熟知。至秦并天下后，由于历史的教训，与乎现实之激刺，更有李斯之赞诱，（斯为荀卿之弟子）始皇遂复推行商君之遗策。史载：

> 琅邪石刻颂秦德，明德意曰：“维二十六年，皇帝作始。……皇帝之功，勤劳本事，上农除末（商），黔首是富。”（史记始皇本纪）
>
> 丞相李斯曰：“……今天下已定，法令出一，百姓当家，则力农工。”（同上）

此种上农除商政策之理论根据，乃从物质生产之观点出发，认为商人为不生产者。（故始皇重农，对以畜牧致富之乌氏倮与“其先得丹穴”，资材巨大之“巴蜀寡妇”,(史记货殖传)并不贱之。盖以畜牧与铁冶皆属生产事业,与农同也,“上农”,则民归心于农,勤于事,而生产物多;物多则民富,民富则国富。反之,则物寡而民贫,民贫则国贫,故须“贱商”。为了贱商,三十三年曾“发诸逋亡人,贾人,略取陆梁地,以适遣戍。”(史记始皇本纪)此与汉初“令贾人不得衣丝乘车,亦不得为官为吏,以闲辱之”(汉书食货志下)之意同,贱商人,所以驱民而归之农也。

一为币制之厘定。货币之为用,“所以分财布利,通有无也”(汉书食货志上)。古代最初之货币盖为贝币,(故财货之字皆从贝。殷墟已发见贝币,其卜辞亦言及贝。商书盘庚中有“具乃贝玉”之语。易爻辞曾言:“丧贝”,金文中记“王赐贝”者亦多。)(此种贝币,其后渐以铜仿制,名曰蚁鼻钱,春秋战国时楚,吴用之。)东周以后始用钱币,(或称“布”,为一种金属货币。以铜仿农具形而制者,传世有“力足布”,“圆足布”。三晋多用之。)刀币,(以铜仿刀形而制者,齐人多用之。)(用之已久,刀之原形失去,而变为圆钱。)然贝币仍不废。亦用皮币,(孟子中曾言及,大约亦东周以后使用之货币。)或用黄金。(汉书食货志下云,“黄金方寸,而重一斤。”)列国所用,异形异法,至秦乃统一之。史载:

> 秦并天下,币为二等。黄金以溢名,(孟康曰:“二十两为溢。”师古曰:“改周一斤之制,更以溢为金之名数也。汉高祖初赐张良金百溢,此尚秦制也。”)为上币;铜钱质如周钱,(臣瓒曰:“言钱之形质如周钱,唯文异耳”。)文曰半两,重如其文,(今世所存秦半两钱,其形外圆而内方。)“为下币”(依史记平准书补)。而珠玉龟贝银锡之属为器饰宝藏,不为币。(汉书食货志下)

始皇改革币制,废除贝布,专用黄金圆钱。不仅货币之形类单简,而且质量画一。统一之国家,为通有无,为计资禄,皆须有统一之币制。

一为盐铁之管榷。盐铁之利,秦以前之政治家及思想家已重视之。管子中已言及海王之国应管山海之利。(海王篇轻重篇)然确能实行此种政策者,当始于秦。史载司马昌“为秦主铁官,当始皇之时。”(史记太史公自序)又云:“秦……颛川泽之利,管山林之饶,……盐铁之利二十倍于古(如淳曰:“秦卖盐铁贵。”)师古曰:“官吏夺盐铁之利。”(汉书食货志上)惜其制已不可考。然而盐铁之管不始于汉,可断言矣。

(六) 同一文字及统一思想

二十六年,始皇令天下“书同文字”(见史记始皇本纪)。间尝论之,始皇诸所更革,要以“书同文字”一事之意义最重大。许慎云:

> ……诸侯力政,……分为七国,……言语异声,文字异形。秦始皇帝初兼天下。丞相李斯乃奏同之(见史记李斯列传斯所上二世书),罢其不与秦文合者。斯作仓颉篇,中车府令赵高作爰历篇,太史令胡毋敬作博学篇,皆取史籀大篆,或颇省改,所谓小篆者也。(说文解字叙)

同一文字虽是李斯所主张者,然亦法家之遗教,管子君臣上曾倡“书同名,”即此意也。文字之统一,可以便知识之传受,免方言之障隔,其关系思想学术之进展,民族情感之和融,至为重大,岂止足以显扬大一统治精神已哉。

* * * * * * * * * * * *

最后再论始皇对于学术思想之态度,及其所采之政策。论者谓始皇曾焚书坑儒,以为彼自来对于学术思想即取高压钳制之政策,其实非也。焚书坑儒一事,发动于初并天下后八年。故此种政策之采取较后起。在最初,始皇对于各家各派初无偏倚。而持一广纳并容之态度。史载始皇自云:

> 吾悉召文学方术士甚众,欲以兴太平;方士欲以练求奇药。(史记始皇本纪)

即以被征用之术士(汉书百官表云:“博士,秦官,掌通古今。”)而论,至“七十人”(史记始皇本纪卢生言);此七十人中,儒者最多。(如传尚书之伏生及为汉制礼之叔孙通，在秦时皆为博士。）又如东巡，为议封禅，曾“征从齐鲁之儒生至乎泰山下”（史记封禅书）。此外“侯星气者至三百人，皆良士”（同始皇本纪），而咸阳之坑，诸生“死者有四百六十余人”（同上）。始皇之为此，非真如卢生所云“特备员弗用”（同上）。彼确能因材施用，如命方士求奇药，侯星气，如命儒生论封禅，议帝号。（始皇最重博士，每出巡，均有博士随从，以供询问，如至湘山，问博士“湘君何神”；至海上，问卜梦博士，“河神之形状。”）即以其时政府之官吏论之，博士而外，与议帝号，主行封建之丞相王绾，御史大夫冯劫皆儒生，且李斯亦从荀卿“学帝王术”之儒者。史未言其全用刑名之士作官吏也。（卢生言始皇“专任狱吏，狱吏得亲幸”，此盖就治狱之事言之；然治狱必本狱律令法，此当然“专任狱吏”为之，儒生固不能也。）又就始皇之所厘作观之，均因时因事而制宜，非专倚一家一派之言论而行，与其自言甚符合。由此可知始皇原来之态度，可证其自白实非虚伪之言。盖天下已一统，革新之事甚多，必须广集众议以决策，庶几利兴弊除，而达于至治。其后也，以种种原因而态度为之一变。史载：

> 三十四年，（民元前二一二四；西元前二一三。）始皇置酒咸阳宫，博士七十人前为寿。仆射周青臣进颂曰：“……陛下……平定海内，放逐蛮夷，……以诸侯为郡县，人人自安乐，无战争之患，……自上古不及陛下威德。”始皇悦。博士齐人淳于越进曰：“臣闻殷周之王千余岁，封子弟功臣，自为枝辅。今陛下有海内，而子弟为匹夫，卒有田常六卿之臣，无辅拂，何以相救哉？事不师古而能长久者，非所闻也。今青臣又面谀，以重陛下之过，非忠臣也。”（史记始皇本纪）

始皇下其议于群臣，丞相李斯对曰：

> 五帝不相复，三代不相袭，各以治，非其相反，时变异也。今陛下创大业，建万世之功，固非愚儒所知。且越言乃三代之事，何足法也！异时诸侯并争，厚招游学。今天下已定，法令出一。百姓当家，则力农工。士则学习法令辟禁。今诸生不师今而学古，以非当世，

惑乱黔首。臣斯昧死言:古者天下散乱,莫之能一,是以诸侯(应为儒)并作,语皆道古以害今,饰虚言以乱实;人善其所私学,以非上之所建立。今皇帝并有天下,别黑白而定一尊。私学而相与非法教人,(李斯列传作:"而私学乃相与非法教之制。")闻令下,则各以其学议之;入则心非,出则巷议,夸主以为名,异取以为高。率群下以造谤,如此弗禁,则主势降乎上,党与成乎下,禁之便。臣请:史官非秦纪皆烧之;非博士官所职天下敢有藏诗书百家语者,悉诣守尉杂烧之。有敢偶语诗书,弃市;以古非今者,族;吏见知不举者,与其罪;令下三十日不烧,黥为城旦。所不去者,医药卜筮种树之书。若欲有学法令(徐广曰"一无法令二字。"同书李斯列传作"若有欲学者"疑当为是。),以吏为师。(同上)

始皇考虑之后认为"可"。彼之断然出此,实有其所积因。此事可从二方面讲说:一由始皇对儒生(包括方士)之起疑;一因儒生之怨讥,而触发始皇之怒。① 为便于解释,将坑儒一案集录于下:

(始皇)即位三年(二十八年),东巡,……征从齐鲁之儒生博士七十人,(议封禅望祭山川之事)……诸儒生或议曰,……始皇闻此议各乖异,难施用,由此绌儒生。……诸儒生既绌,不得与用于封事之礼,闻始皇(之上泰山)遇风雨,则讥之。(史记封禅书,始皇本纪)(又封禅书云:"诸儒生疾秦焚诗书,皆诋曰,"始皇上泰山,为暴风雨所击,不得封禅。")

宋毋忌……为方仙道。……燕齐海上之方士传其术,不能通,然则怪迂阿谀苟合之徒自此兴。……及至秦始皇至海上(二十八

① 始皇之为人,英明而果断,识见敏锐,气宇宽容,处事作词,从善如流,确为一历史上不可多见"雄才大略"之人物。方士卢生言其"天性刚戾自用"而"不闻过",(史记始皇本纪)乃怨诽之词。观其杀嫪毒,迁其母于咸阳宫,(与郑庄公之置其母于城颍者何异?)此乃积愤之激,然一闻茅焦之劝,则迎母归养,何尝"天性刚戾"?观其作制,每事必下群臣计议,广思集虑,何尝"自用"?惟其为人,慕古而不迷古,故重现实轻空想,定制必求合时宜,处事则一本于法,遂为腐儒所怨耳。

年),则方士言之,不可胜数。始皇……使人(徐市其一也)……入海求(仙人)……皆以风为解,曰"未能至,望见之矣"……后三年,考入海方士人(疑诈,故考较其虚实也。)(同上)

三十二年,始皇使燕人卢生求羡门(古仙人)。……三十五年(焚书之后一年),卢生说始皇曰,"臣等求奇药仙者,常弗遇,类物有害之。"……侯生卢生相与谋曰:"始皇……专任狱吏,狱吏得亲幸。博士虽七十人,特备员弗用。秦法不得兼方,不验辄死。……未可为求方仙药。"于是乃亡去。始皇闻亡,乃大怒曰:"韩众去不报,徐市等费以巨万计,终不得药,徒奸利相告日闻。卢生等吾尊赐之甚厚。今乃诽谤我,以重吾不德也。诸生在咸阳者,吾使人廉问,或为妖言以乱黔首。"于是使御史悉案问诸生,诸生传相告引。乃自除犯禁者四百六十余人,皆坑之咸阳,使天下知之以惩后。……扶苏谏曰……"诸生皆诵法孔子,今上皆重法绳之,臣恐天下不安。"始皇怒。……(同书始皇本纪)

据此,则始皇之焚书,之坑儒(包括方士),并非由于不满意儒家之主张,(如帝号之更,封禅之行,皆可视为采纳儒家之说,且在此事发生之前九年,初并天下之时,群臣请行封建;恢复封建制度为儒家之理想,然始皇并不以此而焚书坑儒。)不相信方士之求仙药。而是因为儒生之"议各乖,(封禅之事,为儒生所杜撰者,故言各乖异。)难施用(烦琐杂博,"劳而少功,是以其事难尽从。"),由此绌儒生;因为儒生"善其所私学,以非上所建立",轻视国家之法令,故焚书。(诗书与百家语,列国史记均在内,可证焚书不是专对儒家。)而是因为方士之求仙"不验",故疑诈而考较。其后也,儒生以见绌,以焚书而生怨,方士以被廉问而生畏惧,遂诽谤始皇,为妖言以乱黔首,触动始皇之怒而被坑。(其时终始五德之说最有势力,始皇亦深信之。儒生讹言始皇不得封禅,是诅秦之将亡。故始皇言"今乃诽谤我,以重吾不德也。"其大怒之故在此。)由此可知二事之起,有其由来,实非始皇之初志。且其焚书仅以民间所藏为限,而博士所职固不焚。所坑之儒生，乃案问而得之"犯禁者"，其他儒生亦未闻被放逐。（如坑儒以后，史载，博士从游如故。而陈胜起山东，二世会召博士诸儒生三十人而问之。）匪特此也，且许天下有欲习诗书百家语者，仍可以吏为师。（此吏当指博士而言，史记叔孙通列传云：二世招博士诸儒生而问，叔孙通前曰，诸生言皆非也云云，二世乃拜通为博士。大约秦之博士皆有儒生弟子从其习学；通初为儒生弟子，至此乃拜博士。故后通降汉，从儒生弟子百余人。）由此可证始皇焚书坑儒，目的在消除私学，钳制思想，而非灭儒术，废百家语也。私学消灭，则学在官府；思想钳制，则"别黑白而定一尊"。如此，则儒生不"道古以害今"，不"为隐言以乱黔首"，"普天之下，抟心揖志"，（琅邪石刻文）于是思想统一而秦之政权固矣。①

始皇从李斯之议，焚诗书百家语，禁私学，或以为此事之背面实为法家与儒家之争。说亦非也。第一，法家之思想虽反对不师今而学古，虽主张以法治国，然初无愚民之意。且以为，欲免"诛赏予夺由君心出"，（慎子佚文）欲治者能"奉公法，废私术"，（韩非子有度篇）力主法令宜公布，"欲使天下之吏民皆明知"，则"吏不敢以非法遇民"。（商君书定分篇）此与儒之宗师孔子所言"民可使由之，不可使知之"（论语）之旨正相背。盖孔子之政术远承古代"君子务治，小人务力"之遗意，虽不明主愚民，然对人民之意向固不加重视也。② 第二，法家卫道不及儒家之狂热。儒家对彼宗所视为异端者，其态度之强横，胜于他家。孟子之辟杨朱，以为"无父无君是禽兽"，为"正人心息邪说"计，大有人其人，火其书，庐其居之意。第三，就古代各家之思意言之，儒墨"俱道尧舜"（韩非子显学）"称三代"（南汜论训）不论矣。道家亦尚古，屡言"三王五帝之治天下"（庄子天运），而最慕太古之政教。又如许行好"为神农之言"（孟子滕文公），方士之托于黄帝，皆尊古而贱今也。即如法家，亦非绝对不慕古也。

① 其后汉武帝用董仲舒策，罢黜百家，表率六经，对思想学术高压钳制之程度更过之，亦此意也。惟秦则制之以法，而汉则利用教育政策，且劝以官禄，术有不同耳。

② 儒家虽有主民本论者，然此种"民为邦本"之意旨，与近世之民主思想根本不同，不能混为一谈也。

法家重“时变”，然商君书俫民言税法，管子揆度轻重，桓公问议啧室，皆托之先王。总之战国时之学者多言五帝，称三王，非独儒家也。故此次之争，非法儒之争，实儒家内部之争耳。韩非尝言当“世之显学为儒墨”（韩非显学篇）。墨者之道苦而难遵，不得世主之信从。所以儒家在当时最得势。

然儒家之内部派系亦多，而以孟氏之儒最盛。荀卿后起，自立宗依，故辟孟子最力。孟子言性善，彼则倡性恶。孟子称先王，彼则法后王。孟子贵民，彼则尊君。其非十二子中，议论各家，兼及孟子，直视孟氏之儒为异端矣。李斯为荀卿之弟子，史载彼“少时为郡小吏”，后“从荀卿学帝王之术”。（史记李斯列传）其人之思想与其师多相似。又好法家之术，与韩非同。韩非亦荀卿之弟子，与李斯“俱事荀卿，斯自以为不如非”，（史记韩非列传）韩非之术虽因袭法家，然其中心思想则固与师无异也。荀卿主法后王，其言曰：

> 圣王有百，吾孰法焉？曰：文久而息，节族久而绝，守法数之有司极礼而褫。故曰，欲观圣王之迹，则于其粲然者矣，后王是也。……舍后王而道上古，譬之是犹舍己之君而事人之君也。（荀子非相篇）

韩非复为此说张目曰：

> 今世儒者之说人主，不言今之所以为治，而语已治之功；不审官法之事，不察奸邪之情，而皆道上古之传，誉先王之成功。儒者饰辞曰：“听吾言则可霸王”。此说者之巫祝，有度之主不受也。故明主举实事，去无用，不道仁义，故不听学者之言。（韩非子显学篇）

荀卿韩非之言乃面对孟子而发。因孟子主法先王之制（孟子所言王道，如井田制、明堂制，世禄制，皆封建时代之旧制也。）而行仁义之政故也。当时主复封建之制者皆孟氏之儒，故李斯非之。荀卿不以孟子之言为“先君子之言”，彼承孔子“民可使由”及“正名”之意而为“制名”之论，其言曰：

> 故王者之制名，名定而实辨，道（裼曰道，谓制名之道。）行而志

(刘念亲曰,"志,意也"。)通,则慎率民而一焉。故析辞擅作名以乱正名,使民疑惑,人多辨讼,则谓之大奸;其罪犹为符节度量之罪也。(礼记王制云:"析言破律,乱名改作,执左道以乱政,杀。"意与此同)故其民莫敢为奇辞以乱正名,故其民悫;悫则易使,易使则功。其民莫敢托为奇辞以乱正名;故一道法而谨于循令矣。如是则其迹长矣。迹长功成,治之极也。(荀子正名篇)

韩非据此而为具体之方策,"言行而不轨于令者,必禁";"无先王之语,以吏为师。"(韩非子显学)以为如此,则"其民莫敢为奇辞",而"天下无异意矣。"故李斯之"禁私学",主"学者以吏为师",虽本之韩非,实则承其师"率民而一",不以"奇辞""乱实"之意也。其时正当孟氏之儒昌盛之际,李斯盖有感于孟氏之道不息,而荀卿之说不著也,遂乘始皇绌儒生,压私议之机,而以荀卿韩非统一思想之说进,于是焚民间书之事起。其明年,又继之而坑儒。赵岐云:"逮至亡秦,禁灭经术,坑戮儒生,孟子徒党尽矣",(孟子注)信然。①

* * * * * * * * * * * *

坑儒之后二年,始皇崩于沙丘。(民元前二一二一;公元前二一〇。)二世立,明年李斯被杀。时关东豪杰已起兵,三年而秦遂亡。(民元前二一一八,公元前二〇七。)自秦之统一至子婴降汉,立国仅十五年。然一代之政制,并不因秦之亡速而遂消灭也。所以然者,盖秦之立法作制,均有其实据,而非依于私意;不务古,不安俗,承顺长期发展的自然之势,而为及时制宜之建树。故汉兴因之,不能多所更变,或有改作,然不久终以不便,而仍复秦之故矣。

---

① 故汉以后荀学最昌盛,汉初儒者多为荀氏之徒。"汉书申公传,事齐人浮皇伯,受诗,盐铁论,包丘子与李斯俱事荀卿;是鲁诗,荀子之传也。韩诗仅存外传,——源流不可考,——然引荀子以说诗者四十四;是韩诗,荀子之别子也。书出于伏生,伏生故秦博士,李斯既焚诗书,禁异说,必不容有非荀派者厕其间;是可臆度其为荀子之传也。儒林传,瑕丘江公受谷梁春秋传及诗于鲁申公,则谷梁春秋,荀子之传也。"(夏曾佑中国古代史三三七)其事另有考证,此不详论。

明清之际的新思潮

引论

中国近世的心本论（即所谓心学）发展到王阳明，作成了伟大的体系，可谓登峰造极。阳明不满意程朱的理本论（即所谓理学），而倾向于陆象山的心本论，从他们的方法论之圆融简切这一点看去，后者是比前者进了一步。但阳明的门徒中，有些过重“认识真机”，“一超直入”了，虽然“轻松快活”，可是工夫未免太“简切”了，捕风捉影，流于浪漫，而肆无忌惮，以致人人都是“不学而能”成的圣人。他们痛斥程朱一派的思想，扫闻见以明心，“自作主张，自裁生化”，而前此支离固陋之学风，为之一变。但从狂狷起脚，不可以从狂狷歇脚的，任心而废工夫，会自陷于不知的，因之其自身在发展进程中又被另外一种思想——气化论所否定了①。这新兴的气化论为王学的末流之反动。但它不仅否定了陆王一派的心本论，乃至对于程朱的传统的势力，对于北宋的各种唯心哲学，也都予以

① 中国近世的道学，就其思想的本体与方法言之，可分为三派。一为理本论，以程朱为大宗。一为心本论，以陆王为大宗。一为气化论，张载为其前驱，至王夫之始发挥而光大。颜元与李塨于此，亦多所尽力。戴震继之，虽博大精深之处尚不及夫之，然已俨然为此派之大宗。

否定。

这气化论虽“创”而实“因”的，它是导源于张载。张载已为这气化论建立了一个可供发展的基础。但不幸他的思想体系中还包含着唯心哲学的质素，遂为理本论的组成者朱熹所乘，加以剥剔、曲解、颠倒了头脚，把他的学说作为了理本论的内容。致使张载的思想遂这样的阉阎了好几百年，直到王夫之，才恢复了它本来的面目。王夫之站在气化论的立场攻击陆王，非议程朱，为近世思想界开了一条新路。同时而比较略后一点的，又有颜元，以类似的姿态出场，毫不妥协的攻击宋明的思想，无意中大为夫之的学说张势①。

不过当时反对宋明的心理之学的，不仅王夫之和颜元，只是，他实为这个反动的风潮中最彻底且有积极贡献的人物。这个反动的潮流是很普遍的，参加的分子是很复杂的。各人按照自己的立场，各选择其攻击的对象。有的仅有破坏旧说之功，有的且有建设新说的雄心。这个反动的风潮的来源很长，我们可以追踪到王氏以前。因为惹起这场风波的，不是王颜而是略早他们的东林诸子和刘宗周。

原来阳明的思想体体系中包含有“重敬”与“向狂”两个矛盾的质素。阳明死后，他的门徒各有偏重，彼此对立，遂使这个伟大的体系起了裂痕。后来越发各走极端，遂由对立而起生了冲突②。东林诸子和刘宗周都是接近或属于“重敬”一系的浙派学者。他们对当日风靡一世的尊悟向狂的“狂禅”派王学，猛烈的加以攻击。他们修正阳明的学说，企图发展自己一系的心学。但他们指出了“狂禅”派的缺点，同时也无异曝露了心本论本身的缺点；他们攻破了“狂禅”派的壁垒，同时却惹起了反陆王心学的巨大风潮。这反陆王的风潮起来之后，有些人想仍旧回到程朱，

① 王夫之卒于清圣祖康熙三十一年(1692)，时颜元年已五十八。所著存学存性存治存人诸书已成。夫之遁隐湘西，颜元托居穷壤，彼此声气不通，然二人的言论颇有相合者。此盖一时学术的风气所趋使然。

② 王门对立的现象逐渐增深，那分解的趋势便不可免避。“重敬”一派的分子，流于保守，因循师说，只能在枝节处做点工夫，毫无新的气象。而“向狂”一派的分子，时时不满足其师说，直往直来，不守藩篱，流于妄诞。于是彼此间遂永无合流为一的希望了。

以致程朱的思想大有后兴的气象。但程朱的理本论和陆王的心本论，根本上实在并没有什么不同。加之他们虽努力从事复兴的大业，而又未能给予这个旧学说增长一点新的活力。程朱的颓势终归不可挽回，且复遭受了一场更有力的，更致死命的打击。

(一) 东林诸子

无锡的东林书院为宋时洛学大师杨龟山讲学的故址。明神宗万历中，顾泾阳(名宪成，字叔时，卒神宗万历四十年(1612)。)与同里高景逸(名攀龙，字存之，卒熹宗天启六年(1626)。)重事兴起，集会四方学者讲学。他们清流自许，不畏权势，訾议时政，不事隐避。终以忤触阉寺，书院被毁，生者削籍，禁锢，死者追夺。东林讲学不过数人，其为讲院亦不过一郡之内，然其影响于当世至广大。他们不仅抨弹时政，“纲纪世界”，“要是非明白”，且追本溯源，从根底处着意，辨难心性，重实弃虚，要将当世“陷人的深坑”填平。一种勇励精进的生气，足以移风起痿。

那时程朱一派的理学固然是萎靡不振了，重敬一派的王门学者固守师说，也无新的建树。东林学案曾记泾阳之弟泾凡(名允成，字季时，卒明万历三十五年(1607)。)“一日喟然而叹。泾阳问，‘何叹也?’曰，‘吾叹夫今之讲学者，恁天崩地陷，他也不管，只管讲学耳。’泾阳曰，‘然则所谓何事?’曰，‘在缙绅，只“明哲保身”一句；在布衣，只“传食诸侯”一句。’”(明儒学案卷六十)这段话最可表显东林一派的精神。他们以正人伦，兴王道而己任，他们不能任“天崩地陷”而“不管”。学案记泾阳

> 论学，与世为体。尝言官辇毂，念头不在君父上；官封疆，念头不在百姓上；至于水间林下，三三两两，相与讲求性命，切磨德义，念头不在世道上，即有他美，君子不齿也。(同书卷五十八)

他认为当日“念头不在世道上”的“狂禅”学风实起因于阳明。他说：

> 阳明先生开发有余，收束不足。当士人桎梏于训诂词章句，骤

> 而闻良知之说，一时心目俱醒，恍若拨云雾而见天日，岂不大快！然而此窍一凿，混沌遂亡。往往凭虚见而弄精魂，任自然而藐竞业。陆夷至今，议论益玄，习尚益下，高之放诞而不经，卑之顽钝而无耻。仁人君子又相顾裴回，喟然太息，以为倡始者殆亦不能无遗虑焉，而追惜之。(小心斋札记)

"狂禅"派的宗师王心斋的言动已经使阳明攒眉。到了末流，变本加厉，"乐趋便易，冒认自然。"使"阳明再生，目击兹弊，将有摧心扼腕，不能一日安者，何但攒眉已乎！"(学案卷五十八论学书)。因此，他不仅"追惜就罢了"，还进一步而积极的加以攻击。他说：

> 管东溟曰，"凡说之不正而久流于世者，必其投小人之私心，而又可以附于君子之大道者也。"愚窃谓"无善无恶"四字当之。何者？见以为心之本体原是"无善无恶"也，合下便成一个"空"；见以为"无善无恶"只是心之不著于有也，究竟且成一个"混"。"空"则一切解脱，无复挂碍，高明者入而悦之，于是将有如所云：以仁义为桎梏，以礼法为土苴，以日用为缘尘，以操持为把捉，以随事省察为逐境，以讼悔迁改为轮回，以下学上达为落阶级，以砥节砺行独立不惧为意气用事者矣。"混"则一切含糊，无复拣择，圆融者便而趋之，于是将有如所云：以任情为率性，以随俗袭非为中庸，以阉然媚世为万物一体，以枉寻直尺为舍其身济天下，以委屈迁就为无可无不可，以猖狂无忌为不好名，以临难苟免为圣人无死地，以顽钝无耻为不动心者矣。由前之说，何善非恶；由后之说，何恶非善。是故欲就而诘之，彼其所占之地步甚高，上之可以附君子之大道；欲置而不问，彼其所握之机括甚活，下之可以投小人之私心。即孔孟复作，其亦奈之何哉！(小心斋札记)

他不仅指谪"狂禅"派的言动，而且点出其言动的本源。他欲把当日空玄的学风引归平实，玩世的行径约归用世。因此，他论学，着重"工夫实地"，着重"与世为体"。不仅他，东林诸子都同此感想的。

泾阳说“当日讲学家只成就‘无善无恶’四字”。他们“以为心之本体为‘无善无恶’,”但是这四字是有弊病的:“无善无恶本病只是一个空字;末病只是一个混字”。(同上)他说:

佛学……一言以蔽之曰,“无善无恶”。……在佛自立“空宗”,在吾儒则阴坏“实教”也。夫圣人教人,为善去恶而已。为善为其固有也,去恶去其本无也。本体如是,工夫如是,其致一而已矣。阳明岂不教人为善为恶,然既曰无善无恶,而又曰为善为恶,学者执其上一语,不得不忽其下一语也。……忽下一语,其上一语虽不欲弊,而不可得也。(学案卷五十六,论学书)

他提倡“实教”。他深恶“无善无恶之说”,“以为坏天下之法自斯言始”,故“和顾季时冯仲好明白排决不已”。他们认为这是龙溪错会了阳明本旨,其实“与阳明绝无干涉”。他们由此而转入工夫问题。泾阳说:

夫四无之说,主本体言也。……四有之说,主工夫也,……而昧者遂等之外道。(同上)

它批评当日学者“终日谈本体,不说工夫”。他和东林同志最重工夫。高景逸说:

不患本体不明,只患工夫不密。……必做处十分酸涩,得处方能十分通透。(同上)

钱启新(名一本,字国端,武进人。)说,不以“工夫为主”,譬如“一粒谷种,人人所有,不能凝聚到发育地位,终是死粒。人即有不才,才无有不善;但尽其才,始能见得本体。”(同上卷五十九)他们以为“无工夫人而言本体,只是想象卜度而已,非真本体也”(黄梨洲语,见学案卷六十)。

他们主性善,而别有新解。钱启新说:

告子曰,“生之谓性”全不消为。故曰“以人性为仁义,就以杞柳为桮棬”。此即禅宗无修证之说。不知性固天生,亦由人成。故曰成之者性。又曰成性存存。世儒有专谈本性,而不说工夫者,其误

原于告子。(黾语)

性“亦由人成”,故不能“当下自然指点”,还须用些工夫。他以为“有性无教,有天无人,如谷不苗,如苗不秀,如秀不实”(同上)。他由此而转入气质之性与义理之性的分辨。他着眼气质,认为气质之外无性,曾说:

但知生之为性,而不知成之为性,即同人道于犬牛。……宋儒……或认才禀于气,又另认有一个气质之性,安知不堕必为尧舜之志。(同上卷五十九黾语)

孙淇澳(名慎行,字闻斯,武进人。)更说得明显:

孟子谓形色,天性也,而后儒有所谓气质之性。……夫气质独非天赋乎?若天赋而可以弗性,是天命之性可得而易也。

所谓气质之性,不过就形生后说,若禀气于天,成形于地,受变于俗,正肥硗雨露人事类也。此三者皆夫子所谓习耳。今不知其谓习,而强系之性;又不敢明说性,而特创气质之性之说,此吾所不知也。如将一粒种看,生意是性,生意默默流行便是气,生意显然成像便是质。如何将一粒分作两头,曰性好,气质不好?故所谓善反者,只见吾性之为善而反之,方是知性;若欲去气质之不善,而复还夫理义之善,则是人有二性也。(同上卷五十九性善图)

人无二性,性只是气质之性;“性善,气质亦善”。至于宋儒所谓气质之性,只是习而非性。他们的性论是唯物的一元的。因之,对于“天理”,遂得一新解。高景逸说:

天地间浑然一气而已。张子所谓虚空,即气是也。此是至虚至灵,有条有理的。……以其有条有理,在人即为性。澄之则清,便为理;济之则浊,便为欲。(讲义)圣人言性,所以异于释氏言性者,只一理字。理者,天理也。天理者,天然自有之条理也。故自天叙,天秩,天命,天讨。此处差不得针芒,先圣后圣其揆一也。(说类,同上均见学案卷五十八)

宇宙的本体为气。理是气的“条理”。天理只是“天然自有之条理”。气的条理之“在人即为性”。理不是如宋儒所想像的,什么“不生不灭”,“得于天而具于心”,“视之如有物焉”。理和欲是一源,乃是气质之性的两面。

“体用一源”之说为王学传统的见解。他们注重工夫,故特别着重“用”方面。高景逸说:

> 体即是用,用即是体。虽不容分,然用寂是体,体发是用,亦不容分。(同上卷五十八论学书)

“用寂是体”,故“因体以知用”;“体发是用”,故“因用以显体”(同上商语)着重“用”,所以注重“行”;着重工夫,所以注重学。他又说:

> 姚江之弊,始也扫闻见以明心耳,究而任心而废学,于是诗书礼乐轻而士鲜实悟;始也扫善恶以空念耳,究也任空而废行,于是乎名节义轻而士鲜实修。(同上杂着)

重实学,重实践,这是东林诸子的共同特色。他们不愿空谈本体,“自陷于不知”;不愿“恣情任欲”,“自陷于无忌惮”;他们“知大道之不离日用常行”,故主张要“步步蹈地”(同上)。

(二) 刘宗周

刘宗周师事许敬庵,“而砥砺性命之友则刘静之高忠宪”,(明儒学案卷六十二,蕺山学案)故虽不属东林一脉,然与东林诸子甚接近。宗周字启东,号念台,山阴人。学者称蕺山先生。生于明神宗万历六年,卒于福王弘元二年(1578—1645)。万历中,“上疏言国本,言‘东林多君子,不宜弹射’。”(同上)复奄人魏忠贤。崇祯初,又奏“吏治日坏,民生不得其所,胥化为盗贼”;“流寇本朝廷赤子,抚之有方,盗贼还为吾民”。复请下诏招抚,“听其穷而归来”。意多同情流民,“上见之大怒,谕以大臣论事,不当效小臣图占地步,尽咎朝廷。”(同上)革职为民。

晚年讲学蕺山书院。清师入关，中原沦陷。他上书福王，主讨贼复雠，恢复失地，说“今日宗社大计，舍讨贼复雠无以表陛下渡江之心，非陛下决策亲征，亦何以作天下忠臣义士之气，江左非偏安之业，请进图江北。”(明史本传)但情势是更坏了，不久史可法战败，福王被擒。他悲愤之余，绝食而死。

蕺山的思想体系归结于“心”，而出发则自“气”。他说：

或曰，“虚生气”。夫虚即气也，何生之有？吾溯之未始有气之先，无往而非气也。(学案卷六十二语录)

盈天地间，一气而已矣。有气斯有……象，有象斯有……物，有物斯有……道；故道其后起也。而求道者，辄求之未始有气之先，以为道生气，则道亦何物也，而能遂生气乎？(同上)

一阴一阳之谓道，即太极也。天地之间，一气而已，非有理而后有气，乃气立而理因之寓也。就形而下之中而指其形而上者，不得不推高一层，以立至尊之位，故谓之太极，而实无太极之可言，所以无极而太极也。使实有太极之理，而此气从出之母，则亦一物而已。(宋元学案濂溪学案引)

所谓“理”，非“气从出之母”，乃“气立而理因之寓”，故是“一物”。他又说：

离器而道不可见。故道器可以上下言，不可以先后言。(同上)

天地之间一气而矣。…生阳生阴，而生水火木金土，而生万物，皆一气自然之变化。合之只是一个生意，此造化之蕴也。(宋元学案濂溪学案引)

盈天地间，万事万物，各有条理。(学案卷六十二论语学案)

这是他的宇宙论。他的宇宙论是以“气”为本，而万有皆一气之变化；至于理只是自然的条理。再看他的性论说：

盈天地间，一气而已矣。气聚而有形，形载而有质，质具而有

> 体,体列而有官,官呈而性著焉,于是有仁义礼智之名。仁非他也,即恻隐之心是……也,是孟子以心言性也。(学案卷六十二三原)
>
> 一性也,自理而言,则曰仁义礼智;自气而言,则曰喜怒哀乐。(学案卷六十二语录)
>
> 人心一气而已矣。(学案卷六二语录)性者,心之理也。心以气言,而性其体之条理也。离气无理。(同上来学问答)
>
> 盈天地间,凡道理皆从形器而立,绝不是理生气。(同上)
>
> 理即是气之理,断然不在气先,不在气之外。知此则知道心即是人心之本心,义理之性即是气质之性。(同上语录)
>
> 心只有人心,而道心者,人之所以为心也。性只是气质之性,而义理之性者,气质之所以为性也。(同上)
>
> 盈天地间,止有气质之性,更无义理之性。如曰气质之理即是,岂可曰义理之理乎?(同上)

他也以为"性只是气质之性"。"止有气质之性,更无义理之性";"只有人心",而"道心即是人心之本心"。"心以气言","而性其体之条理"。故"理即是气之理","绝不是理生气"。"离气无理,离心无性"。他的性观也是唯物的,一元的。

他从性论转入修养轮。他说:

> 或问曰,"均是人也,或为圣人,或为凡人,何也?"曰,"人则犹是也,其意义或异耳"。曰,"均是心也,或为道心,或为人心,何也?"曰,"心则犹是也,其学或异耳。何言乎学也?人生之初,固不甚相远,……饥渴嗜欲,有同然也。及夫习于齐而齐,习于楚而楚,始有或相径庭者矣。"(刘子全书卷七原学下)

人的本质没有什么不同的,只意识上或有个差异;其心理也没有甚不同的,只习染上或有个分别。故"人生如初","饥渴嗜欲",大家都差不多的,长大之后,有了知识,有了习染,遂彼此不同了,遂有君子小人分别了。因此,他也注重学,注重修养。他以为:只有学,才可以使人不下流而上达；只有修养，才可使人去恶而复善。讲到学，他认为“学无本领，漫言主静，总无益也”；(学案卷六十二，语录)“必须工夫实地”，然后才能“穷理致知”。他说：

> 释氏之学本心，吾儒之学亦本心。但吾儒自心而推之意与知，其工夫实地，却在格物，所以心与天通。释氏言心便言觉，合下遗却意。无意则无知，无知则无物。其所谓觉，亦只是虚空圆寂之觉，与吾儒体物之知不同。(同上)

格物必须“即物”，离物而冥想则必不能有所知。他说：

> 心以物为体，离物无知。合欲离物以求知，是张子所谓反镜索照也。(同上)

必须“即物”“以求知”，始能“尽物”。不过格物虽须“即物”，然究竟此心最重要的。所以我们说，由心“尽物”。但心如何能“尽”？他以为必须“诚意”，“无意则无知”。他的门人黄梨洲发挥此意道：“师以为……自心主宰而言谓之意。心则虚灵而善变，意有定向而中涵。意是心之主宰，以其寂然不动之处单单有个不虑而知之灵体，自作主张，自裁生化，故举而名之曰独。少间搀以见闻才识之能，情感利害之便，则是有商量依靠，不得谓之独矣。若云心之所发(先儒云‘意者，心之所发’。)教人审几于动念之初，念既动矣，诚之奚及”。(文约卷四，先师蕺山先生文集序)物之所能“尽”，全靠此心“有个不虑之灵体”，不必“商量依靠”，能“自作主张，自裁生化”，可以“体物而不遗”。这“灵体”是“意根”，“名之曰独”。因此他主张人要“慎独”，他说：

> 慎独二字是尽性吃紧工夫。(学案卷六十二语录)
>
> 不慎独，如何识得天命之性？(同上)

“慎独”是修养的事。人能在那心的主宰本源处用力，将那灵体修养得光明清澈，自能“尽性”，自会识得那“灵命之性”。性既尽而意自诚，以此格物，而无物不格。如此，则见得理精，而此“心与天通”了。但如何修养此

“灵体”呢？他说：

> “人心惟危，道心惟微”。道心中即在人心中看出。…学者工夫不得不向危处做起，是就至粗处求精，至纷处求一，至偏倚处求中也。（同上）

> 独体只是个微字，慎独之功，亦只在于微处一著子，故曰道心惟微。（同上）

“道心”即此“灵体”。人须“向危处做起”，“愈达愈上”，到了“微处”，“便是圣人了”；否则“愈流愈下终成凡夫了”（同上）。这种工夫，便是叫做“诚”。他说：

> 一切工夫总是一诚。……本体此诚，工夫亦此诚。（同上）

“诚者，不思而得”之意，即是那个“不虑而知之灵体”；“诚之”即是工夫。故“诚”即是“独”，“诚之”即是“慎独”。所以他说：

> 独之外，别无本体；慎独之外，别无工夫。（同上证学辨解）

他所说的“诚”，又即是阳明的“良知”；“诚之”又即是阳明的“致知”。所以他同时又说：

> 诚者不思而得，良知不虑而知。良知，一诚也；致知，诚之也。（同上语录）

他由此而归结到“即本体，即工夫”之说，认为“本体此诚，工夫此诚”。他更由此而要人著重工夫。他说：

> 学者只有工夫可说，其本体处直是著不得一语。才著一语，便是工夫边事。然言工夫而本体在其中矣，大抵学者肯用工夫处，即是本体流露处，其善用工夫处，即是本体正当处。非工夫之外，别有本体，可以两相凑泊也。

一个重工夫的人没有不重实际的。他论内心的修持，注意“戒慎恐惧”，只是“实地工夫”，而非“谈玄说妙”。所以他同时也极注意伦理，知识。

他说：

> 夫学亦学为忠孝节义而已矣。……
>
> 宜略仿胡瑗经义治事之意，合士子……以明经为主，兼通世事，如兵屯、水利、盐法、天文、地理、算学之类，就其质之所近，各习一事，渐以类通。……又以其暇行射礼，及雅歌琴瑟。士因以熏陶德性，臻之大成。（刘子全书卷十四，修举中具第一要义疏）

他认为伦理的实践，知识的讲究，都是熏陶德性的重要工夫。他这样的注重实事，实学，大约便是所谓“由粗事求精”的意思罢。这种实事，实学，都是“狂禅”派所认为“粗”的，不是本体内有的。他这样的避虚而就实，正是要矫正当言良知者主张现成自足的弊害的。

“狂禅”派自被攻击，不久便声消迹灭了。但蕺山和东林诸子都是心本论者。他们攻击“狂禅”派，修正阳明的学说，用以挽救当日那种“最险最巧”（顾泾阳语，见还经录）的学风。但是一个心本论者，当批评别个心本论者的论据时，常常是气化论的胜利。因为他们要想驳倒地方，只有吸取和对方相反的论据以为辨证，才可以打击。以此，他们便必然都陷入气化论的阵地中，而其思想体系便充满了气化论的内容。他们修正了阳明学说，而结果则将陆王一派的缺点，乃至于一切唯心哲学的缺点，都一齐暴露了出来。他们求全而得毁，终引起了反陆王的心学的风潮。他们是以扶翼心学的干城自命的，然而竟无意中为后来的气化论准备了一个好的基础。他们实际上都成了复兴气化论的前驱者；他们的学说便成为由心本论过渡到气化论的桥梁。到了伟大的王夫之，遂由此而更进了一步，为气化论创立了一个博大的体系。

（三）黄宗羲和陈确

东林诸子和刘蕺山排斥“狂禅”派的王学，而对程朱则取妥协的态度。蕺山门人黄宗羲的态度仍然如此。宗羲字太冲，浙之余姚人。生于明神宗万历三十八年，卒于清圣祖康熙三十四年（1610—1695）。学者称梨洲先生。父尊素，为东林名士。年二十，以遗命从学蕺山。南京陷落，始归浙东，随鲁王。明统既绝，乃返里门，毕生从事著述。康熙十七年，开博学鸿词科，征举海内名儒。有欲荐之者，幸赖门人之力得免。复有荐修明史者，亦辞老病不赴。梨洲自谓早年志在举业，亡国后，读书既多，始有所得，乃对其师之学有深切的领悟。他自命为刘蕺山的传人。他说其“师之学在慎独”（文约卷四，先师蕺山先生文集序），故最推崇阳明“致良知”之说。他说：

> 自姚江指出良知人人现在，一反观而自得，便人人有个作圣人之路。……然致良知一语，发自晚年，未及与学者深究其旨。后来门下，各以意见掺和，说玄说妙，义同射覆，非复立言之本意矣。先生之格物，谓致吾心良知之天理于事事物物，则事事物物皆得其理。以圣人教人，只是一个行，如博学、审问、慎思、明辨，皆是行也。笃行之者，行此数者不已是也。先生致之于事物，致字即是行字，以救空空穷理，只在知上讨个分晓之非。乃后之学者，测度想象，求见本体，只在知识上立家当，以为良知，则先生何不仍穷理格物之训，先知后行，而必欲自为一说耶？（明儒学案卷十）

这可视为他自己对“致良知”说的一种新解。他说“致”不是“测度想象”：“致”是行，是在事事物物上用工夫。他说“行”不是“先知后行”：重“先知”则“只在知上讨个分晓”了。他以为阳明主张“致之于事物”，正是欲“以救空空穷理”。其实他这样的解说，反和阳明离远，倒和程朱接近了。蕺山的“慎独”说是一种治心的法门，本为他的学说中一个因袭的弱点。但梨洲正从这个弱点里钻，故虽主张“致之于事物”，但仍然是着重致吾心良知之天理于事事物物。因此他虽不愿想像“本体”，但还是“反求诸其心”。他说：

> 盈天地皆心也。变化不测，不能不万殊。心无本体，工夫所至，即其本体。故穷理者，穷此心之万殊，非穷万物之万殊也。是以古之君子，宁凿五丁之间道，不假邯郸之野马。故其途亦不得不殊。

> 奈何今之君子，必欲出于一途，使美厥灵根者，化为焦芽绝港。（同上自序）

他认为“心无本体”，穷理乃“穷此心之万殊”，故着重工夫，而从“万殊”入手。因此他“宁凿五丁之间道，不假邯郸之野马”，换句话说，只求察证，不重内观。这说法正和他的“致良知”说相呼应。他又说：

> 读书不多，无以证斯理之变化。多而不求于心，则为俗学。（全祖望梨洲先生神道碑引）

因为他重察证，势必从博学入手，势必走入程朱“读书即穷理”的道路。伊川说：“穷理亦多端：或读书讲明义理，或论古今人物别其是非，皆穷理也”（二程遗书卷十八）他也同样的说：“学必先穷经，然拘执经术，不适于用。欲免迂儒，必兼读史”。其结果，便专注在经学和史学上去，对于心学逐渐冷淡，只偏重“受用”，而不能更积极的去研究了。

东林诸子“论学，与世为体”，故留心时政。然仅在枝叶上做工夫，而无一贯的理论。关于这方面，梨洲则超过了他们。他说：

> 儒者之学，经纬天地，而后世乃以语录为究竟。……治财赋者则目为聚敛，开阃扞边者则目为粗材，……留心政事者则目为俗吏，徒以生民立极，天地立心，万事开太平之阔论，钤束天下，一旦有……忧，……则蒙然张口，如坐云雾。（文定后集卷三，弁玉吴君墓志铭）

他不作空洞的“阔论”，然亦不愿安于“现实”。所著明夷待访录，分原君、原臣、原法、置相、学校、取士、建都、方镇、田制、兵制、财制，凡二十篇。他追慕远古，设计未来，从批评现实政制入手，参证史事，而贯以自己独得的理论，融合事实于理想之中，而成一体系。他以人心为根原，以养士为骨干，以治法为手段，以安民为归宿。虽仍未能跳出儒家传统的理想的贤人政治圈套，然实多新鲜可喜的创见。

梨洲在当时是以扶翼正统的学术自居的，不但袒护王学，对程朱的态度也极温和。全祖望说他有“以濂洛之统，综会诸家”（梨洲先生神道碑）之意。他的门人万斯同曾说：“某少受学于黄梨洲先生，讲宋明儒者绪言。后闻一潘先生（潘用微）论学谓陆释，朱羽（道士），憬然于心。既而黄先生大怒，同学竞起攻之。某遂置学不讲，曰，‘予惟穷经而已’。以故，忽忽诵读者五六十年”（恕谷年谱卷三引）。由此可以想见梨洲卫道之心的力热。不过他对宋儒的先天象数之学则攻击甚力，说“其理为易所无，其数与易无与”，乃是“老氏之学”。

梨洲的同门陈确则极力攻击程朱。确字乾初，浙之海宁人。生于明神宗万历年二十二年，卒于清圣祖康熙十六年（1604—1677）。年四十，始问学于刘蕺山。蕺山卒，他隐居著书。晚年得疾，拘困不便，足不至中庭者几十五年。乾初之学，虽上承蕺山，然与梨洲不同。其人不喜理学，从蕺山游后，复深痛末流的王学。（陈乾初先生墓志铭，南雷文定后集卷三）其所造说，不仅能摆脱前此讲说家的拘束，且与时人的意见亦多不合。盖自凭心眼，自立规模，故卓然自成一家之言。梨洲论学，虽与他人不同，然亦不能不承认他的主张，“皆发其自得之言，绝无依傍，绝无瞻顾，可谓理学中之别传矣”。（与陈乾初论学书，南雷文案卷二）梨洲又说他，“其于圣学已见头脑，故深中诸儒之病者有之，或主张太过，不善会诸儒之意者亦有之”。（陈乾初先生墓志铭，文定后集卷三）此由于梨洲对理学家持折中态度，故不善他的言论之澈底处。

王学的流弊一露，程朱之说可能再起波澜的。“乾初论学，虽不合于诸儒，原未尝背师门之旨”，（南雷文约，陈乾初墓志铭）故他极力攻击程朱，乃理之当然。程朱最看重大学，他曾著大学辨，专驳大学。他认为大学首章非圣经，其传亦非实传，其言曰：

> 大学首章，非圣经也，其传十章，非贤传也。程子曰，“大学，孔氏之遗书”，而未始质言孔子。朱子则曰，“右经一章，盖夫子之意而曾子述之；其传十章，则曾子之意而门人记之也”。古书盖字皆作疑词。……程朱之说如此，而后人直奉为圣经，固亦渐倍于程朱矣。

虽然,程朱之于大学,恐亦有惑焉而未之察也。大学其言似圣,而其旨实窜于禅。……决非秦以前儒者所作可知。(大学辨,看钱穆中国近三百年学术史第二章附录)

他说“大学其旨实窜于禅”,又说:

君子之于学,终身焉而已。则其知也,亦终身焉而已。故今日有今日之至善,明日又有明日之至善,非吾能素知之也,又非可以一概而知之也,又非吾之聪明知识可以臆而尽之也。清心寡欲,竞竞焉,业业焉,勤咨而审察焉,而勤而知之耳,而犹惧有失也。稍怠肆焉,蔑勿懵矣。天下之理无穷,一人之心有限,而傲然自信以为吾无遗知焉,则必天下之大妄人矣,又安所得一旦贯通而释然于天下之事之理之日也哉?……问察无已,则是虽大圣人之智,而果无一知无复知之日也,而又谁欺乎?……君子之于道也,亦学之不已而已,而奚以夸诞为哉?……禅家之求顿悟,正由斯蔽也。(同上)

他不信有个“一概”而“无遗”的理,更不信可以根据此理“臆而尽”悉“天下之事之理”。他以为“天下之理无穷”,只有“勤咨而审察”,知得一点便得一点,没有什么“一旦贯通而释然”的境界。他指出程朱的“一旦忽然贯通”之说是禅家的“顿悟”的变相。不过这一来,目的虽在驳程朱,但他带累了陆王,因为陆王之重顿悟更倍于程朱。朱彝尊说,“大学辨始成,于时闻者皆骇”(经义考)。黄梨洲说,“即同门之友亦断断为难,而乾初执说愈坚”(文约乾初墓志铭)。

乾初又著有禅障性解诸书。其辨论性云:

本体二字不见经传,此宋儒从佛氏脱胎来者。故以为商书维皇降衷,中庸天命之性,皆指本体言,此诬之甚也。皇天降命,特推本言之,言人身则必本之亲生耳。其实孕育时此亲生之身,而少而壮而老,亦莫非亲生之身。何当指此为本体,而过此以往即属气质,非本体乎?宋儒惟误此以为言本体。故曰人生而静以上不容说,才说性便不是性,则所谓是性而容说者,恰好在何处耶?学者惟时时存养此心，即时时是本体用事，工夫始有着落。今不思切实反求，而欲悬空想个人生而静之时，所谓天命皇降之体段，愈求而愈远矣。（南雷文定后集卷三，陈乾初先生墓志铭）

此亦“性只是气质之性”的一种新解。他根本不承认有所谓本体，更不相信能悬空想得见那个本体。他力言性是一元的，善的，其言曰：

一性也，推本言之曰天命，推广言之曰气情才，岂有二性哉。……性之善不可见，分见于气情才。情才与气，皆性之良能也。天命有善而无恶，故人性亦有善而无恶；人性有善而无恶，故气情才皆有善而无恶。……舍情才气之善，又何以明性之善耶？（同上）

人性无不善，于扩充尽才后见之。如五谷之性，不艺植，不耘耔，何以知其性之善。易“继善成性”，皆体道之全功。……继之者，继此一阴一阳之道；成之者，成此继之之功。向非成之，则无以见天付之全，而所性或几乎灭矣。故曰成之谓性。从来解者昧此，至谓“继善成性”，则几求之父母未生之前，几乎不胥天下而禅乎？（同上）

气情才“皆性之良能”，同禀受于天，同是善的。气情才有不善，则性亦是不善了。性固天付，亦由人成。继是继续，成是成全。继和成是涵养的事，不出涵养，则无由见性的本善。乾初由此而转入理欲的分辨，他说：

周子无欲之教，不禅而禅。吾儒只言寡欲，不言无欲。圣人之心，无异常人之心。常人之所欲，亦即圣人之所欲也。人心本无所谓天理，天理正从人欲中见。人欲恰好处即天理也。向无人欲，则亦无天理之可言矣。（同上）

他主张理欲一源，“天理正从人欲中见。”这说法是面对宋儒的理欲二元论而发的。宋儒以为“人欲正天理之反”（朱熹），故主张无欲。他指出这话是出于禅家，和儒家寡欲之说冲突。他以为欲只能寡，不能无；理只是欲的理，“人欲恰好处即是天理”。此论和王夫之的性论，十分吻合。

(四)顾炎武和吕留良

胡元以后,程朱之学著于功令。学者拘守章句诂训,毫无新意。自经阳明一派学者的不断攻击,缺点尽露。及至东林诸子出来,排斥当日"狂禅"的王学,程朱之学大有趁势复兴的样子。东林一派中的高景逸,便很接近程朱。略后,而"述朱"的风气更益猖厉,甚至有人竟说:"孟子之后,至朱子知之已极其明,言之已极其详,后之学者更不必他求。"(陆陇其语)黄梨洲已对程朱屈服,而当日与梨洲齐名的顾炎武更接近程朱。

炎武字宁人,昆山人。生于明神宗万历四十一年,卒于清圣祖康熙二十一年(1613—1682),学者称亭林先生。少游复社,有"顾怪"之称。北京陷落,福王即位南京。他应赴南京。继归里,起兵吴江,事败。后以避怨家构陷,变服出游。往来北方诸省,远游塞外。晚岁,卜居于陕之华阴。康熙十八年,开局修明史,有招之者,亭林却之。自北游后,不返故里。其夫人卒,仅寄诗挽之而已。亭林的思想接近程朱,而深斥王学,曾说:

> 窃叹夫百余年来之为学者,往往言心言性,而茫乎不得其解也。命与仁,夫子之所罕言也。性与天道,子贡之所未得闻也。圣人所以为学者,何其平易而可循也。今之君子则不然,……言心言性。舍多学而识,以求一贯之方,置四海之困穷不言,而终日讲危微精一之说。……愚所谓圣人之道者如之何?曰博学于文,曰行己有耻,自一身至于天下国家,皆学之事也。自子臣弟友以至出入、往来、辞受、取与之间,皆有耻之事也。……士而不先言耻,则为无本之人。非好古而多闻,则为空虚之学。以无本之人,而讲空虚之学,吾见其日从事于圣人,而去之弥远也。(与友人论学书,亭林文集卷三)

又说:

> 近世喜言心学,舍全章(指尚书人心惟危章)本旨,而独论人心

道心。甚者单摭道心二字,而直谓即心是道。盖陷于禅学而不自知,其去……本旨远矣。……世之学者遂指此书十六字为传心之要,而禅学者借以为据依矣。愚按,心不待传也,流行天地间,贯彻古今,而无不同者,理也。理具于吾心,而验于事物。心者,所以统宗此理,而别白其是非,人之贤否,事之得失,天下之治乱,皆于此乎判。此圣人所以致察于危征精一之间,而相传以执中之道,使无一事之不合于理,而无有过不及之偏者也。……圣贤之学,自一心而达之天下国家之用,无非至理之流行,明白洞达,人人所同,历千载而无间者,何传之云?(日知录卷十八,心学条)

亭林排斥王学,然对久无生人意的理学未能有所阐发,而为积极的贡献。"行己有耻"为修养事,"博学于文"为学问事;此固足砭当日王学末流的好高无实之痼疾。然仅就工夫处着意,对心性之学本身则了无交涉,没个分晓。因此之故,他是必然的要走入经学的道路。他曾说:

理学之名,自宋人始有之。古之所谓理学,经学也。(与施愚山书,文集卷三)

他认定"理学即经学"。他由理学转入经学,更将理学和经学合流为一。影响所及,遂致清代的经师几乎个个都成为程朱的信徒,都一致的承认"六经尊服郑百行法程朱"。(宋学渊源记引论引惠士奇语)亭林虽服膺程朱,然对宋儒的先天象数之学则攻击甚力,与梨洲同。他曾说:

希夷之图,康节之书,道家之易也。自二子之学兴,而空疏之人,迂怪之士,窜迹于其中以为易,而其易为方术之书,于圣人寡过反身之学去之远矣。(日知录卷一,孔子论易条)

亭林少游复社,闻东林之余绪,故好言政事,与梨洲同。尝云:

君子之为学,以明道也,以救世也。某自五十以后,笃心经史。……著日知录,上篇经术,中篇治道,下篇博闻。有王者起,将以见诸行事,以跻斯世于治古之隆,而未敢为今人道也。(与人书,

文集卷四)

其所抱怀,与梨洲作明夷待访录之意同,盖皆目击世趋,悟体用为一之旨,而知治乱兴废之关,不仅以訾刺时政为满足已。

吕留良更是一位“述朱”的健将。留良,字用晦,号晚村,浙之石门人。生于明思宗崇祯二年,卒于清圣祖康熙三十二年(1629—1688)。明亡,年十六。顺治十年,出就试为诸生。后弃诸生,归隐,不应征招。晚年,削顶为僧,易名耐可,字不昧,号何求老人。雍正时,曾静狱起,剖棺戮尸。著述皆禁毁。晚村辟王学最力,尝云:

> 某尊朱则有之,攻王则未也。凡天下辨理道,阐绝学,而有一不合于朱子者,则不惜辞而辟之耳。盖不独一王学也,王其尤著者朱。(文集卷一,答吴晴岩书)

他非王而尊朱,故于当时调和程朱陆王的风气最表示反对。他说:

> 平生不能含糊者只有是非二字。且所论者道,非论人也。论人则可节取恕受,在阳明不无足法之善。论道必须直穷到底,不容包罗和会。一著含糊,即是自见不的。无所用争,亦无所用调停也。即从阳明家言,渠亦直捷痛快,直指朱子为杨墨,未尝少假含糊也。然则不极论是非之归,而务以浑融存两是,不特非孔孟程朱家法,即阳明而在,亦以为失其接机把柄矣。(文集卷一与施愚山书)

晚村尊朱,最注重“致知主敬工夫”,曾说:

> 从来尊信朱子者,徒以其名而未得其真。……紫阳之学,……讲致知主敬工夫,乃足破良知之黠术,穷陆派之狐禅。……时中之义,别须严辨,方好下手入德耳。(复高汇旃书,文集卷一)

晚村既以申朱为己任,理应对朱学作积极的发挥,然不能如此。他批点四书文,作四书讲义。以为欲使朱学复明,舍此几个读书识字秀才,更无可与言者。而舍四书之外,亦无可讲之学。故点勘文字,明集注章句。又批点八股,用意亦在申朱。仅有扶翼之力,而无滋发之功。当时与晚村同调，专以尊朱为务者，尚有金履祥，陆稼书诸人。亦皆谨守程朱，讲学而已，对理学的本身未能有何新的贡献。

(五) 潘平格

与梨洲大约同时，而反对宋明心理之学最猛烈的，有潘平格。平格字用微，浙之慈溪人。其人生卒已不可考。用微早年从事程朱之学，继而好王罗之书，又复出老释。后翻然悔悟，知其皆与孔孟之道不合。乃作著道录，求仁录四书发明，孝经发明，契圣录，及辨二氏之学，以明自所得。(毛文强潘先生传)他攻击陆王，反对程朱，訾议周张，说他们的学说皆杂佛老思想，乃一群僧道，没有一个是真儒。他要学者认清宋明的道学，根本与孔孟之道有异。常说不得看传注，不得看语录，须直接体会本书，以探寻孔孟的真意。持论锋厉，足使当时服膺程朱陆王之说的学者心惊胆战。

归玄恭(名庄)说用微以训蒙至吴中，大约他不是一个世家的子弟。他没有显赫的家世，没有广大的名声，只是一个寻常的学究。只因他敢不留情的诋谪传统的偶像，竟使这目空一世的归玄恭(玄恭在当时与顾亭林齐名，有归奇顾怪之称。)读他的著道录，闻他的言论后，深为倾倒，一度附着而称弟子。而吴中的俗士则大噪，诋为非圣诬贤，思逐去之。梨洲的门人如郑南溪万季野，亦皆心折其学说。季野尝自述："吾少时从黄先生游，闻四明有潘先生者，曰朱子道，陆子禅，怪之。往诘其说，有据。同学因轰言予叛黄先生，先生亦怒"。(鲒谷后集万季野传)梨洲既怒其高弟的叛己，复深斥用微的学说。梨洲有与友人论学书说："潘用微议论，某曾驳之姜定庵书，……恶其诋毁先贤。……陈君采云：'譬犹明月之珠，失之二千年，上自王公，下至甿隶，无不伥伥日索之，终不可致。牧竖乃获于大泽之滨，岂可以人贱而并珠勿贵乎'？某……反复用微之指要，而后知前书之终不为谬"。(南雷文案卷二)可见梨洲之于用微，不但"恶其诋毁先贤"，还含有嫌他"人贱"之意。但他的言论究竟有使人心折之处，梨洲虽力压迫，终难禁束有识之士的同情。后来李塨读他的求仁录，说他较陆王高明；又说他所言有与颜元之说不谋而合的。

用微的思想全貌现已不可知。李塨说："看求仁录，潘用微专在天地一体，其恻世殷，其任道勇，力行人伦日用亦实。"又说用微"谓心无静时持敬之功"；"又谓正心不可有功，功在诚意。"梨洲说他的学说有三弊，一为灭气，一为灭心，一为灭体。这三弊，大约正是用微的思想之重要点。求仁录谓：理气之说始于老庄。理即老庄之所谓虚无，而宋儒名之为理；老庄谓虚无生气，而宋儒因之，谓理生气，谓"理生气，理即载于气"，"虽物物统体一理，而物物各一理，虽物物各一理，而物物统体只是一理。"又谓：后世之有谓"造化之中唯有一气，绝无理以为体，于是划理尊气而为之说曰，气之运行错纵，自有秩然之条理，是乃谓之理。于气可见理，非有理以体乎气"。"理者，气之理，非理气为二物。"他认为理气之说固非圣人之言，而专主一气之说亦可訾议。梨洲恶其灭气，谓："亦意天地万物以何者为一体乎？苟非是气，则天地万物之为异体也决然矣。"（文案卷二，与万季野书）盖知用微此说对其师而发。其实用微不仅灭气，理气之说更其所欲灭之者。求仁录又谓："学者之患，在于不知真心见在日用，而别求心。故有认灵明知觉为心之本体。认灵明知觉为心，则必见有起灭而畏其走作，于是有提省照管，操持涵养之功夫。有操持则分内外，心意为内，事物为外。以心意为心，则见满前无非引心之境，益不得不提省照管操持涵养，使此心常在于腔子。"有操持则必喜于静坐。"或去人欲，或息思虑，或澄心收拾此心。"此种看法，实本禅学。其于圣道，诚不啻千里之谬。此灭心之议之所由起。求仁录又谓："分内外，因而分体用；心意为体，应事接物为用。不知意识缘物而与物对待，故有体用可分"。其实"真心恰恰浑然天地万物一体，焉有对待？既无对待，焉有体用之可分乎"？且"分内外，分体用，则有动静可分，而吾性不浑然，工夫亦不浑然矣"。故必须合内于外，归体于用。又谓："后之为学者存心于腔子谓之立体，视天地万物为外"；其实"若操存于腔子，保护其灵窍，则是矜持管束，而非敬。"他以为敬在于事，始为实地。以为"知乎此而后可与语正心诚意之学。”

用微自称其为学在“求仁”。所以“仁”实为其学正面的标识。他以为：

> 仁者浑然天地万物一体。
>
> 浑然天地万物一体者仁也，格通人我者恕也。格物全是恕，物格则仁矣。
>
> 格物全在强恕反求，全是爱敬恻隐之真心密运，强恕日笃；反求日密，当下人已浑然，如是深造而一日自得，则浑然身家国天下一体。齐家治国平天下，浑然吾身之事，自不得不汲汲皇皇，忧民忧世。若以默坐澄心为学的，以活泼现成为妙用，以了生脱死为究竟，以长生自利为全真，则亦何贵乎此道，何贵乎此人哉。
>
> 大学云，“致知在格物”，是未尝悬有致知工夫也。致其触物一体之知，在格通身家国天下本是一体之物。是格物为致知实地，即是诚意正心实地。致知因在于格物，而诚意正心亦无不在于格物也。
>
> 工夫切近，只在格通人我，随事随地，惟心之所到，二格通，浑然深造天地万物一体之实地。学在人伦日用中困勉力行，慎毋蔑视困勉，妄希自然。

他以为“知求仁之学脉者，浑是平常，浑是平实”，不事玄微高妙，不求超脱洒落，只是“尽力于人伦，绵密于日用”而已。

用微的言论似无甚么深微奇肆之处，然与前此的道学实大异其趣。在当日的学风正由虚落实之际，此种无情的击刺，平淡的言谈，自有其斡旋天地，转移学风之潜力，固足以使人嗒然疑惧，恍然悟折。

（未完。（六）王夫之（七）颜元　后论）

七年来之政治学

七七事变已起，民族之生存感受威胁。迫于自卫，吾人遂奋起抗战。吾人境广民众，利于久战，且非久战亦不可克胜顽敌。是以抗战启始，若干主要之学术文化机关遂西迁后方，以期在长期之抗战中，研究工作不致中断。自从机关西迁，学人遂分集后方，安心从事于各种研究。即以政治学而论，七年来之研究进展及其新的趋向，颇有足述者。且中国政治学会曾于民国三十一年十一月六日至八日在陪都举行第三届年会，集合各地政治学人于一堂，除专题讨论外，并有演讲和宣读论文，各献所得，各述所闻。斯时适值美国政治学会会员海登教授(J. R. Hayden)在华，被邀赴会讲演《美国近来之政治思潮》。平时欲集合多数政治学人于一堂以议论攻错，已不易；今乃于战时得之，实乃学术界之一盛事也。

总观七年来之此方面研究，约有五端可述。一为中国政治思想之史的研究。尝考中国之政治思想，一开始便与西方各异其趣。此可就其产生的时代背景之不同而知之。西方之政治思想，创始于希腊。其时之希腊为城市国家，哲人之政治观乃面对此现实之世界发挥而成之者。中国则创始于春秋末叶。其时之中国虽列国林立，而宗周一统之局势尚赖霸者之维持而未解体；哲人之政治观实面对此现实之世界抽绎而成之者。其后也，由古代而中古，而近代，西方的天下统一之时短，而分立之时久，中国则反是。故西方之哲人，自古迄今，所为政论，多从“列国本位”出发，而注意国家主权之发挥，民族独立之倡导，列国并存之期念，法律制度之尊重。中国之哲人，则自古迄今，所为政论，多从“天下本位”出发，而想像大同之社会，唱议四海为一家，以尚文非攻为政经，赖人伦道德为治术。两方着重之问题及其成长之体系既异，则究其发展，撮其精英，必有不可强同者。以前之治此学者，多不解此，而依赖于一己所粗解之西方观念，以为印范，甚至不惜加以歪曲。观其成就，而吾人独立成长之思想系体遂失其内容，全盘西化，且沦为西方政治思想一派一系之附庸矣。末流更藉此而误解今日西方之思想，吾人之古昔已有之。于是遂得以放肆其复古之议论矣。夫吾人今日研究学术，方法必采取于西方，然假借他人之貌以图改先人之容，则大不可。此种卑陋，有识之士近已察及，萧公权教授即其一也。萧氏于西方政治思想方面之造诣既深，复研究中国之政治思想甚久。同时对产生此两大系统之政治思想之背景，亦有客观的了解。故氏之分析中国过去之思潮，遂能深悉其内容，明察其演展，而不致受西方思想观念之拘束。其所著中国政治思想史长篇，拮英撮华，派系并列，自成条理，为斯学树立一坚固之基础矣。氏尝论中国政治思想之起点与分期，虽其说不与吾人之所见尽同，然固持之有故，而言之成理。又氏之论中国思想史之明清时期，谓此时期之思想实穷极生变，自不得不另开途径，向新方面以前进。然明代以至清初不过略见转变之端，除旧更新之大转变，直至晚清，然后发动。盖明清之初，种族思想以反抗异类之政权而昂扬。而中明以后，自由思想以反对理学之桎梏而发展。然其所据观点，与含内容，仍自旧学中蜕化而来，终不脱前人之窠臼。虽知革故，未逮鼎新。及至太平天国崛起以后，遂受西洋思想之直接影响，而与传统之思想相抗，于是吾国人之思想乃作空前之转变。虽其新思想中每接受旧学说之一部分，然断不可因而疑其仍与二千年来之道统完全一贯。良以彼辈之采用旧说，皆按自立之标准。权衡在我，取舍从心。斯论平实而深刻，非歪曲旧说以就新思，或借托新潮而藉复古之伧所可知见者也。

二为中国政治制度之史的研究。清日战争既决,以一大帝国而败于一小国家之手。颓丧之余,省思其故,始知吾中国之政教亦已落人后。于是变法维新之运动乃起。此运动由清末之改制开其端,乃至民国成立,而政制遂焕然一新矣。现行之政制,大部分乃仿效西方,而一部分乃与前代深有关连。至若行政之实体,庶务之处理,则多习沿过去。是故吾人今日之政制虽为一新物,然亦承沿其旧贯。惟不可以其承旧,谓即与昔时之物全同,良以今日之采取,皆按新立之标准而加修正,以适现代国之用耳。

现行之政制既与前代甚多关连,而吾人之前代复悠久,其间所见政制之演变又极复杂。知今观古,则政制史之研究诚一不可缓后之工作。抗战以前,已有一二学人试作研究。近七年来,则参与此种研究工作者便较多。其中,虽亦有一二可喜之成就,然多有不明制度与官制之分,不知政制与行政作用之别者,至其他方面之注意更不论矣。良以研究政制,最低限度必须明了政制不等于官制,且须打破历代官制系统之拘束,始能下手。同时,则当着重其作用,而注意其实施。故此种研究工作,实艰难而繁重,非轻易之事,而可由一二人于三五年中草草所能告成也。盖政制之包含甚广,问题既多,必须分工,将无数之问题一一作有系统之研究。及至积累既多,认识既深,然后可得撮其大略,试为简要之著作矣。否则,剌取一二资料,排列比附,旧贯是因,而无新见,虽多编作,有何用耶?

近来国立编译馆从事编辑中国政制史料会要,以期利便初学。此项工作,亦至繁重,然实需要。其编辑之进行程序,由简而繁,由易而难,法律与实施情况并重,先从法律方面下手,着重各级政府各机关之法定组织及其法定权力,而罗集其资料。再由此而深入其实际,剌取各方面之史实,原原本本,列陈比附,成为系统。此编之成,在学术上之价值如何,现不能预判,然其必有便于初学,则可断言。

三为中国行政之研究。吾人平日所谈论者,多为西方之理论与事实,对自身之问题则未能注意。此诚最可耻之现象。所以然者,西方之著述众多，袭取颇易。若讨论中国之问题，则不能如此方便。然少数有识之士固已注意及此。钱端升氏尝与若干同志从事于此项——中国行政之研究。氏知此项工作，至大且繁，良非少数学人所能胜任，更非三五年中所可能尽其事。必然由多数学人之努力，积多年切实之研究，始敢期望有所成就。故氏等之所努力研究者，限于各种行政问题之较重要，较易了解，较与前代（民国以前）无关连之部分。自期此工作成就后，再研究较艰难而与前代较多关连之诸问题。行有余力，则更及较不重要之问题。因此氏等遂试作民国政制史。良以着手研究民国各行政问题之始，不能不明了民国中央及地方政制之大概也。此书中央与地方并重，举凡民国二十五年来中央及地方各种制度，无论合法非法，俱有所述及。但亦有从缺者，如蒙藏等等制度，未及；而多年来共产党在各处所采用之政制，亦未及。又所偏重，在其法定组织与法定权力，至其实际情形，则几无论及。著者自云，凡此则须待进一步所作之研究中详言之。惟此书虽属初步之作，可议之处甚多。然其利便于初学之功，不可没也。近来陈之迈氏所著之中国政府，亦前书之流亚。至于各种行政问题之提出，作专门之研究，举凡法律的规定，与乎实际的状况，皆一一叙述之，则尚待于今后。

吾人既知一国行政之关系于政治，实至重要。必须健全其组织，发挥其效用，然后一国之政治始可达到至善之景象。则今后政治学人应多努力于此方面，不仅为理论之探讨，更需从事于实际之研究，方有益补于吾国之政治也。

四为民主宪政之研究。当纳粹德国纵横欧洲，英法不能对抗之时，民主政治一度颇受世人轻视。然自美国以拯救此受威胁之民主制度为目的而加入战争，局势一变。于是民主主义之势力乃复昂扬，且有新的进展。多数之政治家，思想家，一致承认，欲根本灭绝法西斯主义之势力，非世界各国均能民主化，实行民主政治不可。彼等以为此次争战，已非帝国主义之争霸战，亦不仅限于保卫一国权力之战争，实系维持全世界全人类之自由和民主，反对法西斯主义之侵略与奴役之战争。英人拉斯基教授(Tharold. J. Laski)曾以《新建设之性质》为题之对华播讲中,解释此次战争为一种“伟大的社会革命”。就其所予各国政治社会之影响言之,诚不为谬。此种新民主主义精神之具体的表现,即罗斯福总统所倡导之四大自由。必须每一国家之人民,均能享受此四大自由,然后一切反民主主义之恶势力始可除根。

新民主主义乃溶化民族之民主,经济的民主与政治的民主于一炉,而与孙中山先生之理想最相契合。中山先生之民族主义,其精神为兼爱,即今世人士所倡导之民族的民主,视天下为一家,而奴役与侵略之行动不应再有。其民生主义之精神为平等,即今世人士所倡导之经济的民主,要人人免于匮乏,而剥削与不均之现象不应再见。其民权主义之精神为自由,即今世人士所倡导之政治的民主,把政权放在人民掌握之中,而专制与独裁之事实不应再生。必须全世界所有之国家,所有之人民,能真实获得此三种民主,然后各国才有和平实现。吾人由此而对中山先生之建国理想遂更得一种深刻之认识矣。

吾国为一事事落后之国家。积五十年之不断努力,始能推翻满清之统治,始能解除帝国主义之束缚。今后吾人之民族问题已非民族之争求解放,而为境内各族之如何达到真正平等。必须在文化上,生计上,扶助各族之发展,而以公道遇之,始可得到真正之成功。关于此种民族政策,国人已多论议之矣。至于政治上与经济上,则积传之反民主之势力仍多存在,未趋消灭。当此新潮澎湃之际,吾人已深受其影响,已据以评判自身之制度,而对残存之恶势力积极加以攻击。吾人之政府已决实施宪政,然今日吾人所期求之宪政非有其名,务得其实。真实之宪政,不仅在其所赋予人民之基本权利,而尤重在此种权利之得有保证。同时,政府的设施不仅要受人民意志之监督与制裁,而尤重在此种接受之出于诚意。总之民主政治之实行,需此宪法。但仅有宪法而不用,不诚意的用,则仍然不能成为民主政治。凡此论议,皆证时人对民主政治之认识,已非复如昔日之争其名,而能求其实矣。经济的民主观念比较政治的民主观念发展为迟。然在今日此一观念在民主主义中已变成为最基本最重要者。凡一国家必须达到经济上之民主状态，始可算一真正之民主国家。吾人均知今日之中国必须工业化。然工业化后，人民之生活不一定皆可得到安愉之保证。假若所有产业多集中于自私贪婪之少数人之手，多数人依然生活于贫困失业之状态中，则此种新社会有何足羡之处？必须人人富足而有职业，必须如何控制产业以利全民，始可使一社会呈现安定祥和之气象。此皆一现代民主国家之政府所应有之认识，所应负之责任。无论在理论上，在实际上，从不采取极端之方案，然亦当立有合理之策略，以防止一国经济畸形之发展，而配合政治上之进步，乃必然之事矣。

五为国际政治之研究。此次残酷无情之战争，几遍及全世界，所予吾人之教训实较上次大战更为深切。吾人由此而深知，自由的生存不是一国一族之问题，实为一世界之问题。世界各族各国不能平等相处，善意合作，共存共荣，则世界之和平不可维持，而任何民族国家皆难得安宁。冀求世界人类之如何和平相处，遂为政治学人专心致意以研索之问题矣。或据人性立议，或利教育教化，或从思想改造，或树制度维系，或藉武力控制，或重经济合作；意见众多，而目的则一也。据人性以立论者，谓人类本有合作之良能，是故要求合作实为天赋之本性。此可以东西之历史中所表现之国际合作之事实证之。然在别一方面，则人类亦有自私之欲望，过分重视本身之利益，势必牺牲他人。此最足以损害人类之合作，而国际间之争端遂起。所以欲求国际之合作，必须消除人类自私之欲望。而主张以教育达到人类和平之论，遂持之有故矣。彼等谓从教育入手，乃一治本之方法。盖教育所以化心，人心化一：重公道，弃私欲，善意遇人，诚心接物，则族与族不致妒忌，国与国可能合作。以此为基础，而世界始有真正之和平。然重理想之士则谓国际和平之难以持久，实由于纳粹主义之作祟。所为纳粹主义乃是一种极端偏狭之民族思想，认定已族为此世界最优秀之种族，而有奴役与统治世界之权利。此种思想亦非德人所独有，多数强大之民族皆有之，惟其态度有显有暗耳。既世界多数之民族皆有此种意念，则其不能接受人类平等相处之理想，乃一自然之势。是以国际的民主一理想之宣倡，最为今日所迫切者。所谓国际的民主，系指族与族间，国与国间，必须是自由独立与平等的。天下为一家，不论国族大小，皆一律自由独立与平等，任何国族不能享有特殊之权利，不许有一国族处于其他一国族之奴役统治之下。此为一最可医治纳粹主义之思想，应尽力宣倡。如每一民族，国家，能具有此种国际的民主之理想，而后世界之纠纷乃不起矣。或又谓，此种思想之宣扬诚有助于人世之和平，然不树立一完善之制度以为维系，则真正之和平终难持久。此种知见，在上次大战中已涌兴，而国际联盟之组织即所以实现此意念也。及此次大战再起，更深感有此需要，而痛知旧日之国际组织之不彻底，之不健全。若干人士遂注意于此制度，而力谋其改进。其中有主张加强充实国联之组织，使成一新国际机构者，亦有主张废弃国联，而建立一具有新意念之联合国者；更有主张完全放弃旧有国联之意念，而创设一人类政府，形成一世界国家者。凡所论议，或从现实之基础而推论，或据理想为原则以申衍，皆能言之成理，足以代表此时代之新潮也。或又谓一种和平秩序之维持，武力是赖。吾人无论组织国际联邦，或世界国家，必须具备权利，始可约束。而用以支持此约束之权力者，则非武力不可。国际之军队与警察之建立，诚不可缺少之物也。或又谓，人类之和平不可持久，其故实由于世界经济发展之不可齐，与乎各国资源分配之不均。一方有经济高度发达之国家，一方有经济异常落后之国家；一方有资源过分丰富之国家，一方有资源绝对贫乏之国家。由于经济力之有优劣，而优者乃凌劣者矣；由于资源分配之不均，而贫乏者则与丰富者争矣。故欲求人类之可以平等相处，善意合作，必须扶助劣者，公开资源，使国家免于匮乏，免于恐惧。如此，则虽有野心家，作奴役与统治世界之迷梦，然安能得有机缘以实现耶？

凡此种种理想，不皆由于吾人之自发。然吾人亦颇能尽其所知，而贡其所见。非若从前对国际问题之洽谈，似不足以提起吾人之兴趣。此实为吾人之一大进步。而七年来之抗战，几经险恶之波涛，使吾人痛感自身之命运与世界实息息相关，有以促成之也。

程憬先生学术年谱

1902 年,生于安徽省绩溪县。

1915—1919 年,在绩溪县七都旺川萃升高等小学读书。

1920—1922 年,在浙江省立第一师范学校读书,加入该校著名的晨光文学社。

发表:

《绍兴城外底月色》(《诗》1922 年第 1 卷第 1 期)。

《意外》(《诗》1922 年第 1 卷第 3 期)。

《归家》(《诗》1922 年第 1 卷第 3 期)。

以上均为白话诗歌作品。

1923—1925 年,在北京大学英文系旁听。

1925 年 9 月,以第三名入清华国学院,选题为"上古哲学思想的唯物观"①。

1926 年 6 月,清华国学院毕业,排名甲三。论文题目是"二程的哲学""先秦哲学史的唯物观""记魏晋间的哲学"。② 暑假中暂住北京胡适

---

① 详情见孙敦恒编著:《清华国学研究院史话》,第 50—54 页。清华大学出版社,2002 年。

② 见《清华国学研究院史话》,第 62 页。

家，后徘徊南京，10 月底至厦门谋职，长时间挂单南普陀寺，读大藏经。

发表：

《唯物史观略释》(《清华学校十五周年纪念增刊》)。认为马克思主义是可以像数学一样对社会科学进行客观研究和解释的。

《中山主义之论衡》(《清华周刊》25 卷 3 号)。阐述三民主义为当时最完备之主张，自称信奉唯物史观，认为共产主义最好，但现在未到时机。

《Zeno》(《清华周刊》25 卷 12 号)。介绍古希腊最早的辩论家。

《Positivisme》(《清华周刊》25 卷 16 号)。介绍孔德的实证论，认为它是科学的哲学，哲学的科学。

1927 年初，被厦门大学聘用，不及半年被辞，后至广州中山大学任教半年，年末就上海暨南大学教席。

发表：

《印度的禅法和习禅对象》(《佛化策进会会刊二辑》第 26 卷，1927 年 2 月 25 日出版)，文末署"十五年十二月一日"，当是困据南普陀寺与和尚们一起看大藏经之所得。

1928—1930 年之间，被暨南大学聘为大学部教授，在史学社会学系任教并一度出任系主任，曾讲过考古学，并参与编写考古学教材。此期内还在中国公学兼任教课。

发表：

《再论孔子学说所以适应于秦汉以来的社会的缘故》(《国立第一中山大学语言历史学研究所周刊》1928 年第 13 期)。此文作于 1926 年 11 月 12 日，是与顾颉刚通信回答顾氏提出的三个问题，强调物质决定意识，认为礼制、道德实际是孔子为新时代贡献的思想，并非对周公的继承，又被收入《古史辨》第 2 册。

《商民族的经济生活之推测》(《新月》1928 年第 1 卷第 4 期)。末署"一九二八年五月"。

《殷民族的社会》(《国立第一中山大学语言历史学研究所周刊》1928

年第16期)。

《商民族的氏族社会》(《国立第一中山大学语言历史学研究所周刊》1928年第39期)

《商民族的氏族社会(续)》(《国立第一中山大学语言历史学研究所周刊》1928年第40期)

《商民族的氏族社会(再续)》(《国立第一中山大学语言历史学研究所周刊》1928年第42期)

上列五篇关于商代的文章,最后一篇末署“一九二七年五月,初稿;一九二八年三月改稿”。并有一段编者的话:“此文中之‘经济生活之推测’一章,曾揭载于新月杂志第一卷第四号。兹承作者以全稿见赐,无任欣幸,特此志谢。又本刊第二集第十六期所载之‘殷民族之社会’一文,即此文初稿之一部分,并此声明。编者识”。可知,后三篇实为一篇大文章,以甲骨、考古和文献等资料,分五个部分全面阐述商代氏族社会的各种面目,前两篇乃其片段之先揭载者。

《二程子的哲学》(《国立第一中山大学语言历史学研究所周刊》1928年第42期)。文末署“民国十四年春间初稿”,当是作者在清华学校国学研究院时之作。

《春秋战国时代的社会变动情况》(《商学》1929年创刊号)。文末署“一九二七年四月”,与论商代之文仿佛,仍以唯物史观看待春秋战国之历史。

1930—1931年,供职安徽大学,任总务处长兼文学院教授,开设课程“论理中国哲学史”“中国通史”“史学通论”等,后曾任文学院长。

发表:

《地方文化史馆的建立》(《安徽省教育行政人员养成所所刊》1931年第1期),为演讲笔录,主讲方志学以及章学诚的“立志科”理念,希望以文献、实物、口传三方面建立地方文化史馆。

1932开始直到去世,一直在中央大学任教,故后文只交代当年度被查找到的其他相关信息,不再说明供职情况。

发表：

《夏民族考》(《大陆》1932年第1卷第5期)

《夏民族考(续)》(《大陆》1932年第1卷第6期)

二文实为一篇，对夏代作一全面考释，与前之论述商代等文类似。

《郭沫若的中国古代社会研究》(《图书评论》1932年第1卷第2期)。对郭著批判甚烈，认为郭沫若不是辩证法的唯物论者，而是矫饰的唯心论者，语多讥讽。

《顾颉刚编的古史辨》(《图书评论》1932年第1卷第5期)。强调先理解古史辨，再在其范围内予以分析责难。

1933年，与沙应若结婚。

发表：

《夷方与徐方》(《大陆》1933年第1卷第7期)

《夷方与徐方(续)》(《大陆》1933年第1卷第8期)

以上二文实为一篇，考证两个部落的历史、地理情况。

《中国的原始社会》(《大陆评论》1933年第2卷第2期)

《中国的原始社会(续)》(《大陆评论》1933年第2卷第3期)

《中国的原始社会(续完)》(《大陆评论》1933年第2卷第4期)

以上三文合一，主要依据“古物学”和“人类学”介绍中国远古情况，大约是在安徽大学上文化史课的心得。

1934年，长女程守京出生。

发表：

《记中古时代的士族》(《国立中央大学社会科学丛刊》1934年第1卷第1期)。记东汉到五代门阀士庶制度风俗的历史过程。

1935年

发表：

《阴阳家与古史》(《新社会科学》1935年第1卷第4期)。论述阴阳家与巫祝、邹衍、封禅三个问题。

《古史的研究》(《国立中央大学社会科学丛刊》1935年第2卷第1

期）。通盘述评国外考古学、人类学对于史学的革新，并探究中国的相关情况。

1936年，儿子程守澄出生。

发表：

《中国的羿与希腊的赫克利斯——古代神话研究之一》（《安大季刊》1936年第1卷第3期）。文末署“一九三五、十、初稿”，将羿与赫克利斯（即赫拉克勒斯）进行求同性比较，是目前所见作者最早的神话学论文。

《王守仁的哲学》（《安大季刊》1936年第1卷第4期）。

《原始人类的生活与环境》（《社会科学丛刊》1936年第2卷第2期）。主要以古地质学、生物学角度从世界洪荒一直说到中国的石器时代。

1937年

发表：

《回想过去，向前励进！》（《前导月刊（安庆）》1937年第1卷第4期），为“民国二十六年新年感想纪念”栏目的几十字应景短文。

1938年，举家迁至重庆。

1940年，参与发起成立“巴蜀史地研究会”。

据《巴蜀史地研究会草章》说：“重庆郭沫若卫聚贤沈尹默马衡金静庵胡光炜程憬缪凤林常任侠杨家骆邓少琴商锡永姜亮夫杜纲百蒙文通卢作孚陈青石等数十人，发起巴蜀史地研究会”①。

1942年，任中央大学出版委员会委员。

据顾潮《顾颉刚年谱（增订本）》说：“一月　任中央大学出版委员会委员。该会委员还有沈刚伯、辛树帜、童冠贤、伍俶、程憬等。”②

发表：

《王安石与司马光》（《文史杂志》1942年第2卷第1期）。阐述二者

①《说文月刊》1940年第二卷第一期。

② 顾潮：《顾颉刚年谱（增订本）》，第356页，北京：中华书局，2011年。

政见不同背后的哲学思想差异，相对更赞同王安石。

1943 年

发表：

《古代中国的创世纪》(《国立中央大学文史哲季刊》1943 年第 1 卷第 1 期)。即《中国古代神话研究》的第一部之第一篇《创世纪——天地开辟》。

《后羿与赫克利斯的比较》(《国立中央大学文史哲季刊》1943 年第 1 卷第期)。是对 1936 年发表的《中国的羿与希腊的赫克利斯》一文的补充扩展，即《中国古代神话研究》之第三部第一篇《后羿》。

《秦代政制之研究》(《国立中央大学社会科学季刊》1943 年第 1 卷第 1 期)。综论秦代政制。郭沫若在《十批判书》之《后记——我怎样写"青铜时代"和"十批判书"》中说在他写作《吕不韦与秦王政的批判》时："偶然在报上看见中大出版的《社会科学季刊》的广告，中有程憬《秦代政治之研究》一文，当即以电话通知城内的友人，托为购买。第二天便得到阅读的机会。我的日记里这样写着：'程文歌颂嬴政，有意阿世，意见与余正反，毫无新鲜资料。'"①

《山海经考》(《图书季刊》1943 年新第 4 卷第 3—4 期)。本文"注一"云："此文初作于民国二十二年，为拙作中国古代神话研究之附篇。二十六年秋，与神话之原稿同为寇火所毁。今仅依记忆所及而略言之，若云论定，当俟异日。"可见早在 30 年代初，他已经有撰写《中国古代神话研究》的计划并有所实施，可能在不断增补修订之中。本文已附录在《中国古代神话研究》中。

《古蜀的洪水神话与中原的洪水神话》(《说文月刊》1943 年第 3 卷第 9 期)。分别介绍二者，并无交集比较。

《古神话中的水神》(《说文月刊》1943 年第 3 卷第 9 期)。即《中国古代神话研究》之"水神"之主体部分。

1944 年，蒋经国主持的三青团中央干校在重庆创建，程憬曾被聘为

---

① 郭沫若：《十批判书》，第 470 页，北京：科学出版社，1960 年。

兼任教授。

发表：

《老聃之道与术(上)》(《国立中央大学社会科学季刊》1944 年第 1 卷第 2 期)。此文笔者遍觅不得，实未寓目。是否有下篇亦不明。

《泰一考——神统纪之一》(《国立中央大学文史哲季刊》1944 年第 2 卷第 1 期)。即《中国古代神话研究》之"混沌"主体部分。

《古代神话中的天地及昆仑》(《说文月刊》1944 年第 4 卷合刊本)。即《中国古代神话研究》之"天地及昆仑"主体部分。

《中国古代神话研究自序》(《读书通讯》1944 年第 100 期)。其注云："本文甚长。这篇是本文的摘要。"看上去应该有更长的自序，但后来《中国古代神话研究》中的自序完全移录此文。

1945 年，被教授会推举参与总务工作，抗战胜利后家属先撤离重庆，本人留渝参与中央大学回迁工作。

发表：

《我们这一代》(《书报精华》1945 年第 2 期)。一篇呼吁民主、反对专制的短小政论文。

1946 年，程憬回迁南京。

发表：

《明清之际新思潮》(《中国史学》1946 年 5 月第 1 期)。述明代后期开始兴起的"气化论"新思潮，列述(一)东林诸子(二)刘宗周(三)黄宗羲和陈确(四)顾炎武和吕留良(五)潘平格，该文末署："未完。(六)王夫之(七)颜元 后论"可见其格局，但"后论"部分未见发表。

《中国政治学之过去与现在》(《文化先锋》1946 年第 5 卷第 5 期)。末署"一九四五、四、二十八、于重庆旅寓"。

《七年来之政治学》(孙本文主编《中国战时学术》，正中书局，1946 出版)。综述抗战以来七年之政治学的动态。

1947 年，任政治系代主任。

1950 年 3 月 26 日，病逝于南京。

启　事

20 世纪初短暂存在过的清华国学院，已成为令后学仰视与神往的学术丰碑。而三年前本院浴火重生，继续秉承“独立之精神，自由之思想”，且更强调“中国主体”与“世界眼光”的平衡，亦广受海内外关注与首肯。

本院从复建之日起，即以“清华国学书系”为“院史工程”，亟欲缀集早期院友之研究成果，通过分册整理，真切展示昔年历程之艰辛与辉煌。现据手头之不完备资料，本套“书系”中分册出版文存四十九种，以整理下述前贤之著述：

梁启超、王国维、陈寅恪、赵元任、李济、吴宓、梁漱溟、钢和泰、马衡、林志钧、梁廷灿、赵万里、浦江清、杨时逢、蒋善国、王力、姜亮夫、高亨、徐中舒、陆侃如、刘盼遂、谢国桢、吴其昌、刘节、罗根泽、蓝文徵、姚名达、朱芳圃、王静如、戴家祥、周传儒、蒋天枢、王庸、冯永轩、徐景贤、卫聚贤、吴金鼎、杨筠如、冯国瑞、杨鸿烈、黄淬伯、裴学海、储皖峰、方壮猷、杜钢百、程憬、王耘庄、何士骥。

本“书系”拟另辟汇编本两册，收录章昭煌、余永梁、张昌圻、汪吟龙、黄绶、门启明、刘纪泽、颜虚心、闻惕生、王竞、赵邦彦、王镜第、朱右白、陈守实等先贤之著述。

本“书系”已被列入国家“十二五”重点出版规划。为使其中收入的每部文存，皆成为有关该作者的“最佳一卷本”，除本院同仁将殚精竭虑外，亦深盼各界同好与贤达，不吝惠赐“书系”所涉之资料、线索，尤其是迄未付梓或散落民间的文字资料、照片、遗物等。此外，亦望有缘并有志之士，能够以各种灵活之形式，加入此项工程，主动承担某部文存的汇集与研究。如此，则不光是清华国学院之幸，更会是中国学术文化之幸。

惟望本“书系”能继先贤之绝学，传大师之薪火，为创造中国文化的现代形态，收到守先待后之功。

清华大学国学研究院

2012 年 8 月 11 日